人類行爲與社會環境

Human Behavior and Social Environment

王淑楨◎著

序

「人類行為與社會環境」是一門科際整合的科目，對社工相關科系而言更是一門修習心理學、社會學之後的進階課程，它延伸了哲學、文化人類學、發展心理學、社會工作的概念。學習本科之後，可以讓讀者瞭解從出生到老年，個體身心發展與社會環境之交錯影響，進而能掌握個人所處環境的優勢，創造個人發展上之契機，充分發展個人之潛能；對一位社會工作者而言，更能從瞭解人生全程發展與生態系統息息相關，進而更精準地為個案做診斷，提出更適當的處遇方式。

本書共分為七章，第一章〈緒論〉，描述行為的意義及分類、人類行為的理論基礎、人類行為的特質、環境的意義及種類、影響人類行為的因素、環境與行為互為影響、環境影響行為的定則、多元文化與性別議題、家庭與社會環境、人類行為與社會環境的研究法及研究倫理議題等。第二章〈嬰幼兒期〉，分別介紹發展的基本觀念、嬰幼兒的生理特徵、認知發展理論、情緒發展、智力發展、社會行為的發展、語言發展、遊戲的發展、道德行為的發展、人格發展、氣質、依戀、嬰幼兒社會發展層面及發展遲緩等。第三章〈兒童期〉，撰寫內容分別為：赫威斯特的發展任務論、兒童的生理特徵、影響兒童人格發展的因素、發展理論、兒童期的重要議題、身心虐待、防衛機制、貧窮兒童、身心發展異常兒童、親職教育目的、功能與重要性等。第四章〈少年期〉，其內容為：少年的涵義、赫威斯特的發展任務論、發展理論、生理發展特徵、情緒發展特徵、家庭及社區環境對少年行為的影響、目前台灣社會對少年造成不利的影響、少年同儕團體形成的原因、青少年角色型塑、少年的偏差行為、中途輟學、少年犯罪、抽菸／毒品／喝酒、霸凌、網路成癮、未婚懷孕與生子、性侵害、青少年的次文化、當前青少年面對的難題等。第五章〈青年期〉，撰寫內容分別為：赫威斯特的發展任務論、熙海的發展理論、青年期的相關理論、生理發展、心理發展、社會發展等。第六章〈中年期〉，主要內容包括：赫威斯特的發展任務論、中年期的特徵、面對變遷社會中的議題等。第七章〈老年期〉，描述赫威斯特的發展任務論、老化相關理論、身體機能、心理特徵、社會發展、退休老化階段論、長壽之相關因子、老人的需求、老人的人格類型、老人生活模式、獨居老人問題、獨居老人服務需求與方案、安寧療護、臨終者的心理歷程與家人悲傷的影響因素、悲傷關懷諮商等。

本書撰寫的目的乃希望提供大學社工、社福等相關科系學生作為教科書或個人進修之參考書，此外，也提供準備報考社工師、高普特考的考生作為研讀的資料。本書涉及內容相當廣，撰寫之時難免有疏漏或爭議之處，還企盼先進、讀者不吝指正，則感幸甚。

最後要感謝文化大學社福系黃志成教授、揚智文化事業股份有限公司葉忠賢先生，以及總編輯閻富萍小姐所領導的編輯團隊，使得本書得以順利出版。

王淑楨 謹識

107年8月22日

目　錄

序　i

Chapter 1　緒　論　1

一、行為的意義　2
二、行為的分類　2
三、人類行為的理論基礎　4
四、人類行為的特質　23
五、環境的意義及種類　24
六、影響人類行為的因素　25
七、環境與人類行為互為影響　28
八、環境影響行為的定則　30
九、多元文化與性別議題　31
十、家庭與社會環境　33
十一、社會工作專業多層面架構案例說明　40
十二、人類行為與社會環境研究方法　42
十三、研究倫理議題　46

Chapter 2　嬰幼兒期　53

一、發展的基本觀念　54
二、嬰幼兒發展之生理特徵　61
三、認知發展理論　73
四、情緒發展　78

五、智力發展　80
六、社會行為的發展　84
七、語言發展　87
八、遊戲的分期（發展）　91
九、道德行為的發展　94
十、人格發展　96
十一、氣質　103
十二、依戀　108
十三、嬰幼兒社會發展層面　111
十四、發展遲緩　123

Chapter 3　兒童期　143

一、年齡界定　144
二、赫威斯特的發展任務論　144
三、兒童的生理特徵　146
四、影響兒童人格發展的因素　149
五、發展理論　150
六、兒童期的重要議題　156
七、兒童不當照顧——身心虐待　162
八、防衛機制　177
九、貧窮兒童　178
十、身心發展異常兒童　186
十一、親職教育目的、功能、重要性　189

Chapter 4　少年期　207

一、少年的涵義　208
二、赫威斯特的發展任務論　209
三、發展理論　211

四、生理發展特徵 219
五、情緒發展特徵 222
六、家庭環境對少年行為的影響 226
七、社區環境對青少年的影響 228
八、目前台灣社會對少年造成的不利影響 229
九、少年同儕團體形成的原因 230
十、青少年角色型塑 231
十一、少年的偏差行為 234
十二、中途輟學 240
十三、少年犯罪 243
十四、抽菸、毒品、喝酒 248
十五、霸凌 253
十六、網路成癮 258
十七、未婚懷孕與生子 273
十八、性侵害 276
十九、青少年的次文化 280
二十、當前青少年面對的難題 281
二十一、麥霍特的「危機樹」觀點 281

Chapter 5 青年期 289

一、年齡界定 290
二、赫威斯特的發展任務論 291
三、熙海的發展理論 293
四、青年期的相關理論 294
五、生理發展 306
六、心理發展 313
七、社會發展 316

 Chapter 6 中年期 329

一、年齡界定 330
二、發展主題 330
三、赫威斯特的發展任務論 330
四、中年期的特徵 332
五、面對變遷社會中的議題 336

Chapter 7 老年期 377

一、老年期的界定 378
二、赫威斯特的發展任務論 381
三、老化相關理論 382
四、身體機能 386
五、心理特徵 389
六、社會發展 403
七、退休老化階段 403
八、長壽之相關因子 407
九、老人的需求 408
十、老人人格類型 417
十一、老人生活模式 420
十二、獨居老人問題 421
十三、獨居老人服務需求與方案 423
十四、安寧療護 425
十五、臨終者的心理歷程與家人悲傷的影響因素 426
十六、悲傷關懷、諮商、治療的界定與實施 429

Chapter

1

緒　論

一、行為的意義
二、行為的分類
三、人類行為的理論基礎
四、人類行為的特質
五、環境的意義及種類
六、影響人類行為的因素
七、環境與人類行為互為影響
八、環境影響行為的定則
九、多元文化與性別議題
十、家庭與社會環境
十一、社會工作專業多層面架構案例說明
十二、人類行為與社會環境研究方法
十三、研究倫理議題

本章的內容分三部分，首先介紹行為的意義、分類、理論基礎和行為的特質；其次介紹環境的意義及種類、影響人類行為的因素、環境與人類行為互為影響、環境影響行為的定則；最後則介紹人類行為與社會環境研究方法和研究倫理議題。

一、行為的意義

行為是指個體面對環境所做的反應，舉凡一切外在的活動，諸如語言、表情、動作、顯現在外的情緒等；以及內在的心理歷程，包括：思想、意念、概念、態度、內隱的情緒等均稱為行為。

二、行為的分類

(一)依行為的範圍分類

行為可區分為「狹義的行為」與「廣義的行為」兩類：

1.狹義的行為：舉凡能被觀察到的一切外在活動，如攻擊、擁抱、握手等。

2.廣義的行為：指能被觀察到的一切外在活動及內隱的行為，內隱的行為如內在的思想、價值、態度。

(二)依先天獲得或後天習得分類

分為「本能或天賦的能力」與「後天習得」兩類：

1.本能或天賦的能力：指個體獲得這些行為不需要經過學習，是一種原始的生物本能，多數是本能或遺傳而獲得的。如嬰兒吸吮母乳、人類性行為。

2.後天習得：個體為適應後天環境而習得的行為模式，如拿筷子、寫字。在人類社會中，通常個體透過教育可以獲得行為充分的發展（Dhillon, 2011），亦即潛能的發揮。

(三)依行為是否符合社會標準或社會規範分類

分為「正常行為」與「偏差行為」兩類，分述如下：

◆正常行為

個體具有正常行為包括下列三個特徵：

1.行為符合社會規範。
2.行為符合其生理及心理發展。
3.個人生理、心理、情緒、社會的發展及適應是良好的及平衡的。

◆偏差行為

學生會出現偏差行為的原因很廣泛，通常不是單一原因所造成，包括個人因素、家庭因素、學校因素、社會因素以及其他因素等，可能是因不清楚老師的想法、達不到老師的要求、渴望得到注意、受不了挫折、生氣或怨恨，覺得無望或無助等原因，才會產生偏差行為（許文馨，2014）。偏差行為的特徵說明如下：

1.行為違反社會規範，如偷竊、搶劫、殺人等。
2.行為的發展不符合其身心發展，例如十三歲的少女抽菸又喝酒。
3.個人生理、心理、情緒、社會的發展及適應是不平衡的。例如自殺、自傷、自殘。

(四)依行為的功能分類

1.生理行為：個人維持生理功能的行為，如飲食、呼吸、血液循環、消化吸收、新陳代謝及排泄等。

2.精神行為：個人有思想、意念、期望、動機、信仰等行為。

3.情緒行為：指憤怒、憂鬱、焦慮、忌妒、恐懼、愛、快樂等心理狀態，統稱為情緒。

4.社會行為：指個體無論是在家庭、學校、職場或社團都與其他成員互動的行為。

三、人類行為的理論基礎

評估人類行為的理論多元，包括身心理與社會等論述，說明如下：

(一)精神分析論

佛洛伊德（Freud, 1965）是精神分析論的創始者，認為人的行為受潛意識所影響，且源自於早期經驗，在六歲以前人格已定型。研究人類行為必須使用心理分析，如自由聯想或夢的解析，以找出壓抑在潛意識裡的真正原因。例如，一位四十歲的小姐，始終抱著不婚主義，問其原因，她自己也說不出其所以然，透過自由聯想的心理分析方式，始知在她的潛意識中，對男人存有恐懼感。更進一步的瞭解原因，可能是在她的幼兒時期，常目睹父親對母親暴力行為，這樣的心理創傷，一直存在她的內心世界中。

佛洛伊德的心理分析理論中，認為人類的行為都與下列因素相關：

1.兩個假定：

(1)第一個假定是：人有兩種基本的心理動機，包括性慾、攻擊，認為人的每一行為都源自個體之性慾和攻擊驅力的表現。

(2)第二個假定是：人具有一種叫做潛意識的精神領域，它是無法被察覺到，且是強大的，原始的動機貯存庫。

2.佛洛伊德將人格結構分為三種成分，包括本我、自我、超我。

(1)本我（id）：是人格結構中最原始的部分，構成本我的成分是人類的基本需求，指個體產生需求時，個體會要求立即滿足，故而從支配人性的原則而言，支配本我的是唯樂原則。

(2)自我（ego）：是個體出生後，在現實環境中由本我中分化發展而產生，由本我而來的各種需求，如不能在現實中立即獲得滿足，他就必須遷就現實的限制，並學習到如何在現實中獲得需求的滿足。從支配人性的原則來看，支配自我的是現實原則。

(3)超我（superego）：是人格結構中的管制者，由完美原則支配，屬於人格結構中的道德與良知部分，也是人格結構中居於管制地位的最高部分，是由於個體在生活中，接受社會文化道德規範的教養而逐漸形成。超我有兩個重要部分：一為自我理想，是要求自己行為符合自己理想的標準；另一為良知，指規範自己的行為免於犯錯。

3.兒童透過認同與父母、社會互動，在愛、親情和教養的驅使下，積極地模仿他們的重要他人，並將社會準則內化，成為他們日後的價值體系及理想的志向。

4.發展階段：

(1)口腔期：經由刺激嘴部的經驗獲得滿足。

(2)肛門期：主要的樂趣來自刺激肛門的經驗。

(3)性器期：快樂來自刺激性器官的經驗。

(4)潛伏期：壓抑或否認性方面的需求。

(5)生殖期：性器官成熟具有生殖的能力。

(二)行為論

又稱行為主義、行為模式，華生（Waston, 1913）是行為論的創始者，認為人的行為受環境的影響。所謂行為就是個體用以適應環境變化的各種身體或心理反應的組合。一切行為決定於刺激與反應之間的連結，改變環境就可以改變人類行為，例如，一位與班上同學一起抽菸的國中生，我們通常認為幫其轉到別的班級或學校較可能杜絕他再度抽菸的可能；又如，孩子隨著年齡的增長，藉由個體與個體的互動，再透過行為的學習，能讓孩子建構社會認知能力與溝通技能（Kroeber, 2011），如此能讓幼兒得到更進一步的社會化。

行為論相信人類的發展完全依賴學習，只要提供適當的經驗，學習便會產生。在華生看來，人類出生時只有幾個反射（如打噴嚏、拳握反射）和情緒反應（如懼、愛、怒等），所有其他行為都是透過刺激—反應（S-R）聯結而形成的。所謂行為就是個體用以適應環境變化的各種身體或心理反應的組合，一切行為決定於刺激與反應之間的聯結，改變環境就可以改變人類行為。行為主義強調可觀察的刺激與反應，反對類似本我、自我、超我的抽象概念，認為這些心理概念無法被觀察或研究。

華生宣稱給他一打健康的嬰兒，而不管這些嬰兒的背景或祖先為何，他都能將這些嬰兒訓練成他所選擇的人，如醫生、律師、乞丐等，華生認為外在刺激與可觀察之行為（成為習慣）間已學得的聯結，是人類發展的建構單位，華生亦視嬰兒為一張可被寫上所有經驗的白紙。華生強烈支持學習在人類發展重要性的學者，其理論重點說明如下：

1.行為由環境中的情境所決定，由刺激所引起。
2.行為是可以測量的。
3.研究方法重視實驗與觀察，而不主張內省法。所謂內省法係指個體將自己的意識經驗陳述出來，為心理學家用來研究內在心理歷程的傳統方法，亦稱「自我觀察」法。
4.認為對動物或兒童的實驗研究所得可以推論到一般人的同類行為。
5.瞭解某種環境刺激如何控制某種行為。
6.常用貼紙、餅乾等鼓勵的方式促使個體學習。行為學派常用的各種技巧包括：

(1)類化（generalization）：輔導學生利用舊經驗與新經驗之間的類似點幫助新經驗的學習，類化指個體根據舊有的經驗來解釋新事物，並且融合新經驗，使其成為一有組織的機體，類化作用的意義乃在於透過舊經驗的擴大，從同類事物中析出類似之處，即可產生概括的反應，而不必對每件事物逐一重新學習，亦即所謂「觸類旁通」、「舉一反三」之效（何樹，2000）。

(2)辨別（discrimination）：指個體能夠對不同的刺激做不同的反應，或是在多種刺激中選取某一刺激去反應。

(3)消弱（extinction）：指去除舊行為，對某些動物恐懼的人，建議其他人不要過分強化他的反應，逐步讓其恐懼趨於減弱。

(4)增強（reinforcement）：就是指個體因想要獲得增強物而改變行為的過程。

(5)處罰（punishment）：處罰是給予厭惡物來使目標行為發生，例如考試不及格，週末就得來上加強班。

(6)代幣（token）：利用獎章、貼紙、加分、特權，來強化個體行為，交換原級增強物。

(7)自我肯定（assertive training）：缺乏自我肯定容易使人感到在家庭、工作場合、學校中的人際互動困難。自我肯定訓練是社會技巧訓練的一種形式，功能為教導個案在不同社會情境之下都能肯定自我，降低焦慮，進而增加社交技巧。

(8)系統減敏感法（systematic desensitization）：行為學派認為焦慮是個體被制約的產物，因此使用反向的替代活動，可以降低個體的內在焦慮，此技術用來治療焦慮相關疾患很有效率，特別是恐慌症。

(9)自我管理（self-management）：所謂自我管理是指透過內在的認知過程，來影響外在的行為表現，主要透過自我監控（self-monitoring）來瞭解自己在不同情境的學習和行為表現，並經由改變內在語言的自我教導，使學習者在面臨某種問題和情境時，能運用發自內心的話語，指導自我解決問題和適應新情境。

(三)認知理論

皮亞傑（Piaget, 1950）認為認知發展的每一個階段都涉及新技能的學習，兒童經歷的認知階段都有一定的順序，但發展速率並不一樣，也不一定能完成每個階段，以一級的智能障礙者為例，大都無法進入皮亞傑認知發展的第四期——形式操作期（或稱形式運思期）（參考本書第二章「認知發展理論」部分），因為智能障礙者其心智年齡在十二歲以下，在現行學制下為無法達到國中七年級的教育程度，通常未具有抽象、邏輯推理概念；行為經由一連串的過程發展潛能，每個階段都會熟練一套新的認知技巧，人類行為受刺激情境與心理歷程所影響，行為的改變，是認知歷程改變的結果。個體自出生後在適應環境的活動中，吸收知識時的認知方式以及解決問題的思維能力，其隨著年齡增長而改變的歷程。

一歲左右的嬰幼兒喜歡玩「搖鈴」，因為他正處於皮亞傑認知發展的第一期——感覺（鈴聲）動作（搖）期，手搖一搖就會有好聽的聲音，此時嬰幼兒會覺得很快樂，也有成就感；但到了三、四歲左右的幼兒逐漸對搖鈴沒興趣，因為其認知發展已進入皮亞傑認知發展的第二期——準備運思期，此期的思考和行為明顯的異於第一期，幼兒的思考單純、直覺，例如：媽媽問四歲的亞岑，妳要送什麼東西給哥哥當生日禮物，亞岑毫不遲疑的把心愛的洋娃娃拿給哥哥，這樣的行為說明了這一期的幼兒常以「直接推理」來處理日常中的事物。

到了小學中年級，教師偶會設計校外教學，學童在實際的參觀體驗中，更能確實的學習到知識與技能，因為此時兒童已進入皮亞傑認知發展的第三期——具體運思期（或稱具體操作期）；進入國中的學生，對於一些抽象概念的學習，更能得心應手，因為他們已進入皮亞傑認知發展的第四期——抽象智慧期（或稱形式操作期、形式運思期）。由上面的例子，我們可以瞭解到兒童少年的行為，會隨著認知成熟而改變。

(四)社會學習論

◆基本概念

班杜拉（Bandura, 1977）強調，人類的許多行為都是透過觀察他人的行為及模仿而習得的，就如兒童行為有許多是透過對榜樣的觀察與模仿而得，經由教育是社會學習最好的方式（Breedland, Van, Leijsma, Verheij-Jansen & Weert, 2011）。吾人常說「近朱者赤，近墨者黑」、「見賢思齊」，都是社會學習最佳的例子。這些都說明了人類行為的學習或改變，與所處的社會環境息息相關。此理論不涉及任何發展階段，強調四個概念：

1.賞罰控制：運用刺激反應聯結的原理，以情境來控制個人的行為。
2.楷模學習：以具體且容易觀察的行為為主。
3.利社會行為：指對他人、對社會有利的社會行為，透過觀察和模仿有益的榜樣，兒童能有效學會利社會的行為。
4.抗拒誘惑：兒童透過觀察得知楷模行為的獎懲，可間接地影響兒童抵制誘惑的能力——如公開表揚與公開懲罰。

◆人類行為的分析

傳統行為主義理論接受了生物演化論的影響，認為一切行為反應都是有機體適應環境的手段，並且是從環境因素對有機體生存的要求中產生出來的。即當有機體面臨某一不能直接滿足其生存需要的環境條件時，便試探性地作出某一反應，以圖改變環境條件使之滿足其需要。如果這一反應能有效地改變環境，使之滿足有機體的需要，那麼它便被保留下來，構成有機體一貫的行為方式，反之則被淘汰。

◆行為的決定因素

1.行為的先行決定因素：是指在行為發生之前，引發這一行為並決定其表現方式的環境因素，包括自然的環境因素和社會的環境因素。就人類而言，有一大類的行為是由那些直接決定於環境刺激的反應活動中所構成的，這就是人類有機會的自動的反射活動。

(1)自然條件制約：是指在自然條件下，人的行為反應對各種具有關聯性的物理刺激因素的條件。例如望梅止渴就是一種真實的自然條件制約的結果。人在吃酸梅時，口腔大量分泌唾液以沖淡酸梅的酸液，使口腔粘膜免受侵蝕，這是一種基本的防衛反射活動，這一學習經驗使酸梅的形象作為環境的刺激因素，也能引起唾液分泌的反射活動。

(2)社會條件制約：是指在社會環境之中，人的行為反應對各種相互關聯的社會刺激因素的條件化。例如，在交通中，綠燈行紅燈停的行為反應，不管是自然條件制約還是社會條件制約，其共同的基本特徵是，條件制約的結果使作為環境因素的制約刺激物獲得了引發條件化的行為反應的能力。所以，外部環境中的刺激因素引發、控制、決定著人的行為表現而成為行為的先行決定因素。

2.行為的後繼決定因素：是指行為反應的結果對行為的決定作用，這一作用過程構成了行為的反應結果控制系統，人的行為表現是一個極為複雜的現象，其複雜性表現在它全方位地接受多種因素的影響和決定作用。因此，行為的刺激因素對行為的決定，只是行為規律的一個面向。

3.認知因素對行為的調節：行為的先行決定因素和後繼決定因素，都是在行為主體的認知基礎上建立起來的，社會學習理論認為，行為的獲得、維持與表現，是以個體的主體性為基礎而實現的外部物理事件與內部認知事件之間雙向的相互轉換過程，行為的獲得就是個

體透過各種途徑，如反應結果、示範作用、符號經驗等形成關於這一行為的認知表徵的過程；行為的維持就是相對穩定的認知表徵的內部貯存；行為的表現就是行為主體對這一行為的內部認知表徵，執行外部物理產出的過程。

◆社會學習理論的實驗研究

班杜拉認為，任何一種合適的學習理論，都要回答個體是怎樣在社會情境中習得一種新的反應，個體可以透過觀察他人的行為而習得新的反應，這即楷模（models）或稱榜樣，透過這種觀察而習得反應，即稱為楷模作用（modeling）。為了說明楷模作用效果，班杜拉和他的助手們進行一系列實驗，在一項觀察學習的實驗中，班杜拉分別就現實、電影和卡通片中，成人榜樣（攻擊行為）對兒童行為的影響進行了研究，結果發現，這三類成人榜樣都同樣會導致兒童模仿這種攻擊性行為，根據這些實驗的結果，班杜拉特別關注三個最基本的相互聯繫的機制，包括替代過程、認知過程與自我調節過程，說明如下：

1.替代過程（vicarious process）：學習者可以透過觀察他人行為的結果是受到鼓勵還是懲罰，不必自己直接作出反應並親自體驗其結果，也可以學習。班杜拉認為，建立在替代基礎上的學習模式，是人類學習的一個重要形式，因為這類學習是學習各種複雜技能的一個不可缺少的條件。透過觀察來學習，可以使人們獲得行為的規則，從而不必經過漫長的經驗來逐漸形成這類規則；透過社會榜樣的作用，人們可以吸取他人顯示出來的和創造出來的信息源，以此擴大自己的知識、技能。
2.認知過程（cognitive process）：透過工具性條件作用、經典性條件作用、消退和懲罰引起的行為變化，有許多是透過認知來調節的。
3.自我調節過程（self-regulatory process）：班杜拉認為，個體可以透過觀察到自己行為的後果來調節自己的行為。所以人的許多行為變化，不能用刺激—反應聯結來解釋，而應該用自我調節過程來解釋。自我調節過程包括自我觀察、判斷和自我反應三個階段。

◆觀察學習與模仿

在社會情境中個體的行為學習乃是經由觀察學習和模仿而產生。班杜拉的觀察學習歷程有四個階段：注意階段（attention phase）、保留階段（retention phase）、再生階段（reproduction phase）、動機階段（motivation phase），如**圖1-1**。

1. 注意階段：指在觀察學習時，個體必須注意榜樣所表現的行為特徵，並瞭解該行為的意義，否則無從經由模仿而成為自己的行為。
2. 保留階段：指個體觀察到榜樣的行為之後，必須將觀察所見轉換為表徵性的心象（把榜樣行動的樣子記下來），或表徵性的語言符號（能用語言描述榜樣的行為），方能保留在記憶中。
3. 再生階段：指個體對榜樣的行為表現觀察過後，納入記憶，其後再就記憶所及，將楷模的行為以自己的行動表現出來。換言之，在觀察早期的注意與保留階段，不僅由榜樣行為學到了觀念，而且也經

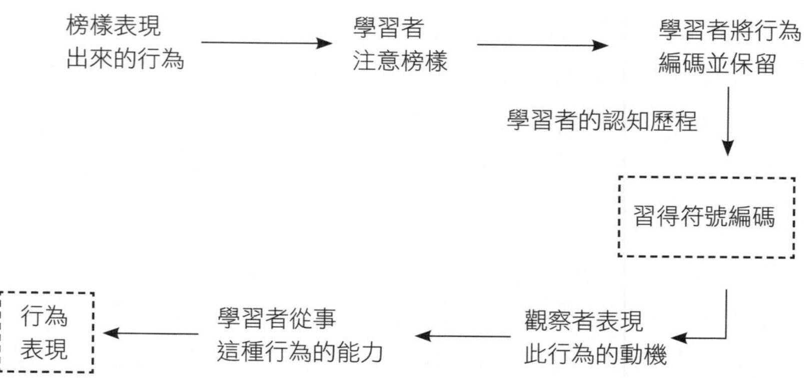

圖1-1　觀察學習四階段

模仿學到了行動。

4.動機階段：指個體不僅經由觀察模仿從榜樣身上學到了行為，而且也願意在適當的時機將學得的行為表現出來。觀察學習中的模仿絕非似機械般固定的反應，而是受到學習者的心理需求、認知能力等內在心理歷程的不同，而衍生出四種不同的模仿方式：

(1)直接模仿（direct modeling）：直接模仿是一種最簡單的模仿學習方式。人類生活中的基本社會技能，都是經由直接模仿學習來的。諸如幼兒學習使用筷子吃飯與學習用筆寫字時，都是經由直接模仿學習的。

(2)綜合模仿（synthesized modeling）：綜合模仿是一種較複雜的模仿學習方式。學習者經模仿歷程而學得的行為，未必直接得自榜樣（model）一個人，而是綜合多次所見而形成自己的行為。例如，兒童先觀察到工人踩在高凳上修理電燈，後來又看到母親踩在高凳上擦窗戶，他就可能綜合所觀察到的行為。

(3)象徵模仿（symbolic modeling）：象徵模仿是指學習者對榜樣人物所模仿的，不是他的具體行為，而是其性格或其行為所代表的意義。如電影、電視、兒童故事中所描述的偶像型人物，他們在行為背後所隱喻的勇敢、智慧、正義等性格，即旨在引起兒童的象徵模仿。

(4)抽象模仿（abstract modeling）：抽象模仿是指學習者觀察學習所學到的是抽象的原則，而非具體行為。如老師對題目的解答思考原則，會使學生學習到解題的原則。

◆三元交互決定論（triadic reciprocal determinism）

所謂交互決定是指環境、行為、個人三個獨立實體交互作用為三元交互決定論的主要結構且互為因果，彼此都具有雙向的互動和決定關係（Bandura, 1978），如**圖1-2**所示。

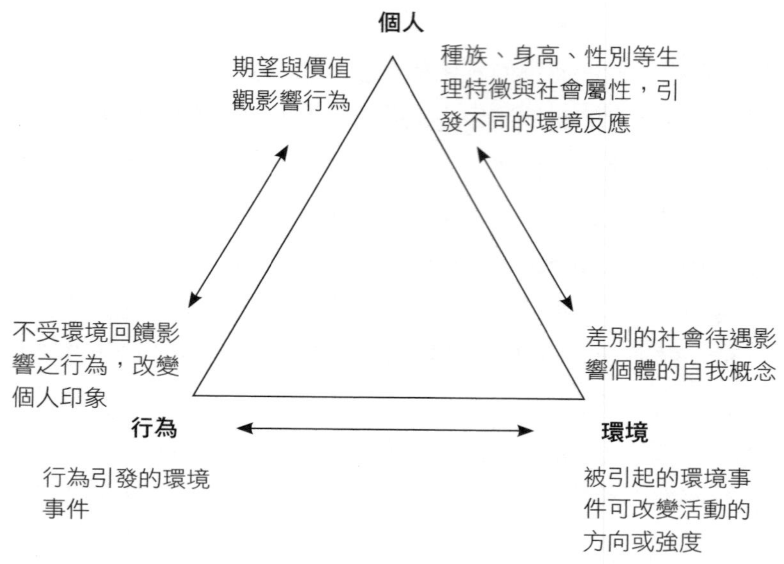

圖1-2　三元交互決定論模型圖

資料來源：Bandura (1978).

1.個人與行為：人的信念、期待、意向、自我概念等認知因素會支配並引導行為，思維決定行為，但行為結果會反過來影響最終決定思維，二者之間具有雙向的交互決定關係。

2.環境與個人：環境決定人，而且人也決定環境，個體的環境是人格特徵的產物，社會角色為個體的社會特徵，環境會影響個體，而個體感受環境變化，反過來影響對社會和自己的看法，二者互為因果。

3.行為與環境：行為作為人與環境之間的關係的仲介，不僅受人的需要支配，同時受到環境條件制約，而環境因素，決定了未來採取的行為，二者是相互決定。

(五)生態觀點（ecological perspective）

生態學強調以全人與系統的觀點來探討案主所遭遇的問題，亦即人與環境的關係，包括物質環境和社會環境，為增進個人與環境的關係，應除去或改善環境中對人不利的因素，及增進個人因應環境的動力。「人與環境交互作用」概念激發人如何與環境交流，當個體面對社會及物理環境問題（如種族歧視、年齡歧視、性別歧視、失業等）而知覺到環境及個人之限制時，能夠克服，如能善於運用資源，則透過環境產生正向感受，進而影響其內在情緒平衡。

生態學強調的人與環境的關係，也包括物質環境和社會環境，為增進個人與環境的關係，應除去或改善環境中對人不利的因素，及增進個人因應環境的動力（謝秀芬，2008）。Germain和Gitterman（1976）認為人的生活中面對許多問題，這些問題是因為人與環境複雜的交流系統發生失衡，進而產生壓力與危機。生態觀點的主要信念在於每個人終其一生會不斷的與環境產生互動及調適，同時也會受周邊環境的影響（魏美惠，2009）。因而生態觀點探討的就是人與環境之間複雜與互補的關係，與如何的運作及如何的相互影響（簡春安、趙善如，2010）。個人與社會之間能夠有良好的互動關係便能發揮個人的社會功能，家庭是個人重要的依附來源，也是個人社會支持的來源，家庭是兒童接觸的最初始單位，家庭也是一個系統，系統是否會有良好調整和平衡，常需要各種不同的協助，才會使個體行為有比較好的適應（王淑楨，2017）。

◆生態系統理論

Bronfenbrenner（1979）運用社會服務的輸送概念，透過友善的服務輸送體系改善案主與環境間的調和度，提出「生態系統理論」（Ecological System Theory）（**圖1-3**），他將家庭生態系統分為微視系統（microsystem）、居間系統（mesosystem）、外部系統（exosystem）和鉅視系統（macrosystem）四個系統，若因系統間的不適應則會產生行為

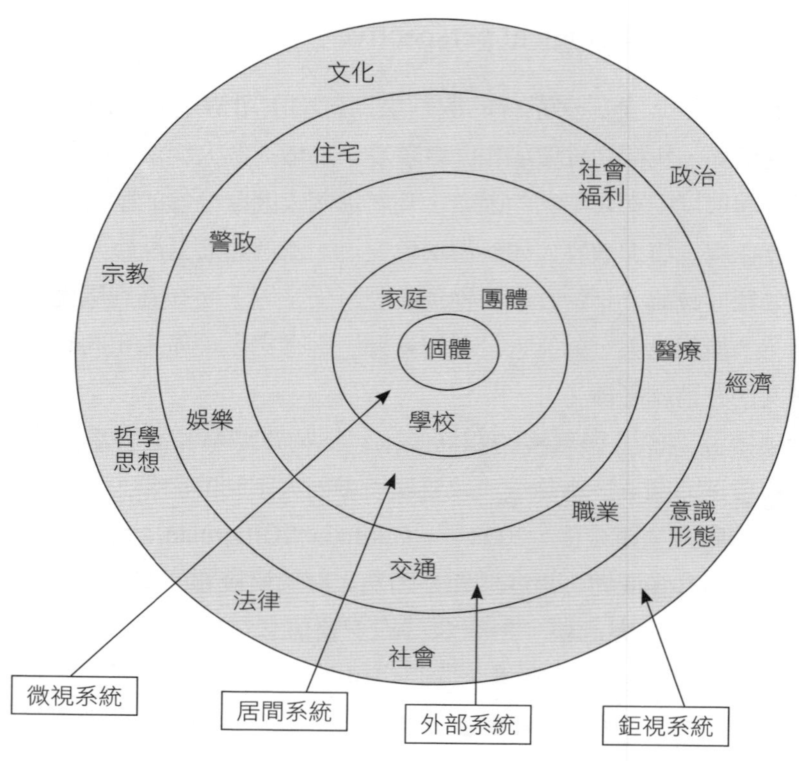

圖1-3　生態系統理論

資料來源：整理自馮燕（2015）；陳富美（2010）。

的改變，即為壓力與危機的開始（馮燕，2015）。說明如下：

1.微視系統：以個人為核心，最近身的是有直接接觸的微視系統，微視系統因此對個人的直接影響最大，如家庭、學校、團體等對個人的影響最為深遠，但在生態系統中，個人會被系統所影響，系統也會被個人所影響。

2.居間系統：指個人與各微視系統間的連結，當個人與各微視系統間互動良好，將會促使個人擁有較好的成長與發展優勢。微視系統間的連結越是緊密，互動性越強，越能產生互補效果的居間系統，對於個人的發展助益越大。個人透過學校與社區學習到品德素養、智識、同儕關係、師生關係；家庭則提供個人安全的避風港、基本價值觀的訓練、親子互動、親戚互動等。若家庭與學校、社區為正向的互動關係，教養方式一致，則能雙向刺激個人的成長與發展。

3.外部系統：指個人雖沒有直接接觸到，卻會對個人產生間接影響的環境系統，譬如職業、醫療、警政、交通、娛樂、住宅、社會福利等，這些環境雖然與兒少有空間上的距離，不過卻會影響到他們日常生活和日後的發展。

4.鉅視系統：指社會深層結構與其價值觀所形塑的體系，譬如政治、經濟、社會、文化、宗教、哲學思想和意識形態等。

生態的評量最重要的就是找出個人需求與資源間的失衡或障礙，有效的生態模式包括以下幾項要素（鄭麗珍，2012）：

1.人是受多元及互動因素所影響。

2.強調成長、發展及達到目標。

3.健康取向是著重全人而不是個人病症。

◆生命歷程觀點

此外，生態理論中每個發展階段均與生命歷程觀點（**表1-1**）有關聯，生命歷程觀點是將焦點放在「重大人生事件」（critical life events）上，重大的人生事件被視為是一種成長的概念，人類早期的生活經驗與日後的發展軌跡有顯著的關聯，人類出生、成長時期的歷史文化背景，影響個人的家庭生活、學校教育，以及進入職場所扮演的角色與表現，此亦稱時間系統概念（chronosystem）。

1.生命歷程的六大重要議題：

(1)人類生命及歷史脈絡相互作用：個體與家庭發展，必須放置於

表1-1　生命歷程觀點

世代（cohort）	是指一群人出生於某一特定歷史時期，具有相同的年齡與生活模式下歷練特定社會變遷事件，亦即同時代具有特定歷史生活經驗的一群同年齡的人。例如：同一出生世代之比率（1960年出生的人，在不同年齡層或生命週期的死亡率或疾病率）。
過渡期（transitions）	是指個人因組織結構變化而使社會角色有所轉化，跳脫舊有的角色與地位以因應外界變革環境中的挑戰。每一生命的過渡期經驗歷程對下一生命事件會有所衝擊，且可能帶來生命軌跡上的危機或轉機，例如：上學、進入青春期、畢業、結婚等。
生命軌跡（道）（life trajectories）	是指長期的身心發展變化模式，包括許多不同之多重角色的轉換與過渡期，每個人之前的生活經驗會累積成一種有別於他人的生命發展路線。
生命事件（life event）	是指重大生活事件引發之狀況可能導致長期嚴重性的生涯中斷（改革不同個體的生命歷程，使人類呈現顯著差異性行為）。例如：美國911事件的生命事件對罹難者家屬的影響。
轉捩點（turning point）	是指生活事件的發生造成人類個體生命歷程軌跡中長期性角色任務的轉換。轉捩點代表生命歷程中在人生旅途代表新的方向，或是一項舉足輕重的改變，而非暫時性的小轉彎。

歷史脈絡及社會文化結構下檢視。

(2)人類生涯的時程點：角色與行為的差異與特定年齡群組相連結，乃是根據生物的、心理的、社會及心靈的分層分級過程的結果。

(3)連結的或互賴的生命共同體：人類的生命、生活與生涯是休戚與共的互相依賴體，而家庭是經歷及解讀歷史、文化與社會現象的主要舞台。

(4)人類的自由意志與選擇：在社會歷史的結構狀況與限制及機會下，個人生命歷程的建構有賴自主的選擇與行動力。

(5)生命歷程多元樣貌與文化軌跡：個人的生命歷程根植於文化習俗與歷史脈絡之中，並對個人帶來優勢機會或劣勢及挑戰。

(6)發展的風險因子及保護因子：每一個生命的過渡期經驗歷程對下一個生命事件或過渡期有所衝擊，而且可能帶來生命軌跡上的轉機或危機。

2.生命歷程觀點對社會工作實務的啟示：

(1)協助案主找出人生旅途上的獨特意義，理解其情境而改善案主當下的狀況。適度串連其不同的生涯軌跡，建構其生命意義。

(2)探索案主的生活歷史脈絡與生命事件對其行為的影響。

(3)運用案主生活檔案探索案主生命歷程所發生的重大事件，以及其所產生之壓力源。

(4)覺察潛在個案，運用個案管理的處遇，以促進個人、家庭、社區及組織轉化危機，重新回到健康的常軌。

(5)透過與媒體通力合作，協助一般民眾理解社會趨勢、個人、家庭、社區鄰里及正式組織之衝擊，瞭解跨世代的家庭生活，以及不同狀況對代間傳遞之衝擊。

(6)辨識全球化經濟發展如何與我們的日常生活產生關聯性。

(7)採用案家復原力、風險因子評估之相關實證研究資料，設計處遇重建方案。

(8)針對服務新移民之家庭時，社會工作者須理解其母國文化與不同年齡層相關之規範。

(9)覺察每個文化系統以因應不同案主之需求。

(10)協助不同文化團體獨特多元的支持系統，在危機呈現時，鼓勵團體成員善加運用社會資源，支持案主自我覺察個人內在的潛力，發揮主體意志與復原力。

(六)符號互動理論（symbolic interactionism）

互動理論由米德（Mead, 1934）所提出，認為所有人類行為，包括社會行為，都以與人溝通為基礎。隨之布魯姆（Blumer, 1969）發展為符號互動理論，又稱為象徵互動論，在此所謂符號包括語言、文字、表情、手勢、肢體動作等，主張人類不斷地利用符號與人互動與對話，包括對他人意圖的觀察、解釋與反應。Faules與Alexander（1978）指出符號互動是人類溝通與行為重要的媒介。

符號互動論強調社會化（socialization）及社會互動（social interaction），人與人的互動過程行為中，會先將他人所傳達出的符號和訊息加以吸收和解釋，訊息儲存後做最適當的解釋，然後再決定如何反應。符號互動論的主要概念，可分為符號、自我、心靈和扮演他人的角色，說明如下（彭懷真，2015）：

◆符號

符號（symbol）是互動論的中心概念，它包括語言、文字及符號。符號互動論者認為符號無所不在，到處都有。語言文字是符號，因為它們代表某些東西和意義。它們是行動者用來代表物體、感覺、觀念、思想、價值和情緒。語言文字所代表之客體是社會所賦予的，是用來溝通的。個人的動作實際上也是一種符號，因為當我們做某一個動作時，我們總是為了要把自己的意思表達出去以與別人溝通，如擁抱、接吻、握手等動作都不僅是身體的接觸，而且具有符號意義。人們日常生活的每一部分都會用到符號，如人們的思想、觀察、傾聽、行動等都須經由符號來表達。符號互動論者相信對符號的使用，是我們從很小就已經發展出來，它是整個社會化過程中最重要的步驟。

◆自我

自我（self）概念之產生就是依據他人和社會的定義而產生的，因此自我也就不斷地修改、發展和變遷。個人經由自我而思考，而選擇；也可經由自我而對情境加以解釋，更可用來與自己或社會中的他人溝通互動。個人以自我來判斷別人，同時也以自我來判斷自己。

◆心靈

心靈（mind）是個人與自我的符號互動，是個人行為的內在活動方式，它對個人的社會互動具有某種不可或缺的影響力。心靈幫助個人瞭解別人，讓別人瞭解自己，也幫助個人決定互動的方針，因為在互動過程中，我們不僅把別人當做互動的對象，也把自己當做互動的對象。

◆扮演他人的角色

扮演他人的角色（taking the role of the other）是人們在每一社會情境中都會做的活動，人們透過辨認和解釋他人的姿勢、符號，來進行溝通和互動。他們能夠相互識別對方，預期對方的反應，以便彼此適應。人們在互動過程中，會對他人的觀念加以猜測分析，並以此作為行為的準則。也就是說把自己看做他人，依照我們的想像力扮演他人的角色。

符號、自我、心靈和扮演他人的角色四個基本概念是相互關聯的，缺少其中任何一個，都可能使人們的社會互動產生困難，人們在互動過程中，是要靠著這四個概念的交流來運轉。

(七)社會交換理論

社會交換理論（Social Exchange Theory, SET）指出社會互動其實就是一種交換行為，而個人在交換行為時，必定考慮過可能牽涉的利益和賞酬（Blau, 1964）。換言之，在交換過程中，個人對與他人互動所可能產生的利益，必先加以估量，如果在交換過程中雙方不能得到滿足的結果或賞酬，則沒有交換的必要。交換理論雖然從利益和賞酬的觀點來剖析個人與個人之間互動關係的進行，但在現實社會裡，有許多的交換關係卻是社會規範所制定，而非個人所能自由選擇的。

霍曼斯（George C. Homans）以人際交換行為為研究中心，他深信其理論可擴大到對社會制度的解釋，指出社會制度只不過是一種較為複雜的交換行為而已，就個人而言，交換行為之發生，乃是各有所需，就社會制度而言，交換行為則是應付滿足其份子之需求，其理論構念如下（引自葉建亨、黃文楨，2011）：

◆贊同與社會肯定

同一社區之居民因地理環境接近及社區情誼的培養，會對彼此行為有相當程度之接受及贊同，而贊同會導致社會肯定，而形成社區規範，個人為維持友誼及接受肯定，會繼續依這套規範行事。

◆權利與地位

權利是能提供報酬的能力，當在報酬多數人需要且有其限制時，才有相對較高的價值。地位源自於不平等的交換關係，地位的獲得是一種累積的附加過程，地位高者，意味著他能給予社會需求上較稀有之報酬。

◆公平分配

公平係成本與酬賞兩者之配合，付出之成本越多，酬賞越大。

Homans指出利己主義、趨利避害是人類行為的基本原則，人人皆想在交換中獲取最大利益，致使交換行為成為一種相對的得失，而個人投資的大小與利益的多少，基本上是相對的，且是公平分配的。交換理論有六個基本命題，Homans將六個命題看成是一組命題系列，彼此之間相互關聯，他強調將六個命題綜合起來，就能解釋一切社會行為其理論之基本命題：

1. 成功命題（The Success Proposition）：個人的某種行為越能時常獲得酬賞，他將更可能重複該一行為。某一行為的獎賞越多、越快，重複的可能性越大。
2. 刺激命題（The Stimulus Proposition）：相同的刺激可能會帶來相同或相似的行為，此即「概推」（generalization）的觀念，個人有將行為延伸至相似環境的傾向。
3. 價值命題（The Value Proposition）：某種行為的後果對個人越有價

值，則他越有可能從事是項行動。

4.剝奪—滿足命題（The Deprivation-Satiation Proposition）：個人重複獲得相同獎賞的次數越多，此一獎賞對他的價值就越小，或個人因其行動結果獲得的利潤較大，他越有可能從事該行動。

5.攻擊—贊許命題（The Aggression-Approval Proposition）：該命題包括兩方面，一是個人的行動沒有得到期待的獎賞或受到未曾預料的懲罰，就可能產生憤怒情緒，而出現攻擊性行為；二是個人的行動得到預期的獎賞或未受到預料的懲罰，他會愉快喜悅，就會贊同這種行為。

6.理性命題（The Rationality Proposition）：個人會選擇較能帶來有價值結果及較能獲得有價值結果的行動。

四、人類行為的特質

1.人類行為是適應性的：人類行為傾向符合環境的要求並滿足本身的需要。

2.人類行為種類繁多：有外顯的，也有內隱的；有本能行為，也有後天習得的；有正常行為，也有偏差行為等。

3.人類行為是多變的：例如喜怒無常、破涕為笑、憂喜參半、一時衝動等，均屬多變的情緒行為。

4.人類行為是動態的：例如偏差行為經輔導後會消除，本來無不良嗜好的人，可能學習到不當行為。

5.人類行為是可控制的或可訓練的：尤其行為學派的心理學家認為人類行為是可控制的或可訓練的，可用一些方法更容易達成，例如正增強、負增強、懲罰等。

6.人類行為是生理、心理與社會性組織而成的：例如體力充沛（生理）、精神好（心理），更願意參與社交活動（社會）。

7.人類行為是發展性的：例如初生四個月的嬰兒會翻滾、七坐八爬、週歲慢慢可以走路，以後更會跑跑跳跳等，這都說明了行為的發展性。

五、環境的意義及種類

(一)環境的意義

環境是影響生存與活動的場所，從個人發展的觀點而言，環境係指個人生命開始之後，其生存空間中所有能對其發生影響的一切因素。以家庭環境為例，家庭是最基本的社會環境，應滿足兒少教育需求，讓孩子得到妥善的照顧，滿足孩子連續性的發展需求（Moreno-Manso, Sanchez, Guerrero-Barona & Blazquez-Alonso, 2010）。家庭環境是兒童發展階段的重要場所，是兒童多種需求的滿足和奠定人生基礎的地方，父母則是這些需求的提供者（翁毓秀，2008）。

(二)環境的種類

◆依性質分

1.物質環境（physical environment）：指人類所住的地球、房屋、所走的道路、呼吸的空氣、所吃的食物等，總之是提供人類物質生活的環境。

2.社會環境（social environment）：包括人及人類如何組織成單位的方式，這些單位包括家庭、團體、社區、社會、文化、社會階級及階層等。

◆依身體內外部分

1.內環境：指個人體內的環境，包括細胞內環境（含染色體、基因等）與細胞間環境（指細胞周圍的物質所形成的環境），就個人的成長而言，內環境會影響行為發展。

2.外環境：指個人體外一切能影響其身心發展的因素，可分為產前環境與產後環境；前者為胎兒在母體中九個月所處的環境，後者為個人由出生到死亡所處的環境。

六、影響人類行為的因素

(一)遺傳及先天

許多人類行為與遺傳有關，包括：

1.遺傳稟賦：智力的高低、健康狀況、氣質等，例如高智商的人反應較快，學習能力較強。Plomim（1994）研究指出，基因影響人類行為的社會發展，例如同理心、依附與社會能力等方面的發展，約有三分之一到二分之一的人類行為差異可以歸因於基因。

2.生理狀況：儀表、動作技能、身體器官、成熟等，例如一位早熟的國小五年級女生，可能會有意無意的對班上的男生「放電」，不過所得到的結果通常是「對牛彈琴」。

3.心理狀況：人格、興趣、自我概念、情緒、動機等，例如一個情緒不穩的人，常會出現罵人、打人、摔東西等行為。

(二)人格特質

◆A型性格

A型性格的心理特質說明如下：

1.A型性格屬於壓抑的性格，不能認同甚或阻斷個人的情緒經驗，以致未能覺察情緒的發生及存在，同時逃避疾病診斷及處置的訊息，而錯過適當診療的機會，衍生慢性病或使得病情加重，如偏頭痛、下背痛、胃潰瘍等。

2.A型性格防衛性高，雖不致對人產生對立的敵意，但不善於與人表露及分享個人內在的情緒經驗，因此情感經驗是較為封閉，思考較為僵化固著，總會限定個框架，而不靈活彈性變通，對現狀總是不滿。

3.A型性格期待獲得較高的社會期許，對自我充滿較高的信心，相信凡事可以盡個人力量完成，以符合「成功」的形象，或是以躋身非凡成就為努力的目標，認為休閒是一種奢侈的浪費。因此在所處的環境中奮鬥不懈，競爭性強，喜歡具挑戰性的工作，以追求高成就。

4.A型性格者其人際行為是說話速度快、音量大、有活動、好爭辯、常充滿情緒字眼、姿勢及表情呈緊張狀態、敵意強、具攻擊性。

◆B型性格

屬B型性格的人，個性隨和、生活較為悠閒、對工作要求較為寬鬆、對成敗得失的看法較為淡薄。

A型性格與B型性格兩者差異說明如**表1-2**。

(三)環境

1.物質環境：指個人一生中的食物、住所、交通工具、衣服及日用

表1-2　A型性格與B型性格

特徵	A型性格	B型性格
時間觀念	強烈的時間觀念、準時、緊迫感、沒耐心	對時間和限期漠不關心
對時間的規劃	短期	長期
說話	快、有力、好打斷他人	緩慢、無力
對未來的態度	焦慮、緊張	輕鬆
個性	進取、好動	隨和
典型的職業	推銷員	決策者
工作速度	快	慢
對壓力的反應	忽略	瞭解且不在意
脾氣	易怒	不容易生氣
生涯模式	年輕有為	穩定持續的成功
工作與娛樂風格	個人運動，愛出風頭，競爭型	喜好參加群體運動
習慣	抽菸、喝酒、飲食過量、開快車、睡眠差、運動過量	適度的運動、適度的休息、放鬆
社交生活	渴望提升和被賞識	隨便
耐性	差	中等

資料來源：基督教醫院精神科（2012）衛教園地。

品，以及其他維持生活必需的環境。

2.社會環境：如家庭中父母的管教態度會影響子女的行為。而父母親的教育程度也會影響教養態度（Cheadle & Amato, 2011）。Cramer（2011）進行一項縱貫研究，從三歲到二十三歲成長長期追蹤研究發現，父母的教養方式可以預測孩子的成長；Nacak等人（2011）指出，父母的育兒知識與物質環境影響著兒童的道德價值。此外，學校中老師的教學方式也會影響學生的行為。在成人的世界中，職場、社團等成員的互動，也會影響行為的表現。

七、環境與人類行為互為影響

(一)環境影響人類行為

◆物質環境影響人類行為

物質環境影響個人體質、生活品質、壽命的長短、發展的機會、情緒及行為等，例如在低度開發國家的國民，貧窮者多、生活水準較低、死亡率高、國民平均壽命短、發展的機會不足；在高度開發的國家，國民所得及生活水準高、平均壽命逐年提高，可是卻遭受環境汙染，例如空氣及水汙染、殺蟲劑、農藥、食品化學添加劑及垃圾食物。

◆社會環境影響人類行為

人自出生以後，在家庭中成長，家庭教育開始讓兒童逐漸社會化，於日後進入學前教育、學校等教育場所，老師的教誨，兒童與兒童相互間的行為模式，以致於成年後進入大社會，整個社會的規範、價值觀、法律等有形無形的約束，均對人類行為造成直接或間接的影響。此外，社會環境對人類行為影響的觀點，包括人類可以在適當的關鍵時刻成就自我之外，環境也會限制人類作選擇的範圍，而環境的壓力也會使個人修正自己的目標與選擇的標準，幾個有關的概念列舉如下：

1.角色（role）：角色是依地位而來的行為模式，任何角色其行為模式並非固定不變，從出生到老年，在不同階段會有不同的角色，不同的角色其社會地位與工作責任均不同。我們的角色都是由別人對我們的期望所界定的，社會對於不同的角色都有不同的期望標準，稱為角色期盼（role expectation）（陳淑敏譯，2006）。人們為了符合社會賦予的角色期盼，便會做出符合社會期待的行為模式出來。

2.常模（norm）：常模一詞源於拉丁語，意即標準、規則或模式，社會生活要求個體適應一定的標準，這些標準就被稱為「常模」。對大部分的人而言，如果行為與大多數人行為一致，即表示是正常而可接受的行為，例如兒童不能或不願意適應常模，便被視為適應不良的兒童。

3.社會化（socialization）：社會化的主體是個人，讓個人不斷地從外在環境吸收新知、學習社會角色，經由既有的制度與文化，教導我們社會規範與價值，社會化的重要基礎是個人與社會的互動（吳逸樺，2006）。簡言之，從嬰幼兒就開始展開社會化的機制，透過父母、學校與社會教育，讓我們得以融入社會情境，亦即做出符合社會規範的行為模式來。

4.自我概念（self concept）：自我概念的形成是藉由個人的心理特質、環境、經驗和文化等因素互動產生而成，顧里（Charles Horton Cooley）相信人格產生於鏡中自我，或他人對自己之想法和感覺而來。自我概念指個人對自己的看法或評價，是人格的基本組成部分之一，自我概念中穩定或變化的趨勢可能代表了整個人格，由一定的知識結構組成，這些知識結構使得個體的生活經驗具有一致性（樂國安、韓威、周靜譯，2007）。

5.參考團體（reference group）：所謂參考團體是指人們在其日常生活中用以做比較、做模仿的團體（葉至誠，2015），例如，許多青少年喜歡某些明星，因此會以某些明星作為學習對象，這些明星就成了青少年的參考團體，他們的觀點及行為都深受這個參考團體的影響。

(二)人類行為影響社會環境

人類行為影響社會環境可分兩個層面來探討：

1.少數人的行為影響整個社會環境：例如為政者、教育家、思想家、宗教家、軍事家等，常因個人或少數人的一句話、一個觀點、一個行為而影響整個大社會，如孔子的思想一直影響現今的人。

2.多數人的行為影響整個社會環境：例如一群善心人士成立志工團體，在醫院、學校、社區從事志願服務，並一再的影響他人效法，讓志工人數越來越多，志工團體組織越來越龐大，終究造成整個大社會掀起一股「我為人人」的志願服務熱潮。

八、環境影響行為的定則

1.在個人的人格模式尚未充分定型，社會發展亦未成熟，則社會環境影響人類行為較多。反之，個人的身心發展均已成熟，則受社會環境的影響較少。以人生全程發展為例，兒童期由於人格發展尚未成熟，很容易受外界的影響，所以我們應該為他慎選玩伴，為他選擇優良電視節目，以免習得一些不好的行為。

2.環境之轉變程度極為重大或對個人造成嚴重損害，影響個人行為較多。以民國107年2月6日花蓮所發生的大地震為例，造成大樓倒塌人員死亡，災區民眾產生「創傷後壓力症候群」，在心理及行為上可能會陸續出現恐慌、焦慮、惡夢、失眠等症狀。

3.在某一特定社會環境內，許多人受到長期的親身經歷，會形成某些相同或相似的行為或人格特質。

4.從佛洛伊德精神分析論的觀點，幼年時期由於環境不良，所導致的行為偏差，會形成人格的基礎，以致終生很難糾正。即使成年後環境甚佳，其情緒及行為之偏差依然存在。

九、多元文化與性別議題

(一)多元文化

人無分種族（民族／族群）、性別、宗教、信仰、社會階層、特殊性，均應受到平等的對待，並獲得適性的發展。多元文化係指不同種族所產生的不同文化，而不同文化同時在同一地方出現並融入當地的生活中，便是多元文化。多元文化主要是在強調多元主體的議題，亦即多樣的文化認同。

(二)偏見、歧視、刻板印象、性別角色刻板印象、多元成家、同性戀

◆**偏見**

指對社會中某種團體普遍所持的負面態度與觀點。

◆**歧視**

歧視是一種行為，偏見是一種態度，歧視一詞最早出現在1866年美國強森總統的演講中，當時討論非裔美國人與公民權益問題。1958年國際勞工辦事處將歧視定義為任何以種族、膚色、性別、宗教、政治觀點、國籍或出身為基礎，而形成的一種區別、排斥或偏好，近年已將歧視擴大解釋到生活與法律各層面。

◆**刻板印象**

指對於任何社會團體或種族所持有的建構化信念，有正、負兩面，負面的刻板化印象往往是產生偏見的重要基礎，刻板化印象指社會對某一特定群體中的人，有一組簡化的、僵化的、過度類化的看法。亦即是人們對於不同的事物進行概括後形成的相對固定的看法，並且隨著自己認知能

力的增加，個體會將多數人的看法以及本身的認知，將周遭的人、事、物或觀念，依照共同的特性來加以歸類。

◆性別角色刻板印象

性別角色刻板印象（sex-role stereotype）是指以概括的特徵來標記男女，並有些共同的假定與期望，亦即因為性別的不同而認為性別該做什麼的特質，並且對此持有固定、刻板的看法。所以，當人們以性別來作為分類，賦予男女不同的特徵框架時，即產生了性別角色刻板印象。常見的性別角色刻板印象如下：

1.男性：傳統性別角色刻板印象中，男性是主動、主導、積極、進取、勇猛、獨立、理性、果斷、堅毅等，造成男性給人的感覺是陽剛的，從小被教導「男兒有淚不輕彈」的特質。
2.女性：傳統性別角色刻板印象中，女性是溫柔、文靜、被動、依賴、溫婉、性感、可愛、漂亮、脆弱等，造成女性給人的感覺是柔弱的，自小被教導成需具備體貼、溫柔、善解人意的特質。

◆多元成家

「台灣伴侶權益推動聯盟」推動「多元成家方案」，其目的乃在使各種形式家庭皆受到平等的法律保障，將家的定義從配偶與伴侶關係中解放出來，每個成年人都有權在自由意志下，選擇家人與成家方式。內容包括三個草案：

1.婚姻平權（含同性婚姻）草案。
2.伴侶制度草案。
3.家屬制度草案。

◆同性戀

同性戀者從認知自己的性取向到公開承認同性戀傾向的過程為「出

櫃」。一般而言，出櫃需要歷經四個階段，其順序為自我坦承→認識圈內人→向親友坦承→出櫃。

十、家庭與社會環境

(一)家庭的定義

◆家庭組成要件

根據《民法》第980條規定，男未滿十八歲，女未滿十六歲者，不得結婚。未成年人結婚，應得法定代理人之同意（§981）。此外，與下列親屬，不得結婚（§983）：

1.直系血親及直系姻親。
2.旁系血親在六親等以內者。但因收養而成立之四親等及六親等旁系血親，輩分相同者，不在此限。
3.旁系姻親在五親等以內，輩分不相同者。

◆收養

1.《民法》第1073條規範，收養者之年齡，應長於被收養者二十歲以上。但夫妻共同收養時，夫妻之一方長於被收養者二十歲以上，而他方僅長於被收養者十六歲以上，亦得收養。夫妻之一方收養他方之子女時，應長於被收養者十六歲以上。
2.下列親屬不得收養為養子女（§1073-1）：
(1)直系血親。
(2)直系姻親。但夫妻之一方，收養他方之子女者，不在此限。
(3)旁系血親在六親等以內及旁系姻親在五親等以內，輩分不相當者。

3.夫妻收養子女時，應共同為之。但有下列各款情形之一者，得單獨收養（§1074）：

(1)夫妻之一方收養他方之子女。

(2)夫妻之一方不能為意思表示或生死不明已逾三年。

◆社會變遷對家庭的影響

1.生活水準提升，經濟成長使家庭收入增加。

2.都市謀生機會多，各項公共設施普及，吸引大量人口與家庭集中都市。

3.家庭結構改變，老人問題興起。

4.生育率下降，離婚率升高。

5.婦女就業人口增加。

6.家庭結構改變。

(二)個人與家庭發展

◆家庭的本質

1.家庭是兩個人以上組合而成的團體。

2.家庭是經由血緣、婚姻或收養關係而形成的。

3.家庭成員間有心理與情感上的隸屬感。

4.生養與教育子女是家庭的重要任務。

5.家庭是最普遍的社會體制。

6.家庭是最能滿足個人身心需求的團體。

◆家庭生命週期

家庭生命週期（family life cycle）發展階段及任務（**表1-3**）：

1.婚姻調整期：新婚期，關係的承諾、角色規則的擬定、權力分配、人際界限、生兒育女的決定等。

表1-3　家庭生命週期發展階段與任務

家庭發展	發展階段	發展情況	發展任務
建立期	第一階段 （建立）	新婚無子女	1.婚姻關係的適應與協調 2.家庭規則的建立，如家務分工 3.雙方親屬的認識與熟悉 4.為人父母的準備
擴展期	第二階段 （初為父母）	新生兒～未滿2歲	1.初為父母的準備與適應 2.夫妻關係的調整與適應 3.親子關係的學習 4.子女間手足關係的適應與協調 5.家庭與學校的聯繫與溝通
	第三階段 （子女學前）	子女3～未滿6歲	
	第四階段 （子女學齡）	子女7～未滿11歲	
	第五階段 （子女青少年）	子女12歲以上	
收縮期	第六階段 （子女送出）	子女陸續遷出家中	1.中老年夫妻的調整與適應 2.退休生活的安排 3.為人祖父母的準備 4.父母與成年子女代間關係的調整與適應 5.成年子女手足關係的調整與適應
	第七階段 （中年父母）	子女遷出，空巢期	
	第八階段 （退休）	生計負擔者退休至二人去世	

資料來源：謝秀芬（2008）。

2.養育幼兒子女期：養育幼兒家庭，夫妻負起角色和職責，可能產生衝突。

3.養育學齡前子女期：混亂期，關心孩子安全，提供刺激機會讓孩子成長，學習獨立。

4.養育學齡兒童期：學齡子女家庭，除了「鑰匙兒童」外，還要協助孩子學會自己擔負學習責任。

5.養育青少年子女期：Carter與McGoldrick（1988）提出家庭生命週期可協助社工人員瞭解案主家庭生活方法之一種，此階段核心發展任務為「家庭界線的彈性化：接受孩子的獨立和祖父母的衰退」（引自謝秀芬，2008）。

6.子女準備離家期：發射中心期，孩子離家求學、結婚；其壓力在下一代的獨立、分離調適、適應岳父母或公婆的新角色。

7.空巢期：中年危機期，確立他們的伴侶關係，重新找到新的角色和規則。

8.孤寂期：退休到人生階段的完成，處理孤獨情緒、發展新生活意義、適應健康衰退、接受老化現象或再婚調適。

◆家庭特性

1.家庭是人類所有的社會組織中最普遍的一種，無論是在落後或文明的地區都有其存在。

2.可以滿足我們多種的基本需要，如生育、經濟的保障、求知等。

3.是最早與最久的社會環境，我們最早的祖先，就有家庭的生活。

4.是各種社會團體中最小的一個。

5.是孩子社會化的初始園地。

6.家庭是社會組織的核心，社會結構皆以此為基礎。

◆家庭的功能

1.生物功能：正當滿足性需要，養育子女、看護疾病、照顧老人等。

2.心理功能：發展人性、陶冶人格、孕育愛情、表現喜怒、發洩情緒、安慰痛苦等。

3.經濟功能：生產、消費、分配等經濟活動，家庭無不有之，成為社會一個最小的經濟單位。

4.政治功能：家長是統治者，培養子女的權威觀念和服從習慣，成為一個小型政府。

5.教育功能：啟迪知識、灌輸道德、指導行為、傳遞文化等。

6.宗教功能：崇拜祖先、傳授對超自然的信仰等。

7.娛樂功能：笑談遊戲、樂敘天倫。

◆家庭的變遷趨勢

1.擴大家庭日見減小，核心家庭日形增加。
2.一夫多妻的婚姻日漸減少，一夫一妻則成為法定的婚姻關係。
3.父權的家庭漸被削弱，平權漸見抬頭。
4.專制的日漸衰落，自由的日形發展，尤其在子女婚姻方面來說。
5.多種功能的漸漸減少，功能少的則在增加（以家庭的功能來說）。
6.組織嚴密的漸漸解組，比較散漫的日趨擴展。
7.比較永久性的漸形減少，暫時性的日形增多。

◆家庭的類型

1.核心家庭：由一對夫妻、或一對夫妻及他們未成年未婚子女組成。
2.通勤家庭：夫妻雙方因工作或其他原因分居兩地，以通勤方式在週末或假日相聚的家庭，又稱兩地家庭。
3.單親家庭：因喪偶、離婚或未婚生子女而形成。
4.重組家庭（繼親家庭）：再婚的形式，係由兩個成人的結合，以及前次婚姻中至少一方的繼子女共組家庭。
5.雙生涯家庭：雙生涯家庭即夫妻二人都有各自的工作與事業。雙生涯家庭的夫妻對個人的事業具有高度的承諾，並且視工作為自我實現與個人認同不可缺少的根本，他們視職業為事業。
6.折衷家庭：由一對夫妻、父母及未婚未成年子女組成，又稱三代家庭或雙層家庭。
7.隔代教養家庭：祖父母替代父母之角色，肩負起全部或大部分的教養責任，且因父母親與子女相處的時間很少，所以祖父母成為孫子女在學習及成長的重要人物。
8.同性戀家庭：同性別者組成家庭，共同生活。

◆家庭壓力

1.壓力定義：壓力是指個體來自外在或內在需要的事件，超出了個人、社會或組織系統所能因應的能力。描述人們遇著壓力後出現生理反應的過程，生理學家Hane Selye將這種生理對壓力的反應稱為「一般適應行為症候群」（General Adaptation Syndrome, GAS），此症狀分為三個階段：

(1)警覺反應期（Stage of Alarm Reaction）：大量的葡萄糖和氧氣進入腦部、骨骼肌和心臟，產生多種的生理現象，好準備對壓力源進行反應，會出現各種症狀如頭痛、疲倦、沒有胃口等。

(2)抗拒期（Stage of Resistance）：當持續暴露於壓力源時，體內會出現一系列複雜的神經生理變化，增加腺體分泌，抵抗力改變，產生適應性的疾病，如消化性潰瘍、高血壓，這時個體對原先的壓力源的抗拒力增強，但對其他的壓力源的抗拒力卻相對減少。

(3)耗竭期（Stage of Exhaustion）：壓力源持續太久時，個體無法抗拒則無法因應，警覺反應期的生理症狀又出現。

2.壓力來源：壓力在生活中無所不在，而且無法避免，造成壓力的原因可歸納為物理環境因素、人文環境因素、生理因素、心理因素。詳述如下：

(1)物理環境因素：物理因素如空間擁擠、交通混亂、空氣汙染、溫度變化、環境變遷等都會形成壓力。

(2)人文環境因素：文化環境的差異、角色要求、政治、經濟、教育等，因此出國、遷居、結婚、轉換工作、教育政策改變等都會形成壓力。

(3)生理因素：遺傳、飢餓、口渴、頭痛、發燒、睡眠等都會形成壓力。

(4)心理因素：挫折、衝突、壓迫感、焦慮等都會形成壓力。

3.家庭壓力理論——ABC-X模式（ABC-X Model）：壓力是否會造成危機，壓力源事件本身、面對壓力的可用資源、對壓力事件的看法，及這三個因素交互作用，都影響對壓力事件處理的結果，當處

理不當就會造成危機。

(1)壓力源事件——A因素：凡會造成系統中結構、目標、角色、過程、價值觀等的改變都稱為壓力事件，壓力事件可分成可預期與不可預期兩種。

①可預期的壓力事件是日常正常生活的一部分，如子女結婚或進入空巢家庭生命週期的改變、生命的誕生或死亡、子女的就學、退休等。

②不可預期的壓力事件包括自然的災害、失業、交通事故、甚至中獎等事件，這些不可預期的壓力事件常給家庭造成比可預期的壓力事件更大的衝擊，而使得家庭系統失去平衡狀態。

(2)擁有的資源——B因素：當壓力事件產生時，若個人或家庭有足夠、適當的資源去面對壓力，那麼壓力事件較不會困擾這個系統；反之，系統容易失去平衡而陷入混亂。資源可分為下列三種：

①個人資源：如個人的經濟能力、影響問題解決能力的教育背景、健康狀況等。

②家庭系統資源：指家庭系統在應付壓力源的內在特質，如家庭的凝聚力、調適及溝通。愈是健康的家庭系統，愈有能力應付家庭壓力。

③社會支持體系資源：所謂社會資源指提供家庭或家庭成員情緒上的支持、自尊上的支持、物質上的支持與及其他支持網絡。

(3)壓力事件的界定——C因素：對壓力事件的處理，除上述兩個因素之外，也受到對壓力事件界定的影響，壓力事件發生時家庭若以樂觀處之，則可以澄清問題、困境與任務，可更容易面對壓力源；也可以減少面對壓力源事件的心理負擔與焦慮的強度；此外，亦能激勵家庭成員完成個人任務，以提升成員的社會及情緒的發展，壓力是一個中立的概念，它不一定是正向也不一定是負向。

(4)壓力的高低程度或危機——X因素：壓力既然是是一個中立的概念，那麼它給家庭帶來的衝擊不一定是壞的，壓力會形成問題只有在壓力大到系統陷入混亂、個人感覺不滿或出現身心症狀時。因而壓力的高低程度，全憑家庭對壓力源事件的定義，及是否有足夠的資源去因應。根據Boss（1988）提出對危機的界定有三：一個平衡狀態的嚴重失序、非常嚴重的壓力、非常劇烈的改變。

十一、社會工作專業多層面架構案例說明

社會工作者為了對人類整體功能進行瞭解，社會工作者需要對人類的生活與經驗加以評估，並將假設運用到每個基本層面及其潛在功能，建立生理、心理、社會層面的假設，可檢視有關的相關因素，並對案主功能提供解釋，在評估時可協助社工蒐集相關資料與發問，多層面架構層次的運用說明如下：

(一)生理層面評估

1.注意個體生理成長、成熟與發展過程。

2.注意個體生理遺傳、基因問題等先天性危險因子。

3.注意個體的潛能與擁有的資源。

(二)心理層面評估

1.注意個體的認知能力與資訊處理技能。

2.注意個體的溝通互動技巧。

3.注意個體的生活和工作態度。

4.注意個體面對環境壓力和情緒的自我管理能力。

5.重視個案的社會認知和價值觀。

6.注意個案的心理危險因素。

(三)社會層面評估

1.注意個體的家庭、團體、支持系統與社會網絡。

2.注意個案的社會地位、職業、階層、性別、族群和多元文化的考量。

3.必須考量個體的社會危險因子和高風險的影響因素。

(四)環境層面評估

1.注意個體的家庭、學校、社區、職場等社會環境的影響因素。

2.注意個體的民情、風俗、民德和生態文化等影響因素。

3.考慮個體所處的國家政策、政府制度、法律規範等影響因素。

【舉例說明】

剛升上小學四年級的案主為學習障礙兒童，就讀普通班級，因行為有明顯好動狀況，無法專注學習，老師經常考慮是否使用藥物協助他。案主父親因有吸毒問題，為滿足毒癮需求，鋌而走險搶劫銀行被逮入監服刑，留下案主、案姐、案弟與案母。

案姐為了分攤家計，利用課餘時間到住家附近打工，下班途中不慎遭公車撞倒，雖大難不死卻重傷致殘，案母因內疚與焦慮情緒起伏不穩定，依賴安眠藥入睡，對於案主及案妹容易動怒，案主曾在學校被老師發現身上有多處不明瘀青，案主表示是案母打的，因此遭學校多次被通報虐待。

十二、人類行為與社會環境研究方法

本章以觀察研究法（observation survey）、個案研究法（case study）及跨（泛）文化研究（cross-culture study）做說明。

(一)觀察研究法

觀察研究法屬於一種科學的研究方法，觀察意指集中注意力在某個對象，做有系統的記錄，並依觀察內容做正確的判斷，包含留意、注意觀察對象、有系統的記錄和行為判斷四個步驟（廖信達，2008）。分為直接觀察法與間接觀察法，分述如下：

◆直接觀察法

觀察法有助於瞭解、溝通、預測及控制人類行為，直接對個體的觀察，藉以蒐集研究資料。又分為自然觀察法（natural observation）與控制觀察法（controlled observation），說明如下：

1.自然觀察法：研究者以旁觀者的地位，觀察個體在自然情境下的活動，所進行的觀察，又稱為田野觀察，在此種觀察活動中，受試者比較容易表現真實的行為。通常有下列四種：

(1)時間取樣法：在固定的時間間隔內，觀察預先選定的行為，如每天上午9:00～9:30為觀察時間。

①優點：

- 省時省力，可在短時間內獲得大量資料。
- 觀察資料容易量化，統計分析方便。

②缺點：

- 無法獲得行為背景、因果關係、行為發生過程及結果等有關「質」的資料。

- 只專注設定的目標行為，期望看到其中的行為出現，可能造成預期行為發生的現象。
- 觀察前需要花較多的時間練習及準備相關工具，並且應接受訓練。

(2)事件取樣法：僅觀察、記錄所欲研究的事件（內容），如語言、社會行為、攻擊行為等。

①優點：

- 對於行為及事件發生的情境，有詳細的描述，可以深入地瞭解、分析行為的背景、過程和結果。
- 能綜合運用敘述性描述法和符號記錄法。

②缺點：中斷了行為的連續性，對事件以外可能的影響較無法全盤掌握。

(3)軼事記錄法：觀察者記錄重要的或覺得有趣的個體行為，通常在行為的事後記錄。

①優點：

- 最容易的記錄法，不需要安排特別情境、範圍、時間。
- 提供研究者瞭解受試者行為的詳細資料。
- 記錄到重點資料。

②缺點：

- 觀察記錄不易撰寫。
- 極易受偏見影響而選擇所記錄的行為。

(4)日記法：最初使用於研究嬰兒的生長與行為的發展，且是在家庭中觀察自己子女或其他親屬，需要每天觀察，時時記錄（黃志成、高嘉慧、沈麗盡、林少雀，2008）。

①優點：

- 記錄詳盡，可提供一些細節和永久性資料。
- 能瞭解幼兒發展和環境的關係。

②缺點：

- 難以避免觀察者的主觀偏見。
- 較費時費力。
- 樣本太少無法作推論。

2.控制觀察法：研究者預先設計某種情境來影響個體的行為，在人為控制的環境中進行的系統觀察，然後觀察、蒐集研究資料，包含對場地的活動內容加以控制、記錄受試者的行為表現。

(1)實驗法（experimental research）：指研究一個假定有效的因素如何影響行為（陳萍、王茜譯，2005）。在影響個體行為的諸多因素中，除一或二因素（自變項）外，餘皆加以控制，然後觀察自變項改變時，對依變項所產生的影響，藉此方法可用以確立變項間因果關係。亦即實驗法可提供因果關係的推論。

(2)測驗法（test method）：以一組標準化過的問題或一些作業讓個體回答，從其結果來瞭解個體的某些特質，如智力測驗、人格測驗、性向測驗、興趣測驗等。

◆間接觀察法

1.問卷法（questionnaire）：採用問卷為研究工具蒐集研究資料的一種方法。受調查者填寫文字式的問卷，研究者分析受調查者對問卷中所列問題的反應，從而瞭解受調查者的意見或態度。其運用方式可分為：個別訪問、團體施測、電話調查、郵寄問卷等。不同的研究法問卷會有不同的回收率，以上述四種方法為例，個別訪問的回收率最高，郵寄問卷的回收率最低。

2.晤談法（interview）：詢問受訪者的態度、意見或生活等資料。

(1)優點：獲得第一手資料。

(2)缺點：易受調查者成見的影響、受訪者可能作不實的回應。

3.評估法（rating）：研究者就研究內容擬定好項目，請受試者的關係人就每一項目評定等級。例如：

嬰兒在洗澡時的活動情形如何？

□A.很頻繁 □B.頻繁 □C.有點安靜 □D.很安靜

◆觀察研究法的優缺點

1.優點：

(1)可以蒐集「非語文行為」：例如想瞭解還沒有語文能力的嬰幼兒的行為可使用觀察法。

(2)在自然情境下蒐集資料：觀察研究可以藉由設計來觀察受試者的行為，但大部分的情況都是在自然的情境下。

(3)可以蒐集縱貫的資料：人的發展是有持續性的，必須要透過一系列的觀察才可得到更深入與詳細的資料，而觀察者可以持續觀察特定行為，也可以在一定的間隔時間內做追蹤調查。

(4)若為質化的研究，將是獲得一手資料的好方法，而觀察者在研究情境中，可獲得量化研究無法取得的資料。

2.缺點：

(1)如採自然觀察，研究者無法控制情境，因此外在效度不高。

(2)觀察活動的進行較為複雜，過程變化快，因此不易量化。

(3)觀察費時費力，所以常採用小樣本，無法推及較大研究範圍。

(4)可能會有研究倫理上的限制，例如可能侵犯他人隱私權。

(5)觀察員個別差異行大，訓練不易。

(二)個案研究法

以一個個體為對象，有系統地從個體本身與其關係人蒐集有關的資料，包括出生史、嬰幼兒期之情形、家庭狀況、社區自然及人文環境、學校生活等狀況。蒐集的方式可為觀察、心理測驗、醫學檢定、評估等，將所得資料作科學診斷、分析，提出改進意見。

(三)跨（泛）文化研究

跨文化是對來自不同文化、次文化和種族的參與者在某一方面的發展加以觀察、測驗和比較（陳淑敏譯，2006）。跨文化研究的目的可以去發現兩個（或數個）文化間，人們的行為有哪些相同或不同之處，特別要去瞭解造成不同行為的原因，作為彼此互動或教育的參考，例如海峽兩岸的人民在歷經數十年不同的政治、經濟、教育、社會體制的薰陶之下，雙方人民在思想、觀念、行為上有何差異？

十三、研究倫理議題

美國心理學會（The American Psychological Association, APA）特別為研究參與者的權益，以及對研究參與者在研究程序中的保護制定了指導規則以保護研究參與者（林美珍、黃世琤、柯華葳，2007）。研究倫理可依研究過程區分為研究計畫執行前、研究計畫執行中、研究計畫執行後。

(一)研究計畫執行前之倫理議題

1.志願參與：不可強迫任何人參與研究，參加者必須是出自於自願性質的。

2.事先告知（知會同意）：告知參與者研究的目的、研究的內容、期限、任務、可能的傷害或影響、參與的利益等。

3.不可有生理傷害：研究者不應該讓參加研究者有生理上的傷害，研究進行前就需要預期到可能發生的風險，並且盡可能排除高危險群的參與，如患有精神、心臟、血壓或其他疾病患者的參與。

4.不可有心理傷害或壓力：許多研究會藉由受試者在研究中的焦慮或不愉快的情境中瞭解受試者如何回應或承受，使得受試者產生了不好的感受，研究應避免這種負向的感受。

5.尊重案主自主原則：研究者應尊重參加研究者的意願，但必須注意兒童與青少年的參與者必須取得其父母或監護人之同意。

6.不可欺騙、隱瞞：明確告知研究所有相關內容。不誠實或欺騙是科學研究的一項主要禁忌（朱柔若譯，2009）。欺騙與隱瞞都可能增加不信任與懷疑，不可告知受試者不實的訊息；若有必要加以隱瞞時，必須在事後詳細告知隱瞞原因。

(二)研究計畫執行中之倫理議題

1.研究者個人的身分認同：不可因研究者個人的性別、宗教信仰、族群、政治傾向、階級等社會背景的認同，而對參與者產生壓迫或不適感。

2.參與者可以隨時取消參與：參與研究者隨時可以中止參與研究進行之權益，且不必接受研究之相關處罰。

3.告知參與者各種應知的訊息：若因研究之必要，而事先必須隱瞞某些訊息，在研究之後必須詳細告知。

(三)研究計畫執行後之倫理議題

1.匿名性：研究者不得暴露參與者的身分，應保護其隱私權，參與研究者必須匿名，不得將其姓名公開。

2.保密原則：參與研究者之身分與資料必須保密，保密是指資料上可能會有參與者姓名或相關資料附在上面，研究者不可將這資料公開給他人知道。

3.妥善補償參與研究者的損失：若採取實驗研究，對照組與實驗組之間的權益不對等，則需在不影響實驗結果的情況下，以替代方案使兩組的福利盡量平衡。

4.資料分析須客觀中立：研究完成後之資料分析不可有主觀、偏袒的行為。

5.報導不能有直接或間接的傷害：研究結果的發表不可使當事人的權益受損或傷害當事人。

參考文獻

王淑楨（2017）。《台北市遊民社會福利需求之研究》。新北市：索引文化。

朱柔若譯（2009）Lawrence Neuman, W.著。《社會研究方法——質化與量化取向》。新北市：揚智文化。

何樹（2000）。〈類化原則〉。《教育辭典》。台北市：教育部。

吳逸樺（2006）。《圖解社會學》。台北市：易博士文化。

林美珍、黃世琤、柯華葳（2007）。《人類發展》。台北市：心理出版社。

翁毓秀（2008）。〈有無共病現象之精神科兒童及健康母親親職壓力之比較研究〉。載於靜宜大學青少年兒童福利學系主辦之「兒童及少年權益：行動與挑戰」學術研討會，頁120-144。

許文馨（2014）。〈學生偏差行為之管教與輔導〉。《台灣教育評論月刊》，3(10)，48-51。

陳淑敏譯（2006）。《社會人格發展》。台北市：華騰文化。

陳富美（2010）。〈家庭、學校與社區〉。載於張鐸嚴、何慧敏、陳富美、連心瑜合著之《親職教育》。新北市：國立空中大學。

陳萍、王茜譯（2005）。《發展心理學導論》。台北市：五南圖書。

彭懷真（2015）。《社會學導論》（修訂二版）。台北市：三民書局。

馮燕（2015）。〈兒童及少年福利的理論基礎〉。載於馮燕、張紉、賴月蜜合著之《兒童及少年福利》，頁31-56。新北市：國立空中大學。

黃志成、高嘉慧、沈麗盡、林少雀（2008）。《嬰幼兒保育概論》。新北市：揚智文化。

葉至誠（2015）。《老年社會學》。台北市：秀威經典。

葉建亨、黃文楨（2011）。〈整合社會資本與社會交換理論探討虛擬社群知識分享意願〉。《資訊管理學報》，18(3)，75-99。

廖信達（2008）。《幼兒行為觀察與記錄》。新北市：群英出版社。

樂國安、韓威、周靜譯（2007）。Schaie, K. W. & Willis, S. L.著。《成人發展與老化》。台北市：五南圖書。

鄭麗珍（2012）。〈生態系統觀點〉。載於宋麗玉、曾華源、施教裕、鄭麗珍合著之《社會工作理論——處遇模式與案例分析》，頁249-280。台北市：洪葉文化。

謝秀芬（2008）。〈家庭服務相關理論〉。載於謝秀芬、王行、王舒芸、李庚霈、傅從喜、鄭瑞隆、鄭麗珍合著之《家庭支持服務》，頁30-57。新北市：國立空中大學。

簡春安、趙善如（2010）。《社會工作理論》。台北市：巨流。

魏美惠（2009）。〈新台灣之子的能力較差嗎？從多元能力與生態系統理論剖析〉。《台灣圖書館管理季刊》，5(4)，47-57。

Bandura, A. (1977). Self-efficacy: Toward a unifying theory of behavioral change. *Psychological Review, 84*, 191-215.

Bandura, A. (1978). The self system in reciprocal determinism. *American Psychologist, 33*(4), 344-358.

Blau, P. M. (1964). *Exchange and Power in Social Life*. New York：Wiley.

Blumer, H. (1969). *Symboic Interactionism: Perspective and Method*. Englewood Cliffs, NJ: Prentice-Hall.

Breedland, I., Van, S. C., Leijsma, M., Verheij-Jansen, N. P., & Weert, W. E. (2011). Effects of a group-based ercise and educational program on physical performance and disease self-management in rheumatoid arthritis: A randomized controlled study. *Physical Therapy, 91*(6), 879-893.

Bronfenbrenner, U. (1979). *The Ecology of Human Development by Nature and Design*. Cambridge, Mass: Harvard University Press.

Boss, P. (1988). *Family Stress Management*. Newbury Park, CA: Sage.

Cheadle, J. E., & Amato, P. R. (2011). A quantitative assessment of lareau's qualitative conclusions about class, race, and parenting. *Journal of Family Issues, 32*(5), 679-706.

Cramer, P. (2011). Young adult narcissism: A 20 year longitudinal study of the contribution of parenting styles, preschool precursors of narcissism, and denial. *Journal of Research in Personality, 45*(1), 19-28.

Dhillon, P. (2011). The role of education in freedom from poverty as a human right. *Educational Philosophy and Theory, 43*(3), 249-259.

Faules, D. F., & Alexander, D. C. (1978). *Communication and Social Behavior: A Symbolic Interaction Perspective*. Massachusetts: Addison-Wesley Publishing Company.

Freud, S. (1965). Creativity: Theoretical and methodological consideration. *Psychological Record, 15*, 217.

Germain, C. B., & Gitterman, A. (1976). Social work practice: A life model. *Social Service Revice, 50*(12), 601-610.

Kroeber, H. L. (2011). Prosocial personality. *Nervenarzt, 82*(1), 37-42.

Mead, G. H. (1934). *Mind Self and Society: From the Standpoint of a Social Behaviorist*. (Edited by Charles W. Morris). Chicago: University of Chicago.

Moreno-Manso, J. M., Sanchez, M. E. G. B., Guerrero-Barona, E., & Blazquez-Alonso, M. (2010). Pragmatic competence and psychosocial adaptation in children in protective care. *Salud Mental, 33*(4), 333-340.

Nacak, M., Yagmurlu, B., Durgel, E., & van de Vijver, F. (2011). Parenting in metropole and Anatolia samples: The Role of residence and education in beliefs and behaviors. *Turk Psikoloji Dergisi, 26*(67), 85-104.

Piaget, J. (1950). *The Child's Conception of Number*. London: Poutledge & Kegan Paul.

Plomim. R. (1994). Nature, nurture, and social development. *Social Development*. *3*(1), 37-53.

Waston, J. B. (1913). Psychology as the behaviorist view it. *Psychological Review, 20*, 158-177.

Chapter 2

嬰幼兒期

一、發展的基本觀念
二、嬰幼兒發展之生理特徵
三、認知發展理論
四、情緒發展
五、智力發展
六、社會行為的發展
七、語言發展
八、遊戲的分期（發展）
九、道德行為的發展
十、人格發展
十一、氣質
十二、依戀
十三、嬰幼兒社會發展層面
十四、發展遲緩

一、發展的基本觀念

(一)發展（development）的概念

兒童的早期是各項優質發展的重要關鍵期（Pool & Hourcade, 2011）。在嬰幼兒的成長過程中，有許多的因素會對嬰幼兒的發展產生負面的影響，如基因異常、生理及代謝異常、疾病、感染、中樞神經受損及不利環境等等，都被視為障礙的危險因子，當兒童危險愈在發展早期出現，就愈不利兒童的整體發展與成長（許素彬、張耐、王文瑛，2006；黃志成、王麗美、王淑楨、高嘉慧，2013）。尤其胎兒酒精症候群影響最是嚴重，意指在懷孕時期，母親如果過量飲酒或酗酒，容易造成胎兒發展遲緩，最嚴重的後果是面部畸形和中樞神經系統功能障礙（Paley & O'Connor, 2011）。此外，Volk、Hertz-Picciotto與Delwiche（2011）也發現，母親在懷孕期間的居住環境，如果是在廢氣汙染嚴重的高速公路旁或是抽菸，與生出自閉症兒童有相關。除此之外，資源匱乏的家庭，例如貧窮家庭的孩子們，因為家庭的貧窮，也會直接和間接的累積壓力，加劇影響貧窮的孩子其社會發展（Shang, Fisher & Xie, 2011）。Kobrosly等人（2011）也指出，兒童早期貧困的社會經濟條件，會影響成年後的教育成就。兒童成長階段提供充足營養與體育運動，均能促進兒童身心健全發展（Hartman, Hosper & Stronks, 2011）。

一位新生兒被生下來發展是否健全，早有篩檢的依據，針對新生兒篩檢通常以「亞培格量表」（Apgar Scale），亞培格量表是由Apgar（1965）所發展出來判定新生兒健康的量表，它能讓我們在胎兒出生的前幾分鐘內，有效評估胎兒整體的狀況，評分項目包括外表（皮膚）、脈搏（心跳）、臉部表情（反射興奮力）、活動（肌肉緊張度）。亞培格量表首次發表在1952年的美國麻醉學會年會上，並在1953年正式出版論文。評分時間從出生後一分鐘、五分鐘、十分鐘各一次。從五個客觀的項目來評

表2-1　亞培格量表評分標準

項目	0分	1分	2分
心跳（脈搏）	沒有心跳	每分鐘少於100下	每分鐘多於100下
呼吸	沒有呼吸	慢而不規則，哭聲弱	良好，哭聲宏亮
肌肉張力（活動力）	沒有活動力	四肢只能微弱彎曲	四肢有良好活動力
外觀（膚色）	全身呈現缺氧的青灰色或偏白	身體膚色正常，但四肢呈青灰色	全身膚色呈現正常的粉紅色
臉部反應（反射）	抽取口鼻羊水時，完全沒有反應	抽取口鼻羊水時，只有臉部有反應	抽取口鼻羊水時，哭鬧有活力

資料來源：引自劉仲康、鍾金湯（2015）。

分：「心跳速率」、「呼吸」、「肌肉張力」、「外觀膚色」、「面部刺激反應」從0～2分，10分為滿分（**表2-1**）。如果加起來7～10分為正常，4～6分需要某些處置，3分以下則須馬上進行急救。

(二)發展的原則

從受孕的那一刻開始，父母親的基因就影響胎兒的發展，亦即指個體自有生命開始，其生理上（如身高、體重）與心理上（如語言、行為）的改變，其改變的過程是連續的、緩慢的，其改變的方向係由簡單到複雜，由分化到統整，而其改變的條件，乃受成熟與學習，以及兩者交互作用之影響。影響發展交互作用的動力包括（林美珍、黃世琤、柯華葳，2007）：

1.生物學的動力：包括所有影響發展的遺傳與健康相關的因素。

2.心理學的動力：包括所有影響發展的內在知覺、認知、情緒與人格的因素。

3.社會文化的動力：包括所有影響發展的人際、社會、文化與種族因素。

4.生命週期的動力：反映差異在相同事件，如何影響不同年齡的人。

黃志成、王淑芬、陳玉玟（2012）指出，發展過程的一般原則包括：

◆幼稚期長可塑性大

從學習的關鍵期來看，許多動作技能、社會行為、語言等學習的關鍵期大多在幼年時期，也就是說幼兒的可塑性較大，學習事物的能力愈佳。Geddes、Frank與Haw（2011）指出，兒童早期干預的措施，可以增進兒童認知與社會發展。

◆早期發展是後期發展的基礎且早期發展較後期發展重要

因為早期發展的基礎很快的會發展成習慣模式，而這些習慣模式不論對幼兒適應是好或是壞，有益或有害，都會有持續的影響。Harden和Whittaker（2011）指出，兒童早期的家庭環境品質可以預測孩子後期的發展，包括認知、學習與行為。

◆發展模式是相似的

嬰幼兒的發展模式具有相似性，如嬰幼兒動作發展的順序，最先只能臥著，然後可以抬頭，繼而可以坐著，然後可以爬行，而後可以扶著東西站立，一直到可以自己行走、跑、跳。

◆發展常遵循可預知的模式

雖然每個嬰幼兒的發展不是絕對相似，但一般發展常態的嬰幼兒都是一致的，均依照自然有規律的基本模式而發展。從胎兒期到嬰兒期的發展，最顯明的模式是：

1.從頭到尾的發展：即頭部發展在先，下肢發展在後，或稱頭尾定律。
2.從中心到邊端的發展：即軀幹發展在先，四肢發展在後，或稱近遠定律。

3.從整體到特殊的發展：全身的、整體的大肌肉活動在先，局部的、特殊的小肌肉活動在後。再如，幼兒心智的發展亦是可預期的，都是先由動作的發展，進而能運用具體的事物進行思考，最後到兒童後期才能慢慢發展抽象的思考境界。

◆發展歷程中有階段現象

有些學者認為人的發展是一個階段接著一個階段發展，當一個幼兒由一個階段邁向一個更高的階段時，即會有一些質或量的變化。

◆共同模式下有個別差異

由於個體遺傳互異，生長環境亦不同，使得每個人都有其獨特的發展歷程與結果。所謂個別差異，指的是速率（rate）及形式（pattern）的差異；速率的差別是指個體發展快慢有別；形式上的差異如容貌的差異、身高體重的差異、興趣廣狹的差異等（黃志成、高嘉慧、沈麗盡、林少雀，2008）。

◆發展是連續的過程

個體身心的發展是日以繼夜，夜以繼日，不斷的變化，整個過程完全是連續的；現在的行為是過去的延續，以後的行為又是現在的延續，且彼此相互影響，具有相關性。

◆社會對每一發展階段都有些期望

每一社會團體因其不同的文化特質，而對該社會中的嬰兒、幼兒或兒童的身心發展，都期望有一定的模式出現，如此除可藉以評斷該幼兒的發展常態與否，更可使成人能預先為幼兒下一階段的發展預作準備。

(三)發展的分期

Charlesworth（2008）認為，雖然文化不同，但發展分期均相同，分為嬰兒期、學步期、幼兒期、兒童期以及青少年期，將發展區為五期。有關發展的分期各家說法不一，筆者將兒童發展分為四期，說明如下：

◆**產前期**（prenatal period）

從受精至出生前為止，約266天，此期受精卵發育為胚胎，而後胎兒，除承受先人之遺傳特質外，子宮內環境亦可影響胎兒之成長，尤其在懷孕期間產婦若飲用過量酒精，可能會造成小孩過動行為。

◆**嬰兒期**（infancy）

從出生至滿週歲，為人類適應外界環境的第一年，營養與衛生保健是促進生長與發展最重要的因素。人一生最重大的關鍵時期正是嬰幼兒階段，此時環境的影響將塑造一生的體格、性格乃至於成就。

◆**幼兒期**（early childhood）

又稱學齡前兒童期，或兒童前期。約從一歲至六歲，為使幼兒有正常發展，營養、衛生保健及福利服務是值得重視的。

◆**兒童期**（childhood）

從六歲至十二歲，此期又稱為學齡兒童期或兒童後期。教育、衛生保健、營養及社會福利是促進生長與發展的重要因素。

(四)發展任務（黃志成、王淑芬、陳玉玟，2012）

◆**定義**

每個人在其社會中，都被期望著在生長階段表現適當的角色，實現這種角色的生長歷程稱為「發展任務」（developmental tasks）。

◆**嬰幼兒期的發展任務**

赫威斯特（Havighurst, 1972）所提嬰幼兒期的發展任務如下：

1.學習走路：嬰幼兒大約從一歲開始學習走路，兩歲的幼兒大都已學會走路了。
2.學習食用固體食物：四個月以前的嬰兒大都食用流質食物（如母乳、牛奶、稀釋果汁等），四個月以後的嬰兒開始食用半流質食物（如米湯、麥片糊等），基於消化系統的成熟以及適應日後生活的飲食習慣，約八個月以後的嬰兒開始學習食用固體食物（如去皮的吐司等）。
3.學習說話：一歲以前嬰兒的語言發展大都處在發音遊戲，一歲以後的嬰兒能發單音，四歲的幼兒已具備簡單的說話能力。
4.學習控制排泄機能：幼兒大約在一歲半左右，肛門的括約肌逐漸成熟，此時可以做大小便訓練，訓練時宜採行漸進方式，不宜太嚴格或操之過急，以免發生一些副作用。
5.學習認識性別與有關性別的行為和禮節：二、三歲的幼兒慢慢有性別概念，父母或教保人員可以開始實施性別教育。
6.完成生理機能的穩定：嬰兒自出生後，無論是飲食、排便、睡眠等行為都不穩定，父母親在帶領嬰幼兒時宜慢慢訓練穩定性，如飲食要定時定量，排便時間最好固定在早上起床之後，睡眠時間要固定且足夠。
7.形成對社會與身體的簡單概念：協助幼兒一方面要建立正確的人際互動觀念，如要聽父母師長的話；二方面要知道自己一天天的長大，所以要有足夠和均衡的營養，而且要有充足的睡眠時間。
8.學習自己與父母、兄弟姊妹以及其他人之間的情緒關係：例如教導幼兒去愛自己周遭的人，包括爸爸、媽媽、哥哥、姐姐、弟弟、妹妹，以及老師、同學、鄰居等；也教導幼兒不要隨便生氣，隨時保持和顏悅色。
9.學習判斷是非並發展良知：五、六歲的幼兒慢慢能夠判斷簡單的是非概念，良知道德逐漸萌芽，父母師長宜多給予指導。

(五)發展週期

人類發展的速率並非一成不變的，有時快有時慢，大致可歸納為下列四期：

1.迅速生長期：指個體從懷孕到出生後一週歲之間，嬰兒快速生長。
2.生長緩慢期：指兒童約在一週歲至十～十二歲（青春期之前），發展較為緩慢。
3.第二迅速生長期：兒童自青春期開始至十五～十六歲左右，又呈現快速發展。
4.第二生長緩慢期：少年自十五～十六歲以後，發展的速度又開始由顛峰下降，恢復到緩慢的狀態。

(六)發展與環境

◆產前環境

幼兒的非語言認知發展與母親在懷孕期間如處於較高的家庭壓力環境有相關，而母親生育的年齡與唐氏症的發生率有相當大的關係，唐氏症兒童常會伴隨先天性心臟病、先天性腸胃道畸形、視力、聽力缺損及智力障礙等，唐氏症幼兒生長較為遲緩，壽命比正常人短。

◆後天環境

1.幼兒發展的教育環境素養，不應只是自然科學，更要考量到藝術與文學的教育。
2.當幼兒進入寄養家庭的替代性服務，其後續的發展不如收養。
3.幼兒處在被打罵的虐待成長環境，則長大後有較高的犯罪行為比率。
4.父母對於家庭食物環境有較大的影響與責任，提升父母親的教養知能，建立健康的家庭飲食環境，是支持與幫助幼兒飲食健康發展，並且能避免肥胖率的發生。

5.早期的家庭環境品質可以預測幼兒後期的發展，包括認知、學習與行為。

6.早期的教育環境應以幼兒興趣與內在的動力作為考量依據，尤其特殊幼兒的教育更需以此作為考量。

7.育有幼兒的貧困家庭，幼兒得到必要的教育支援，可實現學業成功的機會，而家庭參與常被視為學業成功的關鍵。

(七)發展、環境與行為

1.嬰幼兒發展與日後學業成就及犯罪行為有關聯，其中包括四類潛在關聯：個人和家庭特徵、鄰里特徵、學校環境和公共政策。

2.幼兒期親子關係衝突與日後青少年階段反社會行為有部分是共存的。

3.幼兒的睡眠時間、規律性，與幼兒情緒及行為有相關性。

4.行為會受遺傳與環境影響，孩子的行為都有社會目的。

二、嬰幼兒發展之生理特徵

(一)體內生理特徵

◆心跳

嬰兒出生以後，心臟跳動速率顯著增加，而後又慢慢遞減，新生兒的心跳每分鐘約120～160次，平均心跳每分鐘約140次，約是成人的2倍（郭啟昱，2015）。若嬰兒休息狀態時心跳每分鐘超過160次、兒童休息時心跳每分鐘超過140次，就算心跳太快（詹聖霖，2016）（**表2-2**）。

表2-2　嬰幼兒心跳次數

年齡	新生兒	2歲	4歲	6歲以上
每分鐘心跳次數	110～150	85～125	75～115	60～100

資料來源：詹聖霖（2016）。

◆呼吸系統

新生兒的呼吸次數每分鐘約40次，約是成人的2倍，因此以成人的標準來看就會覺得喘，其實真正有問題的呼吸會是更快或是更用力，目視會有「肋凹」現象，所謂「肋凹」就是肋骨下緣、肋骨之間以及鎖骨上方的肌肉，在呼吸時，因用力而呈現凹陷（郭啟昱，2015）。

◆消化系統

主要的器官為胃和大小腸，新生兒的胃近於圓形，且呈水平位置，胃的容量快速增加中。嬰兒因幽門與賁門的作用未完全，因此乳汁常逆流於食道上，而常造成溢乳或吐奶，嬰兒胃容量小，消化快，宜少量多餐。在寶寶的消化系統發育成熟以前，難免都會有些腸胃問題。但寶寶消化系統的好壞，不但關係著營養素的吸收，也直接影響孩子日後的生長速度，因此，從小做好腸胃道保健非常重要（嘉義基督教醫院兒加病房，2012）。

◆排泄系統

新生兒每天平均排尿約20次左右，與每天進食之乳汁及開水有關。初次大便稱為胎便，出生後一、二天內排出，呈黑褐色富黏性，無臭味。

◆循環系統

主要的器官為心臟和血管，新生兒心跳快速而不規則，血壓也就不穩定。由於血管粗，故嬰兒血壓低，全身的血液重量約為體重的十九分之一。

(二)身高、體重的發展

◆身高

根據衛生福利部（2016a、2016b）兒童生長曲線百分位圖（**圖2-1**、**圖2-2**），分別介紹女孩、男孩身長（高）、體重和頭圍各生長指標之百分位圖。每張曲線圖上均有五條曲線；由上而下分別代表同年齡層之第97百分位、85百分位、50百分位、15百分位及3百分位。吾人可按嬰幼兒的性別，先找到橫向座標標示的嬰幼兒足月／年齡，再對照縱向座標標示之身長／身高、體重和頭圍數值，即可找到嬰幼兒在同年齡的百分位。以滿一歲男孩身長（高）76公分為例，其身長百分位圖大約座落在第50百分

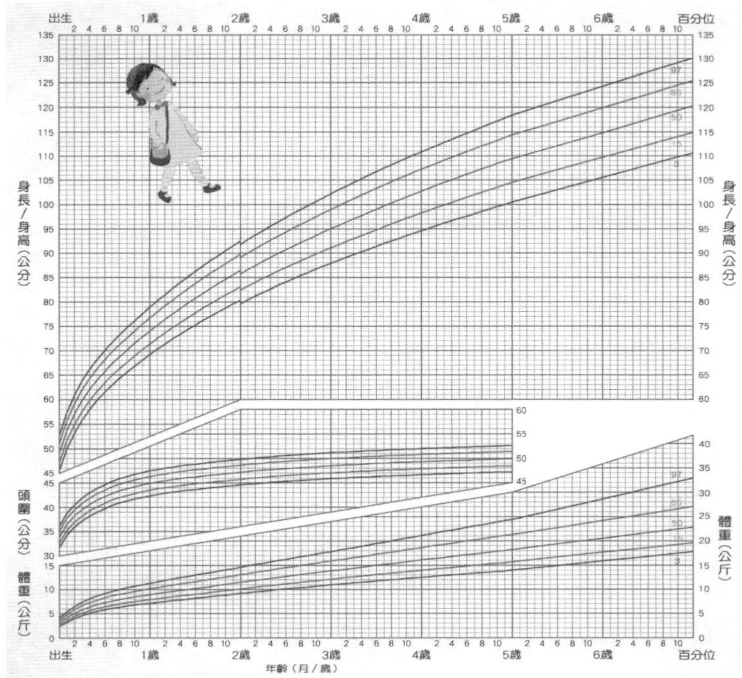

圖2-1　兒童生長曲線百分位圖（女孩）

資料來源：衛生福利部（2016a）。

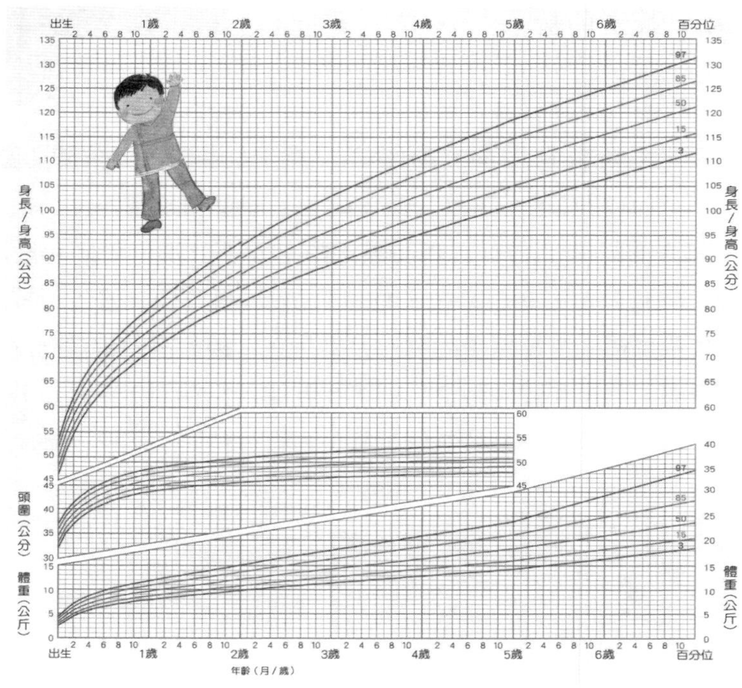

圖2-2　兒童生長曲線百分位圖（男孩）

資料來源：衛生福利部（2016b）。

位，就表示這個男孩的身長（高）是在一百位同一年齡層的嬰幼兒裡，排在中間的位置。兒童生長曲線圖的身長／身高圖，在二歲時之曲線有落差，主因在於測量身長／身高的方式不同：二歲之前是測量嬰幼兒躺下時的身長，二歲以上則是測量站立時的身高。

一般而言，嬰幼兒之生長指標若落在第97百分位及第3百分位的兩曲線之間，均屬正常範圍。如果超過第97百分位或低於第3百分位時，就要考慮嬰幼兒的該項生長指標有過高或過低之情形。

◆體重

嬰兒出生一週後，體重不再往下降而開始回升，出生兩週之內恢復到出生體重（國民健康署母乳哺育網站，2015）。出生嬰兒體重約3～3.2公斤，至第三個月末約為6公斤，滿週歲接近10公斤，二歲約12公斤，四歲約16公斤，六歲約20公斤。亦即如果同年齡的嬰幼兒呈現出正常分布，那麼「超過百分位97」和「低於百分位3」的人就算不正常（郭啟昱，2015）。兒童及青少年身體質量指數（BMI）如**圖2-3**所示。

年齡(歲)	男生			女生		
	過輕	過重	肥胖	過輕	過重	肥胖
	BMI＜	BMI≧	BMI≧	BMI＜	BMI≧	BMI≧
出生	11.5	14.8	15.8	11.5	14.7	15.5
0.5	15.2	18.9	19.9	14.6	18.6	19.6
1	14.8	18.3	19.2	14.2	17.9	19.0
1.5	14.2	17.5	18.5	13.7	17.2	18.2
2	14.2	17.4	18.3	13.7	17.2	18.1
2.5	13.9	17.2	18.0	13.6	17.0	17.9
3	13.7	17.0	17.8	13.5	16.9	17.8
3.5	13.6	16.8	17.7	13.3	16.8	17.8
4	13.4	16.7	17.6	13.2	16.8	17.9
4.5	13.3	16.7	17.6	13.1	16.9	18.0
5	13.3	16.7	17.7	13.1	17.0	18.1
5.5	13.4	16.7	18.0	13.1	17.0	18.3
6	13.5	16.9	18.5	13.1	17.2	18.8
6.5	13.6	17.3	19.2	13.2	17.5	19.2
7	13.8	17.9	20.3	13.4	17.7	19.6
8	14.1	19.0	21.6	13.8	18.4	20.7
9	14.3	19.5	22.3	14.0	19.1	21.3
10	14.5	20.0	22.7	14.3	19.7	22.0
11	14.8	20.7	23.2	14.7	20.5	22.7
12	15.2	21.3	23.9	15.2	21.3	23.5
13	15.7	21.9	24.5	15.7	21.9	24.3
14	16.3	22.5	25.0	16.3	22.5	24.9
15	16.9	22.9	25.4	16.7	22.7	25.2
16	17.4	23.3	25.6	17.1	22.7	25.3
17	17.8	23.5	25.6	17.3	22.7	25.3

說明：
一、本建議值係依據陳偉德醫師及張美惠醫師2010年發表之研究成果制定。
二、0-5歲之體位，係採用世界衛生組織（WHO）公布之「國際嬰幼兒生長標準」。
三、7-18 歲之體位標準曲線，係依據1997 年台閩地區中小學學生體適能（800/1600 公尺跑走、屈膝仰臥起坐、立定跳遠、坐姿體前彎四項測驗成績皆優於25 百分位值之個案）檢測資料。
四、5-7 歲銜接點部份，係參考WHO BMI rebound 趨勢，銜接前揭兩部份數據。

圖2-3　兒童及青少年身體質量指數（BMI）
資料來源：衛生福利部（2016c）。

(三)骨骼的發展（台北醫學大學附設醫院復健醫學部，2015a）

正常足月新生兒髖和膝關節都有20～30度屈曲攣縮，但約到嬰幼兒四至六個月可以伸直，而新生兒在髖關節伸直時外轉可至80～90度但內轉受限較多只能0～10度。前足相對於後足呈內收，足跟內翻約22度，腳尖朝下呈馬蹄足。在下肢的排列部分新生兒時期為中度膝內翻（O型腿），但到了六個月呈輕度膝內翻，一至二歲時則為膝蓋打直，但到了二至四歲時卻又呈現膝外翻（X型腿），五至七歲時膝直，整個成長的過程中宛如鐘擺現象（**圖2-4**）。

人類的腳由二十六塊骨頭構成，周圍有肌肉、韌帶、神經、血管等組織，嬰兒的腳柔軟，骨頭尚未發展成熟，一旦長期受到異常的壓力就容易產生變形。嬰兒的腳在出生第一年成長快速，很快就達到成人的一半大小，在這個時期有下列幾點是父母必須注意的（新竹馬偕紀念醫院，2014）：

1.隨時仔細觀察嬰兒的腳，注意是否有任何不尋常之處。

2.不要把腳包得太緊，否則會影響腳的活動、成長。

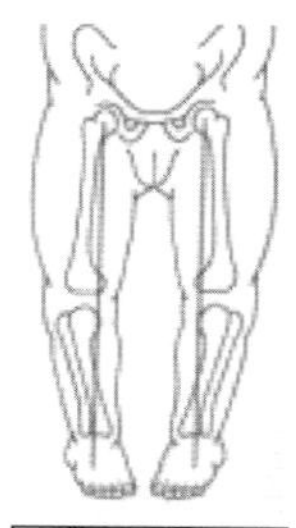

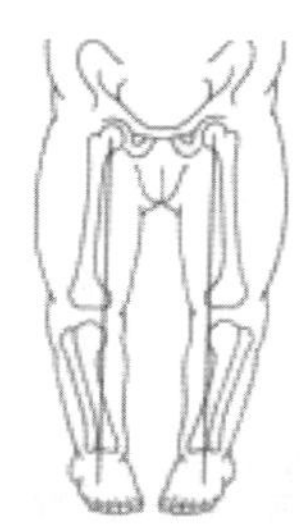

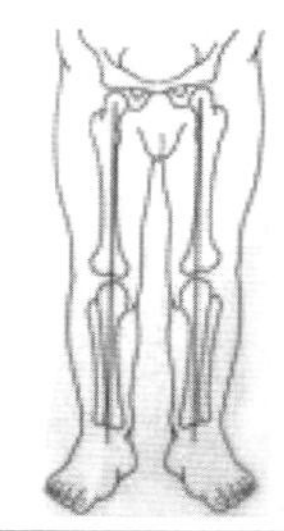

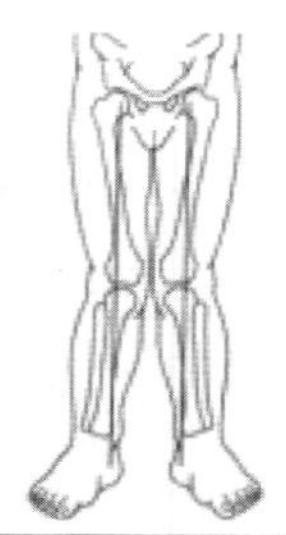

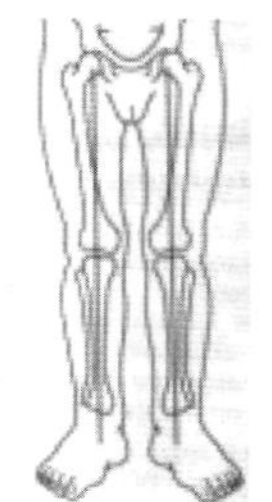

圖2-4　骨骼的發展

資料來源：台北醫學大學附設醫院復健醫學部（2015a）。

3.讓嬰兒的腳有活動的機會：嬰兒躺著時，喜歡將雙腳亂踢或做各種動作，這些會有助於未來走路的準備。

4.常幫嬰兒變換各種姿勢：長時間躺在同一姿勢，特別是趴著，會給下肢過多的壓力。

(四)肌肉的發展

幼兒肌肉柔軟而富彈性，隨著年齡的長大，肌肉逐漸堅實，肌腱的長度、寬度和厚度也逐漸增加。大肌肉在胚胎期已相當發達，到出生後發展很快，至三歲左右大致成熟，小肌肉則要到四、五歲後才慢慢發展。幼兒期肌肉的生長較骨骼為快速，適當的肌肉訓練，可以輔助神經系統良好的發展。人體能有效率的做出我們想要的動作，必須依賴於正常的肌肉張力，所謂的「肌肉張力」，簡單來說就是能夠活化肌肉共同收縮維持姿勢以抵抗重力，同時也能在重力的影響下允許身體做出動作，而且不會感到非常費力（李孟儒，2015）。

肌肉張力的增加或降低，都會導致下顎、唇、頰、舌頭等口腔運動範圍、力道、協調性受到影響。父母可藉由口腔按摩或誘發正常口腔運動等，訓練嬰幼兒閉唇、抿湯匙上食物等能力（台北醫學大學附設醫院復健醫學部，2015b）。肌肉發展關節發展里程碑如下（李孟儒，2015）：

表2-3　肌肉張力發展

年齡	俯臥	仰臥	坐	站
出生	1.頭偏向一側 2.頭輕微抬起	1.不對稱姿勢 2.四肢自發性動作	1.仰臥拉至坐時頭後仰 2.抱著時頭前彎軀幹彎曲	1.扶著腋下雙腳不承重 2.反射性跨步
2～3個月	1.前臂支撐時肘和肩可成一直線 2.具有側邊重量轉移能翻身至仰臥的力量	踢腿動作	1.幾乎在任何姿勢下頭能維持中線 2.支撐坐姿出現	扶著腋下雙腳不承重

（續）表2-3　肌肉張力發展

年齡	俯臥	仰臥	坐	站
3～6個月	1.抬頭並維持於90度 2.前臂支撐體重使胸離地	1.頭習慣保持在中線，對稱坐姿 2.下肢有交替踢直動作、兩手在胸前互碰	仰臥拉至坐，頭與身體可以保持一直線	扶著腋下雙腳稍承重
6～9個月	1.雙手承重 2.一手承重，另一手伸手出去拿東西 3.翻身 4.肚子貼地原地轉 5.肚子貼地向前爬	1.頭能抬離地面 2.用手抓自己的腳玩	1.支持性坐，軀幹直立 2.用手撐可獨坐 3.仰臥拉至坐，頭可彎曲超過膝蓋	1.扶著腋下走 2.雙腳完全承重
9～12個月	1.維持在四足爬姿 2.兔躍方式爬 3.用雙手雙膝交替爬		1.自己能從躺到坐 2.獨坐且兩手進行活動十分鐘而不跌倒 3.坐著可向前取物再恢復坐姿而不跌倒	1.手扶物體站 2.被牽雙手步行 3.扶著家具側行 4.在坐姿扶物站起
12～15個月	獨站	1.牽單手向前走 2.獨走 3.用爬的上樓梯 4.扶物上樓梯 5.扶物走下樓梯		1.在坐姿接住或推出滾球 2.坐姿下丟球站著往前丟球

資料來源：李孟儒（2015）。

低張力產生的相關問題包括：(1)姿勢控制的不穩定；(2)關節過度的可移動性；(3)軀體畸形；(4)呼吸問題；(5)口腔動作問題；(6)發展較慢。

(五)神經系統的發展

從胎兒受孕五個月後到出生後幾年，腦部進行著非常重要的組織化，右腦的發展在出生後頭兩三年尤其快速。在這個過程中，腦皮質神經元進行排列、對齊及分層；腦中數千萬個神經元之間產生連接，建立神經傳導的通道。在這個腦部神經發展旺盛且建立綿密神經網絡的過程中，適當的營養、早期環境的豐富性以及社會互動的經驗影響甚大。從懷孕前準

媽媽就要注意葉酸以及鐵的攝取，避免尼古丁、酒精以及藥物濫用，出生後提供母乳，給予腦部發展所需要的所有胺基酸以及脂肪等營養素，在六個月左右開始注意富含鐵的副食品添加（陳昭惠，2017）。

出生一個月的新生兒，因為神經系統不成熟，動作極不協調，而漫無目標，其動作多無特定意義且不受意識之控制，多屬反射動作，反射動作並受大腦皮質之控制，是屬於低層次之行為反應，反射動作之目的在擷取外界之訊息，以在大腦皮質中，建構訊息基模，其動作類型可以劃分為全身性活動及特殊性活動兩類（劭恩，2016）。

◆全身性活動

新生兒任何一處身體部位，受到輕微刺激時，都會引起全身性的肢體反應，全身性活動以軀幹及雙腳的活動度最大，頭部最小。新生兒全身性的活動量以清晨最多，中午較少，但午睡後又會增加。因為全身性活動，使得新生兒能量之損耗為成人的2～3倍，尤其哭泣時損耗量最多。

◆特殊性活動

新生兒之特殊活動，包括新生兒的反射作用，及一般性動作，也是漫無目的的動作，反射動作可分為：

1.對生存有意義的反射作用，如瞳孔、打噴嚏、眨眼、嘔吐、吞嚥、咳嗽、吸吮、舌頭吐舌反射動作。
2.全身屈曲的動作以及膝反射等。

(六)頭部發展特徵

剛出生的新生兒頭部與全身比較顯得較大，大約占身長的四分之一。頭腦是身體最重要的部位，頭腦的主要構造分別是大腦（cerebrum）、間腦（diencephalon）、小腦（cerebellum）以及腦幹（brainstem），這四個結構組成直接影響自主運動的控制（魏君同、涂瑞洪，2014）。尤其腦幹，是管制心臟、肺等內臟的自主神經活動，包括調節呼吸、心搏、血壓、消化、體溫、睡眠、飲食，維持機體生命，並維持意識，又稱之為「生命中樞」（葉炳強，2015）。

嬰幼兒的頭蓋骨尚未完全接合，尤其頭頂上的一個空隙，特別容易看到，稱為囟門，囟門又分為二，一在頭頂上前方，呈菱形狀，稱前囟（或大囟門），約在嬰兒長至十二至十八個月閉合。另一在頭頂後下部，呈三角形，稱後囟（或小囟門），約於嬰兒出生後六至八星期閉合。嬰幼兒到一歲半後才有優勢大腦的發展，初生嬰兒在前六個月中，主要是以較原始大腦腦幹的發展為主，負責呼吸、心跳、血壓以及初級的反射性行為，例如吸吮這種原始的反射行為，基本上是為了維持生命的基本所需，而在嬰兒五、六個月之後，大腦的中樞神經功能漸漸發展，讓他們開始對外界有較多的反應，對周遭環境易產生好奇心與濃厚的興趣，原始反射將開始慢慢消失（郭雲鼎，2012）。此時嬰兒會有想探索、抓握、學習的欲望，也會發展出較為精細的動作，例如四、五個月時，嬰兒兩手會交替或用手抓握東西；十一個月的時候，會以拇指、食指抓東西。

由於嬰幼兒的腦部發育尚未完全成熟，當嬰幼兒受到劇烈地搖動，搖晃的時間通常在五至十五秒或二十秒，每秒可晃動二至四下，搖晃時，頭部以頸部為軸心造成腦部很多方向的受力及加減速度而受傷，這就是所謂的嬰兒搖晃症候群，這種腦部的傷害主要是因為嬰幼兒的頭部占了約全身重量的25%（成人的比例為10%），且嬰兒腦部的水分含量較高，髓鞘化未完全，所以較成人的腦部柔軟且脆弱，而嬰兒的頸部肌肉較柔弱無力，所以被搖晃時在頭顱骨內腦部更容易被扭曲和壓迫，此時就造成了腦部程度不等的傷害（何啟生，2015）。值得注意的是，嬰兒腦部受傷或腦內出血後，初期症狀只是顯得嗜睡、無精打采、食慾不振等，往往讓照顧者誤以為是感冒等小毛病，不太在意，等到出現昏迷、嘔吐，甚至抽筋、呼吸窘迫等症狀時，才意識到事態嚴重緊急送醫，但此時卻已對嬰兒腦神經造成不可逆的傷害了，有時因未有正確診斷形成嬰兒猝死，讓家長以為孩子是不明原因而死亡（台灣兒科醫學會，2013）。

(七)牙齒的生長

一般來說，孩子平均是在六至八個月大時長第一顆乳牙，到了三歲左右，二十顆乳牙會陸續長齊。換牙大約從六歲開始，一直要換到十二歲左右，完全更換為恆齒（**表2-4**）。不過臨床上也曾發現有孩子四歲就開始長恆齒，或者到十歲時仍然滿口是乳牙的案例，這表示每個人長牙的狀況都不一樣、變異性也大，說不準孩子到底會在幾歲開始換牙或維持多久（王姻麟，2017）。

有一種長不出牙齒的疾病，叫做「先天性外胚層發育不良」

表2-4　兒童牙齒成長說明

		乳齒	恆齒
上顎	中門齒	7.5個月	7～8歲
	側門齒	8個月	8～9歲
	犬齒	16～20個月	11～12歲
	第一前臼齒		10～11歲
	第二前臼齒		10～12歲
	第一臼齒	12～26個月	6～7歲
	第二臼齒	20～30個月	12～13歲
	第三臼齒		17～21歲
下顎	中門齒	6.5個月	6～7歲
	側門齒	7個月	7～8歲
	犬齒	16～20個月	9～10歲
	第一前臼齒		10～12歲
	第二前臼齒		11～12歲
	第一臼齒	12～16個月	6～7歲
	第二臼齒	20～30個月	11～13歲
	第三臼齒		17～21歲

資料來源：羅士軒（2014）。

（ectodermal dysplasia），發生率最多約1/100000，是一群分類複雜且龐大的疾病之總稱，這類疾病的共同特徵為牙齒、頭髮、指甲、腺體等的發育異常，有的寶寶在出生的時候就已經有牙齒了，這種叫做出生牙（natal teeth），發生率約在1/2000～1/3000，除非有鬆動的情況，就要請牙醫師拔除以免掉進氣管造成呼吸阻礙，不然大部分都不需要特別處理（羅士軒，2014）。

「二要二不，從齒健康」政策

一要：睡前一定要刷牙，一天至少刷兩次。

二要：要有「氟」，包括使用含氟牙膏、每半年接受牙醫師塗氟及口腔檢查。

一不：不要傷害牙齒；少甜食，多漱口，絕對不要含奶瓶睡覺。

二不：不要以口餵食，家長們自己咀嚼過的食物不要再餵食寶寶。

表2-5　口腔及乳牙保健

年齡	兒童口腔保健注意事項
6個月～1歲	1.喝完母奶後，可用棉棒或紗布幫寶寶清潔牙齒、牙齦、口腔及舌頭（寶寶有吸吮反射，不會抵抗放進去的棉棒或紗布） 2.在長出第一顆牙後至1歲期間，就可以開始看牙醫，並每半年口腔檢查、衛教及牙齒塗氟 3.避免讓寶寶接觸到含糖飲料、添加物或果汁 4.在幼兒萌發第一顆牙齒後，夜間餵奶頻率儘量減少，並且在餵食後，以紗布沾含氟牙膏薄薄一層，幫寶寶清潔牙齒，以減少齲齒的發生 5.不要幫忙吹涼熱食或預先咀嚼食物；勿共用餐具 6.也可將薄薄一層含氟量1,000ppm的牙膏塗在刷毛上，幫3歲以下兒童潔牙 7.不要讓寶寶含奶瓶睡覺
1歲～1歲半	幼兒約12個月大左右時，開始積極養成使用杯子喝水、果汁的習慣，並戒斷使用奶瓶餵奶，避免齲齒的發生
1歲半～2歲	

(續)表2-5　口腔及乳牙保健

年齡	兒童口腔保健注意事項
2歲～2歲半	1.限制含糖高的食物，避免給予碳酸飲料，果汁及含糖飲料限制每天不超過125cc 2.當發現兩顆乳牙相鄰時，即可開始使用牙線（棒）幫幼兒潔牙及使用含氟牙膏刷牙
2歲半～3歲	由照護者使用小牙刷於用餐後幫幼兒清潔及使用含氟牙膏刷牙，務必將內、外側及咬合面刷乾淨，確實完成清潔
3～6歲	1.使用含氟量1,000ppm的牙膏，以豌豆般大小的牙膏量，幫助3～6歲兒童刷牙 2.由照護者教導、監督幼兒的刷牙動作，於睡覺前，必須幫寶寶清潔牙齒 3.記得每半年一次牙齒塗氟、衛教及口腔檢查，如：乳牙萌出時間、順序及咬合情況、有無齲齒、牙齦炎、上下顎骨發育是否協調、有無吸手指、吸奶嘴等情形，都會影響牙齒的萌發與排列 4.恆牙第一大臼齒長出後，就要至牙醫院所接受窩溝封填服務

資料來源：衛生福利部（2016d）。

三、認知發展理論

(一)皮亞傑的認知發展理論

瑞士兒童心理學家皮亞傑（Piaget, 1950）的認知發展理論分為四個階段，分述如下：

◆階段1：感覺動作期

約出生至二歲，其發展特徵為：

1.物體恆存概念：所謂物體恆存即表示是東西永遠存在，出生至四個月的嬰兒缺乏物體恆存概念，通常他眼睛沒看到的東西就表示不存在，例如手上的玩具掉了是不會找的；約到四至八個月的嬰兒，發展成「部分物體恆存概念」，例如手上的玩具掉了，有時記得所以會找的；但有時不記得，所以不會找；八個月後的嬰兒，已具備物體恆存概念，手上的玩具掉了，通常記得要找回來。當嬰兒有了物體恆存概念之後，即使沒有看到媽媽，他會用眼神、哭鬧來找媽媽。

2.時間知覺只限於現在：處在感覺動作期的嬰幼兒，通常無法記得昨天發生了什麼事，更不會知道明天要去保母家，其時間知覺只限於現在，也就是說缺乏過去與未來的概念。

3.空間知覺只限於目前狀態：例如在客廳玩耍的嬰幼兒，他很難想像隔壁還有臥室或廚房，只能注意到他目前使用的客廳。

4.初步知道方向與目的：處在此期的嬰幼兒，已初步知道前後左右之方向與所欲到達之目的，例如他要媽媽抱時，他能知道媽媽在他的右邊，並能用爬（或走）的方式接近媽媽。

◆階段2：準備運思期

約從三歲至六歲，此期幼兒是以直覺（intuition）來瞭解世界，往往只知其一而不知其二，故亦稱為直覺智慧期，幼兒開始運用語言、圖形或符號代表他們所經驗的事物。此期的認知為自我中心概念，說明如下：

1.具萬物有靈觀點：幼兒認為所有東西都是有生命的，所以當他玩玩具時，會跟玩具講話；許多童話故事、寓言故事等，讓幼兒樂於聆聽，例如太陽公公會跟月亮姑娘說話、獅子和老虎成為好朋友。

2.自我中心：即幼兒不易為他人設想，以自我為中心所做的思考或理解。

3.直接推理：例如媽媽問四歲的力民：「當我們走到十字路口，遇到紅燈要怎麼辦？」，力民回答說：「要停下來！」，媽媽又問力民：「那我們坐飛機飛到天空上去，遇到紅燈要怎麼辦？」力民直接回答說：「當然也要停下來！」

4.瞭解符號的功能：符號雖然是抽象的，但此期幼兒對於簡單的符號已有所認知，例如看到自己的名字，他會認出來；他也能知道馬路上紅綠燈的意義；看到統一超商的招牌，他能知道這是一家便利商店。

5.有簡單的數量概念：五、六歲的幼兒，他能知道我有三個糖果，你有兩個彈珠；他也能知道原來有三個蘋果，吃掉了一個，還剩兩個蘋果。

◆具體運思期

又稱具體操作期，約從七歲至十一歲。此期兒童已能以具體的經驗或具體物作邏輯思考，故又稱具體智慧期。

◆形式運思期

約從十二歲以上。此期兒童思考能力漸趨成熟，能運用概念的、抽象的、純屬形式邏輯方式去推理。

皮亞傑認為兒童在每一個階段都有特殊的學習特質，在學習活動上，必須根據其特質加以設計，掌握學習的關鍵期，始能得到事半功倍之效，說明如**表2-6**。

表2-6　認知發展與幼兒學習的關係

分期	年齡	學習特質	學習內容
感覺動作期	出生～2歲	以感官認識周圍的環境	以口的吸吮及手的抓取得到經驗
準備運思期（前運思期）	3～6歲	運用語言、文字、圖形等來從事思考	可以開始學習簡單的文字、數字和圖形
具體運思期	7～11歲	以具體經驗或具體物作邏輯思考	可從事物的分類、比較，以瞭解其間的關係
形式運思期	12歲以上	能運用概念、抽象的邏輯去推理	可以學習數學中代數幾何的抽象觀念

資料來源：黃志成（2010）。

(二)維高斯基的鷹架理論

相對於皮亞傑強調認知發展與成長、年齡有關，同時也認為「發展促成學習」——發展是最主要的過程，學習跟隨在後。俄國的心理學家Vygotsky則特別強調「學習引導發展」——在有能力的大人及同儕引導之下學習，會造成發展的改變，嬰幼兒與生俱來的基本心理功能，例如個人的感覺及記憶，是受到文化的影響。Vygotsky（1978）更提到個體的學習有一個最佳發展區間（近側發展區間）（Zone of Proximal Development, ZPD），此一區間是指真實發展層次與潛力發展層次間的距離，這個距離並非幼兒獨立學習可以達到，而是必須經由有經驗者加以引導、啟發與教導，才能達到較高層次的發展階段。幼兒的老師、父母、兄姐、年長同儕等應避免直接或間接告訴幼兒他們必須知道什麼，而是扮演搭鷹架（scaffolding）的角色，提供幼兒建構知識的經驗（引自黃志成，2010）。

綜合上述，影響認知發展的因素包括：

◆個體因素

1. 年齡：從皮亞傑的認知發展論而言，兒童的認知發展確實受到年齡的影響。皮亞傑對各發展期的劃分，幾乎完全以年齡為依歸，意即只要成長到某一個年齡層，兒童對事物的看法就會改變。例如前述提及出生三個月的嬰兒未具備物體恆存概念，但十個月的嬰兒已具備物體恆存概念。
2. 成熟：皮亞傑的理論基本上十分重視遺傳及生理成熟的因素，主張嬰幼兒的認知發展，是隨著成長而循序漸進的；Vygotsky也強調嬰幼兒在身心成熟之後，透過父母、老師、兄姐及有經驗同伴的引導，即能進行學習。
3. 經驗：所謂「不經一事，不長一智」，最能解釋影響嬰幼兒認知發展的是「經驗」因素，嬰幼兒藉助與父母、老師、兄姐和同儕的互

動，學習到各種知識，有助於認知發展。

◆社會文化因素

1.社經地位：例如在高社經家庭成長的幼兒，可能會去上貴族式的幼兒園，並學習美語、才藝，玩一些電子化產品的玩具；反之，在低社經家庭成長的幼兒，可能較缺乏學習的機會或玩具，如此自然造成認知的差異。
2.文化差異：例如已開發國家的兒童要記東西可以輸入電腦，在開發中國家的兒童要記東西可以用文字寫在筆記上，在未開發國家的兒童要記東西可以畫圖在牆壁上，這都是文化差異所造成的結果。
3.學習內容：例如不同宗教家庭的幼兒，學習到不同宗教的參拜儀式；不同職業的家庭，幼兒自然學習到其父母親職業內涵的概念；凡此均將影響幼兒的認知發展。

(三)訊息處理論

認知心理學家認為訊息處理的流程說明如下：

1.訊息（information）的出現：在日常生活中，幼兒接收到許多訊息，大部分與幼兒無關的訊息很自然的被忽略了，如在電視上聽到今天股票上漲200點，或在報上看到半版的售屋廣告；但有些訊息則會被選取，例如當他聽到麥當勞賣幼兒餐附贈可愛小玩具的廣告時，就引起他的注意了。
2.注意訊息：指刺激引起幼兒的注意，依上例，對於幼兒餐的內容及玩具的樣式加以注視或聆聽，此時訊息會進入短期記憶庫。如果沒有經過這個歷程，訊息將被遺忘。
3.貯存訊息：訊息經過一些特殊的記憶策略，進入長期記憶系統。依上例，該幼兒嘴巴不斷地默唸麥當勞，腦海裡不斷地浮現玩具的影像。

4.檢索訊息：指在需要時，即可從記憶庫中搜尋到所要的資料。依上例，當媽媽問該幼兒，禮拜天要去哪裡用餐時，幼兒就可以在記憶庫中搜尋到這個訊息。

5.輸出訊息：指針對需要將訊息表現出來。依上例，幼兒將該項優惠措施告知媽媽，讓媽媽同意到麥當勞用餐。

四、情緒發展

(一)意義

情緒是個體受到某種刺激後所產生的一種激動狀態，此種狀態雖為個體自我意識所經驗，但不為其所控制，因之對個體行為具有干擾或促動作用，並導致其生理上與行為上的變化。Lipman等人（2011）指出，父母的教養方式和有效的溝通技巧，發現可改善孩子的憤怒情緒管理技能、社會技能、衝動控制的能力。兒童時期的發展為未來青少年階段情緒控制的重要關鍵期（Bariola, Gullone & Hughes, 2011）。

(二)情緒反應

幼兒有情緒時，在生理上和外顯行為上會有下列之變化：

1.生理反應：

(1)心跳速度增加。

(2)呼吸速度增快。

(3)皮膚電阻減低。

(4)瞳孔擴大。

(5)血糖增高。

(6)血凝較快。

(7)腸胃蠕動減緩。

(8)腸胃之血管收縮，肌肉血管擴張。

2.外顯行為：情緒反應除了依主觀感受的語言陳述外，其他的外顯行為如高興得拍手、傷心得哭泣等，吾人可由幼兒的面部表情、聲音表現及動作行為等來推測幼兒的情緒。

(三)幼兒情緒的特質

1.情緒是短暫的：幼兒的情緒持續僅有數分鐘（或更短）之時間，然後突然消失。

2.情緒是能移轉的：幼兒的情緒往往片刻之間就能移轉，由笑而哭，由生氣而爆笑。

3.情緒是強烈的：幼兒情緒的反應是相當強烈的，比成人的情緒要強烈多。

4.常鬧情緒：幼兒鬧情緒的頻率比成人高，隨年齡的增加社會化以後而漸減，漸能控制情緒。

5.情緒反應是互異的：例如幼兒害怕時，有的是哭，有的是躲到媽媽的衣裙後。

6.從行為可瞭解情緒反應：幼兒情緒反應時，往往很明顯的表現在行為上，如吮手指、坐立不安、小便次數增多等。

7.情緒強度上的轉變：有些情緒在年齡小時非常強烈，至於年齡大時逐漸減弱。

(四)情緒對幼兒的重要性

1.正面影響：

(1)增加幼兒生活上的滿足感。

(2)與外在溝通的一種方式。

(3)使幼兒生活多采多姿。

(4)達成發展目標之一。

2.負面影響：

(1)影響身體的健康。

(2)妨礙技能的學習。

(3)影響智力的發展。

(4)阻礙語言的發展。

(5)導致社交的障礙。

(五)影響情緒發展的因素

1.性別的因素：女童的情緒智商高於男童。

2.身心成熟的因素：神經器官方面、生理成熟。

3.學習因素：

(1)由直接經驗而養成。

(2)制約反應。

(3)由類化作用而養成。

(4)由於模仿而養成。

(5)由於成人的暗示。

4.其他因素：情緒的發展主要係受成熟與學習兩個因素所影響，幼稚期簡單情緒的發展，受「成熟」因素的支配較大，逐漸成長後的複雜情緒，則受「學習」因素的影響較深。

五、智力發展

(一)智力發展的起點與終點

就廣義發展而言，智力發展的起點由精子與卵子結合後智力即開始發展，嬰兒時期腦部發育非常快速，在青年期時發展則逐漸趨緩，就廣義

的發展，即使到中年期、老年期，仍在發展狀態當中，只是大多數的能力均逐漸退化當中，甚至造成「失智症」。

智力並非智商也不是智慧，是一種處理訊息的心理與生理潛能，此潛能常會在所處的文化情境下激發個體解決問題或創作。

(二)智力發展的速度

遵循「先快後慢」的原則，以精神分析論觀點來看，早期介入很重要，在生理層面適時給予營養有助於腦部正常發育。以行為論觀點看，心理層面主要是教育、刺激的介入，有助於潛在能力的發揮。

(三)影響兒童智力發展的因素

1.遺傳。

2.環境：

(1)胎內環境。

(2)後天環境：自然、地理環境；人文、社會環境——家庭環境、學校環境、社會環境。

(四)智力特徵

1.智力是無法精確計算的。

2.智力是神經方面的潛能。

3.智力的潛能可能被激發亦可能不會。

4.智力會受文化價值觀影響。

(五)智力理論

◆心理測驗取向的智力理論

1.智力二因論（two-factor theory of Intelligence）：

(1)英國心理學家斯皮爾曼（Spearman）於1904年所倡議。

(2)採用因素分析法分析數個不同智力測驗，發現在智力測驗上所表現的智力包括兩種因素：

①一般因素（general factor）：簡稱G因素，其心理功能是表現在一般性的活動上。

②特殊因素（specific factor）：簡稱S因素，其心理功能只表現在特殊性的活動上。

2.智力羣因論（group-factor theory of intelligence）：

(1)美國心理測量學家瑟斯頓（Louis Leon Thurstone）認為智力是由一些彼此獨立的基本心理能力（primary mental ability）組合而成的。

(2)七種基本心理能力包括：

①語文理解（verbal comprehension）：理解語文涵義的能力。

②語詞流暢（word fluency）：語言迅速反應的能力。

③數字運算（number）：迅速正確計算的能力。

④空間關係（space）：方位辨別及空間關係判斷的能力。

⑤聯想記憶（associative memory）：兩事件相聯結的機械式記憶能力。

⑥知覺速度（perceptual speed）：憑知覺迅速辨別事物異同的能力。

⑦一般推理（general reasoning）：根據經驗做出歸納推理的能力。

(3)基本心能測驗（PMAT）：根據七種基本心理能力編製的智力測驗。

◆訊息處理取向的智力理論

1.智力三元論：

(1)美國心理學家斯騰伯格（Robert J. Sternberg）於1985年首次提出。

(2)認為人類智力是三種不同向度的複合體，包括：

①組合智力（componential intelligence）：指善於記憶、辨別、分析、判斷、從而找出問題答案的能力，此即傳統智力測驗所測到的能力。

②經驗智力（experiential intelligence）：指個體在處理新問題時，形成頓悟或創造力的能力。

③實用性智力（contextual intelligence）：指個體在日常生活中，處理日常事務的能力。

(3)智力三元論中三種智力的分配因人而異。

2.智力多元論：

(1)美國心理學家霍華德·嘉納（Howard Gardner）在1985年提出多元智力理論。

(2)八種不同的智力：

①語文智能（linguistic intelligence）：學習及運用語文的能力。

②邏輯數學智能（logical-mathematical intelligence）：運用數字與邏輯推理的能力。

③空間智能（spatial intelligence）：辨別方位及判斷距離遠近的能力。

④音樂智能（musical intelligence）：音律欣賞及表達的能力。

⑤肢體運作智能（bodily-kinesthetic intelligence）：支配肢體以完成精密作業的能力。

⑥人際智能（interpersonal intelligence）：知覺他人的情緒、動機、意念，並作適當的反應。

⑦內省智能（intrapersonal intelligence）：瞭解自己的優缺點及情緒、動機、意念等，從而選定合於自己的目標並努力追求實

現的能力。

⑧自然觀察者智能（naturalist intelligence）：理解大自然現象並適應自然環境的能力。

六、社會行為的發展

個體學習社會規範與期待的過程就叫社會化。社會化就是讓個體從剛出生的無能力狀態轉變為能履行社會角色、適應社會生活的社會人。社會化除了讓個體學習社會角色有關的技巧與態度外，也能藉由不斷地灌輸幼兒思想、價值與合適的行為方式，使社會能夠繼續生存下來。個體學習社會規範與期待的過程，亦即個人在社會中，受到社會的影響，進而發展自我概念與學習該社會的生活方式，使其能夠履行社會角色的功能；社會化的歷程是複雜的、持續的與長久的。

(一)促進幼兒社會化的要素

1.認同作用：認同作用是補償心理不足的一個現象。認同作用是社會化歷程中一個普遍與正常現象，是擴展自我範圍的一個歷程，也是一種特殊且有效的學習方式，對社會行為發展的影響甚大。

2.自我概念（顧里——鏡中之自我）：顧里相信人格的形成在於與外界的互動，這種互動過程會創造出一個鏡中自我，這包含了「想像別人看到了我們」、「別人對我們的評價」以及「我們反應別人對我們的評價」此三個概念。幼兒在他人面前所表現的行為，由於他人的態度與反應，使幼兒瞭解自我，因而產生一種滿意或是羞慚的感覺。

3.從遊戲中逐漸接受他人的意見，知道自己扮演的角色，他人扮演的角色（米德——概括化他人、主我、客我）：說明了幼兒在社會化的過程中瞭解他人對他的判斷及期盼，形成了一種印象。以及個人的行為有完全照自己意見做的（主我），亦有個人接受他人意見及態度做的（客我）。

(二)幼兒社會化的特性

布林（Brim）是第一個提出社會化是一生都要經歷的過程之學者（陳光中、秦文力、周愫嫻譯，1995）。他認為幼兒的社會化跟成人的社會化不同的地方，主要有下列幾種方式：

1.幼兒的社會化主要在規範幼兒的原始生物本能，使其表現與行為能慢慢符合社會所要求的價值，過程往往是一步一步的改變，與成人較傾向改變既有的行為有所不同。
2.幼兒對於社會的規範、文化與制度大都採取吸收的態度。但成人則會給予這些規範某些程度的評價。
3.幼兒社會化有絕對的標準，但成人對於標準有商量的餘地。
4.幼兒的社會化主要偏向動機的訓練，但成人的社會化則在獲得特殊的技能或職位。

(三)妨礙幼兒社會化的發展的家庭因素

1.雙親個性孤僻冷漠，對待幼兒缺乏關愛。
2.低社經地位的雙親對子女忽視或拒絕。
3.親子關係不佳。
4.雙親溺愛、縱容或過分保護，使幼兒較難適應團體生活及遵守規範，對社會化發展亦有不利影響。

(四)幼兒社會化的常見方式

1.獎賞與處罰：父母或老師依據幼兒出現的行為給予賞罰，建立了幼兒的社會行為模式。

2.觀察與模仿：幼兒從別人的表現及經驗習得了態度與行為。

3.認同作用：為一種補償心理不足的現象，例如崇拜的偶像。

4.直接教導與道德規範：父母或老師直接告訴幼兒正確的行為，或是社會（團體）的道德觀潛意識的影響幼兒的行為（例如A幼兒搶走他人的玩具，造成其他幼兒不願意一起玩，促使A幼兒改變這種壞習慣）。

5.階級與文化差異所造成的潛在社會化：不同家庭背景形成幼兒不同的態度及行為。

(五)幼兒的社會認知

所謂的社會認知是指幼兒的角色取代（role-taking）能力或觀點取代（perspective-taking）能力，這種能力包括瞭解他人感受、期待與想法等能力（許雅惠，2015）。亦即幼兒主動對個人與社會經驗賦予意義，並將其運用在行為上，即稱之。

(六)幼兒的社會行為模式

1.合作行為：幼兒愈有機會與別人一起玩遊戲，愈能學習與別人合作。

2.競爭行為：要教導幼兒贏與輸的心理感受，要能體會其他孩子輸的心情。

3.社會贊同：能瞭解自我概念的雛形，冀望獲得重要他人的讚許。

4.觀點取替：能站在別人的立場來看待事物，也就是同理心。

5.利社會行為：包括分享、同理、助人、安慰別人與別人共事。

6.依戀行為：出現在嬰幼兒期，藉由父母從小貼心的照顧而與父母發展出黏人的溫暖情感。

(七)非社會行為模式

1.攻擊：意圖傷害別人或玩物之行為，最常表現此種行為是因挫折。
2.愛耍脾氣：造成的原因是挫折、模仿而來、身體不適、個人形成行為習慣。
3.自我中心：常以自我觀點來看待事物，強調所有權。
4.反抗：三歲之後常見行為，發生在威脅到其自主行為或受他人壓迫，所呈現的抗拒行為。
5.霸凌行為：可發展至青少年，造成結果可能是（具攻擊、欺凌他人、缺乏正向社會技巧、受害者缺乏自我肯定的行為）。
6.偏見：大約出現在兩歲，外表舉止與眾不同的孩子，常受到一些歧視對待，因而可能造成他們的情緒困擾或反社會行為。

七、語言發展

所謂語言是指傳達思想、感情，或能引起他人反應的行為。語言的溝通方式可透過口語、文字、手語、身體語言或各種溝通符號而達成。

(一)語言構成要素

◆語音

語音是指語言的聲音，幼兒在獲得語音的過程中，並非被動的模仿成人的聲音，而是主動的學習者。語音的發展在嬰兒時期大致已完成，在聲調方面，一般幼兒最先學會的是國語的一聲及四聲，隨後是區別二、三聲，約二歲半全部四聲都學會了。

◆語意

語意係指語言的意義，是幼兒正確使用語言和對語言理解的基礎。

幼兒最初學會的字詞，多是具體的，且以名詞居多，動詞較晚出現。幼兒對於語意的學習仍受其認知能力發展的影響。

◆語法

語法指的是語言的結構，與句子中詞彙順序之安排、組織有關，藉由字詞組織成有意義的文法規則，因此語法與語意是交互影響的。幼兒經過了發聲準備階段之後，開始學習真正的語言，此階段約在幼兒一歲左右，由單字句進入雙字句、多字句後，則進入完整句與複雜句，後來可以敘述一件事或說故事，整個發展由簡而繁，由淺而深，且在語言發展的過程中，理解先於表達。

◆語用

語用的全稱為語言實用，是指在社會互動中，有效且適當的使用語言溝通的經驗及規則，亦即社會語言。因此，幼兒語用的發展，包括說者與聽者兩方面的技能。幼兒在兩歲左右已能表達不在身邊的事物，以及以前或以後會發生的事件，且能主動與他人有互動式的語言出現。到了三歲，幼兒大致能依照對方的話題提供訊息，但Piaget（1950）認為兒童要到六、七歲才會由自我中心語言進入到社會化語言。

◆語形

指語言的符號與形態，幼兒用不同的聲音來表達與辨別語言的意義和特徵，對於意思的傳達和接收有很大的幫助。

(二)語言的特徵

1.語言受一定規定的約束：所有語言系統對詞彙語法的安排有約定成俗的規定。

2.語言是無法合理解釋的：幾乎所有的語言在文字語音與所指稱的事物間，並非邏輯關係。

3.語言是動態、經常改變的：面對不同的時代、不同的情境，甚至不同的使用者，便會賦予語彙不同的意義。

(三)語言的功能

皮亞傑將幼兒自己與自己相互交往的語言稱為「自我中心語言」，而將幼兒自己與別人相互交往的語言稱為「社會性語言」；所謂自我中心語言係指反覆語、獨語、集體的獨語。社會性語言則是指望他人聽他說話、批評、命令或請求、質問、回答。語言的功能說明如下：

1.幼兒經由語言來表現其情緒、情感和願望。
2.幼兒以語言遊戲來獲得快樂。
3.幼兒以語言作為社會化的手段。
4.幼兒以語言使自己的想法獲得社會的認可或作為社會交換的準備。
5.幼兒經由語言作「有聲的思考與想像」。
6.幼兒以語言來促使事情的發生。
7.幼兒以語言交換知識與觀念的方法。

(四)語言發展的分期

1.發聲期（出生～六個月左右）：初期聲音較單一，如咕咕聲、啼哭，直到控制發聲，形成自發、重複的牙語。
2.語言準備期（七～十一個月或十二個月）：
(1)當幼兒從雛形語言到說出第一個有意義的詞彙之前，稱為語言準備期。
(2)此期開始透過感官對語言進行初步的理解，並透過肢體動作和他人進行溝通交流。
(3)此時期後半段大致能理解的詞語約有二百個左右，名詞、動詞各占一半。

3.語言發展期（一歲～二歲半左右）：

(1)開始說出有意義話語，並能進行聽與說的社會互動語言。

(2)此期語言發展可分為「單詞句」、「雙詞句」與「電報句」三個階段。如媽媽、糖糖、抱抱等。一歲半的亞岑正是牙牙學語的年紀，當她說出「狗狗、汪汪、怕怕」時，是屬於皮亞傑兒童語言發展歷程中的電報式語言。

(3)語言發展的三個特色：字彙迅速發展、語法簡化（電報式語言）、鸚鵡式學語。

4.語言成熟期（二歲半～四歲半或五歲）：

(1)句子意義、語調開始分化。

(2)開始學習應用代名詞。

(3)正值幼兒認知發展萌芽階段，又稱為「好問期」。

(4)反問句用法大量湧現，到四歲以後，大量使用「原因問句」。

(5)疑問句在兒童的語言與思維發展中具有特殊的重要地位。

(五)影響語言發展的因素

1.個人因素：

(1)智力：智力越高，開始說話時間越早，語句也較長；越慢說話者，智力往往越低。

(2)性別：女孩們開始講話的時間較男孩早，語言能力也較強。

(3)人格情緒：趨避性中的「避性」較強的害羞幼兒，通常較晚說話。

2.環境因素：

(1)家庭背景：社經地位較高的家庭，通常擁有較多的文化刺激與教育資源，有助於幼兒的語言發展。

(2)社會互動：和主要照顧者互動越多，語言發展愈好。

(3)環境語言：如果幼兒生長在講多樣語言的家庭或社區，則對語言發展較不利。

八、遊戲的分期（發展）

遊戲是幼兒日常生活中最自然的活動，亦是表達其情緒、生活與行為適應的方式之一，幼兒透過自發性的活動，依其喜好自由的選擇、參與，並且專心、重複的反覆活動，從遊戲中獲得滿足與快樂。在遊戲中幼兒獲得了身體、動作、智力、創造力、語言、情緒、社會行為、溝通與互動、人格與道德等各方面的發展，使幼兒發展階段獲得最適性的發展。

(一)遊戲五階段

一般可分為下列五個階段（黃志成、王淑芬、陳玉玟，2012）：

1.單獨遊戲：二歲以前的幼兒，在發展上自我中心很強，所以在遊戲活動中，均以自我為基礎，既無意與其他幼兒玩耍，也不想接納其他友伴。

2.平行遊戲：從二歲至三歲的幼兒，遊戲已進入群體，然而大都各玩各的，彼此間沒有溝通，稱為平行遊戲期。兩幼兒在一起玩，互不說話，若兩人玩不同的玩具，在發展上較傾向於單獨遊戲；若玩相同的玩具，較傾向於平行遊戲。

3.連合遊戲：從四歲至五歲，幼兒漸漸社會化，開始與周圍的玩伴談話，共同遊戲，人數以二人或少數人為主，他們並無特殊組織，也沒有共同的目標，只是做相同或類似的活動而已。

4.團體遊戲：五歲至六歲的幼兒，遊戲開始變得複雜，由無組織變為有組織，例如騎馬打仗，已能分成兩組，展開活動。遊戲的結構，亦隨年齡的增加，漸漸分化，此時幼兒的遊戲興趣較偏向運動式的遊戲。

5.合作遊戲：七歲至八歲幼兒，開始有分工合作的遊戲，而且每個參加份子都有一定的任務。其組織更嚴密，規則更嚴謹，大都屬競爭性質，從中可培養兒童守法重紀的精神。

(二)遊戲的特質（黃志成等，2012）

1.遵循一定的模式：幼兒遊戲大致遵循簡單到複雜，無組織到有組織，單獨遊戲到團體遊戲以致合作遊戲的模式。

2.隨著年齡的增加而有變化：幼兒隨年齡的增加，其遊戲在內容上，如質和量都會有所變化。

3.幼兒遊戲是冒險的：幼兒好奇心大，探索性強，但沒有能力去判斷遊戲是否危險，故容易發生意外。

4.活動是重複的：幼兒遊戲常是一再的重複，如溜滑梯，一而再，雖無變化，但樂此不疲。

5.活動是有目的的：幼兒常藉遊戲來滿足自己的需欲，如喜歡當媽媽，就在扮家家酒的遊戲中扮媽媽的角色。

6.遊戲受文化影響：生活在各種不同文化的幼兒，其遊戲內容也有所不同，如迎神廟會的遊戲常在台灣的幼兒出現。

7.自動自發，不拘形式：幼兒遊戲是自發性的，同時也不一定有道具或場所，隨興而起。

(三)遊戲的功能（黃志成等，2012）

1.遊戲有助於幼兒生理發展：體能遊戲包括練習遊戲、規則性的反覆和打鬧遊戲。幼兒透過遊戲活動，發展肌肉協調和平衡能力，增進身體健康，有助於生理發展。

2.遊戲有助於幼兒認知思考與創造能力發展：許多遊戲都需要幼兒運用充分的想像力來進行，而想像遊戲中所包含心靈的自由性與超脫現有事實的傾向，與學者們所謂的創造思考的內容有相同之處。

3.遊戲有助於兒童情緒發展：幼兒參與遊戲活動，因自我表現而感到

得意，因交到朋友而感到滿足，因不快情緒獲得抒解而感到開心；此外，幼兒在遊戲活動中，經驗到各種情緒，並學習如何處理情緒問題。

4.遊戲有助於兒童社會能力發展：早期同儕關係的建立，往往透過遊戲的方式進行（林美珍、黃世琤、柯華葳，2007）。幼兒的象徵遊戲、社會戲劇遊戲活動，提供幼兒充分的社會學習機會，例如，學習如何加入一個團體、如何與他人相處、如何分工合作、如何與他人協調、如何遵守遊戲規則、如何與人分享等。

5.具有心理治療的功能：幼兒透過遊戲中的角色扮演，常將自己裝扮成大人的模樣，父母或教師若能細心觀察幼兒遊戲時的表情及行為，便可藉「遊戲治療法」（play therapy）探究其不良適應的根源，消除其心靈創傷、緊張、焦慮或恐懼、不滿的心緒，以達到心理治療的功能。

6.提升智力的發展：幼兒透過富幻想與創造性的遊戲，從中獲得新經驗，並與舊經驗相連結，而能充分刺激其智慧潛能，促進智力發展。如遊戲對於發展幼兒感覺、知覺、增進記憶與判斷、發揮想像力，以及增進注意力與推理能力，都有深切的影響。Combs-Orme、Nixon與Herrod（2011）進行研究發現，父母親認為除了陪孩子閱讀外，益智遊戲可以增進兒童思考邏輯的發展。

7.訓練感官能力的協調發展：許多遊戲需要手足敏捷、眼光神速、感覺靈敏、腦筋聰明，方能順利進行，是故，遊戲可以促進幼兒視覺、聽覺、觸覺以及各種感官的協調聯繫與手腦並用。

8.可以促進語言發展：Westerveld與Moran（2011）研究發現，兒童從最喜歡的遊戲或體育活動可增進語法準確性和言語流暢。

九、道德行為的發展

(一)皮亞傑的道德發展階段

皮亞傑研究結果將兒童道德發展分為三個階段，包括：無律階段、他律階段與自律階段，在幼兒期包括前面兩階段（引自黃志成、王淑芬、陳玉玟，2012）：

1.無律階段：約從出生到四歲的幼兒，此時幼兒對問題的考慮都還是自我中心的，缺乏服從規則的意識，規則對幼兒而言，都是似有似無，似懂非懂，故此時期的幼兒行為可說是無規範的活動，既不是道德的，也不是非道德的，而是無法從道德的觀點來評價幼兒的行為。

2.他律階段：約從四歲至八歲的幼兒，此期幼兒逐漸意識到一些道德規範，認為應該忠實的服從這些規則，如果逾越就是「壞孩子」。在此所謂「他」，一般指的是權威者，如父母或老師，幼兒可能無法知道規則為什麼要這樣訂，只知道要聽爸爸、媽媽或老師的話，例如問五歲的彥宏：「為什麼不可以玩火？」，他的回答是：「媽媽說不可以」。

3.自律階段：約從八歲到十二歲的兒童，開始認識一切道德規範，且為達到合作的目的，應基於「互重」與「公平」的原則，不再是一切以權威為依歸。

(二)柯爾堡的道德發展階段

美國心理學家柯爾堡（Kohlberg）經過實徵研究，提出道德發展論（moral stage theory），認為不同年齡層的兒童少年，會有不同的道德判斷標準，分三個時期六個階段（**表2-7**），嬰幼兒階段屬於第一期的

表2-7　柯爾堡的道德認知發展階段

層次	階段	年齡
道德成規前期（習俗前期）	一、避罰服從取向	約出生至9歲
	二、相對功利取向	
道德成規期（習俗期）	三、人際和諧（好孩子）導向	約9～15歲
	四、法律與秩序導向	
道德成規後期（習俗後期）	五、社會契約導向	約15歲以上
	六、普遍性倫理原則導向	

習俗前期（preconventional level），或稱道德成規前期（premoral level）（Kohlberg, 1963, 1968, 1969, 1981，引自溫如慧等，2012）。

1.習俗前期：約在九歲以前。本期分兩階段：

(1)重懲罰與服從：主要特徵為幼兒對權威的服從，同時幼兒相當關心制裁與處罰。

(2)重手段與互惠：幼兒的一切行為以滿足自己為主，雖然偶爾也會滿足別人，但只是一種互惠性的人際關係。

2.習俗期：約在九至十五歲。本期分兩階段：

(1)重和諧與順從：兒童行為表現出善意，並會符合他人的期望。

(2)重法律與秩序：兒童具有盡責、尊重權威和為社會而維持秩序的導向。

3.習俗後期：約在十五歲以後。本期分兩階段：

(1)重公約與法理：此期青少年認為應以民主方式決定眾人之意見來改善衝突，並重視一切法律規章制定過程的合理性。

(2)重普遍倫理道德原則：此期青少年認為只要是正當的事，都可付諸實踐，並對人類的生命、平等和尊嚴具有至高的評價。

(三)影響兒童道德發展的因素

1.認知因素：幼兒道德推理的發展與幼兒認知能力的發展，存著互相對應且平行的關係，例如二歲的幼兒可能不知道用他的小手在爺爺的胸口捶了一下有什麼不對，這是認知問題。

2.情緒因素：情緒穩定自然較能平心靜氣的思索及判斷，在行為之前仔細思考事情的對與錯，能做出符合道德的行為；反之，幼兒若情緒不穩，在幼兒園可能常會與人吵架或打人。

3.年齡因素：道德發展會隨著年齡的成長逐漸成熟，從皮亞傑道德發展的三個階段與柯爾堡的三個時期六個階段道德發展論，均可說明道的發展與年齡有關。

4.家庭因素：家庭是陶冶幼兒道德觀念最多且重要的場所，父母的道德觀、價值觀、教養及管教方式等，深切的影響幼兒的道德發展。

5.教育因素：不論家庭教育、學校教育或社會教育，均對幼兒的道德觀念影響匪淺，兒童所接受的教育愈多，愈能培養道德觀念。

6.社會經驗因素：指幼兒的社交經驗會影響幼兒的道德發展，例如在友愛、助人的社會互動中，可以得到更多的讚美與鼓勵；在攻擊、霸凌、欺騙的社會互動中，同儕會逐漸減少。

十、人格發展

(一)Freud的人格結構

佛洛伊德（Sigmund Freud）將人格結構分為本我（id）、自我（ego）和超我（superego）三個部分（**表2-8**），分述如下：

1.本我：為個人與生俱來的一種人格原始基礎，本我只包括一些本能性的衝動，係受「唯樂原則」的支配，其行為動機純在追求生物性

表2-8　Freud的人格結構

期別	發展階段	特徵（心理社會危機）	發展不均或不良的影響
本我	出生就有	滿足基本生理需求（物慾及性）	本我太強，自我不能控制，容易受物慾引誘，而有犯過或犯罪行為。
自我	約3歲開始發展	調和本我與自我而做決定	自我功能不佳，不易做正確的判斷，易受不良遊伴引誘而犯罪
超我	約6歲開始發展	超我類似於道德感、良知、是非對錯觀念	超我太強，本我被壓抑、自我不能伸張，容易成為心理失調、精神疾病或高度意志型的人格特質

需要的滿足與避免痛苦。初生嬰兒其人格之構成成分，只含有本我部分，追求生物性的需要與滿足。

2.自我：乃是人格的核心，個體能適度的調理自己的行為以適應環境，因此，自我是受「現實原則」支配的。自我一方面管制本我的原始衝動，另一方面又要協助本我使其需要得以滿足，調節並解決本我和超自我之間的衝突。

3.超我：為人格結構中最高層的部分，即「良心」或「良知」的部分，超我對本我與自我有監察的功能。超我是後天學習而建立的，受到「完美原則」的支配。

(二)Freud的人格發展

有關佛洛伊德理論觀點的敘述，雖其理論觀點影響深遠，但缺乏實證研究的印證，部分受到心理學家質疑與修正，主張人的心理乃是由潛意識以及意識所構成，而潛意識是人類行為的主宰，人類行為主要是受到性與攻擊驅力所影響。其人格發展分為下列五期（**表2-9**）：

1.口腔期：初生到週歲的嬰兒，以口腔一帶的活動為主，嬰兒從吸吮、吞嚥、咀嚼等口腔活動，獲得快感。若嬰兒口腔的活動得不到

表2-9　Freud的人格發展

發展階段	關鍵任務	發展特徵
口腔期	斷奶	口腔與上消化道為感官刺激和愉悅的主要來源
肛門期	如廁訓練	肛門與下消化道是重點，愉悅來自於抑制或是排泄
性器期	戀母情節、成人角色楷模認同	愉悅的獲得源於生殖器部位，產生戀母或戀父情結且能辨認父母親
性潛伏期	社會關係	著重於興趣的追求與抑制或否認性方面的需求
兩性期	發展親密關係	性成熟，有性需求及生殖能力。

資料來源：引自王淑楨、黃志成（2014）。

滿足時，將來會發展成悲觀、依賴、被動、退縮、仇視等口腔性格。

2.肛門期：從一歲到三歲左右的幼兒，對肛門內糞便的存留與排泄，均感到愉快與滿足。若是父母對幼兒大小便訓練過於嚴苛，容易導致冷酷、無情、頑固、吝嗇、暴躁等肛門性格，此期與個人對清潔的關切最為有關。

3.性器期：約三至六歲的幼兒，性器官變為獲取快感的中心，幼兒常有自慰的行為。關於兒童早期性別角色的發展歷程，其對自己和他人的身體功能有強烈的好奇心。此時在行為上最顯著的現象是：一方面開始模擬父母中之同性別者，另方面以父母中之異性者為愛戀的對象。說明如下：

(1)戀父情結：此期之女童愛戀自己的父親，產生陽具妒羨，而排斥自己的母親。但在此期之後期（五、六歲）終會覺得自己不是母親的對手，而開始認同母親。

(2)戀母情結（又稱伊底帕斯情結Oedipus Complex）：此期之男童愛戀自己的母親，排斥自己的父親，產生閹割恐懼。但在此期之後期（五、六歲）終會覺得自己不是父親的對手，而開始認同父親。

4.性潛伏期：兒童到六歲以後，其性的衝動進入潛伏期，此期一方面人格的超自我部分的發展，另方面由於其活動範圍的擴大，終而把對父母的性衝動，轉向讀書、交友、遊玩等活動。

5.兩性期：進入青春期後，由於生理的成熟，常有性的衝動，在心理上開始對異性產生愛慕的現象。

(三) Erikson的心理社會發展學說

艾瑞克遜（Erik H. Erikson）的心理社會發展學說八大階段中（**表2-10**），以發展觀點看待人的發展，強調每一階段有其基本的課題或任務必須完成，而這些課題或任務乃是由生理驅力、社會和文化對不同年齡個體的期待所決定，人的發展過程具有連續性，每一階段之間具有相關性存在（林桂如，2007）。其八個階段說明如下：

1.嬰兒期：此期相當於幼兒出生後的第一年，稱「信任vs.不信任」期。嬰兒如能獲得各種需要的滿足，得到成人的關愛，必有安全感，則會發展對人的信任感，否則會向另一極端發展為不信任感。

2.幼兒期：此期相當於生命中的第二、三年，稱「自主vs.羞愧／疑惑」期。幼兒在此期已具有行走、攀爬、推拉等動作能力，這些動

表2-10　Erikson的心理社會發展階段

階段	任務	心理社會危機	重要事件
嬰兒期	愛的需求滿足	信任vs.不信任	哺乳餵食
幼兒期	探測環境	自主vs.羞愧／疑惑	如廁
遊戲期	獨自籌劃做遊戲	自發vs.內疚／罪惡感	活動
學齡期	學習學校課程	勤勉vs.自卑	學校
青春期	認識自己——身分確定	自我認同vs.認同混淆	同儕
成年期	社會化發展增進人際關係	親密vs.孤立	愛情
中年期	事業發展有助人意願	自我實現vs.停滯不前	父母角色、創造力
老年期	對一生成就之檢討	統整vs.絕望	回顧與接納

作有助於幼兒建立自我控制的自主能力，使其願意自己來從事每一件事情。若成人不給其表現能力的機會，則會懷疑自己的能力與羞愧無能的感覺。西方的研究文獻大多指出父母或照顧者若多一點鼓勵與包容，則能讓幼兒對自己的行為產生控制感，發展出初步的自信心，從而比較願意嘗試自己的能力、探索新的事物；反之，若父母或照顧者過分嚴厲與限制，幼兒則會對自己失敗的行為感到羞恥，因而對自己控制自己行為的能力產生懷疑，容易形成較退縮的性格（林慧芬，2006）。

3.遊戲期：相當於幼兒四歲到五歲，稱「自發vs.內疚／罪惡感」期。此時幼兒自己會主動發動各種活動，如騎腳踏車、溜滑梯等，如幼兒有機會自動活動，就會建立自動自發的主動性（進取），否則會發展成內疚感（罪惡感）。

4.學齡期：相當於兒童六歲到十一歲，稱「勤勉vs.自卑」期，此期兒童會做服從規則的遊戲，會興趣濃厚的製造玩具，建立勤奮學習的責任感。若成人不給機會，甚至加以責罰，兒童會趨向自卑感的方向發展。

5.青春期：發展目標為自我認同，發展危機為認同混淆。

6.成年期：發展目標為親密，發展危機為孤立。

7.中年期：發展目標為自我實現，發展危機為停滯不前。

8.老年期：發展目標為統整，發展危機為絕望。

(四)教養方式對幼兒人格的影響

父母如何將價值、目標、技巧和態度傳遞給下一代即為教養態度（Spera, 2005）。Merjonen等人（2011）指出，父母教養方式會影響兒童人格的發展，也會影響兒童氣質反應的變化（Blandon et al, 2010）。照顧者照顧的孩子愈少，則照顧品質愈好，最佳的照顧比率是一個照顧者照顧一個孩子最好，也指出家中育兒的照顧方式是優於托兒中心。尤其當孩子有焦慮的行為出現時，如果母親能夠對孩子有肢體的碰觸、說話聲音輕柔並且語言上的鼓勵，可以協助孩子緩和焦慮，如果父親能夠鼓勵孩子並教導孩子管理情緒，是孩子改善狀況最重要的發展關鍵（Dittman et al., 2011）。Johnston（2011）認為父母親應該瞭解孩子的能力，好的教養方式應該要順應孩子的能力，勿過度期待。教養方式的類型很多，以下分四類加以分析（**表2-11**）：

◆權威式

亦即專制的管教方式，父母是用嚴格、命令與處罰的方式強迫幼兒服從，權威式管教下的幼兒，表現出較多具有反抗、挑釁和攻擊性的行為，性格上可能較為殘忍和孤僻。而將使幼兒感到家庭缺乏溫暖，對父母親無親切感，容易造成問題幼兒的產生。Caputo（2004）研究發現，專制權威的父母給予子女嚴格的監督和控制，因此專制權威的父母所管教出來的子女發生偏差比例較高。Paschall等人（2003）研究亦指出，母親對子女的控制會決定子女偏差行為的發生。

◆放任式

乃指父母讓幼兒盡量去做自己高興的事，認為幼兒從行動的結果，學習到對與錯的觀念。放任式的教育由於管教過寬，容易流於溺愛，養成幼兒驕縱的性格，意志薄弱，缺乏克服困難的勇氣，此種管教方式，也容易造成問題幼兒的產生。

◆民主式

乃指父母較偏於允許的態度，較瞭解幼兒的需要和能力，讓幼兒有發表意見的機會，並能給予適度的滿足。此類型的教養態度對子女的要求是公平且合理的，子女也較能心悅誠服的順從（Kochanska et al., 2002）。在這種民主的管教方式下，幼兒的身心得到良好的發展，較能表現出自動自發、樂觀、合作、自尊的人格特質。

◆忽視冷漠

指父母對幼兒的行為較少要求或控制，對幼兒的行為表現也很少給予反應；父母對孩子較少情感的涉入，很少顧及幼兒的需求，一種完全以成人為中心的管教方式。父母教養態度是冷漠的教養方式，對子女情緒控制有極不良影響，不利於子女的心理社會能力及自主性。Speirs Neumeister和Finch（2006）指出，忽視冷漠型的教養方式易產生不安全的依附。Mistry等人（2002）研究發現，忽視冷漠型的教養態度影響孩子的發展。忽視和冷漠是兒童發展的主要障礙，這些影響因素可能使一個兒童的行為變得混亂而使人厭煩（陳萍、王茜譯，2005）。不同管教方式的特徵及對幼兒的影響說明如**表2-11**。

表2-11　不同的管教方式對兒童可能的影響

管教方式	特徵	影響
權威式	照顧者運用嚴格、命令與處罰的方式強迫幼兒服從	社交和認知的能力平平、懼怕、不快樂、無目標、易怒、被動的敵意、因應壓力的能力不佳
放任式	父母讓幼兒盡量去做自己高興的事，對幼兒缺乏管教	由於管教過寬、容易流於溺愛，養成幼兒驕縱的性格，意志薄弱，缺乏克服困難的勇氣
民主式	較偏於允許的態度，較瞭解幼兒的需要和能力，讓幼兒有發表意見的機會，並能給予適度的滿足	幼兒的身心得有良好的發展，較能表現出自動自發、樂觀、合作、自尊的人格特質
忽視冷漠	對孩子行為較少要求或控制，也很少給予反應，對孩子較少情感的涉入，很少顧及孩子的需求，是一種完全以成人自己為中心的管教方式	低自我控制、社交和認知能力脆弱、叛逆、衝動、攻擊

十一、氣質

遺傳學上認為氣質與人格發展有相關（Rothbart & Bates, 2007）。人格學家Allport（1937）認為氣質是指與個體情緒有關的各種現象，包括個體對情緒刺激的敏感性、反應強度、反應頻率、情緒強度和情緒本質等特徵（引自王佩玲，2003）。氣質自孩子出生開始，即扮演著很重要的角色，不僅影響早期親子關係的建立，同時隨著孩子的成長，與外界接觸機會增多，氣質特徵也會影響孩子的社會化過程、人際關係、適應能力、學業成就等。

(一)氣質理論概念（黃志成、王淑芬、陳玉玫，2012）

對於氣質的研究有三個主要的論點，說明如下：

◆人格理論

1.氣質具有遺傳的人格特性，出現在生命的初期，Thomas和Chess兩人認為氣質需要具備兩個特性：第一種特性是具有遺傳性，如智商；第二種特性是氣質特徵，是在嬰兒時期出現，尤其是在生命的第一年，已可區辨他的人格特質。

2.氣質是人格的一部分，具生物性、穩定性，是個人一般行為的部分。

◆行為反應理論

1.氣質是獨立性的心理特質：氣質不同於動機、能力和人格，也不屬於認知、動機或情緒等心理特性，不過在個體的成長過程中，氣質會與這些心理屬性互動，在互動的過程中，會使得孩子在特定的情境下，表現出他的行為反應。

2.氣質是一種對外在刺激、期望或要求的反應，當外在環境對個體心理特質產生影響時，氣質對這種影響會產生互動或介入的功能，所以相同的刺激對個體會產生不同的行為。

◆情緒／生理調節理論

1.氣質具有相當的穩定性，並植基於生物性的基礎上，是一種具有自主反應及自我調解個別差異的特性。
2.氣質在嬰兒時期是包括活動量、微笑、害怕、忍受挫折的程度及適應性，在成人時包括自主反應、壓力反應、腦皮質反應對不舒服的敏感度、害怕、挫折、傷心、快樂的反應程度、注意力分散度及行為壓抑性等等。
3.氣質是人格的部分，因人格包括認知結構，如自我概念及特定的期望和態度，同時也涵蓋在個體與環境間的知覺性及反應性的策略。
4.氣質是每一個人生下來先天就決定的，也就是身體內外在刺激的反應方式。氣質會因不同看法而有不同的結論，但大致歸納出，氣質具有遺傳的特質，是個體在日常生活中所表現出的行為模式。每一個人具有不同氣質獨特性，這種先天對身體內外在的刺激所表現出來的行為模式，均以行為作為基礎，此基礎受遺傳影響故仍具有一定的穩定性。

(二)氣質的向度

Thomas和Chess在1950至1960年代，提出氣質與環境為相互影響的概念：環境會影響孩子的氣質特性，相對的，氣質也會影響孩子在環境中的判斷、態度和行為（引自王佩玲，2003）。1956年美國兩位小兒科醫生在紐約地區開始長期追蹤研究，其中一共追蹤了一百四十一位出生於中產階級家庭的新生兒及其父母，受訪的問題包羅萬象，如孩子的餵食行為、睡眠習慣、遊戲、對陌生人的反應等。研究者將早期資料歸納後，將嬰兒行為分成九個向度，以作為氣質之定義（郭靜晃，2008）。嬰兒氣質向度說明如下（黃志成、林貞谷、張培英，2004；王淑楨、黃志成，2009）：

1.活動量（activity）：指嬰幼兒全天的活動量大或小、多或少，例如有的嬰兒動個不停，不管是躺著或抱著，即使是餵奶、洗澡時也不斷地動來動去；但也有些嬰兒則文靜多了，活動量較小，看起來較斯文。

2.規律性（rhythmicity）：指嬰幼兒反覆性的生理機能，如睡眠和清醒的時間、饑餓和食量等都有固定的生理時鐘；但有些嬰幼兒則表現得很散漫，生活秩序並不規律。

3.趨避性（approach）：所謂趨避性是指初次接觸新的人、事、物的行為反應。趨性傾向的嬰幼兒，能馬上接受新的食物並嚥下，能接受初次來家中的客人；避性的嬰幼兒則相反。

4.適應性（adaptability）：指嬰幼兒在接觸陌生的人、新的環境、新的玩具時，能表現出處之泰然的態度，繼續地與人互動、融入環境、把玩新玩具。反之，適應性差的嬰幼兒，對於環境中人、事、物的改變，會顯得無法適應，例如換個地點洗澡即無法接受。

5.反應閾（threshold）：指嬰幼兒對感覺（如嗅覺、溫覺等）外界環境事物及社會接觸（如叫他的名字），引起可識別反應所需的量，例如：當媽媽的外表或服飾有明顯的改變時（換新髮型或新衣服），嬰幼兒會注意看，表示反應閾低（亦即一點點刺激就能引起反應），反應閾低表是敏感度高。

6.反應強度（intensity of reaction）：指嬰幼兒面對內在或外在的刺激時，反應很激烈或微弱，如肚子餓的時候，哭得很大聲，表示反應強度激烈；若只輕聲哭泣，則表示反應強度弱。根據Sanson等人（2009）的研究顯示，兒童的反應強度會影響兒童後期的社會技能與學校適應。以社會適應為例，一位凡事大驚小怪的學生，顯然較無法引起同儕的認同，進而影響社會適應。

7.情緒本質（quality of mood）：情緒本質好的嬰幼兒常會咕咕笑，

看起來好可愛，例如：在為他換尿布或衣服時，嬰兒會發出愉快的聲音或愉悅的表情。反之，則常悶悶不樂。喜怒無常的情緒特徵可能是心理因素的情緒障礙（Durbin, 2010），也會影響孩子社會能力發展（Bush, Lengua, & Colder, 2010）。

8.注意力分散度（distractibility）：注意力分散程度是兒童重要的社會功能（Sterry et al, 2010）。指嬰幼兒在從事某一項活動時（如喝奶、洗澡、穿衣），是否容易受其他刺激所影響，表現出停止原有之活動，或轉換到新刺激的活動。例如：當有人從身邊走過時，會停止原來的活動而注意觀看，表示注意力分散度大。

9.堅持度（persistence）：堅持度強的嬰幼兒較能持續某一種活動，即使遇到挫折或干擾時，也會持之以恆，反之則不然。例如：可持續觀看其他小朋友玩遊戲達數分鐘者表示堅持度高。

(三)氣質的類型

Thomas與Chess（1977）認為嬰幼兒氣質的某些成分常可以預測的方式群集出現，而可分為三大類，參與紐約縱貫研究的一百四十一個嬰兒，大多數可以歸入這三種氣質類型（引自王佩玲，2003）：

1.安樂型（easy temperament）：此類嬰幼兒情緒穩定，經常心情愉快，對新經驗易於接受且適應，他們的習慣是規則而可預期的。

2.困難型（difficult temperament）：此類嬰幼兒是好動、易怒、習慣不規則，對例行事件的改變反應激烈，對陌生人和新情境的適應很緩慢。

3.慢吞吞型（slow-to-warm-up temperament）：這類兒童比較不愛動、喜怒無常、對陌生人和新情境的適應很緩慢，但反應通常較為溫和。例如：他們會以移開視線抗拒別人的安撫，而不是拳打腳踢或尖叫。

(四)氣質的特徵（王淑楨、黃志成，2010）

兒童的氣質具有下列之特徵，說明如下：

1.氣質具遺傳性，並在某一段時間會呈現穩定的狀態（王佩玲，2003）。

2.在遺傳學上氣質與人格發展是有相關的（Rothbart & Bates, 2007）。

3.氣質對個人行為或動作發展深具影響力，例如活動量大的嬰幼兒，可能有利於發展粗細動作。

4.氣質無絕對的好與壞（王佩玲，2010）。而父母親的教養行為會影響兒童氣質反應的變化（Blandon et al., 2010），但兒童氣質會影響到依附的發展（Benish-Weisman, Steinberg & Knafo, 2010）。

5.種族與氣質有相關（Dote-Kwan & Chen, 2010）。以規律性為例，有些種族可能每天會有固定的宗教膜拜儀式，或有固定的文化活動，或對子女的教育有一定的規範，易養成孩子的規律性。

6.兒童氣質在不同年齡都有差異性，反映了兒童重要的發展（Molfese et al., 2010）。

(五)影響氣質的相關因素（楊惠琴、許瑛巧、賴佳菁，2007；王淑楨、黃志成，2008；陳富美，2006；江秀英、李宜賢，2011）

1.個人因素：情緒調節能力在嬰幼兒期快速發展，其影響因素包括孩子本身的人格特性。此外，性別、出生序、年齡也是相關的影響因素。

2.家庭因素：除父母的婚姻狀況、父母的性別、父母社經地位、子女數外，父母教養方式、家庭成員、家庭規則、家庭權力彼此間交互作用的歷程都會影響嬰幼兒的氣質外，若家庭系統能發揮正向的功能，兒童便能發展出自動自發、主動好奇、行動有方向及擁有責任感，進而在人際關係、智力和體能上能應付自如、自我掌握，對即將面臨的青春期也能發展更明確的自我概念與自我追尋的目標方向。鄭安安（2017）也提及隨著孩子年齡增長，認知、語言、動作、社會情緒等各方面能力逐漸成熟，孩子的氣質及個性越來越鮮明，親子互動關係也隨著有不同的變化。

3.環境因素：包括社會規範、社區環境等不同因素，會造就不同的兒童氣質。

4.學校因素：如班級氣氛影響幼兒氣質。而學校的學習環境、人、事、物互動歷程中，均對幼兒氣質產生或多或少的影響。

十二、依戀

(一)意義

指嬰幼兒接近、依賴父母，惟恐父母離開的情形。一般而言，嬰兒剛出生時，並沒有特定的依戀對象，慢慢地，產生對主要照顧者（通常是母親）的依戀（或稱依附，attachment），當依戀對象在身邊時，會有安全感，不在時會有不安全感。幼兒與主要照顧者分離是成長過程中必經的過程，幼兒、主要照顧者、幼兒園之間的互動若產生不安的狀態，則會造成分離困難（楊馥榮，2018）。依戀是個體的一種原始驅力，會與依戀對象產生雙向且緊密的情感連結，這樣的情感連結是獨特、強烈且持久的，即使經歷一段長時間的發展，依附關係仍會持續著，也會影響個體的自我概念、社會能力、情緒、行為模式與人格發展。

(二)依戀行為

指嬰幼兒依戀父母親所表現的情感性依賴與親近行為。嬰幼兒依戀傾向是從嬰幼兒與父母親在互動中的經驗，將父母親的溫暖、關愛、拒

絕、不安全感等所有訊息內化到內在心理，再由嬰幼兒表現的行為或反應等現象呈現出來，因此嬰幼兒的依戀傾向，強烈受到親子的互動經驗影響，而互動品質便成為重要指標。依戀行為通常在嬰幼兒害怕、疲倦時最明顯。嬰幼兒為了得到照顧者的保護，會發出一些如哭、笑的訊號行為（signaling behavior）來維持與照顧者間的互動，形成和照顧者情感連結的依戀關係。

(三)親子依戀的四個階段

Bowlby（1980）將依戀關係的發展分為四個階段（**表2-12**），分述如下：

1.無特定對象的社會反應：由出生至二個月，嬰兒所發出的訊號（如啼哭、微笑）並沒有特定對象，但訊號有社會功能。從這個時候開始，嬰兒就會對周遭他人的舉動，有一些天生本能的反應，特別是人的臉孔會引起嬰兒強烈的興趣，這些都象徵著嬰兒和照顧者互動的開始。

2.對特定對象的社會反應：由二個月至七個月，嬰兒能分辨親人、生人的差別，也對親人有明顯的偏好；他的微笑、啼哭也有特定對象。

表2-12　Bowlby的依戀四階段

階段	年齡	行為
1	出生至二個月	隨意微笑、讓任何人擁抱
2	二個月至七個月	選擇性互動，對所有喜愛的人微笑，比較陌生人和主要照顧者的臉
3	七個月至二歲	依戀主要照顧者，主要照顧者不在時會哭，試圖跟隨，對陌生人懷著戒心
4	二歲或二歲半起	具有完整性記憶力，知道照顧者雖不在眼前也不會消失，開始與同儕建立關係

資料來源：Bowlby (1980).

3.依戀的建立：約從七個月至二歲，嬰幼兒十分明顯的只要「媽媽」，別人無法替代。此時會有「分離抗議」，擔心依戀對象是否再回來。

4.相似目標的建立：約從二歲或二歲半開始，幼兒能逐漸忍受與依戀對象暫時的分離，並且和其他家人、同儕建立起關係。

(四)依戀行為的類型

依戀和嬰幼兒的心理健康有密切的聯繫，在嬰幼兒生活的每個階段都對撫養人有不同的需求，每個階段有特定的發展需要和弱點，年幼兒童對成年人的依戀是發展的一個關鍵階段，它是情緒健康、社會關係以及幼兒對成人看法的基礎，信任和建立關係的能力將影響情緒健康、安全感以及以後的發展和與人的關係（鄭敦淳、江玉龍，2006）。依戀行為具有適應環境的生物功能，為了滿足安全及生存的基本需求，嬰幼兒主動親近依戀對象，尋求心理上的安全感，當依戀對象能敏覺幼兒的依戀訊號且適當回應時，幼兒才能滿足安全需求，產生足夠的信心，勇敢的向外探索環境，假如依戀對象不能滿足幼兒的需求時，幼兒只好使用各種扭曲的防衛方式，選擇不適當的行為因應，以示抗議。母親與嬰兒因互動型式的不同，會產生不同的依戀模式，說明如下：

1.安全依戀型：這類嬰兒和媽媽待在陌生的環境時，能自己玩玩具，和陌生人接觸。但媽媽離開時，會有不安的反應，甚至哭、鬧，不過媽媽一回來，會趨前擁抱並安靜下來玩玩具。藉由安全依戀關係的建立，能促進幼兒正向的自我概念與信心，形成較佳的人格發展模式。葉俐君（2008）研究發現，「權威開明型」父母的教養方式產生安全的依附。安全型依附感的幼兒容易和父母形成正面的情感連結，幼兒來自主要照顧者有責任感、溫暖、有情愛的家庭，當他們長大後，在面對感情關係時，多半也會用過去的經驗去面對別人

（陳淑貞、翁毓秀，2006）。

2.不安全依戀型：這類嬰幼兒在陌生環境中，較缺少探索和遊戲行為，緊黏著媽媽哭鬧。當媽媽離開時，情緒更激烈，但媽媽回來後，卻一方面要媽媽抱，一方面又想掙扎著下來。當早期的嬰幼兒需要照顧者的保護、支持與關愛時，若一直被拒絕，則嬰幼兒會學會忽略照顧者的存在，其自我視自己是孤獨及不被需要的，視他人為拒絕與不可信任的。

3.逃避依戀型：這類型嬰幼兒在陌生環境中，不論媽媽在不在場都沒有很強烈的情緒反應。只有獨處時才會顯得不安，但只要有人（陌生人亦可）陪伴，也可安撫他們的情緒。逃避依戀型行為的嬰幼兒可預測日後有較高的行為問題（Fearon & Belsky, 2011）。

(五)影響依附關係的成因

1.嬰幼兒本身的氣質：有些嬰幼兒與生俱來的氣質較為謹慎，對於新經驗的調適與形成有些困難。

2.養育方式的不同：不同的父母親採取不同的教養方式，就會形成不同的依附關係。

3.對父母親的依附：視每位父母親參與照顧嬰幼兒的時間與頻率不同而有所差異。

4.與同儕的互動：嬰幼兒在與同儕互動的機會多寡。

十三、嬰幼兒社會發展層面

除了生理、心理層面之外，在嬰幼兒的成長過程中，社會層面的影響亦扮演重要的角色，以下分別探討之。

(一)家庭影響

家庭影響個體的每個發展階段，家庭是嬰幼兒成長的初始場域，家庭中父母的教養態度，即父母教導與養育子女所抱持的認知、觀念、行動與情緒可能影響個體一輩子。Haverfield與Theiss（2016）研究發現，酗酒的父母親影響子女的教養，而且影響子女長大後對於父母親的酗酒行為會有恥辱感，可見家庭影響孩子成長的重要性。馮燕、江東亮、田旻立（2013）指出，許多研究發現傳統文化價值對父母教養行為和兒童發展有所影響，且育兒價值感也會影響父母教養行為，所謂的「教養」，指的是父母教導子女的過程，包括父母自身對於養育孩子的信念，以及期待子女要具備的觀念、準則與行為，透過父母的養育和與子女間的互動關係，對於個人發展造成深遠的影響。因此，父母的言行與教養方式與子女間是交互作用的過程，子女會受到父母態度、觀念、喜好、興趣的影響，發展社會化、認知、情意、技能、品格等能力，以上歷程是重要的，也是奠定良好健全人格成長的基礎。

綜合上述，家庭中父母施予嬰幼兒的養育、教育，藉由身教、言教傳達，以及信念、情緒態度等的潛移默化，進而影響嬰幼兒各方面身心的健全發展。

(二)嬰幼兒的安全

為了讓嬰幼兒有一個安全的成長環境，中央及地方政府以及個人之研究均有所著墨。衛生福利部根據《國際疾病傷害及死因分類標準第10版》，嬰幼兒死亡因素包括與妊娠長短及胎兒生長有關的疾患、產傷、源於周產期的呼吸性疾患、特發於周產期的感染、胎兒及新生兒出血及血液疾患、先天性畸形或變形及染色體異常、嬰兒猝死症候群（SIDS）、事故傷害、他殺共九項，在106年我國嬰幼兒前五大死因依序為：(1)先天性畸形、變形及染色體異常；(2)源於周產期的呼吸性疾患；(3)與妊娠長短及胎兒生長有關的疾患；(4)事故傷害；(5)特發於周產期的感染（衛生福利部統計處，2018），統計結果如**表2-13**所示，值得衛生單位及家長重視。

表2-13　嬰幼兒死亡因素（年／人數）

年度	所有死亡原因	先天性畸形、變形及染色體異常	源於周產期的呼吸性疾患	與妊娠長短及胎兒生長有關的疾患	事故傷害	特發於周產期的感染	嬰兒猝死症候群（SIDS）	胎兒及新生兒出血及血液疾患	肺炎	心臟疾病（高血壓性心臟病除外）	腦之其他疾患	其他
105	811	166	117	56	46	42	32	26	17	16	13	280
106	772	152	107	80	59	39	23	17	17	13	敗血症12	253

資料來源：衛生福利部（2018）。

此外，衛生福利部（2017）統計我國100～106年嬰幼兒死亡人數如**表2-14**所示。由表可知，不論是「新生兒」或「嬰兒」死亡人數都出現男多於女的現象。

表2-14　嬰幼兒死亡人數

年度	新生兒			嬰兒		
	總計	男	女	總計	男	女
100	530	293	237	832	452	380
101	538	312	226	860	485	375
102	459	252	207	767	426	341
103	458	258	200	761	446	315
104	539	291	248	881	490	391
105	505	298	216	811	439	372
106	486	267	219	772	412	360

資料來源：衛生福利部（2018）。

根據黃志成、彭賢恩、王淑楨（2011）針對台北市中途致殘之身心障礙者所做的調查發現，致殘年齡有28.1%是在一至六歲造成的。由此可知，如何顧及嬰幼兒的安全是不容忽視的。

台北市政府衛生局（2013）指出，為促進兒童安全，提升本市兒童健康，期望藉由推廣兒童安全三大策略，以降低兒童事故傷害的發生，包含：(1)睡的安全：鼓勵仰睡，避免趴睡，以降低嬰兒猝死發生率；(2)行的安全：推廣如何選擇適當的兒童安全座椅；(3)住的安全：跨局處與社會局合作進行高危險群事故預防之家庭訪視，來降低兒童意外事故傷害率。

吾人從四個方向談嬰幼兒的安全問題：(1)交通安全：包括嬰幼兒乘坐大客車、小汽車、娃娃車、機車、腳踏車而受傷或死亡的案例；(2)食品安全：包括集體中毒事件、慢性中毒事件（含農藥汙染蔬果、工廠排放廢水間接汙染魚蝦貝類）、重金屬汙染食品、塑化劑等；(3)藥品安全；(4)玩具安全（含外形及品質的不安全、把玩玩具導致受傷、易燃性玩具、含毒玩具、含化學性材質玩具、物理性設計不當玩具等）。彭賢恩、黃志成、王淑楨（2014）針對台北市衛生局提出了下列之建議，以避免身心障礙人口的產生：包括遺傳諮詢、婚前健康檢查、嬰幼兒疾病預防注射（如沙賓口服疫苗、德國痲疹疫苗等）、腦炎腦膜炎之預防。

綜合以上文獻資料，嬰幼兒健康照護應包含生活照護、安全照護及疾病照護，可以概括的築起了防護網，說明如下：

1. 生活照護：包括睡的安全、行及交通的安全（如安全座椅、交通事故）、住的安全（如居家生活環境的安全、居住房屋結構安全）、食品安全、玩具安全等。
2. 安全照護：包括安全之生活環境、安全之交通環境。
3. 疾病照護：包括婚前健康檢查、遺傳諮詢、產前檢查、藥品安全、嬰幼兒疾病預防注射等。

(三)嬰幼兒的托育制度

家庭結構改變，過去大家庭結構中照顧老小可由妯娌間共同合作，現今小家庭為主流，女性投入勞動市場，加上嬰幼兒由於無法獨立生活，父母親無法每天二十四小時照顧嬰幼兒，嬰幼兒托育需求於是產生，現行我國托育制度最重要的有下類三者，分別介紹如下：

◆保母（居家托育服務人員）

根據《兒童及少年福利與權益保障法》第25條規定，直轄市、縣（市）主管機關應辦理居家式托育服務之管理、監督及輔導等相關事項。居家式托育服務，指兒童由其三親等內親屬以外之人員，於居家環境中提供收費之托育服務。收費照顧三親等以外幼童之保母皆應依法參加保母課程訓練，並考保母證照（相關人數見**表2-15**），保母於居家托育非三親等內之嬰幼兒且有收費者，應向所轄縣市政府完成登記後方可收托。相關資訊說明如下：

表2-15　97～106年居家托育服務中心數（原社區保母系統）及托育人員

年度	中心數	保母人數		托育兒童人數
		一般托育	親屬托育	
97	54	13,624	-	-
98	55	14,248	-	16,985
99	58	14,874	-	22,134
100	62	16,419	-	25,509
101	62	18,505	4,662	33,270
102	66	20,549	13,650	49,296
103	70	21,381	20,468	59,982
104	72	22,933	25,748	69,428
105	71	24,259	27,751	73,270
106	72	25,750	29,647	76,211

資料來源：衛生福利部統計處（2018）。

1.保母資格。保母申請登記之資格年滿二十歲並具備下列資格之一（衛生福利部，2015a）：

(1)取得保母人員技術士證。

(2)高級中等以上學校幼兒保育、家政、護理相關學程、科、系、所畢業。

(3)修畢托育人員專業訓練課程，並領有結業證書。

2.托育類型。根據《居家式托育服務提供者登記及管理辦法》（衛生福利部，2015b）第2條指出，托育類型區分為兩類，分別為：

(1)在宅托育服務：係托育人員受兒童之父母、監護人或其他實際照顧之人委託，在托育人員提供托育服務登記處所提供之托育服務。

(2)到宅托育服務：係托育人員受兒童之父母、監護人或其他實際照顧之人委託，至兒童住所或其他指定處所提供之托育服務。

3.托育方式。根據《居家式托育服務提供者登記及管理辦法》第6條指出，托育服務收托方式及時間，分別為：

(1)半日托育：每日收托時間在六小時以內。

(2)日間托育：每日收托時間超過六小時且在十二小時以內。

(3)全日托育：每日收托時間超過十六小時。

(4)夜間托育：每日於夜間收托至翌晨，其時間不超過十二小時。

(5)延長托育：延長前四款所定托育時間之托育。

(6)臨時托育：前五款以外之臨時性托育服務。

4.在宅托育輔導辦法。根據《居家式托育服務提供者登記及管理辦法》第18條指出，直轄市、縣（市）主管機關應辦理下列在宅托育服務之檢查及輔導：

(1)初次訪視：托育人員初次收托兒童，一年內至少訪視四次；首次訪視，應於收托兒童後一個月內為之。

(2)例行訪視：托育人員收托兒童一年以上者，每年至少訪視一次。

但提供全日、夜間托育服務及第7條第一項第二款托育服務者，每年至少訪視四次（註：第七條第一項第二款：二名以上托育人員於同一處所共同托育至多四人，其中全日或夜間托育至多二人）。

陳若琳、涂妙如（2012）在新北市政府社會局委託辦理的「新北市家長對保母及其托育服務使用現況與需求調查」發現，社區保母系統之保母平均照顧比為1：2.27，托嬰中心／托兒所平均照顧比為1：4.79；目前使用社區保母系統或是托嬰中心托育的家庭，主要以「日間托育」（6～10小時／天）為主。

選擇保母除了要具備愛心、耐心及專業外，黃志成、林貞谷、張培英（2004）更提及要注意個性上的相同性與互補性。所謂「相同性」就是父母尋找保母照顧嬰幼兒時，必須考慮教育理念與管教態度是否一致，所以事前和保母深度溝通，不可忽略，以免對嬰幼而造成傷害。所謂「互補性」就是父母尋找保母照顧嬰幼兒時，必須考慮個性上的優缺點，例如不善言詞的父母，可以找一位較喜歡說話的保母，如此嬰幼兒才有學習語言的機會。

◆托嬰中心

托嬰中心係屬於兒童及少年福利機構，辦理未滿二歲兒童托育之服務（衛生福利部，2013）。以下就托嬰中心各項規定做說明：

1.托嬰中心提供之服務內容。根據《兒童及少年福利機構設置標準》第5條規定，托嬰中心所提供之服務內容包括：

(1)兒童生活照顧。

(2)兒童發展學習。

(3)兒童衛生保健。

(4)親職教育及支持家庭功能。

(5)記錄兒童生活成長與諮詢及轉介。

(6)其他有益兒童身心健全發展者。

托嬰中心已收托之兒童達二歲，尚未依幼兒教育及照顧法規定進入幼兒園者，托嬰中心得繼續收托，其期間不得逾一年。

2.托嬰中心之收托方式。根據《兒童及少年福利機構設置標準》第6條規定，托嬰中心所提供之收托內容包括：

(1)半日托育：每日收托時間未滿六小時者。

(2)日間托育：每日收托時間在六小時以上未滿十二小時者。

(3)臨時托育：父母、監護人或其他實際照顧兒童之人因臨時事故送托者。

3.托嬰中心應具有之空間。根據《兒童及少年福利機構設置標準》第8條規定，托嬰中心空間應包括：

(1)活動區：生活、學習、遊戲、教具及玩具操作之室內或室外空間。

(2)睡眠區：睡眠、休息之空間。

(3)盥洗室：洗手、洗臉、如廁、沐浴之空間。

(4)清潔區：清潔及護理之空間。

(5)廚房：製作餐點之空間。

(6)備餐區：調奶及調理食品之空間。

(7)用餐區：使用餐點之空間。

(8)行政管理區：辦公、接待及保健之空間。

(9)其他與服務相關之必要空間。

4.托嬰中心人員配置。根據《兒童及少年福利機構設置標準》第11條規定，托嬰中心應置專任主管人員一人綜理業務，並置特約醫師或專任護理人員至少一人；每收托五名兒童應置專任托育人員一人，未滿五人者，以五人計。

根據彭賢恩、黃志成、王淑楨（2014）針對台北市托嬰中心滿意度調查發現：在「空間設備」方面，以「中心設備」之滿意度最高（97.0%）；在「日常例行照顧」方面，以「托育人員服務態度」之滿意度最高（98.8%）；在「健康照顧」方面，以「健康照護服務」之滿意度最高（86.4%）；在「學習活動」方面，以「互動情形」之滿意度最高（97.6%）；在「親師交流」方面，以「中心提供幼兒觀察與記錄的情形」之滿意度最高（93.2%）；在「行政作業」方面，以「收費的合理性」之滿意度最高（90.2%）。根據黃志成、林少雀、王淑楨（2010）的建議：托嬰中心的房舍建築以安全、空氣新鮮、寧靜為原則。而且必須保持衛生，除臥室以外，應另闢遊戲室，給嬰兒活動用，戶外也必須設置嬰兒活動設施。托嬰中心之室內、室外遊戲設備，依《兒童及少年福利機構設置標準》（衛生福利部，2013）規定。

表2-16　托嬰中心所數及人數

年	總計	公立	私立	公辦民營	人數	男	女
103	659	-	587	72	14,845	7,717	7,128
104	735	-	643	92	17,246	8,982	8,264
105	808	-	710	98	19,750	10,271	9,479
106	907	-	784	123	23,066	12,081	10,985

資料來源：衛生福利部統計處（2018）。

◆幼兒園

根據行政院主計處（2016）婦女婚育與就業調查結果顯示，105年10月十五歲至四十九歲現有子女女性，於近三年出生最小子女在三足歲前委外托育之平均每月費用為16,007元；近六年出生最小子女在三至六足歲前之平均每月費用則為8,719元。由此可知，我國三至未滿六足歲間之幼兒在私立幼兒園接受托育的比率頗高，若再加上公立幼兒園（含國小附幼），則為數更多。以下分別就幼兒園設置辦法、服務內容、人員配置、師資及工作人員規定提出說明：

1.設置辦法：

(1)根據《幼兒教育及照顧法》（教育部，2018）第8條規定，直轄市、縣（市）、鄉（鎮、市）、直轄市山地原住民區、學校、法人、團體或個人，得興辦幼兒園；幼兒園應經直轄市、縣（市）主管機關許可設立，並於取得設立許可後始得招生。

(2)公立學校所設幼兒園應為學校所附設，其與直轄市、縣（市）、鄉（鎮、市）及直轄市山地原住民區設立者為公立，其餘為私立。但本法施行前已由政府或公立學校所設之私立幼兒園或托兒所，仍為私立。

(3)幼兒園得於同一鄉（鎮、市、區）內設立分班，其招生人數不得逾本園之人數或六十人之上限。

2.服務內容：

根據《幼兒教育及照顧法》第12條規定，幼兒園之教保服務內容如下：

(1)提供生理、心理及社會需求滿足之相關服務。

(2)提供健康飲食、衛生保健安全之相關服務及教育。

(3)提供適宜發展之環境及學習活動。

(4)提供增進身體動作、語文、認知、美感、情緒發展與人際互動等發展能力與培養基本生活能力、良好生活習慣及積極學習態度之學習活動。

(5)記錄生活與成長及發展與學習活動過程。

(6)舉辦促進親子關係之活動。

(7)其他有利於幼兒發展之相關服務。

3.人員配置：

(1)根據《幼兒教育及照顧法》第16條規定，幼兒園二歲以上未滿三歲幼兒，每班以十六人為限，且不得與其他年齡幼兒混齡；三歲以上至入國民小學前幼兒，每班以三十人為限。但離島、偏鄉及原住民族地區之幼兒園，因區域內二歲以上未滿三歲幼兒之人數稀少，致其招收人數無法單獨成班者，得報直轄市、縣（市）主管機關同意後，以二歲以上至入國民小學前幼兒進行混齡編班，每班以十五人為限。

(2)幼兒園及其分班除園長外，應依下列方式配置教保服務人員：

①招收二歲以上至未滿三歲幼兒之班級，每班招收幼兒八人以下者，應置教保服務人員一人，九人以上者，應置教保服務人員二人；第一項但書所定情形，其教保服務人員之配置亦同。

②招收三歲以上至入國民小學前幼兒之班級，每班招收幼兒十五人以下者，應置教保服務人員一人，十六人以上者，應置教保服務人員二人。

③公立學校附設幼兒園者，除依規定配置教保服務人員外，每園應再增置教保服務人員一人。

有安置幼兒之必要者，應依下列規定辦理：

- 當學年度招收二歲以上至未滿三歲幼兒，或依第一項但書規定混齡招收二歲以上至入國民小學前幼兒之班級，每招收幼兒八人，得另行安置一人。
- 當學年度招收三歲以上至入國民小學前幼兒之班級，每招收幼兒十五人，得另行安置一人。
- 幼兒園於次學年度起，除該學年度無幼兒離園者仍應依前二款規定辦理外，每班招收人數，應依第一項規定辦理。

(3)根據《幼兒教育及照顧法》第17條規定，幼兒園教師配置如下：

①幼兒園有五歲至入國民小學前幼兒之班級，其配置之教保服務人員，每班應有一人以上為幼兒園教師。

②幼兒園助理教保員之人數，不得超過園內教保服務人員總人

數之三分之一。

③幼兒園得視需要配置學前特殊教育教師及社會工作人員。

④幼兒園及其分班應置護理人員，其合計招收幼兒總數六十人以下者，以特約或兼任方式置護理人員；六十一人至二百人者，應以特約、兼任或專任方式置護理人員；二百零一人以上者，以專任方式置護理人員。但國民中、小學附設之幼兒園，其校內已置有專任護理人員者，得免再置護理人員。

⑤幼兒園達一定規模或其分班，得分組辦事，並置組長，其組長得由教師、教保員或職員兼任之；附設幼兒園達一定規模及直轄市、縣（市）、鄉（鎮、市）、直轄市山地原住民區設立之幼兒園得置專任職員；幼兒園應以專任或兼任方式置廚工。

4.根據《教保服務人員條例》，師資培育及資格規定如下：

(1)第6條規定，幼兒園園長，應同時具備下列各款資格：

①具幼兒園教師或教保員資格。

②在幼兒園（包括托兒所及幼稚園）擔任教師、教保員，或幼兒教育、幼兒保育相關科、系、所畢業之負責人，並實際服務滿五年以上。

③經直轄市、縣（市）主管機關自行或委託設有經中央主管機關認可之幼兒教育、幼兒保育相關科、系、所、學位學程之專科以上學校辦理之幼兒園園長專業訓練及格。

(2)第8條規定，幼兒園教師資格之取得，應採職前培育及在職進修方式為之。

(3)第10條規定，幼兒園教保員，應具備下列資格之一：

①修畢經中央主管機關認可之國內專科以上學校教保相關系科之幼兒園教保專業課程且取得專科以上學校畢業證書。

②具備國外專科以上學校幼兒教育、幼兒保育相關系、所、學

位學程、科畢業證書，並取得經中央主管機關發給之修畢幼兒園教保專業課程證明書。

5.《幼兒教育及照顧法》第26條規定，幼兒園新進用之駕駛人及隨車人員，應於任職前二年內，或任職後三個月內，接受基本救命術訓練八小時以上；任職後每二年應接受基本救命術訓練八小時以上、安全教育（含交通規則）相關課程三小時以上及緊急救護情境演習一次以上。

6.根據《幼兒教育及照顧法》第17條規定，幼兒園助理教保員除本法另有規定外，應具國內高級中等學校幼兒保育相關學程、科畢業之資格。

7.根據《幼兒教育及照顧法》第28條規定，幼兒園之護理人員，每二年應接受教學醫院或主管機關認可之機構、學校或團體辦理之救護技術訓練八小時。

十四、發展遲緩

根據《特殊教育法》第3條第十二項指出，身心障礙分類包括發展遲緩。根據《身心障礙及資賦優異學生鑑定辦法》第13條對發展遲緩幼兒所下的定義為：未滿六歲之兒童，因生理、心理或社會環境因素，在知覺、認知、動作、溝通、社會情緒或自理能力等方面之發展較同年齡顯著遲緩，且其障礙類別無法確定者；其鑑定依兒童發展及養育環境評估等資料，綜合研判之。

(一)相關法規

◆《兒童及少年福利與權益保障法》（104.12.16）

1.直轄市、縣（市）政府，應建立整合性服務機制，並鼓勵、輔導、委託民間或自行辦理下列兒童及少年福利措施（§23）：

(1)建立早產兒通報系統，並提供追蹤、訪視及關懷服務。

(2)建立發展遲緩兒童早期通報系統，並提供早期療育服務。

(3)發展遲緩兒童之扶養義務人無力支付醫療費用之補助。

2.本法第31條規定，政府應建立六歲以下兒童發展之評估機制，對發展遲緩兒童，應按其需要，給予早期療育、醫療、就學及家庭支持方面之特殊照顧。父母、監護人或其他實際照顧兒童之人，應配合前項政府對發展遲緩兒童所提供之各項特殊照顧。早期療育所需之篩檢、通報、評估、治療、教育等各項服務之銜接及協調機制，由中央主管機關會同衛生、教育主管機關規劃辦理。

3.本法第32條出，各類社會福利、教育及醫療機構，發現有疑似發展遲緩兒童，應通報直轄市、縣（市）主管機關。直轄市、縣（市）主管機關應將接獲資料，建立檔案管理，並視其需要提供、轉介適當之服務。

◆《兒童及少年福利與權益保障法施行細則》（104.11.11）

1.根據本法第8條規定，所稱早期療育，指由社會福利、衛生、教育等專業人員以團隊合作方式，依未滿六歲之發展遲緩兒童及其家庭之個別需求，提供必要之治療、教育、諮詢、轉介、安置與其他服務及照顧。經早期療育後仍不能改善者，輔導其依身心障礙者權益保障法相關規定申請身心障礙鑑定。

2.根據本法第9條規定，本法所稱發展遲緩兒童，指在認知發展、生理發展、語言及溝通發展、心理社會發展或生活自理技能等方面，有疑似異常或可預期有發展異常情形，並經衛生主管機關認可之醫院評估確認，發給證明之兒童。發展遲緩兒童再評估之時間，得由專業醫師視個案發展狀況建議之。

◆《身心障礙者權益保障法》（104.12.16）

1.通報系統之建立：根據本法第18條規定，直轄市、縣（市）主管機關應建立通報系統，並由下列各級相關目的事業主管機關負責彙送資訊，以掌握身心障礙者之情況，適時提供服務或轉介。

(1)衛生主管機關：疑似身心障礙者、發展遲緩或異常兒童資訊。

(2)教育主管機關：疑似身心障礙學生資訊。

(3)戶政主管機關：身心障礙者人口異動資訊。

直轄市、縣（市）主管機關受理通報後，應即進行初步需求評估，並於三十日內主動提供協助服務或轉介相關目的事業主管機關。

2.學齡前機構之設立及課後照顧服務：本法第31條規定，各級教育主管機關應依身心障礙者教育需求，規劃辦理學前教育，並獎勵民間設立學前機構，提供課後照顧服務，研發教具教材等服務。公立幼兒園、課後照顧服務，應優先收托身心障礙兒童，辦理身心障礙幼童學前教育、托育服務及相關專業服務；並獎助民間幼兒園、課後照顧服務收托身心障礙兒童。

3.生涯轉銜計畫之制定：本法第48條規定，為使身心障礙者不同之生涯福利需求得以銜接，直轄市、縣（市）主管機關相關部門，應積極溝通、協調，制定生涯轉銜計畫，以提供身心障礙者整體性及持續性服務。前項生涯轉銜計畫服務流程、模式、資料格式及其他應遵行事項之辦法，由中央主管機關會同中央目的事業主管機關定之。

◆《疑似發展遲緩兒童通報流程及檔案管理辦法》（101.05.29）

1.本法第2條規定，社會福利、教育及醫療機構發現有疑似發展遲緩兒童，應於一週內填具疑似發展遲緩兒童通報表，以電信傳真或其他科技設備傳送等方式通報兒童戶籍地之直轄市、縣（市）主管機關。

2.本法第3條規定，直轄市、縣（市）主管機關接獲前條通報，應即登錄個案管理系統予以列管，並即進行評估，評估有開案需要者，並依評估結果提供兒童發展個別化服務計畫。前項計畫應由社會工作人員或其他相關專業人員實施個案管理，提供兒童及其家庭相關處遇服務。

3.本法第4條規定，個案管理系統資訊及相關處遇服務，應撰製工作紀錄、建立檔案。前項紀錄保存年限不得少於七年。

◆《幼兒教育及照顧法》（107.06.27）

1.身心障礙幼兒接受教保服務之補助：本法第13條規定，直轄市、縣（市）主管機關應依相關法律規定，對接受教保服務之身心障礙幼兒，主動提供專業團隊，加強早期療育及學前特殊教育相關服務，並依相關規定補助其費用。中央政府為均衡地方身心障礙幼兒教保服務之發展，應補助地方政府遴聘學前特殊教育專業人員之鐘點、業務及設備經費，以辦理身心障礙幼兒教保服務；其補助辦法由中央主管機關定之。

2.優先招收不利條件幼兒提供適切協助或補助：本法第39條規定，直轄市、縣（市）主管機關對主管之教保服務機構，其優先招收離島、偏遠地區，或經濟、身心、文化與族群之需要協助幼兒，應提供適切之協助或補助。前項協助或補助之辦法，由中央主管機關定之。

(二)發展遲緩幼兒的身心特質（有愛無礙網站，2014；台北市教育局，2016）

1.身體病弱：除了先天或後天性的障礙程度影響幼兒的學習狀況之外，有些幼兒也經常伴隨著其他疾病，甚至需依賴長時間的藥物控制。

2.語言表達、溝通能力較差：語言能力包括接受性與表達性語言，如果再加上環境的限制，使幼兒的語言刺激較少，則幼兒所表現的語言能力將會更顯落後。

3.社會與情緒行為發展較為緩慢：有的幼兒對「所有權」的認知發展較晚，而出現搶奪行為；或是無法瞭解他人的要求，出現反抗、不理會，也無法遵從社會的規範。

4.注意力：有的幼兒無法集中注意力在應該注意的對象，或是注意到目標但是維持不了多久；有時卻付出較多的注意力。類型如下：

(1)注意力缺陷（ADHD）：至少需持續具有下列八個特徵六個月以上，且這些行為表現與其應有發展水準不符。

①學校功課、日常工作或其他活動，經常無法注意細節或因漫不經心而造成錯誤。

②工作或遊戲時，經常無法維持注意力。

③別人對他說話時，經常無法維持注意力。

④對於學校功課、家庭工作或一般工作，經常無法遵從指示或無法完成（非因反抗或不理解指示）。

⑤經常無法對所從事的工作或活動加以組織。

⑥經常避免或強烈地表示不喜歡需要持續專注心力（mental effort）的工作。

⑦經常忘記攜帶家庭或學校作業、活動所需的物品（例如鉛筆、書、作業）。

⑧經常易因外界刺激而分心。

(2)過動：本類型至少需持續具有下列六個特徵六個月以上，且這些行為表現與其應有發展水準不符。

①坐於座位時，經常手腳動個不停或坐立不安。

②在需要持續坐於座位的教室或其他情境中，卻經常離開座位。

③經常表現過度的、不符情境所需的跑或爬。

④經常難以計畫或從事需要安靜進行的休閒活動。

⑤經常處於活躍狀態，或常像「馬達推動」般四處活動。

⑥經常說話過多。

(3)易衝動：

①經常於問題完成作答前，即搶先回答。

②遊戲或於團體性活動的情況中，難於表現依序等待的行為。

(4)綜合型：持續具有上述兩個類型六個月以上即可稱之為綜合型。

除上述兩種類型外，該診斷手冊並列出非特定型，該型雖未符合以上兩種類型，但卻具有注意力缺陷／過動之缺陷。對於ADHD的診斷尚需注意三個標準：

①行為表現於七歲以前。

②行為出現於二個情境以上（例如學校與家庭）。

③必須有明確證據顯示社會、學業或職業功能存在著臨床重大損害。

(5)亞型：

①注意力缺損亞型：注意力影響兒童較多的是學業的表現與人際上較不受歡迎，而注意力問題多伴隨著年紀漸長而會有所改善。

②衝動過動亞型：衝動過動影響的是意外的頻率與同儕的排斥，同時也較不易隨著年紀增長或者到了青少年期會減輕，複合型、衝動過動和品行障礙的關聯性遠高於注意力缺損的亞型。

③綜合型：上述兩種亞型的影響均存在。

5.幼兒同時伴隨各種學習障礙：學習的遷移能力較差，例如學習車子，但是無法瞭解火車也是車子的一種。

6.動作發展遲緩：有的嬰幼兒協調、平衡和動作控制能力較差，例如別的幼兒已可以行走時，他卻無法行走，或是經常撞倒物品、跌倒等。

7.環境認識障礙：有的幼兒無法分辨情境，特別是危險情境的辨識，容易發生意外。

(三)原因

衛生福利部、縣市政府和民間團體的網站都有提供有關發展遲緩相關的資訊，包括原因，這些網站的資訊顯示大多數發展遲緩的原因並不確定，甚至不可知，Shoukier（2013）等也研究發現，除了先天與後天因素外，發展遲緩有時產生原因不明。僅大約20%可知，已知的原因則很多元，包括：環境因素、社會文化因素、心理因素、遺傳和腦神經、肌肉系統疾病等，涵蓋先天病變和後天的疾病等因素（衛生福利部統計處，2017）。Walters（2010）整理的因素頗詳細，呈現如下：

1.基因或綜合病症（症候群）：早期發現和確認的綜合病症，例如唐氏症，以及比較不明確的嬰幼兒時期的基因或染色體異常，例如結節性硬化（Tuberous Sclerosis Complex, TSC）、X染色體易碎症。

2.代謝性的問題，例如尿素循環障礙。

3.內分泌異常，例如先天性甲狀腺功能衰退。

4.腦部畸形，例如神經元遷移障礙。

結節性硬化症

屬於基因疾病，主要症狀出現在皮膚、眼睛、心臟、肺臟、腎臟及中樞神經系統，有腫瘤生長及抽搐。結節性硬化症對部分患者有嚴重影響，但有部分患者的症狀表現較輕微，因此通常未被診斷出。部分罹患結節性硬化症有發展遲滯、心智遲緩及自閉的情形。結節性硬化症主要是先天性基因遺傳或是基因的突變。父母親其中之一罹患有結節性硬化症，其小孩有50%的機率會因遺傳罹病。目前僅有三分之一的結節性硬化症個案知道是由遺傳所致，另外三分之二結節性硬化症患者則被認為是先天基因突變所造成，造成基因突變的原因仍是未知（社團法人台灣結節硬化症協會，2017）。

5.腦性麻痺和發展協調障礙，腦部缺氧或缺血造成的腦部傷害。

6.創傷性的問題，後天的頭部創傷或出血，例如嬰兒搖晃過烈引起的蜘蛛膜下出血。

7.產前或產後感染，例如麻疹、急性或慢性腦脊髓膜炎或腦炎、人類免疫缺陷病毒。

8.藥物或毒素：母親在懷孕過程服用藥物、酒精、毒品等，傷及胎兒中樞神經，或者嬰幼兒暴露在鉛之下引起的遲緩。

9.心理社會環境：嬰幼兒缺乏基本生活需求的滿足（衣、食、住）和環境的刺激，缺乏心理和情感的呵護，遭受到疏忽和虐待，這些問題可能是家庭功能障礙、婚姻問題、親職教育問題等因素引起。

(四)預防

造成發展遲緩的原因很多元，預防的方式也很多樣，世界衛生組織（World Health Organization, WHO）建議的三級預防頗為完整，第一級為家庭和社區、第二級為門診和外展服務、第三級為臨床照護（急性和特殊照護），這些預防又區分成懷孕前、懷孕期、新生期和嬰幼兒四個階段，簡述如下：

◆第一級預防

家庭和社區的生活條件和健康照護體系必須完備，從懷孕前到嬰幼兒四個階段都適用，尤其是生育和母嬰的照護體系：

1.懷孕前期的重點在於青少年的健康促進和防止懷孕的教育和宣導。

2.懷孕期的重點在於新生兒照顧的準備、親職角色的諮詢、辨識危險和緊急的徵象。

3.新生兒則重視母嬰和家庭的關係、預防新生兒感染和母奶哺乳衛教。

4.嬰幼兒期則強化親職教育和勝任技巧、預防嬰幼兒暴力虐待和疏忽、社區對親職角色的支持等。

◆**第二級預防**

1.懷孕前的階段必須強化家庭計畫、產婦照護、基因篩檢和諮詢。
2.懷孕期重視篩檢、預防感染、高風險懷孕轉介和追蹤、終止懷孕的考量等。
3.新生兒則重視早期篩檢、治療和轉介，例如：黃疸、感染、併發症、體重過輕等。
4.嬰幼兒時期則重視成長和發展監控與支持、營養諮詢、疫苗注射、發展遲緩早期篩檢早期偵測和介入、親職教育和高風險家庭的介入。

◆**第三級預防**

1.懷孕期的重點是婦科和胎兒緊急醫療照護。
2.出生時的專業產科與新生兒照護。
3.出生之後的重點在於高風險新生嬰兒的照護。
4.嬰幼兒則聚焦在疾病和障礙的照護與管理、緊急醫療和加護病房照護。

(五)早期療育（early intervention）

依據《兒童及少年福利與權益保障法施行細則》第8條所稱早期療育，指由社會福利、衛生、教育等專業人員以團隊合作方式，依未滿六歲之發展遲緩兒童及其家庭之個別需求，提供必要之治療、教育、諮詢、轉介、安置與其他服務及照顧。其內涵說明如下：

1.早期療育，即早期介入，是為發展遲緩嬰幼兒及其家庭所提供的種種服務，如治療、特殊教育和社會福利等。
2.早期療育是對有特殊需求之嬰幼兒，提供早期發現、早期診斷，並對其特殊需求提供專業性醫療、復健、特教及福利服務。

3.早期療育是針對學前階段（零至六歲）具特殊需求的幼兒及其家人所提供的服務，利用專業整合性服務，經由早期的醫療、復健或充實方案等措施以開發幼兒潛能，並減少併發症，培育幼兒健全的就學與生活適應能力。

(六)早期療育的重要性

1.增進其感官知覺、認知發展、語言及口語發展、肢體動作發展、社會適應及自理能力發展。

2.避免發生更嚴重的障礙情況。

3.降低生活壓力。

4.增進身心障礙兒童的就學率。

5.減低對社會福利的依賴與一直住在服務機構。

6.減低在求學期間需要特殊教育的服務或安置。

(七)早期療育的對象

1.發展遲緩幼兒及其家庭：早期療育的介入，可以激發幼兒的潛能，輔導幼兒的障礙，糾正幼兒異常的行為；同時可以協助家庭採取必要的措施，如親職教育、居家護理、心理及行為輔導等。

2.經診斷其生理或心智狀況有極大可能會導致發展障礙之兒童及其家庭。

3.若未接受早期療育，可能會導致相當的發展障礙兒童及其家庭。

(八)早期療育內容

1.醫療復健的提供：透過醫療院所的主要服務模式有時段制療育或日間留院，服務內容包括一般或特殊醫療、藥物治療、物理治療、職能治療、語言治療、行為治療、音樂治療、感覺統合治療等。

2.社會福利機構提供之療育服務：服務模式有時段制療育、日間托育服務、住宿教養、在宅服務等，服務內容包括動作訓練、溝通訓練、社會能力訓練、親職教育。

3.教育服務的提供：主要服務模式是在幼兒園採融合教育、專業團隊巡迴輔導，服務內容包括特殊教育、認知、動作、溝通表達、社會能力、遊戲等訓練及親職教育。

4.家庭服務的提供：服務內容包括經濟支持、交通服務、臨時托育服務、喘息服務、家庭功能重建、社會支持網絡建構等。

參考文獻

王佩玲（2003）。〈家長知覺氣質發展的穩定性和變化：六歲至八歲兒童長期追蹤研究〉。《台北市立師範學院學報》，33，129-150。

王佩玲（2004）。《兒童氣質基本特性與社會構成》。台北市：心理出版社。

王佩玲（2010）。《孩子的氣質你最懂》。台北市：遠流出版社。

王姻麟（2017）。〈一次釐清兒童換牙前後問題！〉。財團法人全民健康基金會。檢索日期：2018.03.18。網址：http://www.twhealth.org.tw/。

王淑楨、黃志成（2008）。〈父母教養態度的理論與相關因素之探討〉。第四屆國際親子論壇暨論文發表，頁302-312。

王淑楨、黃志成（2009）。〈兒童氣質的理論及其相關研究〉。《空大學訊》，第415期。新北市：國立空中大學。

王淑楨、黃志成（2010）。〈兒童氣質與生活適應之探討〉。《空大學訊》，451，72-81。新北市：國立空中大學。

台大兒童發展評估及療育中心（2017）。〈評估鑑定〉。檢索日期：2018.03.18。網址：https://www.ntuh.gov.tw/。

台北市政府衛生局（2013）。〈台北市政府衛生局施政報告〉。檢索日期：2018.04.16。網址：https://health.gov.taipei/。

台北市教育局（2016）。台北市特殊教育教學資源庫。檢索日期：2018.04.16。網址：http://203.70.83.204/teachware/paper/。

台北醫學大學附設醫院復健醫學部（2015a）。〈兒童常見下肢問題〉。檢索日期：2018.03.17。網址：https://www.tmuh.org.tw。

台北醫學大學附設醫院復健醫學部（2015b）。〈嬰幼兒餵食與吞嚥問題的處置〉。檢索日期：2018.03.17。https://www.tmuh.org.tw/。

台灣兒科醫學會（2013）。〈嬰兒搖晃症候群防治建議〉。檢索日期：2018.03.18。網址：https://www.pediatr.org.tw/。

有愛無礙網站（2014）。〈發展遲緩幼兒的身心特質〉。檢索日期：2018.03.18。網址：http://www.dale.nhctc.edu.tw/。

江秀英、李宜賢（2011）。〈嬰幼兒情緒調節相關氣質對照顧者反應的影響〉。《幼兒教保研究期刊》，7，15-30。

行政院主計處（2016）。〈婦女婚育與就業調查〉。檢索日期：2018.04.16。網址：https://www.dgbas.gov.tw/。

何啟生（2015）。〈談嬰兒搖晃症候群（Shaken Baby Syndrome）〉。馬偕醫院衛教園地。檢索日期：2018.03.17。網址：http://www.mmh.org.tw。

劭恩（2016）。〈新生兒的動作技能〉。身相障礙e能網。檢索日期：2018.03.17。網址：http://www.enable.org.tw/。

李孟儒（2015）。〈嬰幼兒低張物理治療介入之實證〉。童綜合醫院。檢索日期：2018.03.17。網址：http://www.sltung.com.tw。

林美珍、黃世琤、柯華葳（2007）。《人類發展》。台北市：心理出版社。

林桂如（2007）。〈當前台灣早期療育之學前轉銜服務探討〉。《兒童及少年福利期刊》，11，211-220。

林慧芬（2006）。〈台灣母親對幼兒自主的內涵與相關文化信念初探〉。《國立台北教育大學學報》，19(1)，139-172。

社團法人台灣結節硬化症協會（2017）。〈結節性硬化症〉。檢索日期：2018.03.18。網址：http://www.ttsc.org.tw/。

國民健康署母乳哺育網站（2015）。〈母乳哺育〉。檢索日期：2018.03.18。網址：https://www.hpa.gov.tw/。

教育部（2018）。《幼兒教育及照顧法》。

許素彬、張耐、王文瑛（2006）。〈身心障礙幼兒家長支持團體運作之研究與評估：以領航父母為例〉。《台大社會工作學刊》，13，1-40。

許雅惠（2015）。〈兒童社會學的未來探索與發展〉。載於許雅惠、李鴻章、曾火城、許文宗、鄭瓊月合著之《幼兒社會學》。台北市：

郭啟昱（2015）。〈新生兒呼吸快 細心照顧別太擔心〉。《自由時報》，2015年11月6日；D8（健康醫療）版。

郭雲鼎（2012）。〈幫助大腦發展這樣做！1歲以前寶寶的腦部發展〉。《嬰兒與母親》，頁428。檢索日期：2018.03.17。網址：http://www.icare99.com.tw/。

郭靜晃（2008）。〈人格發展〉。載於郭靜晃、黃志成、黃惠如編著之《兒童發展與保育》（二版），頁421-474。新北市：國立空中大學。

陳光中、秦文力、周愫嫻譯（1995）。尼爾．史美舍（Neeil J. Smelser）著。《社會學》。台北市：桂冠。

陳昭惠（2017）。〈全腦開發——瞭解嬰兒，給生命最好的開始〉。台中榮民總醫院兒童發展聯合評估中心。檢索日期：2018.03.17。網址：https://www.vghtc.gov.tw。

陳若琳、涂妙如（2012）。《新北市家長對保母及其托育服務使用現況與需求調查》。新北市政府社會局委託輔仁大學兒童與家庭學系調查。

陳淑貞、翁毓秀（2006）。〈非行少年依附、解釋風格與自我概念之相關研究〉。《輔導與諮商學報》，28(1)，29-50。

陳淑敏（2006）。《社會人格發展》。台北市：華騰文化。

陳萍、王茜譯（2005）。《發展心理學導論》。台北市：五南圖書。

陳富美（2006）。〈親職效能感、教養行為與孩子生活適應之關係研究〉。《輔導與諮商學報》，27(1)，47-64。

彭賢恩、黃志成、王淑楨（2014）。《台北市社會福利機構服務滿意度調查研究——以老人服務與托育服務為例》。台北市政府研究發展考核委員會委託。

馮燕、江東亮、田旻立（2013）。〈台灣大型調查用家長教養量表之發展〉。《幼兒教保研究期刊》，11，1-20。

黃志成（2005）。《幼兒保育概論》。新北市：揚智文化。

黃志成（2008）。〈道德發展〉。載於郭靜晃、黃志成、黃惠如編著之《兒童發展與保育》（二版），頁393-417。新北市：國立空中大學。

黃志成（2010）。〈認知發展〉。載於郭靜晃、黃志成、黃惠如編著之《兒童發展與保育》（二版），頁199-224。新北市：國立空中大學。

黃志成、王淑芬、陳玉玟（2012）。《幼兒發展》。新北市：揚智文化。

黃志成、王麗美、王淑楨、高嘉慧（2013）。《特殊教育》。新北市：揚智文化。

黃志成、林少雀、王淑楨（2010）。《幼兒遊戲》。新北市：揚智文化。

黃志成、林貞谷、張培英（2004）。《嬰幼兒教育》。新北市：揚智文化。

黃志成、高嘉慧、沈麗盡、林少雀（2008）。《嬰幼兒保育概論》。新北市：揚智文化。

黃志成、彭賢恩、王淑楨（2011）。《中途致殘之身心障礙者生活需求調查報告》。台北市政府社會局委託。

新竹馬偕紀念醫院（2014）。〈足部復健——幼兒的足部發展與建議〉。檢索日期：2018.03.17。網址：http://www.hc.mmh.org.tw。

楊惠琴、許瑛巧、賴佳菁（2007）。〈國小資優班與普通班學生氣質、家庭系統及班級氣氛之比較〉。《花蓮教育大學學報》，24，297-316。

楊馥榮（2018）。〈幼兒分離焦慮之探究〉。《台灣教育評論月刊》，7(3)，86-93。

溫如慧、李逸蓁、黃琇櫻、練家姍、溫淑真、吳兆鈺（2012）。《人類行為與社會環境》。台北市：新加坡商聖智學習亞洲私人有限公司台灣分公司。

葉俐君（2008）。〈扭轉資優低成就的因素與方案〉。《國小特殊教育》，46，110-118。

葉炳強（2015）。〈腦死觀念的演變〉。台大醫院衛教中心。檢索日期：2018.03.17。網址：https://www.ntuh.gov.tw。

詹聖霖（2016）。〈心頭小鹿亂撞——談兒童心律不整〉。台中榮民總醫院兒童加護中心。檢索日期：2018.03.17。網址：http://www.vghtc.gov.tw/。

嘉義基督教醫院兒加病房（2012）。〈照顧寶寶腸胃〉。護理指導委員會審閱，編號S012。制訂日期：2012年12月29日。

劉仲康、鍾金湯（2015）。〈新生嬰兒亞培格量表之母——維吉妮雅．亞培格〉。《科學發展》，511，36-43。

蔡明富、吳裕益、莊函皓（2014）。〈「學前兒童社會行為評量系統」編製之研究〉。《特殊教育研究學刊》，103(39)，1-31。

衛生福利部（2013）。《兒童及少年福利機構設置標準》。台北。

衛生福利部（2015a）。《兒童及少年福利與權益保障法》。

衛生福利部（2015b）。《居家式托育服務提供者登記及管理辦法》。台北。

衛生福利部（2016a）兒童生長曲線百分位圖（女孩）。台北。

衛生福利部（2016b）。兒童生長曲線百分位圖（男孩）。台北。

衛生福利部（2016c）。兒童及青少年生長身體質量指數（BMI）。台北。

衛生福利部（2016d）。兒童口腔保健說明。台北。

衛生福利部統計處（2017）。〈嬰幼兒死亡因素（年／人數）〉。檢索日期：2018.03.17。網址：https://dep.mohw.gov.tw。

衛生福利部統計處（2018）。〈居家托育人員統計〉。檢索日期：2018.03.17。網址：https://dep.mohw.gov.tw。

鄭安安（2017）。〈嬰幼兒的依附關係與分離焦慮〉。《台大醫院健康電子報》，110期。

鄭敦淳、江玉龍（2006）。〈美國寄養兒童的心理健康問題及其對策〉。《社區發展季刊》，113，196-207。

魏君同、涂瑞洪（2014）。〈運動控制的相關神經系統探討〉。《屏東教大體育》，13，50-57。

羅士軒（2014）。〈關於「長牙」這件事〉。王杰凱小兒科的醫療服務園地。檢索日期：2018.03.17。網址：http://drwang77.pixnet.net/。

Apgar, V. (1965). Perinatal problems and the central nervous system. In U.S. Dept. of Health, Education and Welfare, Children's Bureau, *The Child with Central Nervous System Deficit*. Washington, D.C.: U.S. Government Printing Office.

Bariola, E., Gullone, E., & Hughes, E. K. (2011). Child and adolescent emotion regulation: The role of parental emotion regulation and expression. *Clinical Child and Family Psychology Review, 14*(2), 198-212.

Benish-Weisman, M., Steinberg, T., & Knafo, A. (2010). Genetic and environmental links between children's temperament and their problems with peers. *Israel Journal of Psychiatry and Related Sciences, 47*(2), 54-61.

Blandon, A. Y., Calkins. S. D., Keane, S. P., & O'Brien. M. (2010). Contributions of child's physiology and maternal behavior to children's trajectories of temperamental reactivity. *Developmental Psychology, 46*(5), 1089-1102.

Bowlby, J. (1980). *Attachment and Loss, Sadness, and Depression (vol. 3)*. New York: Basic Books.

Bush, N. R., Lengua, L. J., & Colder, C. R. (2010). Temperament as a moderator of the relation between neighborhood and children's adjustment. *Journal of Applied Developmental Psychology, 31*(5), 351-361.

Caputo, R. K. (2004). Parent religiosity, family processes, and adolescent outcomes. *Family in Society, 85*(4), 495-510.

Charlesworth, H. (2008). Are women peaceful? reflections on the role of women in peace-building. *Feminist Legal Studies, 16*(3), 347-361.

Combs-Orme, T., Nixon, B. H., & Herrod, H. G. (2011). Anticipatory guidance and early child development: Pediatrician advice, parent behaviors, and unmet needs as reported by parents from different backgrounds. *Clinical Pediatrics, 50*(8), 729-737.

Dittman, C., Keown, L. J., Sanders, M., Rose, D., Farruggia, S. P., & Sofronoff, K. (2011). An epidemiological examination of parenting and family correlates of emotional problems in young children. *American Journal of Orthopsychiatry, 81*(3), 360-371.

Dote-Kwan, J., & Chen, D. (2010). Temperament and young children with visual impairments: Perceptions of Anglo and Latino parents. *Journal of Visual Impairment & Blindness, 104*(9), 531-542.

Durbin, C. E. (2010). Modeling temperamental risk for depression using developmentally sensitive laboratory paradigms. *Child Development Perspectives, 4*(3), 168-173.

Fearon, R. M. P., & Belsky, J. (2011). Infant-mother attachment and the growth of externalizing problems across the primary-school years. *Journal of Child Psychology and Psychology, 52*(7), 782-791.

Geddes, R., Frank, J., & Haw, S. (2011). A rapid review of key strategies to improve the cognitive and social development of children in Scotland. *Health Policy, 101*(1), 20-28.

Harden, B. J., & Whittaker, J. V. (2011). The early home environment and developmental outcomes for young children in the child welfare system. *Children and Youth Services Review, 33*(8), 1392-1403.

Hartman, M. A., Hosper, K., & Stronks, K. (2011). Targeting physical activity and nutrition interventions towards mothers with young children: a review on components that contribute to attendance and effectiveness. *Public Health Nutrition, 14*(8), 1364-1381.

Haverfield, M. C., & Theiss, J. A. (2016). Parent's alcoholism severity and family topic avoidance about alcohol as predictors of perceived stigma among adult children of alcoholics: Implications for emotional and psychological resilience. *Health Communication, 31*(5), 606-616.

Havighurst, R. J. (1972). *Developmental tasks and education(2nd ed.).* N.Y.: Mckay.

Johnston, C. (2011). Mothers' predictions of their son's executive functioning skills: Relations to child behavior problems. *Child Psychiatry & Human Development, 42*(4), 482-494.

Kobrosly, R. W., van Wijngaarden, E., Galea, S., Cory-Slechta, D. A., Love, T., Hong, C., Shamlaye, C. F., & Davidson, P. W. (2011). Socioeconomic position and cognitive function in the Seychelles: A life course analysis. *Neuroepidemiology, 36*(3), 162-168.

Kochanska, G., Gross, J. N., Lin, M., & Nichols, K. E. (2002). Guilt in young children:

Development, determinants, and relations with a broader syswem of standards. *Child Development, 73*, 461-482.

Lipman, E. L., Kenny, M., Brennan, E., O'Grady, S., & Augimeri, L. (2011). Helping boys at-risk of criminal activity: qualitative results of a multi-component intervention. *BMC Public Health, 11*(364).

Merjonen, P., Pulkki-Raback, L., Lipsanen, J., Lehtimaki, T ., Rontu, R., Viikari, J., Hintsanen, M., & Keltikangas-Jarvinen, L. (2011). Development of adulthood hostile attitudes: Childhood environment and serotonin receptor gene interactions. *Personal Relationships, 18*(2), 184-197.

Mistry, R. S., Vandewater, E. A., Huston, A. C., & Mcloyd, V. C. (2002). Economic well-being and children's social adjustment: The role of family process in ethnically diverse low-income sample. *Child Development, 73*, 935-951.

Molfese, V. J., Rudasill, K. M., Beswick, J. L., Jacobi-Vessels, J., Ferguson, M. C., & White, J. M. (2010). Infant temperament, maternal personality, and parenting stress as contributors to infant developmental outcomes. *Merrill-Palmer Quarterly, 56*(1), 49-79.

Paley, B., & O'Connor, M. J. (2011). Behavioral interventions for children and adolescents with fetal alcohol spectrum disorders. *Alcohol Research & Health, 34*(1), 64-73.

Paschall, M. J., Ringwalt, C. L., & Flewelling, R. L. (2003). Effects of parenting,absence, and affiliation with delinquent peers on delinquent behavior among African American male adolescents. *Adolescence, 38*(149), 15-34.

Piaget, J. (1950). *The Child's Conception of Number*. London: Poutledge & Kegan Paul.

Pool, J. L., & Hourcade, J. J. (2011). Developmental screening: a review of contemporary practice. *Education and Training in Autism and Developmental Disabilities, 46*(2), 267-275.

Rothbart, M. K., & Bates, J. E. (2007). *Temperament. Handbook of Child Psychology.* Published Online.

Sanson, A., Letcher, P., Smart, D., Prior, M., Toumbourou, J. W., & Oberklaid, F. (2009). Associations between early childhood temperament clusters and later psychosocial adjustment. *Merrill-Palmer Quarterly, 55*(1), 26-54.

Shang, X. Y., Fisher, K. R., & Xie, J. W. (2011). Discrimination against children with disability in China. *International Journal of Social Welfare, 20*(3), 298-308.

Shoukier, M., Klein, N., Auber, B., Wickert, J., Schroder, J., Zoll, B., Burfeind, P., Bartels, I., Alsat, E. A., Lingen, M., Grzmil, P., Schulze, S., Keyser, J., Weise, D., Borchers, M., Hobbiebrunken, E., Robl, M., Gartner, J., Brockmann, K., & Zirn, B. (2013). Array CGH in patients with developmental delay or intellectual disability: are there phenotypic clues to pathogenic copy number variants? *Clinical Genetics, 83*(1), 53-65.

Speirs Neumeister, K. L., & Finch, H. (2006). Perfectionism in high-ability students: Relational precursors and influences on achievement motivation. *Gifted Child Quarterly, 50*(3), 238-250.

Spera, C. (2005). A review of the relationship among parenting practices, parenting styles, and adolescent school achievement. *Educational Psychology Review, 17*(2), 125-146.

Sterry, T. W., Reiter-Purtill, J., Gartstein, M. A., Gerhardt, C. A., Vannatta, K., & Noll, R. B. (2010). Temperament and peer acceptance: The mediating role of social behavior. *Merrill-Palmer quarterly, 56*(2), 189-219.

Volk, H. E., Hertz-Picciotto, I., & Delwiche, L. (2011). Residential proximity to freeways and autism in the CHARGE study. *Environmental Health Perspectives, 119*(6), 873-877.

Westerveld, M. F., & Moran, C. A. (2011). Expository language skills of young school-age children. *Language, Speech, and Hearing Services in Schools, 42*(2), 182-193.

Walters, M. G. (2010). When a child rejects a parent: Tailoring the intervention to fit the problem. *Publication History, 48*(1), 98-111.

Chapter 3

兒童期

一、年齡界定
二、赫威斯特的發展任務論
三、兒童的生理特徵
四、影響兒童人格發展的因素
五、發展理論
六、兒童期的重要議題
七、兒童不當照顧——身心虐待
八、防衛機制
九、貧窮兒童
十、身心發展異常兒童
十一、親職教育目的、功能、重要性

一、年齡界定

就法律的層面而言，依據《兒童及少年福利與權益保障法》（衛生福利部，2015a）第2條規定，所稱「兒童」，係指未滿十二歲之人；就該法的精神，認為兒童還在成長階段，需要立法來保護。就發展心理學的觀點而言，零歲至六歲為幼兒期，或稱學齡前兒童，又稱兒童前期，這一期的幼兒，剛出生時大都生活在家裡，由母親來帶，如果母親上班，有的嬰幼兒就被送去保母家，也有一些由爺爺奶奶來帶，三、四歲以後則被送去幼兒園；六歲至十二歲為兒童期，或稱學齡兒童，又稱兒童後期，這一階段的兒童，開始接受小學階段的義務教育。本章所探討的「兒童」就是指六歲至十二歲的兒童。

二、赫威斯特的發展任務論

根據赫威斯特（Havighurst, 1972）的發展任務論說明如下：

(一)學習一般遊戲所必需的身體技巧

遊戲所必需的身體技巧不外乎追、跑、跳、平衡、丟、擲、接等，兒童學習這些動作後，不但有利於遊戲的進行，在動作精熟之後更有利於學習更高層次的動作，有利於未來在家事、職涯生活上的技能。

(二)建立「自己正在成長的個體」的健全態度

兒童自我中心強，且由於時間概念尚在發展當中，故常活在當下，未能考慮未來的情境，因此，有必要指導兒童建立「自己正在成長的個體」的健全態度，具體而言，就要教導兒童進食要均衡營養、要鍛鍊身體健康、要努力讀書等，如此可讓兒童儲備下一階段的競爭能力。

(三)學習與同年齡夥伴相處

就發展心理學的觀點，學齡兒童正是發展社會行為的時機，因此，此期兒童應常與同儕互動，學習同儕相處之道。

(四)學習扮演適合自己性別的角色

學齡兒童在性別認知上，已能清楚知道自己的性別，至於性別角色的扮演則有賴家庭與學校教育的介入，指導此期兒童扮演適當的性別角色，例如指導男生協助女生搬運較粗重的東西，指導女生對男生應有的尊重等。

(五)發展讀、寫及算的基本技巧

此期兒童正接受國民義務教育，學校教育相當注重學童的閱讀能力、工整的寫字技巧以及數學的運算能力。教師及家長應協助兒童發展讀、寫及算的基本技巧。

(六)發展日常生活所必需的種種概念

教育的介入可以讓學童趨於獨立，因此，對於日常生活中食衣住行育樂種種概念上的指導不可避免，兒童逐漸精熟這些知識，將有助於日常生活順利的進展。

(七)發展良知、道德觀念與價值標準

皮亞傑認為約從四歲到八歲的兒童屬於道德發展的他律階段，逐漸意識到一些行為規範。約從八歲到十二歲的兒童屬於道德發展的自律階段，開始認識一些道德規範，不再是一切以權威為依歸，而能自己約束自己的行為。此外，兒童的生活圈逐漸由家裡擴大到學校與大社會，所接收到的資訊越來越多越複雜，正是價值觀建立的初期。因此，此時在家庭與

學校教育正是給予良知、道德與正確價值觀教育的最佳時期。

(八)發展對社團與種種組織的態度

就如前述，此期兒童生活圈逐漸擴大，兒童社會化的程度也越來越好，志同道合的同儕常聚在一起，是為社團與組織的雛型。兒童在社團與組織中應學習服從多數，尊重少數的民主風範。

三、兒童的生理特徵

(一)骨骼

骨化（骨的形成）及鈣化逐漸穩定及緩慢成長，由於骨骼中所含的石灰質較少、膠質較多，故富有彈性，所以不易骨折，但卻容易變形、脫臼。

(二)肌肉

1.肌肉的量及強度逐漸增加，也促使兒童的體重逐漸增加與力氣的增大。
2.由於男性有較高濃度的男性激素，所以男童肌肉細胞較女童多。
3.影響肌肉強度增加的因素：
(1)基因：引發細胞的增殖。
(2)運動：促進細胞的增大。

(三)身高

本期兒童身高增長緩慢但穩定，但女童約在十、十一歲進入青春期，身高增長快速，逐漸超越男生。男童約在十二、十三歲進入青春

期，身高增長快速，約十三歲以後身高又會超越女生。

(四)體重

體重逐漸增加，主要由於肌肉的成長、骨骼增長增大鈣化後硬度增加及內臟（肝臟、胃、腎臟、肺臟等）的增大所致。

(五)中樞神經系統

由於中樞神經系統逐漸發展成熟，身體的協調及平衡越來越好，感覺知覺及粗、細動作能力亦有所精進。

(六)循環系統

心臟和血管管積比成人小，但新陳代謝快，小學生心跳率平均約80～90次／分，比成人來得快。肺泡開始成熟並增多，心肺功能增強。

(七)呼吸系統

呼吸系統逐漸發展成熟，肺容量與體型成比例，呼吸速度變慢。

(八)消化系統

腸胃的功能在兒童期可達到成人的成熟度，由於胃容量增加，可延長兩餐的時間，所以幼兒園通常在上下午有點心時間，到了小學則取消。

(九)牙齒

五、六歲時，二十顆乳齒逐漸脫落，恆齒逐漸長出，此期會長出恆齒二十八顆，至十七、十八歲以後再長出四顆智齒，恆齒共三十二顆。

(十)動作發展

◆粗動作與大肌肉

六歲以後的兒童已發展不錯的大肌肉動作技巧，如跳、跑、丟球、接球、踢球等。學齡兒童的動作能力與其年齡及性別有關，年齡越大，粗動作越大、越有力，且動作速度越快，隨著年齡的增長，動作技巧的協調與平衡會越來越好。在性別方面，男孩較屬於肌肉型，特別是腿及肩膀的肌肉；而女孩較有準確性的發展，如投擲、跳躍或跳高。因此，女孩較傾向視覺動作協調成熟，男孩有較強的肌肉發展。

◆細動作與小肌肉

六歲以後的兒童開始發展手及手指動作的技巧，在小學一年級時，學齡兒童對握筆寫字常有困難，但逐漸地他們不但可以寫出漂亮、端正的字，還可以彈鋼琴、拉小提琴、組合飛機模型、畫圖等，這些能力需要細動作與小肌肉的發展，也需要手眼之視覺協調能力。

◆慣用手的問題

兒童左右手慣用可能與左右腦的發展有關。在嬰兒期，大腦兩側運用的控制並無明顯差異，但隨著年齡的增加，大腦兩側逐漸控制不同的功能，並發展一側為優勢。若左大腦較優勢，兒童較傾向右利（右撇子）；相反地，若右大腦較優勢，兒童較傾向左利（左撇子）。強迫兒童改變慣用手，可能會造成情緒困擾或口吃的現象。發展學家較傾向於不要強迫孩子改變左撇子，但一些家長還是要求孩子改變慣用左手。目前社會上有一些工具或設備對左撇子較不利，例如：剪刀、電腦打字鍵盤、學校教室內的單人座椅、汽車的手排檔等。

有關兒童發展狀況如**表3-1**說明。

表3-1　兒童期的發展狀況

發展特徵	7～12歲
身體發展	身體發展進入一個相對平穩的階段，身體發育較平緩
認知發展	1.抽象記憶仍以具體事物為基礎 2.具體運作期，可不經接觸或掌握某種事物，即能想起此事物的關係 3.具保留概念、分類、組合能力
情緒發展	1.由學習、同伴、老師有關的社會性情感越來越占主要地位 2.情感外露，易激動 3.情感反應越來越豐富，有集體的榮譽感、友誼、責任感等
社會發展	1.對父母的認同會轉向對老師的認同 2.對於性別角色社會化的學習與適應 3.兒童的人格、行為及自我概念隨學校的特定環境、規章、成就標準、師生關係、同學關係而有改變
發展任務	1.行為符合社會期望，並適合其生理年齡 2.學習與同輩及他人相處

資料來源：整理自郭靜晃、黃志成、黃惠如（2008）。

四、影響兒童人格發展的因素

人格的形成離不開生物與環境的影響，說明如下（繆敏志，2000）：

(一)生物的影響

◆遺傳

雖然不能確知遺傳因素究竟影響人格到何種程度，但是有許多研究指出，個體的人格，確實與其遺傳因素具有密切的關係。

◆體型

美國心理學家薛爾頓（W. Sheldon）在五〇年代經由對多數人的身體特徵及性格氣質觀察分析結果，提出薛氏體質論（Sheldon's Constitutional

Theory），將體型分為三類：

1.肥胖型：屬內臟型人格，好舒適，性情隨和，易相處。
2.健壯型：屬筋骨型人格，好冒險，精力充沛，活潑好動。
3.瘦長型：屬頭腦型人格，善思考，情緒緊張，多愁善感。

◆生理

生理因素的影響，係指生理功能對人格發展的影響，在生理功能中，尤以內分泌腺、自主神經系統及神經傳導物質的功能對人格的影響最明顯。

(二)環境的影響

1.共同環境：在文化的薰陶下，每個人都具有相似的觀念、思想、行為及生活方式。
2.獨特環境：文化傳遞主要透過家庭、學校及同儕團體等來執行，但每個人所擁有的家庭、學校及同儕團體均有不同，致使個人的人格亦隨之不同。

五、發展理論

(一)佛洛伊德的性心理發展論

此期正處於「性潛伏期」，其性的衝動進入潛伏狀態。personality一詞源自拉丁語Persona，其意義有二：一是指古希臘時代戲劇演出時所戴的面具，各以其不同的臉譜樣貌代表著劇中不同角色的特性；二是指一個人真正的自我，包括其內在的動機、情緒、習慣、思想等。從佛洛伊德的理論來看，如果自幼缺乏管教而經常出現攻擊別人的行為，表示其自我功能（ego function）不強，因為無法有效仲裁本我（id）與超我

（superego）之間的衝突，其自我理想（ego ideal）也不強，係因外在環境缺乏可供模仿的理想對象，也表示其超我功能不強，因生物的攻擊驅力所致。佛洛伊德指出人類發展是充滿衝突的過程，基本的性和攻擊的本能必須得到滿足，然而這些需求卻不為社會所認可而必須加以控制（陳淑敏譯，2006）。

(二)艾瑞克遜的心理社會學說

此期正處於「學齡期」，約六歲至十一歲，發展目標為「勤勉」，發展危機為「自卑」，兒童如果能夠在認知、心理和社交技巧方面發展出勝任感，比較能夠勤勉，否則會產生自卑感（張宏哲、林哲立譯，2007）。兒童中期的合作創新發展能力增長，引發稱職感或無能感，由於艾瑞克遜所建立的「心理社會發展論」，是以自我的發展為中心，個體出生後，與社會環境接觸互動而發展，在個體與社會環境的互動中，一方面由於自我成長的需求，希望從環境中獲得滿足，另一方面又受到社會的要求與限制，使個體在社會適應上產生心理上的困難，艾瑞克遜稱此為發展危機（developmental crisis），因為個體受到危機感的壓力，必須學習如何調適自我，使危機得以化解，自我得以成長，個體得以發展。

表3-2是艾瑞克遜與佛洛伊德的發展階段比較表。

表3-2　艾瑞克遜與佛洛伊德的發展階段比較

發展期	艾力克遜發展階段	佛洛伊德的發展階段
嬰兒期	信任vs.不信任	口腔期
幼兒期	自主vs.羞愧／疑惑	肛門期
遊戲期	自發vs.內疚／罪惡感	性器期
學齡期	勤勉vs.自卑	潛伏期
青春期	自我認同vs.認同混淆	兩性期
成年期	親密vs.孤立	
中年期	自我實現vs.停滯不前	
老年期	統整vs.絕望	

(三)皮亞傑的認知發展

此期正處於「具體操作期」，七歲至十一歲，此期最大的進步是思維可以建立在心理操作上而不是行動上。此時期重要的發展包括：保留概念、分類概念、組合能力、學會加減乘除處理數字的能力（沙依仁，2005）。所謂「去幻象化」（de-illusionment）正是具體運思期的特徵，指所有的認知乃立基於具象經驗，而非假設性抽象思維。在這階段兒童雖能從事邏輯思考，但仍需藉助具體實物的操演來運思，兒童不能運作抽象觀念，此期具下列幾個特徵（**表3-3**）：

◆具保留概念（conservation）

保留概念是指當物體只在形式上或量度上改變而其實質未變時，觀察者對物體所得概念有保持不變的心理傾向，包括：質量、重量、數量、長度、面積、體積等；保留概念的三個特徵為可逆性（reversibility）、同一性（identity）、互補性（reciprocity）（**圖3-1**）。例如：皮亞傑用了三個概念使兒童得以確定在任何一個物理向度上的均等都沒有改變。他在兒童面前呈現兩個黏土球，要求兒童回答兩個球是否一樣，當兒童確信兩個球一樣，將其中一個壓成圓餅，而具保留概念的兒童會回答兩塊泥土是相同的，並且能解釋原因。當兒童會解釋說，圓餅與球的黏土一樣多，黏土沒有增加也沒有減少，這是「同一性」；第二，兒童會指出球可以做成圓餅，也可再變成球，這是「可逆性」；第三，兒童會注意到，雖然圓餅的

表3-3　具體運算思維的成分

成分	新的能力
保留概念	1.察覺同一性的能力 2.察覺可逆性的能力 3.在互補性中同時操縱兩個向度的能力
分類概念	根據一些共同的向度對物體進行分組的能力
組合能力	在加法、減法、乘法和除法中處理數字的能力

資料來源：郭靜晃、吳幸玲譯（2007）。

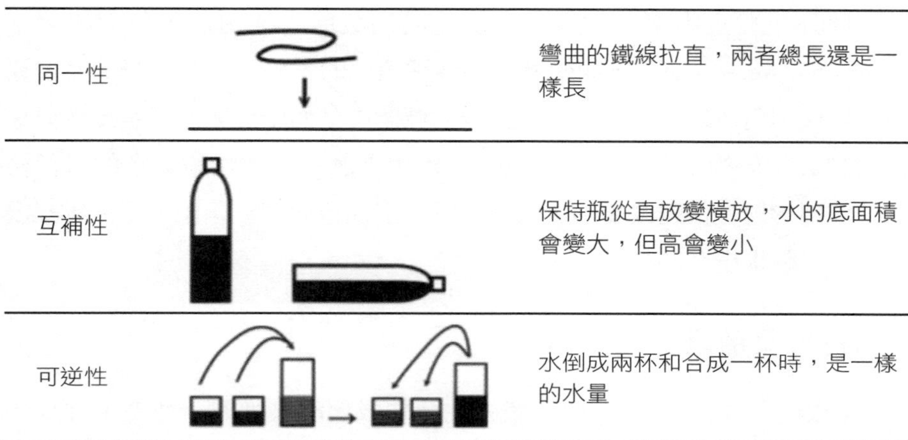

圖3-1　保留概念的三個概念

資料來源：郭靜晃、吳幸玲譯（2007）。

周長大，可是球比較厚，當兒童能夠同時處理兩個向度如周長與厚度時，此即為「互補性」的概念（郭靜晃、吳幸玲譯，2007）。

◆具分類概念（classification）

能依物體具有的屬性對其進行分組的能力。分類概念比前一期更進步，能注意到每一個事物可能有多個屬性。例如：在桌上擺三張圓形的厚紙板，顏色分別為紅、黃、綠；再擺三張正方形的厚紙板，顏色分別為紅、黃、綠；再擺三張三角形的厚紙板，顏色分別為紅、黃、綠；如此將九張厚紙板混在一起，再要求此期兒童做分類，此期兒童可以被要求依不同屬性來分類，例如：把顏色相同的擺一堆、把形狀相同的擺一堆。

◆具組合能力（combinatorial skill）

兒童有了數量保留概念之後，他們便瞭解物質不滅定律，而且知道物體數量不會因集中或分散而改變。在此階段，兒童已學會加法、減法、乘法及除法。

此外，兒童中期（七至十二歲）開始發展「性別角色刻板印象」（sex-role stereotype），開始意識到性別角色的差異，兒童會將周遭重要他人對性別角色的期待，融入在自我的概念中，而學校與家庭是形塑兒童性別刻板印象的主要場所，照顧者與學校老師都是此階段兒童的學習榜樣，性別迷思是很難改變的，因為對於性別角色的刻板印象，是從年紀很小的時候就根植在心中。

(四)柯爾堡的道德發展階段

柯爾堡認為兒童中期會依據外在懲罰或報酬來推理，並考量外界的意見，說明如下（**表3-4**）：

1.重和諧與順從：兒童與人互動，行為會表現出善意，並會符合他人的期望，希望成為別人眼中的「好孩子」。

2.重法律與秩序：對於父母師長的吩咐，兒童表現出盡責、尊重權威，盡可能的達成任務；對家規、校規、法律的規範盡可能地服從以維持社會秩序。

表3-4　柯爾堡的道德發展階段

一、道德成規前期：兒童對於好壞、對錯完全視大人的反應或事情後果來決定	
階段一：避罰服從取向 行為的目的是為了逃避責罰	階段二：相對功利取向 兒童用互惠、交換、公平的觀念來看人與人的關係
二、道德成規期：兒童開始注意社會秩序，忠於社會秩序	
階段三：尋求認可取向（國小階段） 依據社會的期許表現	階段四：順從權威取向（國中階段） 行為表現主要依循權威
三、道德自律期：個體不再以社會規範為標準，而是廣泛的正義原則來定義對錯	
階段五：法治觀念取向 認可法律是須遵守的契約	階段六：個人價值觀取向 個人以自己良心原則來定義對錯

(五)馬斯洛的需求層次理論

馬斯洛（Abraham H. Maslow, 1908-1970）是美國的人本心理學家，需求層次理論（need hierarchy theory）是馬斯洛所倡導的動機理論，動機是人類生存成長的內在動機，由許多種不同性質需求所組成，原則上各需求間有高低層次之分，依序由下而上，當低層次需求獲得滿足後，才會滿足高一層次的需求（引自郭靜晃、吳幸玲譯，2007）。但在實際生活中不必然是如此，亦即一位需要基本生理需求的案主接受協助時，你提供物質給他的同時，他也會期待是有尊嚴的接受，同時也需要是有歸屬感的。馬斯洛需求層次理論，其將需求以先後層級的方式來探討需求（**圖3-2**）。其層次由低至高依次為：

1. 生理需求：兒童要成長，就需要足夠且均衡的飲食，口渴了就需要飲水，天涼了就需要加衣服。
2. 安全需求：兒童需要一個安全的居家環境、安全的學校環境、安全的社區環境，如此才能順利成長。
3. 愛及歸屬的需求：兒童需要父母之愛、手足之愛、同學之愛、師長之愛；父母要營造一個溫暖的家，讓兒童對家庭有歸屬感；學校要

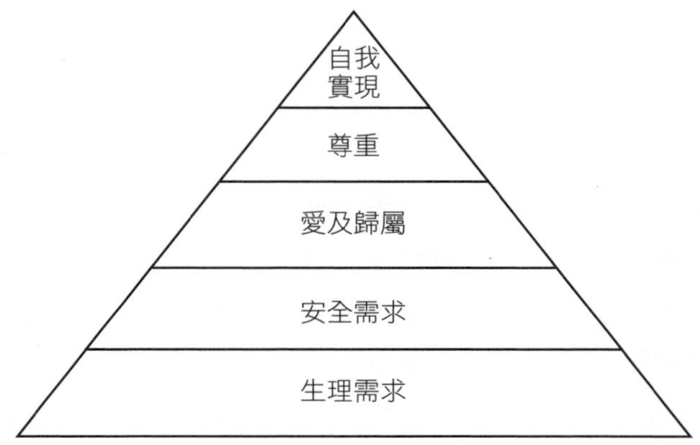

圖3-2　馬斯洛的需求層次理論

實施愛的教育，讓兒童對學校有歸屬感。

4.尊重的需求：父母或師長應實施愛的教育，傾聽兒童的想法與感受，不可以隨便打罵小孩，兒童有被尊重的需求。

5.自我實現的需求：父母或師長應提供適合孩子能力的玩具、遊戲活動和課業要求，讓孩子常常獲得成功的經驗，此為自我實現的表現。

此外，William Glasser（1998）認為人一切的行為皆源自於為滿足心理需求，所採取的策略和抉擇包括（引自楊誠，2008）：

1.生理需求（physiological needs）：身體上（對食物、溫暖及休息）、生存上（求生怕死）。
2.歸屬感（belonging）：愛與被愛。
3.權力感（power）：控制權、成就和掌握。
4.自由感（freedom）：自由自主選擇、行動。
5.快樂趣味感（fun）：學習、遊樂、運動、放鬆。

六、兒童期的重要議題

(一)肥胖

根據台灣癌症基金會的調查發現，大約每三個孩子就有一個（33%）過重或肥胖（張曉卉，2011）。引發兒童肥胖最主要的原因是缺乏身體活動，加以高熱量、高飲食的飲食條件環境下，使得小胖子越來越多，兒童肥胖是目前許多國家面臨的兒童健康問題，肥胖症會引發心肺功能等健康的問題（如高血壓、糖尿病、心臟病）、動作技能的問題、人格的問題。

此外，兒童肥胖除了對生理健康有重要的影響外，兒童肥胖亦影響社會及心理的適應，肥胖兒童經常感到同儕的負面評價與疏離，導致社交孤立，被同儕拒絕的兒童除了感到孤獨與焦慮，其和同儕不良的人際關係可能使得他們在社會與人格出現問題的危機。造成肥胖症的原因可能與遺傳、內分泌失調、環境、飲食、生活習慣有關。治療肥胖症可以採用：

1.均衡飲食，拒絕垃圾食物和飲料。
2.少看電視多活動。
3.在觀念上，強調「胖不是福」的觀念。

(二)近視

台灣兒童近視比例世界第一，小一學生近視比例二成，到小六變成六成，台灣近視有三項特點：(1)發生得早；(2)盛行率高；(3)高度近視比率高（衛生福利部國民健康署，2017）。幼兒期孩童的視力多半為遠視，但到了兒童期開始，視力的發展已逐漸變成正常視力，且視力已完全發展，以性別來說，一般女童分辨顏色能力較男童佳，但男童視覺敏銳度比女童好，在六歲之前如發現兒童有視力問題（斜視、弱視、近視），早期矯正，成功機率大，超過十歲之後視神經已經定型，治療效果相當有限（郭靜晃、黃志成、黃惠如，2008）。

◆近視之成因

近視形成的原因仍在研究中，可能的因素包括：遺傳基因、環境因素、行為因素、早產、發育不全、疾病和眼病等。近視之成因，大致可分為下列三大項：

1.生理：眼球的過度發育或異常，造成較大的眼球和眼球的前後徑過長之狀態，產生軸性近視。兒童於就學前，眼睛的發育從遠視眼急速趨向正視眼，此時若過度發育就發生學齡型近視，或稱幼年起始型近視。
2.光學：如角膜、水晶體之彎曲度加大，呈較彎弧狀，使眼球全屈光力增強。如眼角膜、水晶體、房水、玻璃體之屈折率過強。屈光力增強形成之近視，稱為屈光性近視。

3.病理學：因為病理因素所致之近視，稱為病理性近視，因其他疾病引起病變造成。

◆與近視相關之因素

台灣的近視大部分是軸性近視，即眼軸因某種刺激而過度生長。與近視相關的因素如下：

1.個人因素：智力、身高、學業成績。

2.遺傳因素：父母親高度近視、兄姐近視度數增加較快者。

3.環境因素：父母親教育程度、家庭收入。

4.行為因素：補充營養食品、每天看近物時間、看近物有休息、每週E化時間七小時或以上、每週看電視時間、每週玩電玩時間。

◆如何預防近視

根據衛生福利部國民健康署（2017）在近視歷年流行病學調查結果（**表3-5**），針對如何預防近視建議如下：

1.避免遺傳因素：父母本身均患有高度近視者生下近視兒機率高於常人。

2.保持健康身體：注重均衡的營養、適度的運動及休息。

3.良好的閱讀環境：適當的照明、清晰的印刷、大小適當的字體、良好的紙質及合適的桌椅高度。

4.防止眼睛疲勞：避免長時間近距離的用眼。

5.良好的閱讀習慣：需減少近距離的閱讀。

6.減少近視的環境：每天戶外活動超過二至三小時，可能減緩兒童近視的發生和惡化，多向遠處眺望，多到郊外踏青。

7.看電視講求「原則」：看電視三十分鐘休息十分鐘。

表3-5　106年兒童近視眼統計

年級	人數		未滿6歲	6歲	7歲	8歲	9歲	10歲	11歲	12歲
一年級	男	94,698	44	94,506	139	6	2	-	1	-
	女	87,776	65	87,640	67	2	2	-	-	-
二年級	男	91,043	-	42	90,832	153	13	2	1	-
	女	83,408	3	27	83,258	105	6	8	1	-
三年級	男	99,688	4	1	46	99,424	195	14	3	1
	女	91,668	5	-	49	91,483	115	11	4	1
四年級	男	103,639	-	-	1	61	103,330	218	22	7
	女	94,266	-	-	-	59	94,046	135	16	6
五年級	男	103,683	-	-	-	2	67	103,296	292	22
	女	95,031	-	-	-	-	72	94,744	182	22
六年級	男	105,795	-	-	-	-	3	70	105,336	346
	女	95,984	-	-	-	-	1	62	95,626	256
總計	男	598,502	48	94,549	91,018	99,646	103,610	103,600	105,655	376
	女	548,079	73	87,667	83,374	91,649	94,242	94,960	95,829	285
	總數	1,146,581	121	182,216	174,392	191,295	197,852	198,560	201,484	661

資料來源：衛生福利部國民健康署（2017）。

8.美國小兒科醫學會建議二歲以下幼兒不看任何電視，而大於二歲之幼兒每天看電視的時間也不要超過一至二小時。

9.避免太早做太多近距離用眼學習：如執筆寫字、接觸電腦及玩電動。

10.正確配戴眼鏡：必須由眼科醫師檢查後再依據處方配鏡。

11.定期至眼科檢查視力：每年一至二次。

◆視力篩檢標準

根據衛生福利部兒童視力篩檢及矯治指引結案成果報告，台灣兒童視力篩檢標準流程（吳淑芬、林隆光，2016），社區及學校視力篩檢如下：

1.受檢對象年齡：

(1)社區：滿四歲及滿五歲學齡前未就學兒童。

(2)幼兒園：滿四歲及滿五歲學齡前兒童。

(3)學校：國小一年級至高中三年級（每學期一次）。

2.視力篩檢操作人員：

(1)公衛護士。

(2)幼兒園教保服務人員。

(3)學校護理人員。

3.視力篩檢工具：E字或C字視力表、NTU亂點立體圖。

4.視力篩檢標準流程暨視力立體感篩檢方法步驟：

(1)視力檢查工具：標準的視力檢查表有藍道爾氏C字視力表（Landolt's C Chart）和史奈侖氏E字視力表（Snellen's E Chart）。前者為公認之「萬國制」，記錄方式為小數點，如0.1、0.2……1.0、1.2等，較合乎國人習慣。一般學校使用之視力檢查表大多屬遠用者，測試距離為5公尺（C字表）或6公尺（E字表）。5公尺型的0.1視標缺口大小應為14.5～15.0毫米，而6公尺型的0.1視標缺口大小則約17.5～18.0毫米（**表3-6**）。檢查幼童視力時，因為斜向缺口的C對於部分學童會有表達上的困難，而E字表則較無此顧慮；故建議視力表之設置規格宜以E字視力表為優先，其原記錄方式20/200、20/100……的20即指測試距離是20英尺。

表3-6　視力銳敏度的檢查

視力檢查表	史奈倫視力檢查表	萬國制視力檢查表
符號	E	C
0.1視標缺口大小	18毫米	15毫米
檢查距離	6公尺	5公尺
表示方式	分數	小數

資料來源：黃志成、王麗美、王淑楨、高嘉慧（2013）。

(2)視力檢查場地：視力檢查表的照明度，應有500～700米燭光（Lux）。檢查室的光線不可低於其十分之一，並注意受檢者之視野內最好不要有窗戶或其他太亮的光源。目前「燈箱式」的視力檢查表逐漸普及，只要視力表板亮度均勻，視標源夠黑即可。其掛置高度，則以視標0.9或0.8處與受檢者眼睛約略同高即可。

5.轉介標準及表單填寫：

(1)學齡前兒童，不論首次篩檢或定期追蹤篩檢，任一眼之視力，經視力篩檢操作人員測試後，未達該年齡層視力標準（**表3-7**）或雙眼視力檢查在視力表相差兩行以上及反覆教導仍不會測視力之異常個案，需轉介至眼科醫師複檢。

(2)學齡兒童，於學校接受每學期一次之視力篩檢，篩檢結果之數值未達0.9者，需轉介至眼科醫師複檢。

表3-7　視覺障礙等級

等級	基準
0	未達下列基準
1	1.兩眼視力均看不到0.3，或優眼視力為0.3，另眼視力小於0.1（不含）時，或優眼視力0.4，另眼視力小於0.05（不含）者 2.兩眼視野各為20度以內者 3.優眼自動視野計中心30度程式檢查，平均缺損大於10dB（不含）者
2	1.兩眼視力均看不到0.1時，或優眼視力為0.1，另眼視力小於0.05（不含）者 2.優眼自動視野計中心30度程式檢查，平均缺損大於15dB（不含）者
3	1.兩眼視力均看不到0.01（或小於50公分辨指數）者 2.優眼自動視野計中心30度程式檢查，平均缺損大於20dB（不含）者

資料來源：衛生福利部國民健康署（2017）。

(三)兒童安全

前已述及，兒童有安全的需求，但生活在台灣的兒童是否安全，吾人從下列幾個方向來探討：

1.交通安全：每年有為數不少的學童因乘坐大客車、小汽車、娃娃車、機車、腳踏車而受傷或死亡的案例。

2.食品安全：包括立即性的中毒，如學童營養午餐集體中毒事件頻頻發生；此外，還包括慢性中毒，如農藥汙染蔬菜水果、工廠排放廢水汙染河川水質、養殖漁業（魚、蝦、貝類等）、重金屬汙染食品、塑化劑等。

3.藥品安全：台灣每年因醫生開錯藥、藥劑師給錯藥、父母對兒童用藥觀念不對以及兒童吃錯藥的事件，雖無正式統計，但相信為數不少，危害兒童健康。

4.玩具安全：

(1)外形及品質方面：如太尖、太利、太小的玩具。

(2)會動的玩具：在玩時不小心受傷。

(3)易燃性：被燒傷或燙傷。

(4)毒性：玩具材料為腐蝕性、刺激性、放射性、敏感性等物質。

(5)化學性：玩具表面塗以油漆、油墨等材質。

(6)物理性：如玩具結構設計不良、加工不當，而導致兒童在玩時被刺傷、割傷、刮傷等。

七、兒童不當照顧——身心虐待

依衛生福利部的統計資料顯示，兒童少年受虐案件量逐年遞增，統計93年為7,837件，106年為4,135件（**表3-8**）；分析施虐者身分時，發現約3,031人為兒童少年的父母，分析施虐原因最嚴重的因素為缺乏親職知識，有1,776人，顯示兒童虐待的現象不容忽視（**表3-9**、**表3-10**）。社會工作者角色面對兒童虐待時，不但針對父母照顧者的需求，同時也針對受虐兒童提供個別或團體諮商的資源。

表3-8　兒童及少年保護案件——受虐兒少按年齡分（人）

年別	合計	0～3歲	3～6歲	6～9歲	9～12歲	12～15歲	15～18歲
93年	7,837	1,151	1,305	1,524	1,816	1,280	761
94年	9,897	1,445	1,721	1,879	2,050	1,733	1,069
95年	10,094	1,341	1,626	1,969	2,054	1,890	1,214
96年	13,566	1,723	1,952	2,512	2,775	2,662	1,942
97年	13,703	1,561	2,017	2,420	2,760	2,947	1,998
98年	13,400	1,457	2,063	2,322	2,594	2,993	1,971
99年	18,454	2,023	2,563	3,085	3,650	4,321	2,812
100年	17,667	1,669	2,152	2,931	3,471	4,258	3,186
101年	19,174	1,720	2,283	3,086	3,677	4,815	3,583
102年	16,119	1,580	1,879	2,554	3,090	3,983	3,033
103年	11,589	1,332	1,294	1,956	1,943	2,867	2,197
104年	9,604	1,341	1,251	1,500	1,665	2,212	1,635
105年	9,470	1,299	1,098	1,337	1,443	2,267	2,026
106年	4,135	711	607	665	786	812	554

資料來源：衛生福利部統計處（2018b）。

表3-9　兒童及少年保護案件——施虐者身分

年別	父母(養父母)	照顧者	親戚	機構	同居者	其他(含不詳)	同儕	教師	保母	合計
93年	5,321	494	303	6	197	656				6,977
94年	6,690	764	478	11	413	672				9,028
95年	7,437	639	474	4	238	593				9,385
96年	9,842	665	667	29	340	956				12,499
97年	10,054	714	782	22	304	1,201				13,077
98年	9,861	753	713	36	307	1,346				13,016
99年	13,300	915	991	53	441	2,113				17,813
100年	12,618	1,054	1,129	118	563	2,155				17,637
101年	13,854	1,028	1,086	85	416	2,978				19,447
102年	10,926	814	1,147	83	406	2,691				16,067

（續）表3-9　兒童及少年保護案件——施虐者身分

年別	父母（養父母）	照顧者	親戚	機構	同居者	其他（含不詳）	同儕	教師	保母	合計
103年	6,522	358	757	45	255	2,861				10,798
104年	5,466	223	548	55	143	2,245				8,680
105年	5,501	451	584	20	166	1,805	652	93	27	9,300
106年	3,031	手足 116	其他親屬 268		147	283	祖父母132			3,977

資料來源：衛生福利部統計處（2018b）。

表3-10　兒童及少年保護案件——施虐因素

年別	缺乏親職教育	婚姻失調	貧困	失業	酗酒藥物濫用	精神疾病	人格違常	迷信	童年受虐經驗	其他
93年	2,994	1,819	796	709	1,125	333	228	40	156	673
94年	4,083	2,526	976	792	1,384	507	241	57	110	785
95年	4,091	2,274	915	777	1,418	391	155	33	89	1,666
96年	6,348	2,823	1,229	979	1,743	584	283	31	94	2,614
97年	5,955	2,802	1,166	902	1,464	576	253	35	134	2,653
98年	5,669	2,703	1,161	1,104	1,672	584	247	37	129	3,120
99年	13,144	7,032	3,144	1,835	2,558	1,490	422	110	318	3,109
100年	14,460	7,035	3,493	1,528	2,890	1,242	480	55	347	2,748
101年	15,738	7,467	3,383	1,397	2,977	1,389	412	50	318	2,770
102年	12,892	6,478	2,419	982	2,136	1,119	178	50	236	2,610
103年	7,060	3,280	1,112	492	1,167	533	332	31	119	1,701
104年	4,998	2,889	1,310	522	1,108	370	99	31	140	782
105年	3,584	1,474	經濟因素 735	未婚或未成年生育 77	820	251	59	有自殺紀錄或意圖 177	94	1,87
106年	1,776	親密關係失調 542	經濟因素 496	習於體罰或不當管教 618	563	191	控制慾強 184	情緒不穩定 906	經常性使用負面言語 201	677

資料來源：衛生福利部統計處（2018b）。

(一)兒童虐待的類型

依據余漢儀（2000）的定義，兒童虐待發生的層次可分為家庭內、機構式（如育幼院管教不當）及社會式（如雛妓、武裝兒童）三類。兒童虐待係指出於故意或疏忽的行為而造成兒童的身心傷害，通常可分為身體虐待、心理／情緒／精神虐待、性虐待與疏忽四類型，而目睹兒童也有共識被列入兒童虐待的一類（**表3-11**），說明如下：

表3-11　兒童及少年保護案件——施虐因素

年度	總計	遺棄	身心虐待				不當管教	目睹家暴	其他
			身體虐待	精神虐待	性虐待	疏忽			
102	17,649	177	6,232	1,819	2,496	1,810			5,115
103	12,519	52	3,946	1,350	1,964	2,149			3,911
104	10,165	82	3,416	1,108	1,422	1,252			2,885
105	10,520	74	2,277	765	1,835	1,154	2,271	534	1,610
106	4,135	60	610	253	544	413	1,691	151	

資料來源：衛生福利部統計處（2018b）。

◆身體虐待

根據衛生福利部（2015b）所提，身體虐待的定義是指兒少照顧者本人，或准許他人施加任意行為於兒少，或應注意而未注意，導致兒少身體傷害甚至死亡。其臨床表徵可能與意外受傷相似，因此真正原因很容易被忽視。估計因虐待受傷致死的兒少中，大約70%過去曾有受虐的跡象。醫事人員若能及時辨識通報，將能保護兒少免於再度受虐。

◆精神虐待

又稱情緒虐待，精神虐待的定義是指：有責任照顧兒童及少年福祉者，本人或准許他人，持續或嚴重地對兒少施加不合常理之排斥、貶損、隔離、威脅、恐嚇、忽視、拒絕給予或誘導使偏差等不當對待，導致兒少之身體發育、認知、情緒、行為或社會發展遭受嚴重的不良影響，或有受嚴重危害之虞。與其他兒少虐待型態相較，精神虐待的評估和處置常是較複雜的。在世界各國兒少虐待案件的各類受虐型態分析統計中，精神虐待因各國不同之界定及執行情形，所占的比率存在頗大的差異，許多有關精神虐待的重要文獻均指出，經歷身體虐待、疏忽或性虐待的兒少常合併遭受精神虐待；各類虐待對兒少未來的發展都有長遠的影響，而影響最深遠的可能是精神虐待，尤其是增加憂鬱和自殺的機率，因此醫事人員應具備辨識和處置的知能（衛生福利部，2015b）。

Weaver（2011）就指出，精神虐待比任何其他的兒童虐待類型更具破壞性的影響，但當前的兒童保護系統未能充分解決這一問題，影響兒童身心發展甚鉅。根據衛生福利部（2015b）對精神虐待類型定義包含五種類型：

1.排斥、貶損：使用語言和肢體動作、表情等行為，排斥、貶損兒少，沒有顧及其作為一個人的基本需求。
2.隔離：隔離兒少和他人溝通互動的機會，沒有顧及其正常社會互動的需求。
3.威脅、恐嚇：威脅恐嚇殺死、傷害、拋棄兒少，或將其最愛（人或物）置於明顯危險的情境以威脅之，或置兒少於恐怖的情境。
4.忽視、拒絕給予：對兒少的互動企圖和需求無動於衷，或對兒少缺乏情緒反應，使其缺乏基本的刺激。
5.誘導使偏差（corrupting）：誘導鼓勵偏差概念，可能導致兒少發展自傷、犯罪、反社會等偏差行為。

◆性虐待

根據衛生福利部（2015b）對性虐待的定義是指兒少遭受性交行為、性騷擾、猥褻、調戲及性霸凌，或利用兒童及少年進行性活動，而這些性活動是兒少們還不能理解、無法表達知情同意、發育上尚未成熟到可以承受，以及是社會禁忌且違反法律的，由於它特有的恐懼性、誘騙性、自覺羞恥與難以啟齒告人，以及往往無明顯的身體表徵，因此許多受性虐待的兒少沒有被發現。所以遇到可疑的個案時，必須轉診到性侵害驗傷採證責任醫院，驗傷採證責任醫院之醫師必須謹慎的瞭解病史，並做必要的檢查。Han、Lee、Yoo與Hong（2011）在韓國南部研究發現，兒童遭受到性虐待後尋求專業協助較少，值得重視。另外，性接觸意指：

1.沒有實際碰觸的行為，如成人曝露其性器官、要求兒童看猥褻書刊等。
2.有實際碰觸的行為，如對兒童的性器官或隱私部位有不適當的愛撫、猥褻或性交。

◆疏忽

疏忽是常見的兒少虐待類型之一，嚴重的疏忽或長期缺乏妥善照護的兒少比較會被發現，但大部分的疏忽個案缺乏明確徵狀，偶發短暫事件就容易被忽略。導因於身體虐待所造成的傷害，往往明顯可見，會被立即發現；然而疏忽所造成的身心傷害常會被一般民眾甚至醫事人員忽略，因此醫事與社工、教育等與兒少有關人員必須提升兒少疏忽辨識的敏感度，及早通報與預防，方能有效阻止兒少遭受後續之傷害（衛生福利部，2015b）。

◆目睹父母婚姻暴力行為

在過去，兒童少年目睹父母的婚姻暴力行為通常被歸類為精神虐待或疏忽的一種類型，而隨著人們愈來愈關注目睹婚姻暴力對於兒童的影響，目前在兒童受虐的研究上，常將其與其他兒童受虐類型分開討論。通常所謂目睹父母婚姻暴力行為係指：「有責任照顧兒童者，不論有無故意的動機，使十八歲以下的兒童少年曝露於夫妻衝突、鬥毆的情境下，而影響其人格發展，或不利於其心理或情緒發展。」子女在目睹婚暴衝突時的情感反應包括：恐懼、憤怒、擔憂、焦慮、被忽視、矛盾與絕望想死的意念等（沈瓊桃，2005），所以有必要進一步的輔導，以免造成身心永久的傷害。

(二)兒童虐待的成因

衛生福利部統計顯示，缺乏親職教育知識是造成虐待的最重要因素（衛生福利部統計處，2018b）。會虐待自己小孩的雙親除了通常來自專制的家庭之外，他們對自己也相當的苛刻，這種父母親對自己小孩要求過高，他們也常常體罰他們的孩子，具有虐待傾向的父母親來自各種不同的社經背景、教育程度及宗教族群，兒童受虐的情況在貧窮的環境容易惡化（洪貴真，2003）。此外，促成兒童虐待的因素還包括家庭壓力、兒童家庭特質、互動的模式、婚姻問題、對暴力的價值觀等（張宏哲、林哲立譯，2007）。兒童虐待的原因大多來自功能失調的家庭，而受虐的子女正是名副其實的代罪羔羊（徐震、李明政、莊秀美，2000）。以下就整理各文獻的原因說明如下（謝秀芬，2011；陳淑敏譯，2006；江亮演，2007；黃碧霞、林資芮，2007）：

◆人格特質

父母或照顧者的性觀念、行為的偏差，也就是家族或同居（住）者，由於婚姻失敗，尤其是個人心理疾病、性幻想、衝動、性慾衝動、性癖好以及報復前夫或前妻等原因，而性侵兒童身體或迫使被害兒童從事性的活動、色情交易，或提供色情影帶、圖片、文字，以滿足其性慾或報復心理，以及賺錢為目的，致使兒童身心發展受害或有受害之虞。

◆工作、經濟等壓力

Aron等人（2010）研究發現，貧窮因素與兒童受到虐待有相關。家庭經濟不好，尤其父母失業，心情不佳也容易發生虐待兒童的事件。貧窮與兒童虐待的發生具相關性，多數研究對象之家庭經濟狀況屬於清寒。

社會階層低、經濟來源不足、單親家庭、失業率高等因素都是兒虐的原因。

◆父母的心理疾病及不良嗜好

施虐原因為父母的心理疾病者，如施虐者在童年有受虐經驗、低挫折忍受力、不成熟之人格或有DSM-IV診斷之疾患、自我中心、衝動性強等，常不自覺或無法控制而傷害孩子。

◆傳統觀念

父母認為子女是自己生的，自己有權利處罰子女，並相信其處罰打罵等是正當的管教方式，在這種觀念之下，常常會發生虐待兒童的事件。在以父權與嚴教為主的文化價值觀下，父母對子女施予嚴厲的體罰、訓誡被認為是天經地義的事，父母責打子女的動機與目的有其正當性和合法性，如「棒下出孝子」、「不打不成器」等。上述觀念的理論基礎建基在認知學派，也就是管教觀念錯誤的認知，有導正的必要性。

◆其他（如社會文化、環境的變遷）

社會環境、社會文化的變遷帶來的立即性壓力導致兒童虐待，例如家庭結構的變遷、核心家庭的盛行、離婚率及單親家庭的增加等，使照顧兒童的人手不足，照顧子女的壓力無法克服等，尤其教育、文化的變遷，重視個人休閒娛樂的情形之下，相對忽略了對子女的物質生活上的需求與精神上的滿足，而致使有虐待、疏忽或遺棄子女的事情發生。家庭所處的文化環境也會影響兒童受到虐待的可能性。環境壓力亦是造成兒童虐待重要的原因，在生活中遭受重大壓力如失業或經濟危機，無法應付或度過難關，如貧窮問題容易造成父母的壓力與緊張，減弱其自我控制的能力，或將挫折感轉移為對子女之攻擊，父母間關係不佳、家庭結構不穩定、子女本身都會造成壓力情境，若加上一些突發事件，則易產生虐待行為。

(三)遭受兒童虐待的影響

◆在發展上

包括性格、認知、情緒、語言等問題，受虐兒童較不快樂、孤僻、對他人缺乏信任感、容易否定自己、低自尊、自我防衛強、具神經質人格特徵。Gover等人（2011）研究發現，兒童受到虐待，會影響其自我控制較低的心理因素。Maikoetter（2011）指出，大腦在以驚人的速度發展之時，兒童早期的創傷和疏忽大大影響未來的健康發展。

◆在行為上

受虐兒童在行為上較易有反社會行為，其中遭受身體虐待之兒童則會有攻擊行為，且對他人的身體接觸感到害怕，或焦慮不安，或有退縮行為，而受性虐待之兒童則會有不適當的性行為。遭受身體虐待的兒童日後會出現許多行為問題及情緒問題，兒童會出現容易驚嚇、恐懼等行為，部分受虐兒童同儕關係較差，但也有些會發展出善於討好別人或察言觀色的技巧（Crosson-Towre, 2002）。

◆在社會生活上

受虐兒童不易與人建立關係，較不能與他人發展持續性的關係。

◆在長期影響上

受虐兒童日後可能會成為虐待子女的父母，或在工作、婚姻生活及人際關係等方面適應不良。

(四)施虐者的特徵

1. 缺乏同理心，只顧自己的需要，不顧孩子的需求，對兒童有不切實際的期望。
2. 對兒童的學業成就期望過高，孩子無法達成而放棄時，父母會認為孩子沒出息，予以忽視或施虐。

3.顯示有恐懼或情緒失控。

4.與孩子疏離。

5.施虐者從小在沒有母親愛護的環境長大。

6.對孩子的行為並不明智，尤其對孩子的失敗顯得相當的激動。

7.當談及孩子受傷的事顯露出殘酷、虐待狂或毫無悔意。

◆有毒父母

有些不適任的父母對於子女的照顧未善盡責任。Forward與Buck（1989）更以有毒父母（toxic parents）來形容高危險群的父母。所謂有毒父母，是指父母在不知不覺中傷害自己的子女。這些父母的特徵包括：

1.無法勝任教養子女的父母，經常只顧自己的問題，把子女當成小大人，反而要求子女來照顧他們。

2.主宰慾強的父母，用罪惡感來控制子女，甚至過度地照顧子女的生活，讓子女沒有自己的生活。

3.酗酒的父母，把大部分時間精力用在否認自己的問題，置子女的生活與成長於不顧。

4.虐待子女的父母，包括對子女的身體虐待、精神虐待、性虐待、疏忽照顧等。

(五)受虐者的特徵（謝秀芬，2011）：

1.年幼者，平均年齡是七歲，疏忽常見於嬰兒及幼兒，性虐待與精神虐待則以較大的兒童或青少年較常發生。

2.難帶的嬰兒或幼兒。Casanueva等人（2010）發現，兒童本身屬於經常哭鬧、打破安靜氣氛難教養型氣質類型的兒童，比較容易受到父母的虐待。

3.有障礙（精神、身體、智能等）的兒童。

4.早產兒、發展遲緩兒童。

5.受虐孩子生理的特徵令父母產生某種內心的影像，如孩子可能代表父母所討厭的人，如配偶、情人、手足或父母。

6.性格頑劣難教養的兒童。

(六)《兒童及少年福利與權益保障法》規範

1.禁止行為：規定任何人對於兒童及少年不得有遺棄、身心虐待……（第49條）。

2.醫事人員、社會工作人員、教育人員、保育人員、教保服務人員、警察、司法人員、移民業務人員、戶政人員、村（里）幹事及其他執行兒童及少年福利業務人員，於執行業務時知悉兒童及少年有下列情形之一者，應立即向直轄市、縣（市）主管機關通報，至遲不得超過二十四小時（第53條）。

3.安置保護：兒童及少年未受適當之養育或照顧情形，非立即給予保護、安置或為其他處置，其生命、身體或自由有立即之危險或有危險之虞者，直轄市、縣（市）主管機關應予緊急保護、安置或為其他必要之處置（第56條）。安置之兒童及少年，年滿十八歲，經評估無法返家或自立生活者，得繼續安置至年滿二十歲；其已就讀大專校院者，得安置至畢業為止（第111條）。

4.安置規範：

(1)緊急安置時，應即通報當地地方法院及警察機關，並通知兒童及少年之父母、監護人。但其無父母、監護人或通知顯有困難時，得不通知之。緊急安置不得超過七十二小時，非七十二小時以上之安置不足以保護兒童及少年者，得聲請法院裁定繼續安置。繼續安置以三個月為限；必要時，得聲請法院裁定延長之，每次得聲請延長三個月（第57條）。

(2)安置兩年以上之兒童及少年，經直轄市、縣（市）主管機關評估其家庭功能不全或無法返家者，應提出長期輔導計畫（第65條）。

5.處遇規範：遺棄、身心虐待（第49條）；未受適當之養育或照顧情形（第56條）與屬目睹家庭暴力之兒童及少年（第64條），經直轄市、縣（市）主管機關列為保護個案者，該主管機關應於三個月內提出兒童及少年家庭處遇計畫；必要時，得委託兒童及少年福利機構或團體辦理。處遇計畫得包括家庭功能評估、兒童及少年安全與安置評估、親職教育、心理輔導、精神治療、戒癮治療或其他與維護兒童及少年或其他家庭正常功能有關之協助及福利服務方案。

6.追蹤輔導：直轄市、縣（市）主管機關對於安置期間期滿或依前項撤銷安置之兒童及少年，應續予追蹤輔導至少一年（第59條）。

7.收費規範：兒童及少年為安置時，因受寄養家庭或安置機構提供兒童及少年必要服務所需之生活費、衛生保健費、學雜費、代收代辦費及其他與安置有關之費用，得向扶養義務人收取（第63條）。

8.罰則：

(1)未通報：醫事人員、社會工作人員、教育人員、保育人員、教保服務人員、警察、司法人員、移民業務人員、戶政人員、村（里）幹事或其他執行兒童及少年福利業務人員，違反第53條第一項規定而無正常理由者，處新台幣六千元以上三萬元以下罰鍰（第100條）。

(2)照顧者：

①兒童及少年未受適當之養育或照顧情形，其情節嚴重者，得命其接受四小時以上五十小時以下之親職教育輔導。不接受親職教育輔導或拒不完成其時數者，處新台幣三千元以上三萬元以下罰鍰；經再通知仍不接受者，得按次處罰至其參加為止（第102條）。

②有身心虐待事實，處新台幣六萬元以上三十萬元以下罰鍰，並得公布其姓名或名稱（第97條）。

(七)兒童虐待的處遇模式

目前在大多數縣市的家庭暴力暨性侵害防治中心，對於疑似兒童少年受虐案件的處理流程，如**圖3-3**所示。

◆社會處遇

1.將兒童暫時隔離，Brown（2011）指出，受到遺棄的孩子在出現情緒或行為的心理問題前，應安置到適合的家庭中。
2.提供心理輔導與心理調適，同時學習溝通技巧。
3.醫生、公衛護士、社工人員、鄰里長、老師等組成支援性服務，提供醫療、心理衛生、托兒服務、安置服務、寄養家庭等照顧。
4.協助兒童與照顧者接受輔導，提供親職教育協助父母養育孩子必備

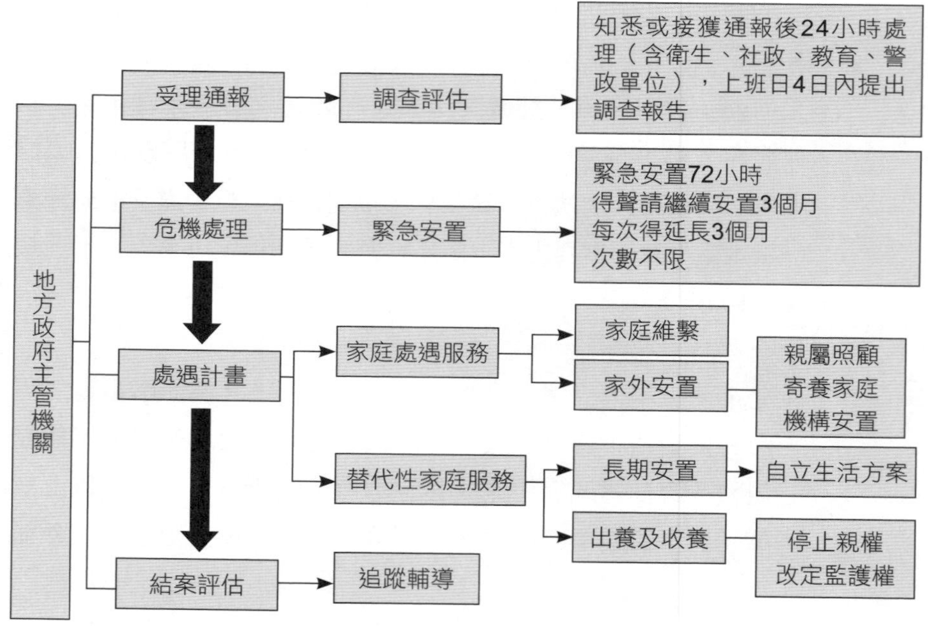

圖3-3 兒童虐待的處遇模式

資料來源：衛生福利部統計處（2018b）。

的知識和能力。

5.建立施虐父母的社會支持網絡。

◆學校處遇

1.當學校發現學童受虐時，輔導室基於保密及保護原則應儘速通報家庭暴力暨性侵害防治中心。

2.視事件需要召開會議，並邀學校相關人員迅速商討處理事宜，且開會後應儘速處理不得延誤，以爭取時效，並應注意現場的時間性、合理性、合法性，讓傷害降到最低。

◆三級預防

1.初級預防：避免及阻止虐待事件的發生，如媒體宣導、兒童福利相關工作者、學校老師等都是重要的角色。Breiding、Reza與Gulaid（2011）指出，提供照顧者親職教育機會，可以預防虐待的發生。

2.次級預防：保護受虐者，此部分主要依賴良好的通報制度和輔導措施，依《兒童及少年福利與權益保障法》第53條規定，醫事人員、社會工作人員、教育人員、保育人員、教保服務人員、警察、司法人員、移民業務人員、戶政人員、村（里）幹事及其他執行兒童及少年福利業務人員，都為「責任通報人」。

3.三級預防：治療受虐兒童所受到的傷害，共同預防進一步的受害，最主要的是身體治療、安置服務、心理輔導等。其中，寄養的安置照顧可以協助親屬照顧功能的不足（Rolleston, 2011）。

(八)兒童保護工作的服務目標

依《兒童及少年福利與權益保障法》的保護原則，以兒童為中心、家庭為焦點的保護取向，結合家庭所在的社區資源或機構一起合作，其保護的目標說明如下：

1.確保遭受虐待、疏忽或處於可能被虐待或疏忽危機情境下之兒童，獲得安全且持續的照顧。
2.提供一個以兒童福祉為中心，家庭場域為焦點，重視文化敏感度之全方位服務。
3.協助個案家庭獲得必要的支持性資源，以減緩兒童受虐或疏忽程度，或者協助家外安置的兒童返家。
4.結合兒童保護服務相關資源與網絡，提供多面向服務。
5.檢討評量現行兒童保護工作之相關政策、程序、技巧與知識脈絡，增進兒童保護工作的最佳決策。
6.建構適切且周延的轉介服務系統，結合政府與民間社區資源提供持續性，以家庭為基地的服務。

(九)兒童保護工作的服務階段

依據《兒童及少年福利與權益保障法》第四章「保護措施」之規定，其保護流程大致可分為兩個階段：

◆兒童保護案件的確認

此階段的服務流程包括兒童受虐事件的「通報」及成案的「調查評估」兩個階段，經「調查評估」為「不成案」者，可轉介社區中的兒童與家庭福利機構進行家庭高風險評估，如經評估為「高風險家庭」，可轉介進入「高風險家庭」預防服務系統，如果通報案經過「調查評估」得到「成案」結果，則該案就列為「兒童保護個案」，進入第二階段的服務流程。

◆兒童保護案件的後續處遇

此階段正式進入兒童保護處遇系統，主要目的在協助兒童保護個案的危機解除與生活重建，依據《兒童及少年福利與權益保障法》第56條規定，如兒童有「非立即給予保護、安置或為其他處置，其生命、身體或自由有立即之危險或危險之虞者」，直轄市、縣（市）主管機關應予緊急保護、安置或為其他必要之處置。此外，兒童「處遇計畫」大致可分為「家庭維繫」與「家庭重建」兩種模式，說明如下：

1.家庭維繫服務：指兒童受虐事件經「調查評估」成案後，該兒童保護個案仍可安全生活於原生家庭之處遇模式。
2.家庭重建計畫：指兒童受虐事件經過「調查評估」成案後，惟評估「兒童保護個案」繼續生活於原生家庭之安全危機程度較高，則宜依法安置兒童於寄養家庭或安置機構的處遇模式。Holden（2011）指出，兒童保護應包括促進安全和穩定的家庭計畫。

八、防衛機制

由於本我、自我、超我的功能不同，在彼此交互影響的過程中，個體為求減少因本我與超我的衝突而產生的焦慮，在趨樂避苦的前提下，個體的所作所為非出於理性，也不能明確道出真正的原因，佛洛伊德將其稱為「防衛機制」或稱「防衛作用」、「防衛方式」，可分為下列七種：

1.合理化作用（rationalization）：指以社會認可的好理由，取代個人心知肚明的真理由，藉以減少在尷尬局面下的痛苦或焦慮。例如所謂酸葡萄作用，對求之不得的東西辯稱不喜歡，即屬於此種防衛方式。
2.退化作用（regression）：指個體將自己的行為改以較幼稚的方式表現，藉以暫時獲得安全以消除焦慮的痛苦。例如，幼兒因為對父母的愛感覺到不安全而產生嫉妒情緒時，則表現出哭鬧的行為。
3.投射作用（projection）：指將自己慾念中不為社會認可者加諸別人，藉以減少自己因此缺點而生的焦慮。例如，嫉妒張小姐表現很好，則說蔡小姐說張小姐很驕傲，而不敢承認是自己心中的想法。
4.反向作用（reaction formation）：指在行為的表現上恰與其內心隱藏的慾念相反，例如個人積極展現廉潔的行為以壓抑強烈的貪汙意圖。

5.轉移作用（displacement）：指需求無法直接獲得滿足時，轉移對象以間接方式滿足之，例如，無法如願當上奧運選手，轉而立志當國家級教練以培養奧運選手。

6.昇華作用（sublimation）：指不為社會認可的動機慾念，改以符合社會標準的行為表現之，例如，高手之間互相嫉妒，昇華成為英雄相惜、莫逆之交，表現民主風範。

7.壓抑作用（repression）：指個體將可能不容於超我的慾念，從意識境界壓入潛意識境界中，以避免衝突的發生，例如，明明很想出去玩耍嬉戲卻擔心被父母責罵，於是將此慾念控制下來先努力用功念書，等待考完試後再滿足此欲望。

九、貧窮兒童

(一)貧窮指標

◆饑餓

考慮的基本需求項目僅有食物，意即如果一個人沒有足夠的收入或資源去獲得供應身體營養所需的食物就是貧窮。

◆維生

個人沒有足夠的收入或資源來支付生活基本需求的各項目就算是貧窮，和殘存的貧窮定義相比，更廣泛的將食物以外的生活基本需求考慮進來，然而這些生活基本需求的認定則隨著社會環境的變化而有差異。

◆社會維持

如果個人沒有足夠的收入或資源以獲得財貨與勞務，而過著和一般工人階級的生活方式即屬貧窮，和前項維生層次的貧窮相比，社會維持定義取向又將基本生活需求的認定擴大許多，基本的生活水準是個人或家庭能有足夠的收入或資源去過所處社區中一般大眾所過的生活型態，除了饑饉與維生外，尚有社會性必需品考量，例如：孩子生日時的生日禮物即屬之。

◆社會參與

係與其他社會團體在同一時間點上對於生活基本需求水準比較的結果，即當社會上一般人普遍享有，而某些人無法享有就是貧窮，此取向的貧窮以社會的生活水準作為標準，除基本需求、社會性需品外，尚有工作、教育、健康、休閒等生活面向的需求，和前述幾項貧窮定義相比，社會參與的貧窮定義又更為積極。

(二)我國貧窮的現況

低收入戶逐年增加，97年時為93,032戶，106年為142,814戶，見**表3-12**。

表3-12　我國低收入概況

年度	總戶數	男戶長	女戶長	總人數	男性	女性
97年	93,032	53,021	40,011	223,697	113,281	110,416
98年	105,265	60,982	44,283	256,342	130,515	125,827
99年	112,200	65,575	46,625	273,361	140,672	132,689
100年	128,237	74,638	53,599	314,282	160,644	153,638
101年	145,613	86,274	59,339	357,446	182,335	175,111
102年	148,590	88,492	60,098	361,765	186,087	175,678
103年	149,958	90,573	59,385	357,722	185,438	172,284
104年	146,379	89,167	57,212	342,490	178,253	164,237
105年	145,176	88,869	56,307	331,776	173,763	158,013
106年	142,814	87,828	54,986	317,257	167,287	149,970

資料來源：衛生福利部統計處（2018a）。低收入戶戶數及人數。

根據衛生福利部統計處調查指出，97年低收入戶接受政府救助之主要來源以「家庭生活補助」最高，「就學生活補助」居次。106年依然是家庭生活扶助最高，就學生活補助其次（**表3-13**）。

(三)貧窮理論

低收入戶致貧原因以「戶內均為無工作能力人口」最高。此外，家庭結構、照顧者的勞動參與與政府所得維持支出等，均可能造成兒童家中成為貧戶。父母失業、沒有健保、住屋環境差等，對兒童的發展均會造成

表3-13　低收入戶生活扶助概況

年度	家庭生活扶助	就學生活補助	教育補助	喪葬補助	低收入戶及民眾節日慰問
97	3,295,135,212元／805,134人次	1,418,116,122元／314,127人次	36,352,181元／20,076人次	35,102,850元／2,090人數	278,134,391元／452,222人次
98	4,175,141,134元／962,455人次	2,019,396,585元／402,322人次	15,689,188元／8,176人次	32,603,000元／1,623人數	278,260,298元／690,355人次
99	4,428,863,287元／1,066,300人次	2,070,614,820元／416,203人次	37,984,746元／10,391人次	24,795,600元／1,226人數	316,220,055元／679,105人次
100	4,600,787,240元／1,120,856人次	2,512,848,501元／496,156人次	56,192,000元／15,423人次	29,382,940元／1,434人數	297,822,215元／421,014人次
101	6,254,677,045元／1,316,404人次	3,533,312,592元／598,615人次	70,327,820元／20,485人次	36,363,105元／1,904人數	361,315,253元／358,428人次
102	6,489,175,565元／1,360,970人次	4,097,859,024元／695,024人次	82,395,000元／28,481人次	58,746,488元／2,874人次	617,441,111元／809,600人次
103	6,261,748,408元／1,292,475人次	4,067,654,800元／689,307人次	99,555,000元／34,975人次	60,474,940元／3,211人次	520,627,390元／777,529人次
104	6,052,526,735元／1,201,568人次	3,808,654,610元／646,749人次	90,439,600元／30,780人次	56,308,850元／2,952人次	543,430,146元／583,622人次
105	6,158,955,063元／1,177,215人次	3,813,416,024元／633,747人次	40,267,887元／7,398人次	53,378,079元／2,710人次	594,642,013元／731,159人次
106	5,807,718,362元／1,055,006人次	3,524,905,082元／577,471人次	48,346,843元／15,743人次	57,427,630元／2,799人次	638,208,495元／704,307人次

資料來源：衛生福利部統計處（2018a）。低收入戶生活扶助概況。

負面的影響，照顧者如果忽略了兒童健康發展的價值觀即所謂的「文化貧窮」（cultural impoverishment）。從功能理論、衝突理論、互動理論分別作說明：

◆功能理論

功能主義認為貧窮是由於經濟失功能而引起的，急遽的工業發展引起經濟系統被破壞，國民缺乏就業技術只好接受低薪工作，到了工業自動化階段，這些人就面臨失業的局面。功能主義的主要代表人如涂爾幹、派森斯和墨頓等，從功能理論來看貧窮的原因主要是認為貧窮是因為社會制度的問題所造成的，當社會功能失調，如經濟不景氣、工作機會少、失業率高、身心障礙及老病、離婚、單親等，是產生貧窮的原因。

因此，如不想屈服在社會底層者就會努力向上，如此方能脫離貧窮，但亦有底層者習慣於貧窮的生活，不想做改變，如此將導致終身無法脫離貧窮生活，甚至影響到下一代的生活。

◆衝突理論

社會衝突理論興起於1950年代的美國，此理論認為貧窮的存在是由於權力結構所導致，衝突理論的主要代表人如卡爾·馬克思（Karl Marx）、寇舍（Lewis A. Coser）和達倫道夫（Ralf Dahrendorf）等。

馬克思建構衝突理論的基礎，強調快樂的物質條件基礎，特別是立基於財產關係的衝突鬥爭；寇舍的衝突理論雖然對於傳統的結構功能論有嚴厲之批評，但基本上它仍然在結構功能的範疇中，替衝突尋找某些合理化的解釋，並且嘗試由功能論的角度，分析衝突對於社會整合與適應社會變遷的意義；達倫道夫的衝突理論，主要著眼於對社會功能論的反思及批判。

從衝突理論來看貧窮的原因主要是認為在整體人類關係中，有控制與剝削，低所得者是被高權勢者所僱用，終日勞累卻只獲得低於貧窮線的待遇，失業者也是權力結構使然，因為雇主不想投入教育或職業訓練成本改善勞工工作技巧，因為投入教育成本就會增加支出成本與稅額，導致減少利潤。換言之，貧窮之所以產生是因為在社會體制中被控制與被剝削，例如財團以低薪僱用勞工，導致財團賺大錢，基層勞工常入不敷出，因而導致貧窮。此理論將貧窮視為一種社會問題，包括社會結構改變、社會權力的不對等、社會快速變遷、社會分化等因素所影響，亦是社會中某些團體只顧自己利益導致分配給勞工的利潤太少，只有讓這些權利團體瞭解所得分配是不公平的才能改善貧窮的問題，而低所得者也應瞭解自己貧窮的原因加以改善方能脫貧。

◆ 互動理論

此理論認為貧窮是相對的，取決於和哪些對象相比較，例如美國的窮人比落後地區的中產階級的生活水準還要高一些，這論點強調在富庶國家中窮人的心態，與富人相比，這些人自己承認是失敗者，他們認為是自己的缺點才會遭到失敗，而不是社會的力量導致他們的失敗。此理論或稱符號互動論（symbolic interactionism），主要代表人如：米德（George H. Mead）、派克（R. E. Park）、湯姆斯（W. I. Thomas）和布魯默（H. Blumer）等，從互動理論來看貧窮的原因主要是認為窮人的互動對象、參考團體常以窮人為主，觀察與學習的楷模，在社會化過程中難有學習脫貧的契機。此外，亦可能學到類似「安貧樂道」的觀點，導致一生中並不熱衷於財富的追求而致貧。因此互動學者認為窮人不但受到經濟的剝奪，而且發展出不良的自我概念。

互動理論的主要概念，可分為符號、自我、心靈和扮演他人的角色。

1.符號（symbol）：是互動論的中心概念，它包括語言、文字及符號。象徵互動論者認為符號無所不在，到處都有。語言、文字是符號，因為它們代表某些東西和意義，它們是行動者用來代表物體、感覺、觀念、思想、價值和情緒，語言、文字所代表的客體是社會所賦予的，是用來溝通的。符號有三個基本特質：

(1)符號的發展是社會性的，是經由互動過程以符號表達意念、價值和思想。

(2)符號的意義與運用並非完全一致的，它是由使用者隨意而定，當互動方式改變時符號也會跟著改變。

(3)符號定義在運用上也可能會改變，手勢和語言都含有某種特定的意義，當人們把幾個手勢和語言連接在一起時，它們就能用來表達意思、溝通和互動。

2.自我（self）：是社會的產品，人們對自己的看法實際上就是他人對自己的看法。某人覺得自己聰明或叫什麼名字，這些都是別人這樣稱呼他，因此他就把這些符號跟自己聯在一起。自我概念的產生就是依據他人和社會的定義而產生的，因此自我也就不斷地修改、發展和變遷。自我的主要功能是：

(1)自我可以用來作為人們符號互動的對象。

(2)自我可以用來分析互動時的情境，以作為反應時的參考；自我可以用來判斷自己，也可用來判斷別人；自我給予人們某種認同，使人們知道自己到底是怎樣的一個人。

3.心靈（mind）：是個人與自我的符號互動，是個人行為的內在活動方式，它對個人的社會互動具有某種不可或缺的影響力。心靈幫助個人瞭解別人，讓別人瞭解自己，也幫助個人決定互動的方針，因為在互動過程中，我們不僅把別人當作互動的對象，也把自己當作互動的對象。心靈有其特性：

(1)運用符號來界定環境中客體的能力。

(2)能作內在斟酌，並對這些客體採取各種行動路線的能力。

(3)避免不適當的行為及選擇一種合適的行動路線。

4.扮演他人的角色（taking the role of the other）：是人們在每一社會情境中都會做的活動。人們透過辨認和解釋他人的姿勢、符號，來進行溝通和互動。他們能夠相互識別對方，預期對方的反應，以便彼此適應。

(四)兒童貧窮的形成與影響

1.家庭收入的多寡會直接影響兒童的智慧能力與學習成就，但對於兒童的行為問題、心理健康或身體健康之影響程度就不見得明顯了。
2.家庭的經濟狀況對於幼兒、兒童的智慧能力與學習成就的影響效果明顯的大，對於青春期或後來的發展影響效果就較小一些。
3.家庭收入的多寡似乎比家庭結構、父母教育更能預測兒童的智慧能力與學習成就的結果，但家庭結構對於兒童的行為問題與身心健康的影響則較為直接。
4.增加中低收入兒童的家庭收入，可以明顯增加兒童的智慧能力與學習成就進步，增加中產階級與富有兒童家庭的收入則效果不大。

(五)降低兒童貧窮的原則

1.兒童的貧窮並非兒童自己造成的，社會因此有支持兒童的道德責任，不應限制或剝奪每一個兒童應有的生活機會。
2.兒童經濟福祉與其生活的家庭與家長息息相關，社會因此不宜以家長的特質或種族的歧視作為「值得幫助與否」的決策考量。
3.兒童未來的福祉或生活機會立基於早期身心的健全發展，社會因此應該提出預防性的反貧窮策略，及早介入、及早投資兒童的發展。
4.兒童經歷的經濟匱乏固然受到家長收入的多寡，但在基本物質需求滿足後也應致力於非現金給付的服務，以增強家長身心健康、親職功能。

(六)保障兒童經濟福祉的政策與服務內涵

大致上可以包括下列幾項：

◆維持基本所需的收入維持政策

收入仍是低收入家戶最需要的資源，為確保兒童的經濟安全，社會與政府應該致力於提供單親家庭、失業家庭經濟補助，以維持其基本的生活所需。特別值得一提的是，台灣社會救助政策審查低收入戶家戶資格的條件過於嚴苛，致使許多瀕臨貧窮的家戶無法取得政府低收入戶福利，亟待民間機構伸出援手，提供相似的生活扶助與福利服務給低收入的家戶（包括非官方低收入戶），以彌補政府照顧政策的落差。

◆推動積極的就業政策

由實證得知，就業或工作收入仍是低收入家戶脫離貧窮最好的途徑。社會與政府因此應該積極開拓就業機會、提供工作誘因，鼓勵失業家長接受就業輔導，並提升就業技術以因應全球化市場所需的新技巧，不使其閒置過久。

◆擴大全民健康保險的涵蓋範圍

根據實證資料顯示，普及性的全民健保在降低兒童貧窮風險上效果顯著，尤其是對於兒童早期的身心健康發展很有保障。因此，為了提升兒童的身心健康發展，全民健保的保障範圍應致力於及早介入、及早治療的策略，提升每位兒童的身心與認知發展。

◆建立啟蒙教育方案

家庭貧窮對兒童身心發展不利的關鍵時刻是在兒童成長的早期，而建構良好的家庭與學校環境品質有助兒童發展。因此，社會與政府可以仿效美國政府行之多年、效果卓著的啟蒙教育（Head Start）計畫，透過學校與社區提供經濟弱勢兒童在發展與學習過程中所需的營養補充、資源教室、個人補習、文化活動、獎助學金等，從立足點拉抬兒童的身心發展與學習成就。

◆推動親職效能增進方案

健全的家長特質對於兒童身心發展的助益並不低於家庭收入多寡的影響。社會與政府在確保兒童與其家庭的基本物質需求得到保障之後，應進一步積極推動親職效能增進的方案，增進親職功能與親子互動品質，例如家長身心健康、自我效能、親職技巧、親子溝通等的提升。

十、身心發展異常兒童

(一)身心發展異常兒童的定義

1.生理發展異常：如視力缺陷、聽力缺陷等。

2.心理發展異常：如智能障礙、嚴重情緒障礙、學習障礙等。

(二)身心發展異常兒童的類別

1.智能障礙兒童：昔日稱智能不足兒童使用「低能兒」來形容，後為了尊重人權避免歧視，日本稱智能不足為「精神薄弱兒」。智能障礙的鑑定基本指標包括：

(1)指兒童之心智功能明顯低下或個別智力測驗結果未達平均數負二個標準差。

(2)在自我照顧、動作、溝通、社會情緒或學科學習等表現上較同齡兒童有顯著困難的情形。

2.視覺障礙兒童：根據《身心障礙及資賦優異學生鑑定辦法》，「視覺障礙」係指由於先天或後天原因，導致視覺器官之構造缺損，或機能發生部分或全部之障礙，經矯正後其視覺辨認仍有困難者。其鑑定基準依下列各款規定之一：

(1)視力經最佳矯正後，依萬國式視力表所測定優眼視力未達〇．三或視野在二十度以內。

(2)視力無法以前款視力表測定時，以其他經醫學專業採認之檢查方式測定後認定。

3.聽覺障礙兒童：

(1)指由於先天或後天原因，導致聽覺器官之構造缺損或基能發生部分或全部之障礙。

(2)接受自覺性純音聽力檢查後，其優耳語音頻率達25分貝以上。

4.語言障礙兒童：指語言理解或語言表達能力與同年齡者相較，有顯著偏差或遲緩現象。

5.肢體障礙兒童：指上肢、下肢或軀幹之機能有部分或全部障礙之兒童。

6.身體病弱兒童：指罹患慢性疾病，體能虛弱，需長期療養以致影響學習者。

7.情緒行為障礙兒童：

(1)指長期情緒或行為反應異常。

(2)其障礙被非因感官、智能、情緒等障礙因素或文化刺激不足、教學不當等環境因素所致。

8.學習障礙兒童：

(1)指統稱因神經心理功能異常而顯現出注意力、記憶、理解、表達、知覺或知覺動作化協調等能力有顯著問題。

(2)在聽、說、讀、寫、算等學習上有顯著困難之兒童。

9.自閉症兒童：依我國教育部（2013）所公布的《身心障礙及資賦優異學生鑑定辦法》第12條中的規定指出，自閉症係指因神經心理功能異常而顯現出溝通、社會互動、行為及興趣表現上有嚴重問題，致在學習及生活適應上有顯著困難者。前項所定自閉症，其鑑定基準依下列各款規定：

(1)顯著社會互動及溝通困難。

(2)表現出固定而有限之行為模式及興趣。

10.發展遲緩兒童：未滿六歲之嬰幼兒因生理、心理或社會環境因素，在知覺、認知、動作、語言及溝通、社會情緒、心理或自理能力等方面之發展較同年齡顯著遲緩，但其障礙類別無法確定者。

11.多重障礙兒童：指具兩種以上不具連帶關係且非源自同一原因造成之障礙而影響學習者。

(三)身心發展異常兒童之醫療服務

1.醫療服務之功能：

(1)早期發現。

(2)減除疼痛。

(3)防止障礙惡化。

(4)增進生活功能。

2.醫療服務內容：

(1)早期通報、早期療育。

(2)頂防注射。

(3)健康檢查。

(4)機能訓練。

(5)障礙改善或消除障礙。

(6)心理輔導。

(四)身心障礙兒童的教育措施

1.特殊教育功能：

(1)診斷及滿足特殊兒童在學習上的需要。

(2)決定是否成為特殊兒童。

(3)安置適合教育情境。

(4)提供教師教學之依據。

(5)教育機會均等。

2.特殊教育安置的型態：

(1)特殊學校。

(2)特殊班。

(3)資源班。

(4)融合班。

(5)床邊教學。

(6)教育體制外機構。

(7)在家教育。

(8)巡迴輔導。

(五)身心發展異常兒童的生活照顧

1.生活照顧的功能：

(1)維繫家庭功能。

(2)維護兒童基本的生活水準。

2.生活照顧的內容：

(1)支持性的生活照顧：保護被虐待、被忽視的兒童；提供諮商及心理衛生服務。

(2)補充性的生活照顧：家庭補助、托育服務。

(3)替代性的生活照顧：寄養、收養、安置教養。

十一、親職教育目的、功能、重要性

教養方式影響兒童發展甚鉅，而教養方式除了父母親本身的社經地位、家庭狀況、子女數、家庭結構等因素外（王淑楨、黃志成，

2008），其中最主要的原則就是要有好的親職教養知識。根據衛生福利部（2018b）統計，兒童及少年保護案件分析中，呈現施虐因素第一名為主要照顧者缺乏親職教養知識，在106年底通報量為1,776件，從**表3-14**中可看出因缺乏親職教養知識導致兒少被施虐均占各類原因的第一位。

從**表3-14**可知，親職教育知識對子女影響很重要，影響到孩子的成長，茲將親職教育的目的、功能與重要性分述如下（邱珍琬，2015；王鍾和，2009；黃德祥，2006）：

(一)親職教育的目的

1.教導父母學習有效的親子溝通方法。

2.增進正確的教養方式與知能。

3.協助父母扮演適當的角色養成良好的行為規範。

4.協助特殊兒童的父母克服教養上的困境。

表3-14　兒童及少年保護案件施虐因素統計

年別	缺乏親職教育	婚姻失調	貧困	失業	酗酒藥物濫用	精神疾病	人格違常	迷信	童年受虐經驗	其他
100年	14,460	7,035	3,493	1,528	2,890	1,242	480	55	347	2,748
101年	15,738	7,467	3,383	1,397	2,977	1,389	412	50	318	2,770
102年	12,892	6,478	2,419	982	2,136	1,119	178	50	236	2,610
103年	7,060	3,280	1,112	492	1,167	533	332	31	119	1,701
104年	4,998	2,889	1,310	522	1,108	370	99	31	140	782
105年	3,584	1,474	經濟因素735	未婚或未成年生育77	820	251	59	有自殺紀錄或意圖177	94	1,87
106年	1,776	親密關係失調542	經濟因素496	習於體罰或不當管教618	563	191	控制慾強184	情緒不穩定906	經常性使用負面言語201	677

資料來源：衛生福利部統計處（2018b）。

5.提供教養子女身心發展需求的相關知識。

6.協助父母教導子女提高成就、發展潛能。

(二)親職教育的重要性

1.對幼兒：就精神分析論的觀點，佛洛伊德強調早期生活經驗的重要性，艾瑞克遜也強調在幼兒期若照顧得宜，會往發展的目標邁進，這裡所謂的發展目標包括對人的信任、自主、自動自發和勤勉。因此，為人父母在接受親職教育之後，更能成為稱職的父母親，對兒童的身心發展產生正向的功能。

2.對父母：人類文明的進步，對人口素質的提升也起了帶動作用，而欲達成人口素質提升的目的，兒童教育是最重要的手段之一，而父母是兒童教育的啟蒙者，自當負起此一重責大任。然而高素質的人口，就有賴高品質的家庭教育，而高品質的家庭教育就有賴父母以更專業的知能來教養下一代，而親職教育的實施，就可以提升父母教養子女的知能。

3.對學校：學校與家庭對兒童的教育可謂是相輔相成，一位成功的父母親必能教出好兒童，基於這個基礎，學校的老師更可以發揮自己的專業，教導兒童邁向卓越；反之，若是父母怠忽職守，未善盡教導之責，則學校的老師必須要花更多的時間與精力去輔導兒童學習上的障礙與不良行為的糾正。因此，親職教育的實施，就消極面而言，可以間接協助老師輔導學生；就積極面而言，可以讓老師有更充裕的時間，發揮自己的專業，好好教導學生。

4.對社會：文明、進步、祥和的社會是大家所追求的，欲達成這一個目標，有賴稱職的父母好好的教養下一代。兒童自小接受適當的家庭教育，日後必能成為堂堂正正的國民；反之，若家庭教育不當，常造成社會上的不良份子，危害社會。因此，實施親職教育，可對社會造成正面的功能。

5.對國家：「國之本在於家」，強盛的國家來自於安和樂利的社會，善良的社會風氣根植於健全和諧的家庭。

(三)親職教育的訓練模式

◆溝通分析法

溝通分析（Transactional Analysis, TA），由精神科醫師艾瑞克・伯恩（Eric Berne）所創始，又稱交流分析法，其主要論述為：

1.自我狀態：

(1)父母自我狀態（Parent, P）。

(2)成人自我狀態（Adult, A）。

(3)兒童自我狀態（Child, C）。

2.基本人生態度：

(1)我好—你好（I'm OK—You're OK）。

(2)我好—你不好（I'm OK—You're not OK）。

(3)我不好—你好（I'm not OK—You're OK）。

(4)我不好—你不好（I'm not OK—You're not OK）。

3.溝通分析的型態：

(1)互補溝通：這是一種適當的溝通方式，溝通途徑是平行、無阻礙，讓人能繼續對話。

(2)交錯溝通：溝通者雙方或一方，沒有獲得預期的回應或滿足，就會造成溝通中斷。

(3)曖昧溝通：溝通者雙方的表面行為與實際動機不一致。

◆父母效能訓練

父母效能訓練（Parent Effectiveness Training, PET），由高登（Thomas Gordon）所設計，是美國風行甚久的一套增進父母教養能力與促進親子間關係的教育或訓練模式。說明如下：

1.父母效能訓練的運用：父母的角色。
(1)父母就是諮商者。
(2)父母應避免將子女的問題攬為己有。
(3)父母不應逃避親子衝突。
2.父母效能運用：積極傾聽、使用「我—訊息」、積極溝通。
(1)溝通技巧：傾聽、回饋、接納、避免用指責方式。
(2)表達方式：口語、非口語（微笑、表情、手勢等）。
(3)有效回饋的原則：明確而直接、不預設立場、力求簡潔，避免不必要的細節或訊息。

◆行為改變技術

行為改變技術（Behavior Modification, BM），又稱為行為矯正方法。內容為：

1.正增強法：在所要行為之後，為受試者提供滿意、快活的經驗。物質的正增強物如食物、玩具，精神的正增強物如拍手鼓勵。
2.負增強法：在個體出現滿意行為後，立即除去嫌惡刺激（負增強物），且對該行為產生強化作用，此種訓練過程為負增強。
3.懲罰：利用引起個體痛苦的刺激（如體罰、辱罵），以禁止其某種行為（如攻擊、偷竊）或習慣（如說謊、上課愛講話）。亦即當個體做一不當反應時，給予嫌惡刺激。懲罰的時間與犯錯時間愈接近，效果愈好。
4.消弱（或稱忽略法）：一種行為在屢次出現後，均得不到強化，則該行為可能逐漸消失。例如：一位兒童常因打人而引起他人之注意，若周圍的人不去理會，則此行為可能被消弱。
5.類化：在學習過程中，某一刺激與某一反應建立起連結關係後，類似的刺激也會引起同樣的反應。例如：一朝被蛇咬，三年怕草繩

（草繩與蛇相似，故怕蛇之後看到草蠅亦感害怕）。

6.區辨：個體能對兩個在質或量上有異的刺激作不同的反應。例如：一位剛學會叫媽媽的嬰兒，對別的阿姨也叫媽媽（類化作用），以後當他叫錯時，則給予消弱（不理會），叫對時則給予增強（誇獎），最後他終究能區辨誰才是真正的媽媽了。

◆有效親職系統訓練

有效親職系統訓練（Systematic Training for Effective Parenting, STEP）是由鄧克米爾等人（Dinkmeyer & McKay, 1976）所創的一套循序漸進，協助父母強化教養子女能力的親職教育模式，這一套模式從1980年推展至今仍受肯定。說明如下：

1.核心論點：

(1)不良行為目標的形成與消除。

(2)自然與邏輯的結果。

2.原則：

(1)要能確認兒童行為的動機。

(2)幫助兒童瞭解自己行為的動機。

(3)以有用的方式去替代錯誤的目標。

(4)鼓勵兒童建立新的目標。

(5)以邏輯結果教導兒童。

(6)利用家庭會議方式討論規則與問題。

3.實施重點：

(1)與孩子溝通：

①反應式傾聽：

- 注意孩子，不要讓孩子感覺你在敷衍了事。
- 聽聽孩子的感覺，並試著客觀地界定孩子所要表達的感受。

・以口語的方式表達自己對孩子感受的瞭解，以進一步確認孩子的感受。

②「我—」的訊息：進行親子溝通時要多運用「我—」的訊息，父母除了要瞭解孩子的感受外，也應讓孩子真正瞭解父母的感受，瞭解自己的行為所可能造成的不良後果。

(2)對孩子不當行為的處理：

①多多鼓勵孩子，以減少不當行為的發生：

・鼓勵的重點要放在孩子身上。

・避免負面說教，強調正面叮嚀。

・給孩子機會表達感受。

・鼓勵孩子態度要誠懇。

②運用自然與合乎邏輯的結果：

・合乎邏輯結果的特點。

・合乎邏輯結果使用時應注意的原則。

・自然與合乎邏輯結果的實際運用。

◆父母輔導子女的技巧

兒童生活訓練是要培養其獨立自主、自信心與生活自理能力。為孩子做個別的訓練時需秉持的原則必須先評估孩子目前的能力，要改善孩子愛吵鬧的行為，最好的方法是教導他正確的行為，並鼓勵孩子，例如對孩子顯示信心、多讚美孩子的優點、用積極的溝通方式和孩子說話，與孩子共同訂定生活常規，必須注意訂定常規後，避免朝令夕改，且常規的內容必須明確、清楚，確認孩子都聽得懂並且接受。

(四)親職教育的實施方法

◆文字通訊與電子通訊（聯絡簿、公布欄、e-mail、Line、簡訊）

1.文字通訊：

(1)特點：方便、快速、傳達親職教育相關知能、配合時事報導、配合學校慶典與活動。

(2)注意事項：

①通訊內容應考慮家長的需求，落實親職教育之目的。

②文字通訊應注意措辭及流暢性，版面配置也須注意，期使讓家長一目瞭然並易於接受。

③通訊方式應建立雙向溝通之管道，以加強親職教育推廣之效果。

(3)實施方式：編印親職教育資料、出版親職簡訊、家庭聯絡簿、製作家長手冊、公布欄。

2.電子通訊：

(1)特點：內容正確、使用方便、具時效性。

(2)注意事項：

①若家庭缺乏電腦，則無法達到傳遞親職教育訊息的功能。

②家長若缺乏操作電腦的技能，則親職教育訊息也無法傳遞。

③學校行政人員及教師皆須具備電腦專業知能。

④電子通訊設備建置，成本花費較高。

(3)實施方式：電子聯絡簿、網際網路、line、簡訊。

◆演講、座談會

1.特點：

(1)演講能針對特定主題進行探討。

(2)演講可在短時間內配合家長需求傳達重要概念。

(3)藉由座談會，親師雙方可互相溝通教育理念。

(4)座談會可讓親師雙方瞭解及掌握兒童在校及在家之實際狀況。

(5)座談會可增加親師雙方之互動與瞭解。

2.注意事項：

(1)每次演講題目及內容宜更換，讓家長學習更多的親職教育內容，勿一成不變，讓家長缺乏意願參與。

(2)講師除具專業性外，演講時也應生動風趣，如此更能吸引家長的注意。

(3)事前校方應配合家長時間，並落實活動宣傳工作，以讓更多家長知道訊息並樂於參與。

(4)活動場地應先布置，以達活動之效果，例如：主講者之講台可鋪桌巾、擺盆花、麥克風等；座談會之場地，可將桌椅擺置成ㄇ字形、馬蹄形或圓弧形，以利親師交流，若可以，也可準備小茶點，營造溫馨之氣氛。

(5)親師座談會時，教師宜注意溝通技巧，以增進親師交流。

(6)演講後，可安排問題討論時間，藉由專家與家長互動，解答疑問。

(7)演講或座談會後，可將討論內容作成會議紀錄，以利校方或家長查閱。

3.實施方式：演講、座談會、家庭訪問。

4.特點：

(1)能最直接瞭解學生之家庭狀況。

(2)能讓家長瞭解兒童的問題，尤其是學校的問題。

(3)能由家長處得到最直接的反應與需求。

(4)能及時反應家長的問題。

5.注意事項：

(1)較花費時間，如每一位兒童之家長均要作訪問時，可能要花一、兩個月，且占用老師許多下班後的個人時間。必要時，可以針對情況特殊的兒童作家庭訪問。

(2)注意自身的安全，若家庭環境特別、家長行業特殊或路況不熟，可請其他同事協同進行家訪。教師宜兩人以上結伴進行家訪，除安全考量外，並能共同解決問題。

(3)出發前應先問清楚如何前往，避免找不到路浪費時間。

(4)時間不宜過長，訪問時間一般不宜超過六十分鐘。

(5)家庭訪問後應記錄訪視內容，方便日後查閱。

(6)無論是開車或搭車，均要注意交通安全。

6.實施方式：

(1)訪談前：

①事前準備：談話內容必須先做規劃，詳閱學生資料，掌握學生問題，瞭解學生家庭背景，做好心理準備。

②事先約定時間：先以書面或電話與家長約定時間。

(2)訪談時：

①營造良好的溝通氣氛：要有良好的溝通技巧，態度要誠懇、有禮貌、慎重保密的態度，建立彼此互信關係。

②必須尊重家長對子女的態度，家長如有不當之管教方法，以從旁引導為宜，避免正面指示。

③不任意批評或打聽學生家庭內之秘密。

④多讚揚孩子的優點，之後再提及需改進的缺點，家長較容易接受老師的建言。

⑤不在家長面前斥責學生，也不批評其他學生或其他家長。

⑥若有需要可提供諮詢服務資訊。

⑦除情形特殊，訪問時間不要太長。

(3)訪談後：

①整理訪問紀錄：記錄訪問日期、時間、地點以及訪談的內容。但避免在訪問過程中當場作紀錄。

②答覆家長問題：訪視當天無法解決或回答的問題，返校後宜儘速答覆。

③可進一步約談特殊狀況學生，作更深入之瞭解。

④家長對學校之建議或反映事項，應於返校後知會相關承辦人

員。

⑤對需要經濟支援或精神支持的家長，尋求支持管道。

⑥追蹤輔導：對學生之問題，應與家長保持聯繫，作追蹤輔導。

◆家庭諮商

1.諮商（counseling）是一項專業，在輔導工作中相當重要，由受過諮商專業訓練者運用晤談及心理改變等知識及技術進行諮商。諮商的積極目的在增進人的潛能發揮及自我實現；消極目的在減少適應不良及身心困擾。

2.諮商安排：根據家庭的需要、能力及身心狀況，與諮商人員共同研擬諮商計畫並評估可行性及預期效果，諮商師會盡量尊重家庭的自由決定權，並以最佳利益為考量。

3.保密責任：諮商師有責任為其保守諮商機密。

4.諮商資料保管：諮商師應妥善保管諮商機密資料，包括紀錄、相關的書面資料及測驗資料等。

5.轉介時機：當案主要求結束諮商或問題超越諮商師的專業能力，不能給予諮商時，而諮商師研判其需要繼續諮商時，不能繼續諮商服務時，應予轉介。

◆參與教學

父母（家長）是家庭與學校的積極夥伴與教育領導者、決策者，是卓越教育的鼓吹者，可以當義工或受僱於學校，是學生與學校的聯絡者，可以當學校教育目標與兒童學習的支持者，是學校教育的接受者及能獲得學校協助者。

◆會談

1.特點：親師會談是親師溝通的基礎，透過會談能增進教師與家長間的互動，透過親師會談，教師能瞭解家長及兒童的需求，作為教學與輔導之參考，瞭解兒童在校的實際學習狀況與行為表現，傳達學校訊息與措施。

2.注意事項：

(1)有時父母參與的程度無法達到學校預期的目標，所以要隨時檢討改進。

(2)事前擬定周詳之活動計畫，並貫徹執行，使能達到親師會談之效果。

(3)學校行政人員應出席親師會談活動，不僅對家長的參與表達支持與鼓勵，也可適時協助教師解決問題。

3.方式及內容：

(1)親師會談能提供家長參與的機會，促進教師與家長之間的合作，以下綜合學者的看法，說明召開親師會談的方式。

①召開親師會談前：

・可利用電話訪問或調查表瞭解家長的狀況，知道家長是雙薪、單親、全時或彈性工時，有助於規劃親師會談的時間；舉行的方式是電話、面對面或小團體？進行的地點是在學校、家裡、鄰近適當地點或家長工作處？

・學期開始前，能先告知家長學校之目標及政策，並讓家長知道學期中辦理親師會議的時間、次數與方式。

・布置溫馨的會議情境，讓親師在輕鬆舒適的環境中，互相分享，交換經驗。

②召開親師會談時：

・分析會談的內容與目的：擬定會談主題及檢核的項目，以達成會談的目的。

・善用問問題的技巧：瞭解家長及教師的想法。例如：我的孩子做了什麼令你驚訝的事（有時孩子在家庭和學校中的表現是不一樣的）？我的孩子不想做什麼事（這個問題可讓家長及老師知道孩子喜歡或不喜歡做什麼）？在家中我要如何做，才能表示對老師的支持（這個問題可以增加家長和老師之間的情感聯繫及觀念的溝通）？

· 對問題採開放的態度。
· 強調經驗分享及意見交流，避免親師會談召開只是流於政策宣導的現象。

③召開親師會談後：

· 確實執行親師會談的結論，加以檢討並追蹤其成效。
· 將討論結果告知未出席參加親師會談的家長。
· 擬定修正的做法，加以實施。
· 親師會談的內容可包括學生的學習情形、行為表現、態度與價值觀、親師教育方式與理念、學校的運作、學校的特殊事件與活動等。主要的目的不外乎希望能讓孩子有更好的成長，進而促進親子溝通，提高教育效能。

◆家族治療

透過家庭系統改變來治療案主，接受輔導是要他離開輔導，自己幫助自己，有新的思考方向、表現、影響，增加彈性、適應力，提高心理滿足。模式包括：

1.短期家庭治療：

(1)問題是什麼？
(2)最後一次問題出現是什麼時候，在哪裡出現？誰做了什麼？
(3)在什麼時候、什麼情況下問題最容易出現？
(4)問題第一次出現是在何時，當時家庭有特別事件或壓力存在嗎？
(5)家庭曾用什麼方式來解決這問題？
(6)如果要解決這問題，什麼行為需要改變？

(7)過去處理的方法是否產生其他問題或讓問題持續惡化下去？

2.結構家族治療法：

(1)進入家庭系統，使用家庭語言，調整（accommodation）、模仿、尊重現有結構及家庭發言人。

(2)重新安排聯盟、權力（支持弱者，給予發言權）。

(3)選擇主題進行探索。

(4)演出情況而非描述情況。

(5)與對方談而不是談對方。

(6)劃清界限，增加不平衡（增加強度，有意義的影響）。

(7)家庭重建——重新定義，調整現實。

3.策略家族治療法：

(1)觀察家人互動及相互的影響（家人如何對待彼此，如何反應彼此的對待，尤其是情緒反應，他們打斷別人的說話嗎？當有人說話時，他們關心嗎？家人看起來沮喪嗎？或憤怒？）。

(2)觀察家人如何針對症狀互動（父母在孩子面前談問題嗎？他們如何說？過去曾使用解決問題的方法為何？）。

(3)確立目標，目標需明確陳述，如「和先生有個較好的婚姻關係」是不明確的，代之以「每天能有半小時夫妻共處談心的時間，且愉快享受這親密時光」。

(4)大目標完成前應設小目標，如在孩子改變偏差行為之前，什麼樣的改變需要發生？家庭需發生什麼改變？

(5)派作業——要求家庭做不同的事。作業的目的在於改變家庭現有的互動。作業要合理，如要求兼三份工作的單親母親與孩子週末遊玩，在她的體力及經濟負荷上不合理。

參考文獻

王淑楨、黃志成（2008）。〈父母教養態度的理論與相關因素之探討〉。第四屆國際親子論壇暨論文發表，頁302-312。

王鍾和（2009）。《親職教育》。台北市：三民。

江亮演（2007）。〈家庭暴力與社會工作直接服務處遇之探討〉。《社區發展季刊》，112，4-21。

余漢儀（2000）。〈兒童虐待〉。載於《社會工作辭典》，頁328。台北市：內政部社區發展雜誌社。

吳淑芬、林隆光（2016）。〈兒童視力篩檢標準流程〉。《兒童視力篩檢及矯治指引結案成果報告》，頁9-18。衛生福利部國民健康署。

李增祿（2009）。《社會工作概論》（第六版）。台北市：巨流圖書公司。

沈瓊桃（2005）。〈婚姻暴力目睹兒童之因應探討〉。《台大社工學刊》，11，129-164。

沙依仁（2005）。《人類行為與社會環境》。台北市：五南圖書。

邱珍琬（2015）。《親職教育》（三版）。台北市：五南圖書。

洪貴真（2003）。《人類行為與社會環境》。台北市：洪葉文化。

徐震、李明政、莊秀美（2000）。《社會問題》。台北市：學富文化。

張宏哲、林哲立譯（2007）。Ashford, LeCroy & Lortie著。《人類行為與社會環境》（二版）。台北市：雙葉書廊。

張曉卉（2011）。〈關心孩子健康？台灣不及格〉。《康健雜誌》，151，16-22。

郭靜晃、吳幸玲譯（2007）。《發展心理學》。新北市：揚智文化。

郭靜晃、黃志成、黃惠如（2008）。《兒童發展與保育》。新北市：國立空中大學。

陳淑敏譯（2006）。《社會人格發展》。台北市：華騰文化。

黃志成、王麗美、王淑楨、高嘉慧（2013）。《特殊教育》。新北市：揚智文化。

黃碧霞、林資芮（2007）。〈我國兒童保護措施之現況與展望〉。《兒童及少年福利期刊》，11，1-18。

黃德祥（2006）。《親職教育理論與應用》。台北市：華都文化。

楊誠（2008）。《師生雙贏——選擇理論在教學上的運用》。台北市：心理。

楊華玲（2004）。〈強強的心願：給我一個可以安心的家～老師眼中一位目睹家暴受虐兒的介入復原歷程〉。載於《社會學通訊期刊》，第40期。檢索日期：2018.03.18。網址：http://www.nhu.edu.tw/。

衛生福利部（2006）。《兒童及少年保護工作指南》。

衛生福利部（2015a）。《兒童及少年福利與權益保障法》。

衛生福利部（2015b）。《兒少虐待及疏忽——醫事人員工作》（二版）。衛生福利部委託台灣兒科醫學會編製。

衛生福利部全球資訊網（2017）。〈兒少保護統計〉。檢索日期：2018.03.18。網址：http://www.cbi.gov.tw/。

衛生福利部國民健康署（2017）。〈學童視力不良統計〉。檢索日期：2018.03.18。網址：http://depart.moe.edu.tw/。

衛生福利部統計處（2017）。〈兒少保護統計〉。檢索日期：2018.03.18。網址：http://www.cbi.gov.tw/。

衛生福利部統計處（2018a）。〈低收入戶戶數、人數及生活扶助概況〉。

衛生福利部統計處（2018b）。〈兒童及少年保護案件分析〉。網址：https://dep.mohw.gov.tw。檢索日期：2018.03.17。

蕭世慧（2005）。〈從兒童虐待談家庭教育介入模式〉。載於《社會學通訊期刊》，第49期。檢索日期：2018.03.18。網址：http://www.nhu.edu.tw/。

繆敏志（2000）。〈人格〉。載於郭靜晃主編之《心理學》。338-376。新北市：揚智文化。

謝秀芬（2011）。《家庭社會工作：理論與實務》（第二版）。台北市：雙葉書廊。

Aron, S. B., McCrowell, J., Moon, A., Yamano, R., Roark, D. A., Simmons, M., Tatanashvili, Z., & Drake, B. (2010). Analyzing the Relationship between Poverty and Child Maltreatment: Investigating the Relative Performance of Four Levels of Geographic Aggregation. *Social Work Research, 34*(3), 169-179.

Breiding, M. W. J., Reza, A., & Gulaid, J. (2011). Risk factors associated with sexual violence towards girls in Swaziland. *Bulletin of the World Health Organization, 89*(3), 203-10.

Brown, W. K. (2011). Growing past childhood trauma. *Reclaiming Children and Youth,*

19(4), 13-17.

Casanueva, C., Goldman-Fraser, J., Ringeisen, H., Lederman, C., Katz, L., & Osofsky, J. D. (2010). Maternal Perceptions of Temperament among Infants and Toddlers Investigated for Maltreatment: Implications for Services Need and Referral. *Journal of Family Violence, 25*(6), 557-574.

Crosson-Towre, C. (2002). *Understanding Child Abouse and Neglect (5th ed.)*. Boston: Ally & Bacon.

Dinkmeyer, D., & McKay, G. (1976). *Systematic Training for Effective Parenting: Parent Handbook*. Circle Pines, MN: American Guidance Service.

Forward, S., & Buck, C. F. (1989). *Toxic Parents: Overcoming Their Hurtful Legacy and Reclaiming Your Life*. New York: Bantam Books.

Gover, A. R., Jennings, W. G., Tomsich, E. A., Park, M., & Rennison, C. M. (2011). The Influence of Childhood Maltreatment and Self-Control on Dating Violence: A Comparison of College Students in the United States and South Korea. *Violence and Victims, 26*(3), 296-318.

Han, I. Y., Lee, Y., Yoo, S. K., & Hong, J. S. (2011). Prevalence of and risk factors for male sexual abuse: The case of south Korea. *Journal of Loss and Trauma, 16*(1), 84-101.

Havighurt, R. J. (1972). Developmental Tasks and Education (2nd ed.). N.Y.: Mckay.

Holden, C. (2011). Final Child Welfare Action the 111th Congress. *Policy & Practice, 69*(1), 22-23.

Maikoetter, M. (2011). From intuition to science: Re-ED andtrauma-informed care. *Reclaiming Children and Youth, 19*(4), 18-22.

Rolleston, C. (2011). Fosterage and access to schooling in Savelugu-Nanton, Ghana. CREATE pathways to access. *Research Monograph,* 59. Online Submission.

Weaver, J. D. (2011). The principle of subsidiarity applied: reforming the legal framework to capture the psychological abuse of children. *Virginia Journal of Social Policy & the Law, 18*(2), 247-318.

Chapter 4

少年期

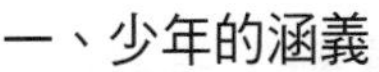

一、少年的涵義
二、赫威斯特的發展任務論
三、發展理論
四、生理發展特徵
五、情緒發展特徵
六、家庭環境對少年行為的影響
七、社區環境對青少年的影響
八、目前台灣社會對少年造成的不利影響
九、少年同儕團體形成的原因
十、青少年角色型塑
十一、少年的偏差行為
十二、中途輟學
十三、少年犯罪
十四、抽菸、毒品、喝酒
十五、霸凌
十六、網路成癮
十七、未婚懷孕與生子
十八、性侵害
十九、青少年的次文化
二十、當前青少年面對的難題
二十一、麥霍特的「危機樹」觀點

一、少年的涵義

(一)法律觀點

依據《兒童及少年福利與權益保障法》（衛生福利部，2015）與《少年事件處理法》第2條（衛生福利部，2005）的規定，所謂少年係指十二歲以上未滿十八歲之人。

(二)發展心理學觀點

◆指青春期開始至發育成熟（性成熟）為止

青春期的開始以男女主性徵及次性徵的出現為代表，至此期結束，生殖系統大致發育完成，具生殖能力。少年初期，同儕的認定是非常重要的，艾瑞克遜視此階段為自我認同相對於角色混淆時期；青少年是發展自我概念的重要時期，部分青少年會經歷狂飆期，佛洛伊德稱所謂的狂飆經驗只不過是青少年發展中正常的一部分，但是班度拉（A. Bandura）認為並非所有青少年都會經歷狂飆期。

若無法綜合不同的角色期待去肯定自我，可能造成盲從、負面認同及角色分散的危機，對於現在或未來亦產生畏懼及逃避。此階段主要發展任務為形成自我認同，亦即透過「我是什麼人？」、「我將做什麼？」、「我能做什麼？」等的探索，逐漸形成獨特的個人，個人必須從與他人相處中，他人成為自己的一面鏡子，用別人對自己的態度和反應，反映出自我的形象，從而認識真實自我，在逐漸瞭解自己中慢慢形成有別於他人的態度、價值觀、世界觀及獨特的情感和行為。

◆青少年身體迅速的變化

這些伴隨著青春期（puberty）的變化——身高衝刺、生殖器成熟、第二性徵出現、體重增加；通常女性開始於十一歲，男性開始於十二歲，身體快速成長和性的成熟，不斷提醒青少年期即將來臨，使青少年開始思索自己在成人社會所扮演的角色，少年時期是人生一個重要的過渡時期，逐漸脫離兒童時期對大人的依賴，以及嘗試練習自我在人群中如何與他人有效相處的技能。

(三)就學制而言

指國中、高中（職）及五專前三年的學生時期，按我國現行學制，國中生的年紀大約介於十二歲至十五歲之間，高中（職）及五專前三年學生年紀大約介於十五歲至十八歲之間。

二、赫威斯特的發展任務論

根據赫威斯特（Havighurt, 1972）所提的發展任務說明如下：

(一)身體器官與情緒表達趨於成熟

自青春期以後，主性徵與次性徵快速發展，直至本期最後漸趨於成熟；其他如感覺器官、呼吸系統、循環系統也都處在成熟階段中。少年期的情緒常被認為處在狂風暴雨的階段，但在社會化的結果也會出現緩慢成熟的狀態。

(二)能與同儕中異性相處

從發展心理學的觀點，社會化是人生必經的過程，在此之前，在家裡與父母手足發展良好的家人關係，在學校與同學發展良好的同儕關係，進入本期後對異性產生興趣，但可能因為經驗不足之關係，而時有摩擦，故本期少年學習如何與異性相處，實為發展上的重點。

(三)能扮演適當性別的社會角色

在現今不同性別的人共處的社會中，學習如何扮演自己適當的性別角色，也是本期少年發展上的重點，例如：男生學習如何尊重女生，女生學習如何善待男生。性別角色是指在特定文化與社會過程中，個人用來明示自己為男性或女性的特質，並表現於其言行和興趣活動中。

(四)接納自己的身體容貌

此期少年對自己外在容貌顯得特別在乎，常常攬鏡自照，總覺得哪裡不夠完美、哪裡有所欠缺，但不論外表如何，實為先天遺傳與後天環境交織而成現狀，故此期少年應該勇於接受自己的身體容貌。

(五)情緒趨於獨立，不再事事依賴父母

在兒童時期若有委屈，常將心事訴諸於父母，但此期少年應該學習如何面對自己的情緒，駕馭自己的情緒，不再事事依賴父母，逐漸成為獨立的個體。青春期所謂「心理的延期償付時期」（psychological moratorium）即指青少年心理上的獨立自主需求，時常與父母管教方式產生衝突，因此阻礙了發展（岡田尊司，2017）。

(六)為未來的婚姻及家庭做準備

少年期之末，即將進入青年期，結婚成家是為青年期發展上的重點，基於人類發展上的銜接，此期就應為未來的婚姻及家庭做準備，思考自己適合的結婚對象與成家後的種種事務。

(七)學習專長做就業的準備

依我國現行學制，高中、高職或大專畢業後，許多青少年即投入職場，因此，學習職業技能、建立正確的就業態度，實為本期發展上的重點。

(八)建立價值體系，以符合現實世界的需求

人類的價值觀，從小到大由家庭教育、學校教育與社會教育逐漸形成，本期少年即將進入青年期，故學習正確的價值觀念有利於未來在現實社會中的發展。

三、發展理論

(一)社會學習論

班度拉（Bandura, 1977）認為，少年透過觀察的歷程就能進行學習，經由觀察學習，被觀察者〔亦即示範者（model）〕的行為就成為觀察者的「楷模」，再經由自我系統的運作，觀察者「模仿」了被觀察者的行為表現，進而顯現相似的行為。基於這樣的行為學習模式，吾人應表現好的行為模式，並營造優質的成長環境讓少年學習，塑造好的行為模式。此外，應排除不良的行為讓少年有觀察模仿的機會，同時去除環境中的不利因素。觀察學習的歷程包括注意、保持、再生與動機（增強）（**表4-1**）。

表4-1　觀察學習的歷程

注意過程	觀察者必須要有欲望注意到楷模的行為。
保持過程	能夠記住楷模的所作所為，並以象徵性的方式輸入到個人系統中。
再生過程	獲得知識後，能指導自己的行為，顯現出與楷模相似的行為。
動機過程	能有相似的行為之後，外、內在的增強即可能發生。

(二)認知發展論

皮亞傑（Piaget, 1950）認為認知結構包括基模（schema）與運思（operation），而認知發展功能為組織（organization）與適應

（adaptation），認知歷程的適應包括同化（assimilation）與調適（accommodation），認知發展階段是感覺動作期、準備運思期、具體運思期和形式運思期（**表4-2**）。少年期的認知發展處於形式運思期，此期少年的思考型態不再侷限於具體的事務或問題，開始可以運用抽象的、邏輯的思考方式去推理或判斷，並解決周遭的問題。例如：已能將代數幾何、空間關係（三度空間）等抽象邏輯概念作具體思考。

相對於艾瑞克遜（E. H. Erikson）認為「青少年時期」的心理社會發展重點為發展自我認同感，艾瑞克遜指出，發展階段中少年發展出「我是誰」及「我的人生將往何處去」的認同感（連廷嘉、高登第，2012）。皮亞傑提出人類的認知依循著感覺動作期、準備運思期、具體運思期和形式運思期而發展，每一階段都有亟待完成的任務。這些認知發展的基本法則如下：

1.個體對現實的認知從自我中心取向轉為社會中心取向。
2.心智成長的特徵是增加主體與客體、思想與現實之間的分化。
3.兒童語言型態的轉變是隨著年齡的增加，而由自我中心轉變為社會中心。
4.認知成熟增加的特徵是更能去除以自己為中心的思考歷程。
5.整個的認知發展有一定的方向歷程，青少年逐漸瞭解到他們並不是世界的中心，而別人及物體有他們自己獨立的存在。同時也慢慢地認清他人的知覺與自己的知覺是完全獨立的。
6.青少年的自我中心思想容易將自己想像成站在舞台的聚光燈下，其

表4-2　皮亞傑認知發展

感覺運動期（0～3歲）	物體恆存
準備運思期（4～6歲）	自我中心
具體運思期（7～11歲）	去中心化、可逆性、守恆概念
形式運思期（12歲以上）	抽象思維、運用符號（青少年期）

他人都是觀眾，大家都在注意他們。減少自我中心思想的歷程乃是自我的本質，當智慧發展成熟時，個人侷限在自我中心的觀點會被許多可能的不同觀點取代。

(三)道德發展論

柯爾堡（Kohlberg, 1969）的道德發展觀點主要是以皮亞傑的發展觀點為基礎，特別重視有關道德判斷的形成與發展（**表4-3**）。少年期的道德發展處於第三層次——習俗後期（又稱道德後期），分為兩階段：階段一重公約與法理，認為人們應以民主的方式決定眾人的意見來改善衝突，並重視法律規章制定過程的合理性。此期成為民主政治教育與法治教育最重要的關鍵期，家庭及學校教育的介入將有利於少年的道德發展；階段二重普遍倫理道德原則，此階段的道德推理本著良心原則，超越權威、社會規範、法律，強調人權的平等與人性的尊嚴。從佛洛伊德精神分析論的觀點，少年人格結構中的超我在此期快速發展；從人本主義的觀點，此期少年相當強調人類的尊嚴、正義及人權。

此外，艾森柏格（N. Eisenberg）的利社會道德推理層次有不同見

表4-3　柯爾堡的道德發展

期	階段	特徵	行為動機	判斷依據
習俗前期	一	懲罰服從導向	逃避懲罰而遵守規範	行為是否受到懲罰
	二	個別工具性目的交換導向	為獲得酬賞與互利而表現	行為結果對自己與他人之利益
習俗期	三	保持良好關係與讚賞	避免他人反對或不悅而遵守規範	權威人物的讚賞與否
	四	權威維持的道德	避免受到法律制裁	行為是否違反社會法律規定
習俗後期	五	民主契約的道德	為贏取社區的尊敬而遵守規範	契約的規定與共識
	六	普遍的原理原則	避免良心自責而遵守規範	共通的倫理原則

解，說明如下：

1.層次一：自私與自我中心導向，屬於享樂主義。學前與小學低年級學童以自我為中心，對自己有利的情形才幫助別人。

2.層次二：需求導向。因他人有需求下協助別人。

3.層次三：人際贊同（尋求認同）導向。個體對善、惡的刻板印象及他人讚許，都是個體利社會行為的參考。

4.層次四：同理心導向。個體會有同理心，根據以往良好的經驗感受持續表現利社會行為。

5.層次五：內化價值導向。個體會有利社會行為完全是基於強烈內化的道德標準，例如國三的英玟說：「我不想樂捐，這種行為沒有達到我的期待，因為我真正想要資助的對象可能只能得到一點點而已。」這就是內化價值導向。

羅傑士（C. Rogers）認為青少年道德發展包括三要素（引自劉玉玲，2007）：

1.道德行為：與行為如何表現、有何道德的行動有關。

2.道德情緒：與個人的感受及情操有關。

3.道德判斷：即道德的推理或對道德的思考方式。

(四)發展螺旋論（引自黃德祥，2016）

倡導者葛賽爾（A. Gesell）認為，生長是螺旋具有前進後退的律動現象，形成了螺旋狀逐步爬升，因此稱之為「發展螺旋論」。葛賽爾認為個體的發展是有次序的，遺傳所導引的成熟才是成長的基本機制，環境的力量影響微乎其微，生物力量是青少年發展的主導因子，因此優生保健的重要性甚於後天環境的教養，而青少年不一定會產生暴亂與麻煩，時間自然會解決個體發展過程中的困擾。

(五)復演論（引自張德聰，2013）

霍爾（G. S. Hall）的復演論指出，個體的發展猶如人類演化的歷史，青少年期具現代社會風暴與壓力（storm and stress）的特徵，且有矛盾傾向，視青少年為人類演化至工商社會的翻版。復演論早年提倡青少年是不安、壓力與風暴時期的觀點遭受不少批評，認為個體成長的歷程是在「復演」人種演化的歷程。過程如下：

1.嬰兒期：原始社會，以追求生存為首要。感官與動作的探索對個體發展最重要。

2.兒童期：狩獵時代的再現，兒童樂於遊戲活動（騎馬打仗等），作幻想與冒險。

3.少年期：農牧社會的反映，個體的技術學習與常規訓練最重要。

4.青少年期：充滿不安與衝突，也是個體由未開化轉變到文明化的個體重要時期。

(六)辨識認定類型論

馬西亞（J. Marcia）對艾瑞克遜理論加以研究，最能反映艾瑞克遜的真正涵義，根據危機與承諾將自我辨識分為四類型（**圖4-1**、**表4-4**）（引自劉玉玲，2007）：

1.辨識有成（定向型）：經驗危機而自己選擇，並且給予所選擇者承諾。

2.辨識預定（早閉型）：未經歷危機（父母選擇或他人期盼），但給予承諾。

3.辨識遲滯（未定型）：面對危機，尋求各種選擇，但都不能堅持到底。

4.辨識混淆（迷失型）：無危機無承諾，對職業與人生發展並沒有抉擇。

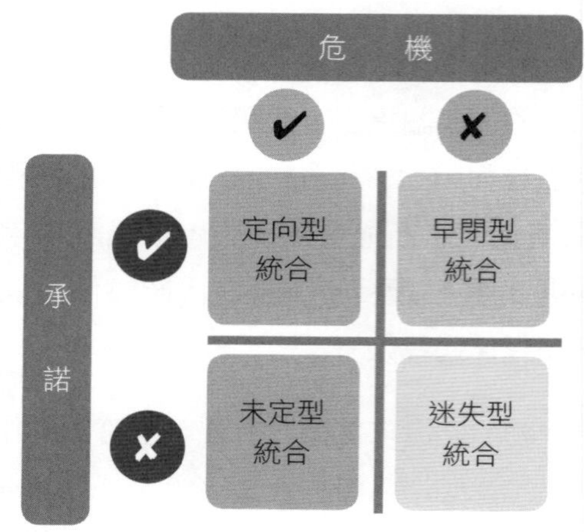

圖4-1　辨識認定論類型

資料來源：引自劉玉玲（2007）。

表4-4　四種認定狀態

迷失型認同 （identity diffusion）	1.缺乏生活的方向 2.對正事、宗教、道德或甚至職業議題漠不關心，沒有質問原因就從事工作 3.對別人從事的事物漠不關心
早閉型認同 （認定喪失主動權） （identity foreclosure）	1.對職業以及不同的意見立場產生承諾 2.沒有自我建構的跡象，且為仔細的探索職位，並採取他人的價值觀 3.排斥尋得自我認同的可能性
延期未定型 （identity moratorium）	1.正在經歷認同的危機或是轉機 2.對社會沒有明確的承諾 3.沒有明確的認同感 4.積極地想要獲得認同感
認同達成型 （identity achievement）	1.認同職業、性別角色 2.對其他人的觀點、價值觀做出考慮，透過向外尋找而得到答案

(七)生涯發展理論

根據金茲堡（Ginzberg, 1972）的生涯發展理論，十一歲至十八歲的青少年會進入生涯選擇的試驗階段，此階段可再分成興趣、能力、價值觀、轉換四個時期，說明如下：

1.青少年在十一、二歲時，開始察覺尚未培養對某些職業的興趣。
2.十二歲至十四歲時，以個人能力為核心，衡量並表現自己的能力於各種與職業有關的活動。
3.十五、六歲時，開始瞭解職業的價值，兼顧個人與社會的需要，並將此種認識融合於其職業選擇中。
4.至十七、八歲時，則統整所有有關職業選擇之資料，正確瞭解其未來的方向。

此外，荷倫（J. Holland）認為職業選擇與人格特質密切相關，職業類型包括六類，如**表4-5**說明。

除了上述職業類型外，美國伊利諾大學教授Swain（1984）提出生涯金三角概念，認為做生涯決定時要考量「自我」、「教育與職業資料」及「環境」三個向度，其中「自我」部分包括個人的興趣、性向與價值觀等；在「教育與職業資料」部分包括對各種生涯選項的瞭解與資訊收集；「環境」部分包括家庭、學校的重要他人影響，以及工作、社會等發展趨勢（引自劉玉玲，2007）

生涯是個體整體生活形態連續發展的成長歷程，不僅包括個人一生從事的工作及其擔任的職務、角色之總稱，也包括其他非工作或職業的活動。生涯的特性包括：

1.連續發展性：涵蓋人之一生整體生活及生命之連續發展。
2.察覺性：自我探索、學習瞭解他人追尋知己、敏察於時空及環境變化因素，對自己生涯目標之抉擇及確立。

表4-5　荷倫的職業類型

六種類型	人格特質	環境模式
實際型	以客觀、具體的態度來處理事物，避免主觀、智能、藝術表現或社交能力的目標和工作	喜歡從事需要機械技術、農業、商業和工程等堅持性與體力活動的具體、物理性的工作
智慧型	以智慧、理念與象徵符號來處理日常事物	喜歡科學性職業和理論性的工作，使用抽象與創造性的能力
社會型	使用技巧來處理環境中的事物，具社交手腕，喜歡教育、治療與宗教等職業	需要具備解析、修正人類行為的能力，具備關懷、與人交往的興趣
傳統型	選擇社會讚許的目標或活動來處理環境中的事物，常以刻板化、正確性與無創意的方式解決問題	系統、具體與經濟性的語文數理訊息，如銀行、郵局等
企業型	以冒險狂熱強迫性的態度處理日常事物，頗具説服、語文性向等特性	需要口語能力、引導説服他人，如政治性集會與廣告機構
藝術型	以創造藝術作品的方式來處理環境重要的事物，以主觀的印象與幻想解決問題	如劇場、藝術音樂的研究與圖書場所

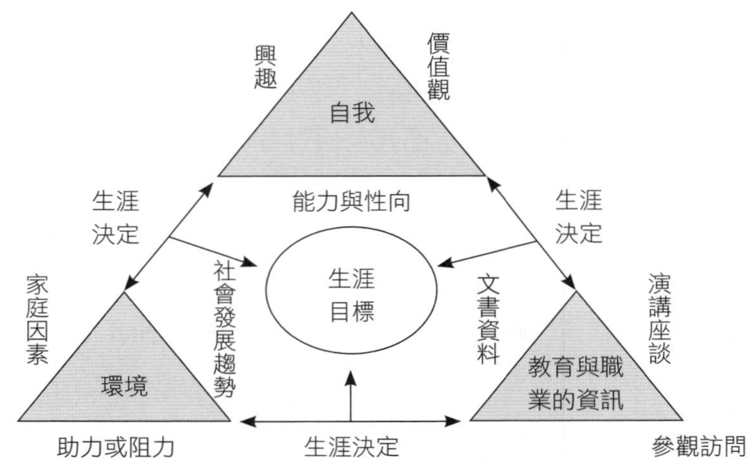

圖4-2　生涯金三角

資料來源：Swain (1984)，引自劉玉玲（2007）。

3.角色扮演的獨特性：由生活重要事件及人生不同階段之重要劇場，學習角色之扮演，凸顯當下階段重要角色之抉擇，每個人都是主角，也因而有其獨特性。
4.生涯發展之探索性：重新探索並確定或修正自己生涯之發展目標。
5.終生教育性：因時代資訊增加，自我技能所需，須不斷地學習，由幼年至老年皆然。
6.生涯敬業性：學習為自己之生涯或生命負責，不僅工作或職業，並擴及婚姻和個人對生命之態度。

青少年階段之生涯發展任務包括（張德聰，2013）：

1.覺察有需要「結晶化」。
2.能善用資源。
3.能覺察其生涯計畫必須考慮的有關因素。
4.能覺察影響其生涯目標可能之意外事件。
5.能分辨及分析自己之興趣及價值觀。
6.覺察現在與未來之關係。
7.能覺察並歸納出自己生涯上之偏好。
8.確定自己之喜好。
9.能掌握對自己生涯偏好之資訊。
10.能為自己喜好之生涯做生涯計畫。
11.能智慧地作生涯抉擇。

四、生理發展特徵

(一)身高

1.主要增長的原因：大腿的長骨與軀幹骨骼成長所造成的，骨骼發育成熟，身高就停止生長。

2.影響身高成長的因素：

(1)遺傳：個子高的父母所生的孩子通常身高較高。

(2)營養：營養好的少年身高較高。

(3)家庭社經水準：高社經地位（由其是經濟好）的家庭可能營養也較好，故少年身高較高。

(4)疾病：少年罹患某些疾病可能會影響發育，也可能因為罹患某些疾病導致食慾不振而影響營養的攝取，造成身高較矮。

(5)戰爭：一個國家或一些地區如因戰爭的因素，可能導致物資短缺，影響國民營養的攝取，進而妨礙了少年身高的發育。

3.生長驟增（growth spurt）：指少年期身高體重增長最大的一個時期，男生生長驟增的頂峰約在十三歲，女生約在十一歲。

(二)體重

嬰幼兒時期身體的重量主要來自軀體，少年期由於四肢驟長，分擔了體重的比率。男生體重的增加與軀幹肌肉的生長有關，女生體重的增加與脂肪的增加有關。Schwartze等人（2011）指出，青春期被視為肥胖與超重的發展關鍵期。

(三)骨骼

「骨骼年齡」是衡量生理成熟度較準確的方法，因為骨骼的發育順序較不受絕對年齡與性別差異的影響；由骨骼的硬化程度可以獲知骨骼年齡。骨骼共有206塊，會製造血球，人體骨骼可區分為軀幹骨與四肢骨兩大系統。

鍾斯頓（Johnston）以骨骼年齡（SA）與實際年齡（CA）的比率推斷個體的成熟度。比率＝1表示整體生理成熟不落後；比率＜1表示骨骼骨化晚於一般人；比率＞1表示生理成熟較高（引自劉玉玲，2016）。

(四)體型

依據薛爾頓（W. Sheldon）的理論顯示，人體的體型可分為外胚型（或稱瘦長型）、中胚型（或稱適中型）和內胚型（或稱圓胖型），多數人是屬於混合型，青少年也不例外。說明如**表4-6**。

表4-6　體型

外胚型	高大，近似籃球選手的身材
內胚型	圓胖、厚寬、大的軀幹與四肢，像是摔角選手的身材
中胚型	介於二者之間，有較強壯身體，中等長度的四肢

(五)青春期的開始

指身體急遽成長、生理功能日趨成熟及第二性徵發展的成熟階段。

女生約在八歲至十歲以後，腦下垂體（控制人體的主要腺體）開始刺激分泌濾泡成熟素到卵巢中，這時卵巢開始分泌雌激素，正式開始進入青春期。生理上的變化如乳房變大、月經來潮、聲音變細、長出陰毛等。

男生約在十歲至十二歲以後，進入青春期的初期，下視丘、腦下垂體與松果腺會產生連鎖反應，刺激睪丸製造男性賀爾蒙——睪固酮，然後再啟動青春期的變化，例如性器官變大、長出陰毛、聲音變低沉等。

生理上的改變對女性及男性都可能造成正、負兩方面的影響，正面的影響是較佳的自我概念、自信心較高、同儕關係較佳；負面影響有情緒不佳、行為問題、學業成績不好，之所以產生這種情況可能是因為少年尚未對此巨大改變做好準備，負向情緒也可能和早經與晚熟有關。

五、情緒發展特徵

(一)情緒對少年的影響

少年是不平衡的發展階段，對於快速的生理發展和性成熟未做好心理準備，容易焦慮不安，對於大人的新要求無所適從，容易發脾氣、鬧彆扭，因此情緒不易安定。情緒對少年至少有下列三點影響：

1.影響身心健康：少年情緒的起伏不定，對於循環系統、呼吸系統、消化系統都會有不利的影響，對於人格發展也是負面的。

2.影響人際關係：任何人都不喜歡愛發脾氣的人，所以一位少年若常喜怒無常、脾氣讓人捉摸不定，或多或少會影響人際關係。少年此時在行為上有較多的自由，也有較多機會被同儕接納或被拒絕，少年喜歡追求刺激、快感、隨性、衝動，容易與人起衝突。

3.影響行為表現：一個EQ過低的少年，一旦發起脾氣，可能隨便摔東西、攻擊他人。

(二)情緒發展的特徵（黃德祥，2016）

1.延續性：幼兒的情緒可能普遍維持不到五分鐘，兒童的情緒可能普遍維持不到半小時，然而少年的情緒可能可以維持數小時，甚至於數天。

2.豐富性：情緒是分化的，幼兒期的情緒表現很簡單，到了少年期已分化得很複雜了。在一天當中會出現快樂、悲傷、興奮、痛苦、高興、難過、憤怒等。

3.特異性：以負面的情緒為例，少男傾向於發怒，少女則傾向於悲傷和懼怕；外向的少年容易被興奮、樂觀的情緒所包圍，內向的少年則易被悲傷、憂鬱所感染。

4.波動性：由於少年身心發育尚未成熟，情緒表現常有兩極化的現象，高興時容易得意忘形，挫折時容易垂頭喪氣，情緒的反應常走極端。

5.文飾性：由於少年逐漸社會化，常出現外部表情與內部想法不一致的現象。例如：某少女愛慕一位男生，但外表卻表現出不在乎、冷落對方，其實內心卻很關心他的一舉一動。

(三)危險因子

◆憂鬱症狀

Gonzalez-Forteza等人（2011）指出，憂鬱症為全球最重要的衛生問題之一，壓力性生活事件及高度的神經質人格是憂鬱症的危險因子。憂鬱障礙產生生活負擔的影響越來越多，憂鬱情緒如未適當抒解或適時處理，對社會心理的發展會造成負面的影響（Piko & Fitzpatrick, 2003）。憂鬱症狀也在少年期出現，但大多數一直到許多年之後才被診斷出，使少年憂鬱問題一直被隱藏，因而影響生活的適應及學業成就，且增加自殺的危險。

少年時期常被稱為「人生的風暴期」，因為面臨生理功能、認知模式與人際關係等多方面的變化，此外，除生理上賀爾蒙改變外，在社會適應上也要重新思考，尋求自我認同，但少年的認知、情緒管理、挫折容忍力等技巧上未發展成熟，在面對身心發展、社會適應及升學壓力時，這些壓力可能成為其心理與生理上的沉重包袱，如壓力長期無法抒解或承受，會發生許多不適應的情況，憂鬱就是最常出現的症狀之一。

◆自殺行為

自殺行為也在少年期出現，自殺少年的認知、情緒、行為、動機及挫折容忍力，與常人不同。在困境中，自殺少年的情緒呈現以衝動、無助、絕望、憂鬱、挫折、矛盾居多。自殺少年的思想常有僵化、鑽牛角尖的現象，因此無法有彈性的產生有效策略，解決面對的難題，導致自殺。少年自殺的原因不外乎：

1.家庭問題：如父母婚姻衝突導致家庭結構鬆動、解組，少年也不想活了。
2.憂鬱症：罹患憂鬱症的少年較容易產生自殺行為（Jacobs et al., 2003; Baldwin & Wild, 2004）。
3.報復：例如覺得父母管教過嚴、要不到滿意的零用錢，以自殺來報復。
4.功課壓力：在重視升學主義的台灣，一些少年在無法面對課業壓力時，選擇自殺，不管動機為何，自殺者目標皆是想藉著自殺來解決他們認為難解的問題。

(四)青少年發展各大諮商輔導學派理念與治療方式

◆諮商的目標

諮商的目標可為短期、中程和遠程，說明如**表4-7**。

表4-7　諮商目標

短期目標	目標是短暫性的，在每一瞬間中，輔導員能瞭解接納當事者，如鼓勵當事者說出積壓在心中的感受，找尋動機等
中程目標	尋求諮商輔導的理由有所關聯處，通常要經過好幾次諮商才會達成共識，增進人際關係就屬於中介目標
遠程目標	含有哲學理想意味，如自我實現，但很少人能達成這個目標

◆佛洛伊德——（精神分析學派）——治療學派理念

精神分析源自佛洛伊德的反理性主義，著重人的潛意識動機歷程、衝突、象徵意義等基本概念，「精神分析」可說是目前大多數諮商理論的本源（**表4-8**）。

表4-8　佛洛伊德——治療方法

自由聯想	讓當事人在毫無拘束的情境下，盡情道出心中所想到的一切。目的是開啟案主潛意識之門，潛意識中積存的痛苦得到釋放後，必然減輕當事人內心深處的緊張和壓力
夢的解析	「夢是通住潛意識的大道」，在自由聯想時，當事人可能提到作夢的經驗，此時所陳述的夢，是他在意識狀態下所做的回憶，根據當事人所陳述的夢中景況，去分析他代表的涵意，即為夢的解析
移情分析	藉由當事人移情所表現的行為，來瞭解他過去的人際關係及感情生活經驗。經移情分析之後，輔導者可幫助當事人從不真實的感情世界中解脫出來，而回到真實的情境。輔導過程中轉變為「親子」間或「情人」間的特殊感情關係： 1.「正移情」愛意轉移到輔導者身上 2.「負移情」恨意轉移到輔導者身上
抗拒分析	當事人可能不願意陳述內心中的感情或欲望，致使分析治療無法順利進行。此種當事人不合作的態度，稱為「抗拒」，治療者對於當事人的這些現象要能立即處理，協助當事人探討其內心真正的想法。這種如何化解當事人的抗拒，讓他把心中任何隱密都說出來的方法，稱為「抗拒分析」
闡釋	誠心向當事人說明，讓當事人瞭解其行為表現的深層意義，從而領悟到輔導者所闡釋者，就是他心理困擾的原因。這種闡釋的過程就是治療，有時單憑闡釋就可協助成長，而不需藥物治療

◆阿德勒學派——個體心理諮商法

阿德勒（A. Adler）是現代自我心理學之父，阿德勒學派又稱個體心理學，創立者是阿德勒。反對佛洛伊德過分重視性的病原學。他認為人的出生、養育、乃至生活，都是在一個特定的家庭、社會與文化的背景下，因此應以不可分割的整體來瞭解人格，被尊稱為「現代自我心理學之父」。阿德勒強調個體是由社會責任和成就需求所激發，而非天生的本能，阿德勒學派的治療技術如**表4-9**所示。

表4-9　阿德勒學派治療技術

第一階段：建立關係——信任與合作的互動
以「優點鼓勵」代替「缺點處理」，鼓勵當事人察覺自己的優缺點 進入當事人內心世界。以具體簡單的問答代自由聯想，例如：「讓你來找我有什麼事呢？」、「你期待怎麼處理這些問題呢？」，整體瞭解當事人
第二階段：分析評鑑——探索生活的結構與動力
此階段主要在協助當事人瞭解生活方式背後的結構與動力，包括瞭解當事人生活方式的狀態，確認這些生活方式如何影響當事人的日常生活
第三階段：剖析自我——鼓勵對方瞭解自己
諮商員會鼓勵當事人運用洞察力，察覺出錯誤的目標與自我挫敗行為，並將對自我的瞭解轉為建設性的行為改變
第四階段：引導協助——自我決策的歷程
治療歷程的最後一個階段是透過引導與再教育，使洞察能化為行動。此階段的焦點是協助當事人看見新而光明的選擇，鼓勵他們鼓起勇氣去冒險，在生活中嘗試新的改變

六、家庭環境對少年行為的影響

(一)相關理論

◆家庭動力論（Theory of Family Dynamics）

認為家庭成員之間的互動會造成對少年的影響，因此，父母的特徵如管教風格、互動模式（行為之成因）造成對少年行為的影響（行為之結果）。如果少年處在一個病態的家庭（例如父母管教過於專制或嚴格、冷漠、氣氛不佳、家人關係不和諧等），將導致少年偏差行為的產生，研究顯示，青少年逃家事件的主要原因為曾遭受身體或性虐待因素居多。

◆社會控制論（Social Control Theory）

此理論認為人性本惡，人天生就有潛在的犯罪因子，人不犯罪是因為外在環境的各種限制。換言之，人類之所以不犯罪或養成守法的行為，乃是受到外環境之教養、陶冶和控制的結果。因此，少年之所以不會做壞事或犯罪行為，乃是家規、校規和法律控制得當。然而，在此前提下，必須父母或師長管教得宜，少年認同父母或師長，願意服從家規、校規，進而遵守法律。如果家庭氣氛不好、家人關係不和諧、學校成績不佳，少年可能轉向認同同儕，如果所認同的同儕行為不佳，偏差行為於是產生。

(二)不同種類的家庭對少年行為的影響

◆疏離家庭

指家庭成員各自為政、分離獨立，很少相互依賴。若有成員面臨壓力，其他成員也沒有反應，很少彼此關心。少年無法在情緒需求與社會需求獲得滿足，自然會影響人格發展。比較內向的少年可能終日在家鬧情緒，比較外向的少年可能終日在外逗留不想回家，甚至結交不良朋友。

◆重組家庭

指由繼父母與子女組成的家庭，是父母的一方或雙方攜帶子女一起生活的家庭。少年需要建立嶄新的人際關係，尤其是面對沒有血緣關係的親人時，難免會產生一些不適應。父母再婚又形成一個新的家庭系統，家庭的期望、常規和互動模式也不同，使得適應難度更高，一向最能幫助他的父母親在此時自身也需要適應，所能協助孩子的就相對有限。此時少年在行為上可能無所適從，因此，以較民主、尊重的態度，家人共同協商，建立一套各方同意的新管教方式及常規是有必要的，否則少年可能不認同這個家而往外發展了。

◆婚暴家庭

指孩子生活在父母經常吵架或暴力相向的家庭，婚姻暴力對孩子的心理會有負面的影響，會傷及孩子的自尊心與自信心，孩子因而容易導致異常行為或其他心理問題，阻礙正常心理及行為發展。暴力常招致更多的暴力，少年（含日後長大）使用暴力的機會也增高。

◆虐待家庭

孩子被虐待包括身體虐待（如拉頭髮、打耳光、鞭打等）、精神虐待（如辱罵、訕笑、愚弄、給不雅綽號等）、疏忽（如不給飲食、天冷不給足夠的衣服、不理不睬不關心等）和性虐待（如猥褻、亂倫、強姦等）。少年長期被虐待可能導致的傷害包括：

1.身體的：瘀青、受傷、骨折、生病，甚至死亡。
2.心理的：退縮、孤僻、缺乏安全感、恐懼、驚慌、羞恥、憎恨異性、人格異常等。
3.社會的：人際關係障礙等。

七、社區環境對青少年的影響（張德聰，2013）

(一)楷模與增強

楷模即學習觀察，指人們可經由觀察他人的行動而學習新的行為，包括有利社會行為或偏差行為，都可能在社區中透過觀察學習的機制得到。

增強，指當一個自發行為之後若是得到酬賞或獎勵，那麼該一行為在未來重複發生的機率就會得到強化。

(二)從眾與順從

1.從眾：在沒有直接要求遵從團體時，對知覺到團體壓力所做出的順從，它是由於受到別人實際或想像存在的影響而導致個人行為的改變。

2.順從：指個人／青少年為了自身利益或為了避免因不順從而受到團體的處罰，而屈服於團體的意見，表現出符合他人要求的行為，即所謂「口服心不服」。

(三)社區社會階層

指在一個社會之中，根據一個人的權力、財富、名望等因素，所形成的高低不同的社會等級狀態。

(四)社區次文化

青少年在不利社區中成長，不良社區次文化，使青少年難以對抗大環境的惡劣影響。

八、目前台灣社會對少年造成的不利影響

1.社會不正當與非法場所增多：如電動玩具店、賭博場所、網咖等，常使少年流連忘返，不當的沉迷與消費，衍生出許多問題。

2.社會風氣不佳：台灣曾被國際譏為「貪婪之島」，即是在經濟發展之時，沒有良好的社會規範所造成的。

3.教育政策不當：九年一貫教育政策朝令夕改，教師、學生無所適從，影響少年學習意願。

4.社會福利不健全：台灣社會福利經費本來就少，編在少年福利的預算更少，以至於適合青少年的各種設施與活動，常因經費不足而嚴重缺乏。

5.色情氾濫：台灣地區充滿色情文化，色情漫畫、DVD、VCD、書刊充斥市面上。電視雖有分級和鎖碼制度，某些色情頻道仍在深夜可見。雖標示限制級只供成人觀賞，但少年仍輕易看得到。

6.大眾傳播品質不佳：大眾傳播媒體包括報紙、電視、廣播等，仍以暴力、色情或煽情的節目居多。

九、少年同儕團體形成的原因

(一)有歸屬感，獲得支持的力量，增強自信

從艾瑞克遜的心理社會學說觀點，少年期的發展目標是認同，少年常會集結志同道合之朋友，結為死黨，在內心世界富有歸屬感，彼此支持對方正向或負向的行為，當自己的行為獲得認同後，自信心則大為增強。主流社會對於原住民的負面刻板化印象，因此對原住民青少年的自我認同（self-identity）會有負面影響，主要是因為鏡中自我作用（looking-glass self）（引自黃德祥，2016）。

此外，青少年為了有歸屬感、認同感，或為了與眾不同、逞英雄等眾多理由加入幫派，幫派問題日趨嚴重，莫拉萊斯（Morales, 2002）將青少年幫派分成犯罪、衝突、逃避和狂熱四類（引自林季怡，2011）：

1.犯罪幫派（criminal gangs）：目標是藉由犯罪活動以獲取物資，包括偷竊、勒索、違法藥物的取得和販售。

2.衝突幫派（conflict gangs）：屬於地盤勢力取向，並且與侵犯、羞辱其鄰里社區的人或團體有暴力衝突地盤勢力取向，並且與侵犯、羞辱其鄰里社區的人或團體有暴力衝突，強調需要被尊重和自我防衛。這個幫派幫規要求成員要保護地盤，對於外來挑釁的回應要視死如歸，該幫派成員令當地民眾避之唯恐不及。

3.逃避幫派（retreatist gangs）：關注的是酒精、大麻或其他藥物的使用，人們為了要持續取得藥物而加入幫派。藉由使用藥物逃避壓力才結合。

4.狂熱／超自然派幫派（cult/occult gangs）：某些幫派會崇敬神明，維持某事物之神祕性或信奉超自然神祕力量，然並非所有超自然團體都會涉及犯罪活動或崇敬神明，這類團體多半是成人。

(二)逃避孤獨與寂寞

孤獨與寂寞是少年進入青春期以後常經歷之痛苦經驗，孤獨與寂寞感使青少年產生焦慮，為了逃避這種焦慮，迫切需要獲得團體的支持。少年是一個不甘寂寞的個體，其原因乃在於自己無法排解獨處的時間，故常呼朋引伴從事各種學習或休閒活動。社會工作常運用團體的方式來協助青少年成長，青少年的會心團體可藉由團體成員的自我揭露與密切的互動經驗來增進自我覺察。

(三)評估與澄清自己

少年參加同儕團體，可以獲得一個參照團體，作為比較，可以評估並澄清自己的角色。例如：將學業成績與同儕作比較，將身上的服飾及用品與同儕的作比較。

(四)逃避責任與工作

少年自以為長大了，卻又無能力獨立；自以為無所不能，卻又無法獨自處理日常生活事務與工作，故當責任與工作加諸少年身上時，少年常選擇逃避。

十、青少年角色型塑

青少年是接近成人的最後一次發展，在青少年的發展階段中有其發展任務，當發展任務順利完成，其下一個階段的銜接就會順暢。社會文化與青少年發展的相關論述如下：

(一)文化的涵化作用影響青少年的發展

米德指出，生活在不同文化類型中的青少年，將形成不同類型的成人，將文化的類型分為三種：

1.後塑型文化：文化變遷速度相對較慢，青少年於年輕時所接觸的文化和當其成人時並沒有太大變遷，兩代親子間的文化差異及適應問題較小。

2.前塑型文化：文化變遷速度快，青少年年輕時所接觸的文化和當其成人時已有極大的變遷，青少年常面臨「新舊文化截然不同」的文化差異及適應問題。

3.同塑型文化：文化變遷速度介於上述兩者之間，青少年常面臨「新舊文化同時衝擊」的適應問題。

(二)文化的傳遞影響青少年的發展

社會文化的快速傳遞，對於青少年的觀念及行為發展的影響作用主要有二：

1.社會文化的接觸機會更為廣泛及快速。

2.社會文化的觀察學習。

(三)社會文化規範的學習影響青少年的發展

社會文化的規範是指透過個人良知、倫理道德、法律及宗教信仰，形成對社會成員行為的約束力量，其目的在於維持社會的秩序及人際行為的合理分際。

(四)文化的意識型態影響父母的教養方式

父母教養子女的兩種不同文化訓練觀：

1.連續的文化訓練觀。
2.不連續的文化訓練觀。

(五)影響青少年性別角色的相關因素

1.個人因素：
(1)遺傳：遺傳是影響青少年發展的重要因素之一。
(2)人格特質：青少年本身的人格特質亦會影響其角色的型塑。
2.家庭：父母親的教養態度也會影響青少年的行為型塑。Ausubel和Sullivan等提出衛星化解釋青少年如同衛星，自依賴父母而逐漸脫離衛星化，但也可能重新衛星化的親子關係。
3.環境：環境因素影響青少年甚鉅，尤其媒體資訊、快速便利的虛擬網路世界等種種因素都會影響到青少年的價值觀。
4.學校：學業成績影響青少年在被認同的表現，當青少年學業成績不理想時，未獲得同儕與父母、師長的認同，缺乏成功經驗也會影響青少年的發展。此外，教育制度經常朝令夕改，讓青少年與家長弄不清楚，造成其身心壓力與不確定性，也是影響的因素。
5.政府：
(1)從中央到地方經常有不一樣的標準，制度讓青少年無所適從。
(2)執政者的態度也會影響青少年，當執政者關心的議題是著重在青少年的發展時，會多琢磨青少年預防性的政策擬定，如果執政者比較漠視青少年議題時，後續的發展就會偏向善後策略的作為。
(3)政府應善盡監督的責任，尤其媒體在分級分類部分如沒有明確的把關，讓青少年未成熟的認知受到負面資訊的影響時，也會造成其發展上的價值觀影響。

綜合上述，影響青少年發展絕非單一的因素所導致，需要家庭、社會與政府共同的努力。

十一、少年的偏差行為

依統計學的觀點認為，不同於常態即為偏差；依行為適應觀點認為，個人行為有異且有害者，即為偏差。而偏差行為就是指個人行為明顯的偏離常態，且妨礙生活適應；依社會學觀點認為，每一個社會總會有一套約束與控制成員的規範存在，因此，要是違反社會上大多數人所認同的社會規範之行為，即為偏差行為；就法律的觀點，則視其是否違反校規或觸犯相關法律規範而言。少年時期正處於身心快速發展階段，在心智尚未成熟的情況下，受同儕、家庭、社會環境等影響，在成熟經驗缺乏，與受到思考能力發展的限制，少年無法清楚的區分自己和別人對自己的看法。少年時期，個體面臨了生理與心理上的轉型與統合，是人生發展的一個關鍵時期，少年自我中心是少年認知發展中的現象，當個體的認知扭曲或適應不良，則可能出現荒誕不羈的行為（黃天、谷芊、邱妍祥，2007）。

(一)偏差的定義

1.與團體或社會的行為標準或社會期望相反的行為。人多少會有某種程度上的差異，但過度遵守團體準則也是一種偏差。假如團體的其他人把某人看成違規或違法的人，則被界定為偏差者。唯有在規則能應用到個人的情況下，才有所謂偏差行為。

2.一個行為是否被界定為偏差，常受到社會及文化量的影響。規範的性質、違反規範的個人或團體、偏差的可見度、發生偏差的社會情境及界定偏差權力，都是決定一個行為是否為偏差行為的因素。

(二)偏差行為之類別

1.外向性偏差行為：即通稱的違規犯過的行為或反社會行為。包括：逃家、與父母發生衝突、深夜在外遊蕩、賭博、吸菸、打架、與他人發生性關係等違反社會、家庭、學校中的法律或紀律的行為。

2.內向性偏差行為：即通稱的情緒困擾或非社會行為。包括：憂鬱、自殘、精神緊張、恐懼、強迫觀念等因無法有效解決內在衝突、挫折及焦慮而導致心理或情緒方面的困擾行為。

貝克（Aaron T. Beck）認為個體若在此三個認知向度產生問題——譬如產生個人中心化的想法（personalization）、極端化的想法（polarized thinking）、遵循規則（law of rules）的想法，就會產生負向的認知三角，並以此負向的認知來評估自我、周遭世界及未來。貝克的鬱抑認知三角理論說明如下：(1)個人消極看待自己；(2)對未來持悲觀的態度；(3)對正在發生的經歷總是消極態度。

(三)偏差行為的成因

◆個人因素

1.生理上不平衡的發育：

(1)體型與遺傳：胚胎學之觀點，認為體型成長的特徵不但遺傳給後代，亦與其性情有關，因而有攻擊、退縮、樂觀、寬容之不同性向與行為。在遺傳方面，性染色體異常中具XYY與暴力關聯。

(2)腦部功能失常：其立論主要是腦部受傷可能引發自主神經系統不平衡，導致情緒、動機、攻擊慾念的主要部位控制失調而引起暴力或卑怯行為。

(3)生化失衡因素：內分泌失調、營養不均衡以及神經傳導介質的濃度過多或過少皆會影響情緒上躁與鬱之性格發展。

2.心理上人格之發展與生活上之不適應：

(1)人格發展因個人心理受到挫折或心理不成熟所致，進而影響家庭適應和情緒適應力，以及認知與道德價值觀的發展，而易產生偏差行為。

(2)自我問題：包括「自我概念」、「自我功能」與「智力問題」，主要論點在於個人理想與家庭期望之間的衝突與調適及解決能力會影響個人逃避或工作取向行為。

◆家庭因素

家庭因素主要分為：(1)家庭失功能；(2)貧困家庭；(3)機構式家庭（如○○兒童之家）；(4)寄養家庭管教的兩難情境；(5)父母管教方式；(6)不當親職教育等，影響子女產生焦慮、恐懼、怨恨之不安心理，或依賴、驕縱以及反抗之行為等。

◆學校因素

學校因素包括：(1)課業競爭壓力（分數、升學主義）；(2)能力分班問題；(3)教材教法（缺乏彈性）；(4)課外活動功能不彰；(5)訓輔制度與功能問題；(6)同儕團體之影響與不良人際關係等，導致青少年身心俱疲、生活焦慮。

◆社會、環境因素

社會、環境因素包括：(1)社會不良環境與風氣；(2)不良交友；(3)大眾媒體傳播之誤導等，形成青少年偏差之次文化。

(四)偏差行為帶來的社會影響

1.偏差會妨害人類、社區複雜的互賴關係：所有複雜的社會組織需要不同角色的合作，如果有些角色破壞了規範群體的規則，極可能危及整個系統的有效運作。

2.偏差會搖撼團體中他人遵守規範的動機：如果偏差和守規範都獲得相同的社會報酬，會導致規範失去其信度及效度的危機。

3.偏差會危害團體生活所需的互信互賴：但當人際間有忠誠與善意時，社會秩序才有維持的可能，也才能獲得合理的保障。偏差是每個社會系統的一部分，所有系統都存有某些方法防患偏差於未然，若偏差過分嚴重，造成系統失控而功能失調，則系統制度化的運作將陷於困境。

(五)偏差行為功能

偏差行為並非完全負面，在青少年發展階段亦有其功能，說明如下：

1.提高一個組織或團體的效率。
2.給社會提供一個緩衝的餘地。
3.驗證社會規範的明確性。
4.團體因偏差者的出現而更形團結。
5.一種警示訊號，代表某種社會問題的產生。

(六)偏差行為的社會控制理論學說

赫胥黎（Hirschi, 1969）的社會控制理論受涂爾幹（Émile Durkheim）的迷亂理論（Anomie Theory）、雷克利斯（Walter C. Reckless）的抑制理論（Containment Theory）及瑪札與西克斯（Matza & Sykes）的中立化技術（Techniques of Neutralization and Drift）所影響。赫胥黎認為犯罪是人類的本能，我們所要回答的不是「造成犯罪的原因」，而是「什麼因素使人不會犯罪」。他承襲涂爾幹的觀點，認為當人們不再受社會法律的控制與傳統環境的教化時，便會傾向於犯罪，赫胥黎提出的社會控制理論又被稱為社會鍵理論，說明如下：

◆依附

依附（attachment）是指個體與他人間有親密的情感聯結，並且尊敬及認同他們，因此當個體愈依附某一對象或團體，愈會在意他人或團體的期待與要求，故不敢從事非法行為；反之，當個體對重要他人的主張與意見愈不敏感、愈不在乎時，他就愈少受到他人的規範所約束，愈容易產生違規行為。赫胥黎認為青少年主要依附對象為父母、學校以及同儕團體。

◆參與

參與（involvement）是指一個人投入傳統活動的精力與時間。一個青少年若將其所有的時間投入學校課業、運動、正當的休閒活動、參與家務、參與學校課外活動等，不但其精力有所發揮，也不會有多餘的心思及時間消耗在不法的活動中，而產生抑制犯罪的功能。

◆抱負

抱負（commitment）是指個人投資或努力於自己所設立的目標。一個人是否從事偏差行為，取決於行動者本身對於從事偏差行為活動所帶來的風險所作的評估。當青少年花費許多時間和精力追求傳統的目標時，當他有從事偏差行為的意圖時，則必須考慮到這種行為可能對他帶來慘痛的代價。因此，一個青少年若對傳統的活動有較長遠的抱負或期待時，其從事偏差行為的可能性便大大地降低。

◆信念

信念（belief）是指個人贊同並尊重社會的傳統機制，如學校、家庭、宗教所設立的一般傳統價值和規則，此概念涉及個人對所屬團體的信仰、忠誠和信任，特別是合於道德且應該遵行的一般法律和社會秩序。當一個人愈不尊重法律或愈不信任團體的規範，其犯罪的發生率就會增加。

(七)社會控制分類

◆內化

社會控制的內在層次，指文化標準經社會化機制，成為人格結構的過程，內化的規範和價值構成了社會秩序的基礎。

◆正向社會控制

以正面地激發個人去順服為基礎的社會控制。這種控制可能反而由報酬的允諾便能奏效，報酬的範圍可由社會讚許以至實質的利益，更基本的正向社會控制形式，是個人在社會化過程中對社會規範、價值、角色期望的內化。

◆負向社會控制

以處罰或人們對處罰的恐懼來進行控制，其範圍由法律以至民俗，對民俗的違犯會引起譏笑或抗拒。負向社會控制可能是正式的亦可能是非正式的，但二者對個人而言，都是一種來自外在的壓力。

◆非正式社會控制

1. 非正式的社會控制或制裁是初級團體的主要功能，雖有其效果，但也有缺陷，因為有效性含糊，偏差者不一定真瞭解它是一種處罰。
2. 私人感情、社會地位及團體的團結情緒，會進入非正式情境，缺乏應用制裁的欲望和實行的權力，會阻礙社會控制的運作。

◆正式社會控制

1. 透過有組織的安排，給予報酬及處罰的方式，在現代社會，非正式控制雖仍是維護社會秩序的重要因素，但其重要性已減弱，正式控制則相對增強。
2. 在規範多元化的社會，許多種行為準則並存，對偏差行為的容忍無法逃避社會壓力，故正式與非正式乃社會控制的分工。

十二、中途輟學

(一)中途輟學的定義

我國《國民中小學中途輟學學生通報及復學輔導辦法》指出，國民小學、國民中學應將未經請假未到校上課達三日以上之學生，列為中輟生，加強追蹤輔導，積極查尋，並填具通報單通報（鄉、鎮、市、區）強迫入學委員會執行強迫入學及該管主管教育政機關。未請假學生包括學期開學未到校註冊，或轉學時未向轉入學校報到之學生。

(二)中輟時所從事的活動

待在家裡的中輟學生，主要的活動為看電視、看漫畫、打電動或是幫忙做家事，但當時間久了感到無聊後，會開始外出和朋友閒逛、到泡沫紅茶店、上網等。青少年中輟之後有工作者，男生大都和爸媽一起去做勞力工作，女生則從事美髮或檳榔西施等較輕鬆的工作（劉玉玲，2005）。

(三)中輟與犯罪

「從中輟到犯罪」是一個連續的過程，如未能及早介入處遇，行為問題的嚴重性將逐漸惡化，造成社會極大的威脅，甚至巨大的傷害。從道德發展觀點而論，少年輟學是對道德權威的一種質疑，而少年道德發展不完全，會使其產生錯誤的道德認知，這是發生違法犯行的重要前兆，也是危害社會治安、威脅社會大眾安全的警訊。中輟生的犯罪機率會比一般學生高，若等到犯罪後再加以逮捕拘禁，政府即必須加蓋更多如銅牆鐵壁般的監獄，聘用更多人力來戒護、管理與教化。

(四)中輟的原因

中輟行為並不是單一的個別事件、一段歷程，是受到社會變遷、家庭結構改變、教育缺失、多元化個人價值觀，以及社會不適當功利各種因素交互作用的影響結果。影響中輟的原因可以分為六個因素（張朝忠，2006；劉玉玲，2005）：

1.個人因素：例如情緒不穩、在校與老師或同學吵架而中輟；學習能力欠佳，學習動機薄弱，導致中輟；價值觀有偏差而導致中輟。
2.家庭因素：例如單親家庭、破碎家庭的少年，缺乏關愛而導致中輟；在家中父母管教方式不當，引起反抗而中輟。
3.同儕因素：例如受中輟同學的引誘而蹺課、逃家；在校與同學關係不好，缺乏志同道合之朋友，而選擇離開學校；或受不良同學影響或引誘、被霸凌而不敢上學等。
4.學校因素：例如教師管教不當，教學方式不佳，學校行政措施引起學生反彈，導致學生中途離校。學生在學校中製造許多問題和爭端，行為發生偏差的學生愈來愈難以管教，學校老師因缺乏輔導知能而加劇師生間的衝突。
5.社會因素：社會文化急遽變遷，社會風氣日漸萎靡、功利主義導向、拜金氣息氾濫，導致社會整體價值觀的混淆，對於缺乏判斷能力的少年而言，造成相當負面的影響，加上大眾傳播媒體的誤導，價值觀念的改變——笑貧不笑娼，或受不良場所的引導，有的中輟生從事各種不正當的工作，或參加不良幫派與組織。
6.其他因素：Rauscher（2011）指出，青少年就業通常產生正面或負面的影響，因為工作降低犯罪，但也會增加輟學。

(五)中輟的影響

中途輟學對少年的影響極大，中輟可能影響的層面包括：

1.對個人生涯發展的影響：少年是一個很重要的人生發展階段，是追求自我、思考個人未來發展和建立個人價體系的重要關鍵時期。此時期如中斷正規的教育歷程，個人便無法學習足夠的基本知識與技能，無法發展其個性與潛能，也喪失學習與成長的機會，這也將使少年對其生涯發展無法作適當和理想的選擇與規劃，未來就業將受更多的限制，而流於低社經地位的階層。中輟之後更需面對一連串的生活改變、就業困擾、社會壓力等，對於身心發展尚未成熟的中輟生而言，是一項沉重的考驗與心理負擔。

2.產生教育投資與教育目標達成的問題：教育是發展個人才能、啟發獨立思想的途徑，成為有識之士，才有更上一層樓的機會，中輟卻阻礙了達成的教育目標，也浪費了教育資源。

3.對經濟問題的影響：中輟生位居低技術、低所得及低職位的工作者，如中輟生增加會使政府稅收減少，此外，政府還要支付稅收經費以因應因中輟所帶來的教育與社會問題需求，不僅對個人、對政府而言，都涉及政府財政與就業資源的浪費，也對經濟造成衝擊與影響。

4.對社會的影響：因中輟生常是少年發生違法行為的重要前兆，中輟生不易找到工作，如此一來容易賦閒在家，過著遊蕩無目標的生活，而步上失業之途，若又受到不良同儕的影響，很容易步上犯罪一途，會造成嚴重的社會問題，甚至影響整個國家的發展。

(六)中輟學生的輔導

1.個別輔導：由學校或有關單位協尋返校後，由導師及輔導老師做個別諮商輔導。針對學生的人格、情緒、價值觀做正確的輔導，以利其日後返校的學習生涯。

2.團體輔導：由學校輔導室或校外輔導機構（例如張老師）針對中輟學生成立成長團體研習營，做團體輔導。

3.司法處遇：針對虞犯、犯罪少年，由法院少年保護官協助輔導，匡正其偏差行為，以利其日後在學校、家庭及社會生活。

4.醫療機構：針對有菸癮、毒癮等藥物濫用者，由醫療機構（例如煙毒勒戒所）進行勒戒。

十三、少年犯罪

(一)定義

少年犯罪係指十二歲以上未滿十八歲之人，觸犯刑事法令及《少年事件處理法》的犯罪行為，基於國家侵權主義，亦包含《少年事件處理法》第三條「虞犯」行為，如經常與有犯罪習性之人交往、經常出入少年不當進入之場所、經常逃學逃家行為，故廣義而言，少年犯罪行為應包括十二歲以上未滿十八歲之一般犯罪少年與虞犯少年兩者（馮燕，2008）。

(二)原因

影響少年犯罪行為的相關因素經常包括社經地位、年齡、智商、家庭結構、學校表現等，一般從教育角度看青少年偏差行為者，則常把問題行為之成因分為個人、家庭、學校及社會等各種層面。

1.少年個人因素：少年犯自我功能比一般少年較不健全，自我概念薄弱，人格具有偏差傾向。

2.親子關係對少年的影響：親子關係是少年社會化過程中，學習的重要歷程，少年從親子關係互動學習人際交流與互動，其適應之良好與否，更關係到個人日後的成長。

3.家庭結構對少年的影響：許多的少年犯罪研究發現，來自破碎家庭的青少年常有行為、情緒、社會與健康等方面的問題。

4.學校生活對少年的影響：依照社會對青少年期望而言，學習以作為生涯或工作之準備是他們這個階段最重要的任務。但有些青少年在學習上並無法得到成就感，面對不同的學習環境，產生程度不同的學習困擾。

5.社會對少年的影響：台灣由於經濟的成長，網路資訊發達，傳播媒體競爭激烈，一些譁眾取寵及新興的電玩遊戲，都對少年的身心造成衝擊與影響。

中輟學生與犯罪行為是否有關，在犯罪學研究中發現，中輟生與偏差行為具有相關性，中輟生因平日無所事事，往往在朋友的慫恿引誘之下，參與不法犯罪活動，中輟生問題一直是少年犯罪研究的主要課題。

(三)少年犯罪相關理論

◆生物學理論

生物學的觀點強調遺傳、基因等生物上的機制造成犯罪行為上所扮演的角色，認為犯罪與身體的生理原因有密不可分的關係，通常從生理學、遺傳病變、腦功能失常等著手研究，研究者在探討少年偏差行為與犯罪的影響時，認為生理上的缺陷與少年犯罪有關聯性，但無法證明這些因素是促成犯罪的直接因素。

◆心理學理論

犯罪心理學論者認為少年產生犯罪行為是由於犯罪者本身的心理因素所造成的，犯罪行為有其內在的動力存在，而非僅是外在因素或是偶發的行為導致。佛洛伊德首先提出當「本我」的欲望本能，不受「超我」的控制時，則容易出現犯罪行為。

◆社會學理論

少年犯罪之社會理論分為三大學派：

1.社會結構理論：強調低社經地位、鄰里社區獨特之文化、風俗及規

範等影響，甚至促使少年違反法律，並產生偏差行為。可區分為：

(1)文化偏差理論：文化偏差理論學者認為貧民區居民之所以犯罪，乃因他們只遵循其下層社會地帶獨特之價值體系與規範，而其獨特之價值體系與規範卻與社會中產階層之價值體系與規範相違背衝突，他們不但不否定偏差行為，反而加以肯定讚賞，而且將此價值體系傳遞至下一代。

(2)緊張理論：著重於少年無法獲得合法的社會地位與財務上的成就，內心產生挫折與憤怒之緊張動機與壓力，而導致少年犯罪行為之產生。

2.社會過程理論：即嘗試從社會團體中找出促使少年從事偏差行為之原因或者維持守法型態的因素，分為：

(1)學習理論：主要是指少年在生活過程中與較多的犯罪少年接觸，而學習到偏差行為的傾向。

(2)社會控制理論：強調犯罪與偏差行為之發生源於社會的快速變遷與解組，使得傳統的社會規約控制功能降低，個人又無法接受新社會之價值規範，在社會化自我利益衝突下，影響犯罪與偏差行為之發生。

3.社會回應與衝突理論：

(1)標籤理論：為利馬特（E. M. Lemert）與貝克爾（H. S. Becker）所創，源於現代社會心理學之人際交流理論，又稱互動理論，強調社會群體之反應將影響個人行為、心態及人格。標籤理論認為個人偏差行為一旦被發現並公開指責，加上不良標籤後，會導致更嚴重的偏差行為，標籤理論主要應用於少年偏差行為之解釋，及瞭解偏差行為形成的過程，對社會不良標籤加諸於偏差行為之影響，具有相當的貢獻。

(2)衝突理論：多元化衝突理論代表學者認為，某些少年幫派的行為是一種適應行為，少年幫派成員經常緊密連結在一起，發揮團體力量以保護幫派成員，其自認為是社會的少數一群弱者，因無法經由正常規範之途徑獲得其追求之目標，而形成以自我適應社會的法則，卻與一般社會已普遍建立之團體價值體系及規範產生衝突，不見容於社會，因而產生偏差及犯罪行為。

(3)犯罪互動理論：認為犯罪率高的社區，犯罪的價值觀點、態度及行為是代代相傳的，所以犯罪行為才會互相傳播，T. P. Thornberry認為當代之犯罪學理論具有三大缺失：

①單一因果結構方向之犯罪理論對於犯罪之詮釋過於呆板，欠缺動態描述。

②傳統的犯罪理論並未能檢視少年成長之可能變化，成長中不同階段行為會有所差異。

③傳統的犯罪學理論並未能將少年發展過程概念適當的與社會結構相連結。

(四)少年犯罪的趨勢

1.少女犯罪有日趨嚴重的趨勢：少女犯罪的人數逐年增加，少女犯罪的比率亦呈上升的趨勢，論其原因可能與社會結構的改變，以及女性參與社會活動的機會增加的緣故。

2.兒童犯罪有延續為少年犯罪的趨勢：兒童犯罪若未經有效的輔導，隨著年齡的增長進入少年期，將理所當然的成為犯罪少年。

3.暴力化：少年犯罪從早期的偷竊為大宗，進而逐漸成為搶劫、殺人之暴力犯罪行為。

4.藥物濫用：由於各類毒品從世界各國不斷地運入本國，毒梟隱藏於少年聚集之遊樂場所，提供涉世未深之少年吸食，導致毒品犯罪之比率有逐年升高之趨勢。

5.網路犯罪：由於電腦科技的發達與網路使用的普及，少年沉迷於網路，輕易的利用網路詐騙、販賣色情光碟，引誘未成年少女發生性

行為或進入色情行業。

(五)少年犯罪的特色

在社會結構急遽轉型與變遷下，導致少年犯罪手法與犯罪程度變本加厲，少年犯罪具有下列特色：

1.多元化：過去以單純的竊盜案件為最多，近年來其他如恐嚇、麻藥、賭博、強盜、搶奪、故意殺人、煙毒等觸犯人數百分比明顯增加，此外，如詐欺背信、槍砲彈藥、走私等罪，亦有少年參加。

2.集體化：兩人以上集體化作案少年犯罪案件占三分之二以上。

3.低齡化：少年犯罪年齡有越來越低的趨勢，這可能與少年越來越早熟有關。

4.尋求刺激與暴力化：少年喜歡尋求感官刺激，沉溺於飆車，甚至因細故或對情境認知扭曲，誤認他人瞧不起他，而飆車殺人者時有所聞，犯罪百分比大幅增加。

5.墮落性：少年違反《管制藥品管理條例》（如吸食大麻、安非他命）及煙毒犯者大幅增加，顯見少年缺乏生活目標而逃避現實者甚多。

6.病態享樂性：少年發生竊盜及其他財產犯罪案件之比率，往往是最高的，且賭博罪大量增加，大都肇因於少年尋求不正當享樂與高度消費額物慾者有關。

7.在學學生犯罪率大增：校園暴力事件大增，教師對此類學生充滿無力感，實為教育上一大隱憂。

(六)少年犯罪之防治

1.執法防治犯罪。

2.建構少年輔導策略。

3.加強親職教育。

4.發揮媒體教化功能。

5.推動少年正當休閒活動。

十四、抽菸、毒品、喝酒

抽菸、毒品和喝酒三者對少年的危害很大，但好像是部分少年無以迴避的不良嗜好，儘管各校校規與兒童及少年福利法均明文規定少年不可以抽菸、吸食毒品和喝酒，但眾所皆知的，已儼然成為一個風潮與趨勢，尤其是抽菸與喝酒。在中國大陸，Zhu等人（2011）於北京中學進行了8,437名學生吸菸的危險因素的研究後指出，學生因為認為吸菸看起來優雅、時尚和尋求刺激是吸菸最重要原因，而考試、家族、心理、社會、學校壓力和同儕因素也是少年抽菸的相關因素。Kelly等人（2011）也指出，父母抽菸對少年抽菸有較大的影響，而同儕的抽菸行為也會影響少年抽菸。

少年正值快速發展的重要階段，此階段使用毒品會產生負面的影響，例如，憂鬱和焦慮或神經功能障礙（McQueeny et al., 2011），但毒品已慢慢在校園內蔓延，以毒品吸收學生為幫派份子，在外更有毒販不斷地引誘少年吸食毒品，等到成癮後，再強迫少男從事犯罪的行為（如偷竊、搶劫、販毒等），更強迫少女從事色情表演及賣淫的工作，藉以換取毒品消除毒癮，最後均將越陷越深，無法自拔。因此，對少年實施反毒反藥物濫用有其必要性，但楊士隆、吳志揚與李宗憲（2010）指出，台灣對於少年藥物濫用預防工作卻僅以學校反毒教育宣導為核心，以校園安全的觀點處理有藥物濫用危險的少年，未能以健全少年成長的理念，協助少年身心發展，並將網絡延伸至家庭教育與社區。

李思賢等人（2009）指出，少年濫用藥物對於個人、家庭與社會都有很大的負面影響，建議加強教育少年有關俱樂部藥物成癮狀況；發現少年家中有家人使用藥物時，應及時針對家中少年進行心理諮商，減少使用的可能性；並研發藥頭引誘用藥相關宣導手冊，加強少年辨識危險情境，以及加強「say NO」的行為技能。

喝酒原本是成人才允許的行為，但早已成為部分少年的不良嗜好之一，Smyth、Kelly和Cox（2011）在愛爾蘭（Ireland）研究發現，第一次喝酒的年齡下降了，且女生喝酒的比例提高，少年喝酒年齡的平均中位數在十六歲。Kelly等人（2011）研究指出，少年中期比少年早期更容易因為感情問題而使用酒精或濫用酒精，且有嚴重的趨勢。

(一)毒品

◆種類

依據法務部《毒品危害防制條例》第2條指出，本條例所稱毒品，指具有成癮性、濫用性及對社會危害性之麻醉藥品與其製品及影響精神物質與其製品。毒品依其成癮性、濫用性及對社會危害性分為四級，其品項如下：

1.第一級：海洛因、嗎啡、鴉片、古柯鹼及其相類製品。
2.第二級：罌粟、古柯、大麻、安非他命、配西汀、潘他唑新及其相類製品。
3.第三級：西可巴比妥、異戊巴比妥、納洛芬及其相類製品。
4.第四級：二丙烯基巴比妥、阿普唑他及其相類製品。

◆物質成癮的發展

1.第一時期（起始階段）：試驗性使用物質，學習體驗使用物質後情緒高潮的感覺，通常開始於國中時期，在同儕影響下開始抽菸、喝酒、吸食強力膠等。
2.第二時期（持續階段）：規則性使用物質，刻意尋求高潮，逐漸形成耐受性，如從喝啤酒改變成喝酒精濃度較高的酒，嘗試使用更多的物質，開始出現逃學、情緒不穩定的情形。

3.第三時期（沉迷階段）：每天使用，沉浸於高潮中，生活漸漸淪為以使用物質為重心，期待興奮高潮的感覺，對於學校、家庭、其他的活動均不在意，產生各種偏差的行為，如偷竊、搶劫等，也許有些青少年會想戒除物質，但是通常無法成功。

4.第四時期（成癮階段）：發展成依賴性，只有使用物質時才覺得正常，使用物質的量愈來愈大，常交替使用各種的物質，無法自我控制使用物質，生活開始混亂，只有不斷地使用物質才能避免發生戒斷症狀。

◆社會學理論

1.同輩團體的互動模式（peer group interaction model）：指出人們對於歸屬感的需求和同輩團體對一個人使用物質的重要影響。

2.選擇性的結合模式（differential association model）：強調一個人的社會背景的特徵對使用物質行為的影響，但是這種影響程度的大小視次文化體系的存在和個人參與該次文化的程度而決定。

3.社會變數模式（social variable model）：認為許多的社會變數如宗教信仰、吸菸、性觀念、性行為、政治觀點、非醫療用途的用藥等，都和使用濫用依賴物質有關，次文化體系於此模式中被視為中間變數。

4.父母親的影響及行為規範的模式（parental influence and normative behavior model）：強調父母親使用物質的行為和社會上使用物質的風氣都會影響青少年對於濫用依賴物質的態度，社會中流行使用物質、及時行樂的風氣和青少年吸菸、飲酒、使用合法藥物，都促成使用濫用依賴物質。

5.藥物使用的替代模式（alternative to drug model）強調使用物質的原

因，認為人會使用濫用依賴物質，主要是想尋求一種更好的感覺，而此模式主張提供替代品，經過合法而有意義的方法滿足其動機，消除使用不當物質的欲望。

◆成因

法務部研究發現青少年使用毒品以好奇、模仿居首位，朋友引誘居次，喜歡使用後的感覺為第三，逃避挫折感占第四位；青少年使用物質的成因包括：

1.個人因素：生理因素、心理因素、行為因素、人口學因素。
2.環境因素：家庭因素、學校因素、朋友和同儕因素、次級文化因素、社區因素。
3.物質本身的因素。

◆影響

台灣地區青少年濫用依賴物質所造成的問題很多而且日益嚴重，諸如身體疾病、精神疾患、學業問題、工作問題、家庭問題、人際問題、經濟問題、意外事件、社會問題、司法問題。青少年使用物質的結果除影響身心健康以外，也可能因此衍生偏差行為與犯罪行為。青少年濫用依賴物質經常併發各種的精神疾病，如行為障礙、憂鬱症、自殺行為、焦慮性疾患。

(二)抽菸

依據世界衛生組織估計，全球每年約有五百萬人死於吸菸相關疾病，若菸害未能加以控制，至2030年，每年將有八百萬人死於吸菸相關疾病。四十五歲以下每天吸菸十五至二十四支者罹患冠狀動脈血管疾病者比不吸菸者多9倍，若每日吸菸二十五支以上則多14倍。吸菸者死於呼吸系統疾病的比率比不吸菸者高20倍。女性吸菸者罹患心臟血管疾病的可能性比不吸菸的女性多39倍。

依據衛生福利部國民健康署（2016）進行的「民國105年青少年吸菸行為調查」結果顯示，青少年吸菸率已獲控制，國中學生吸菸率由民國93年的6.6%降至民國105年的3.7%，降幅達四成（44.1%）；另，高中職學生吸菸率由民國94年的15.2%降至民國105年的9.3%，降幅達三分之一（38.9%），已逐步邁向WHO NCD 2025年減少30%吸菸率之目標，但有隨著年齡及年級上升而吸菸率增高的趨勢，其中十九歲以上的男學生吸菸率竟高達四成（40.7%）。

◆青少年抽菸因素

1.由父母或是成人中模仿而來。
2.部分受到同儕誘惑或是壓力。
3.想要滿足自尊與獲得地位。

◆青少年抽菸產生的負作用

1.形成無意識習慣。
2.強迫性口腔活動。
3.尼古丁成癮。

◆青少年抽菸的防治

1.反菸教育。
2.反菸的訴求必須是積極的。
3.告訴青少年抽菸的影響。

(三)喝酒

喝酒對青少年比成人更容易造成傷害，因為他們尚在青春期，腦部還在發育。在這個重要成長期間，喝酒可能導致大腦功能的終生損傷，特別在記憶力、運動技巧和身體協調感等方面。青少年飲酒的因素是多元、複雜的。青少年飲酒動機如下：

1.減輕壓力：如家庭壓力、課業壓力、升學壓力、感情壓力與經濟壓力等。
2.節慶應景：如適逢節日、祭祀活動、慶祝會、同樂會等應景時機而飲用酒品。
3.旁人影響：身邊周遭重要他人會影響飲酒行為，如父母親、手足與親朋好友等人。
4.自我詮釋：將飲用酒品視為能夠證明自己成熟或能耐的行為。
5.好奇：因好奇心而飲用酒品。
6.媒體影響：因為接受廣告行銷而產生對飲用酒品之興趣或動機。

十五、霸凌

青少年重視同儕，在情感上支持同儕，有時會為了支持同儕而參與同儕霸凌行為（Li, Lynch, Kalvin, Liu, & Lerner, 2011）。Duncan與Owens（2011）指出，社會權力與霸凌行為有相關性，尤其女生有時會為了異性而產生霸凌行為。張榮顯與楊幸真（2010）指出，權力不均是分辨霸凌行為的一大特徵。根據兒童福利盟調查，霸凌類型以排擠他人的關係霸凌（76.7%）和言語霸凌（59.8%）最常見，肢體霸凌再次之，但網路霸凌（cyberbullying）興起，例如利用網路散播攻擊他人的言論、變造他人圖片、上傳他人遭欺負的影片等，16.6%學生曾在網路上霸凌他人，11.1%曾經受害（蔡沛琪，2011）。李淑貞（2007）在翻譯的《無校園霸凌》一書指出，霸凌的行為會摧毀一個人的信心與自尊，可能導致嚴重且長久的生理、情緒及心理上的傷害，也認為霸凌是一種力量不對等的狀況。霸凌是一種惡意、長時間且重複的負面欺凌行為，彼此之間是權力不對等的。霸凌類型區分如下（教育部，2011a）：

(一)霸凌類型

◆肢體霸凌

以肢體暴力行為霸凌他人，包括推、踢、毆打弱勢同儕、搶奪財物等，是最容易辨認的一種，會造成他人身體受到傷害。

◆關係霸凌

排擠孤立、操弄人際，排擠或中傷自己討厭的同學，此為最常見的霸凌型式。這一類型的霸凌往往牽涉到言語霸凌，包括排擠弱勢同儕、散播不實謠言中傷某人等。

◆言語霸凌

指出言恐嚇、嘲笑謾罵、言語刺傷、取不雅的綽號等。運用言語刺傷或嘲笑別人，包括取綽號、用言語刺傷、嘲笑弱勢同儕、恐嚇威脅等，是校園中最常出現且最不易發現的霸凌行為，會造成他人心理受傷，傷害程度有時會比肢體霸凌還嚴重。根據得勝者教育協會在台灣大哥大基金會贊助之下，針對全國二十四縣市參與「得勝者課程」的一萬名國中生分層隨機抽樣顯示，在校園霸凌行為中，主要以「言語霸凌」較嚴重，包括背後被說閒話（14.3%）、當面被指責（10.7%）、關係霸凌（9.7%）與冷漠（9.5%），顯示青少年受語言傷害的程度與類別（章文，2010）。李卓穎與楊士隆（2011）針對花蓮地區高中職研究後也發現，該地區高中職生以「言語霸凌」最多。

◆網路霸凌

網路霸凌是近幾年隨著電腦網路與通訊科技的普及化所產生，又稱「電子霸凌」、「簡訊霸凌」、「數位霸凌」或「線上霸凌」，其定義相當多，但大致上大同小異，美國國家犯罪預防委員會定義：使用網路、手機或其他儀器將會傷害他人的文字或影像送上網路（教育部，2011a）。

當一個少年遭遇其他青少年使用數位科技（例如簡訊、電子信件、即時通、msn等）重複地折磨、威脅、騷擾、羞辱時，稱作被網路霸凌（教育部，2011b）。網路霸凌為利用網路散播色情圖片、散布謠言中傷他人、留言恐嚇他人等使人心理受傷或恐懼的行為，這是近年來新興的霸凌型態，而且程度相當嚴重（張信務，2007）。簡言之，「網路霸凌」是施暴者利用網際網路或者電子數位傳輸設備，如電腦網路、手機等，去傳送影片、手機簡訊或者張貼對他人有害或者威脅的影像或文字，將訊息快速蔓延，使受暴者遭受歧視、恥笑等遭遇（黃天佑、黃士珍，2010）。

網路霸凌目前在少年之間逐漸流行，少年網路被害事件也逐漸增多，陳怡儒、鄭瑞隆與陳慈幸（2010）研究發現，網路霸凌起源於現實生活中的紛爭，被害者與加害者習慣使用網路溝通選項來發展社交關係與解決衝突，加害者經過理性選擇後進行霸凌，但是沒有顧慮到行為後果，部分加害者利用網路的匿名性與便利性，掩飾身分與隨時隨地騷擾被害者，加害者利用網路所散布的訊息，可能引發網路上不特定多數之人幫助參與霸凌，網路的高私密性使監控者無法在第一時間處理霸凌，所以對少年網路正當使用的教育與輔導也就更形重要。

◆反擊霸凌

所謂反擊霸凌是指受霸凌者對霸凌者回霸回去，或是尋找比他更弱勢的人進行霸凌。這是受霸凌學生長期遭受霸凌之後的反擊行為，包括受霸凌時肢體的自然回擊或去霸凌比自己更弱勢的人。

◆性霸凌

所謂性霸凌是指取笑或評論對方的身體、性別、性徵、性取向（例如「娘娘腔」的男生）等，或是性騷擾、性侵害。張榮顯與楊幸真（2010）認為，性霸凌的定義是：長時間、惡意的對於他人的身體部位或是性別傾向，以言語、關係（如社交）或是肢體上的霸凌方式來侵犯，且這當中有明顯的權力不均（含權力濫用）等現象。

(二)校園暴力

校園暴力問題已成為學校中令人頭痛的問題，校園暴力是指發生於學校內或上學期間，所發生的暴力侵害行為。

◆學生暴力行為原因

1.因細故口角而造成。
2.因打抱不平。
3.因交通事故。
4.因借錢未還。
5.因惡作劇而引起打鬥。

◆衝突處理步驟

可分五個階段：

1.瞭解衝突型態與成因。
2.跳離衝突情境。
3.運用有效的溝通。
4.重建互信。
5.協商與談判。

(三)霸凌與校園暴力建議對策

目前台灣的國民中小學校園霸凌案件層出不窮，嚴重干擾教師的「教」與學生的「學」，鑑此，營造國民中小學「友善校園」乃為當前國民教育之重大政策，而當前國民中小學「校園不友善」之成因，最主要因素包括政府、家庭、學校與社會四面向，如能針對此四層面力求改善，針砭時弊，對症下藥，則「友善校園」乃指日可待（姜得勝，2011）。顏正芳（2010）指出，霸凌施暴和受害都和兒童青少年心理健康狀態不佳有所關聯，同時兼具施暴和受害者角色者的心理健康問題尤其嚴重。陳怡儒、鄭瑞隆與陳慈幸（2010）認為，正當使用的教育與輔導協助霸凌者非常重要。集合各方建議，針對霸凌事件的處遇說明如下（鄧煌發，2007；雷新俊，2009；教育部2011a；李卓穎、楊士隆，2011；姜得勝，2011；孫敏芝，2010）：

◆政府方面

1.加強宣導。
2.統一各校對霸凌事件的處理因應策略。
3.確實執行大眾傳播媒體在傳播上的分級限制制度。
4.落實社工入駐校園理念，增加學校社會工作人力，給予校園輔導一切必要的協助。

◆學校方面

1.營造溫馨和諧的友善校園，有效預防校園霸凌。
2.加強校園安全管理。
3.辦理研習，增進教師處理霸凌事件的專業知能。
4.訂定校園反霸凌政策，並透過教育宣導讓學童瞭解如何因應霸凌行為。
5.建構完善的校園霸凌事件通報機制與處理流程，及時處理。
6.建構友善的校園。

◆老師方面

1.對學生採用民主的管教方式。
2.提升教師輔導專業知能，妥善處理學生霸凌問題。
3.規劃提升兒童社會情緒能力的教育方案。
4.教導恰當的因應策略及霸凌認知。

◆學生方面

1.尊重他人，要有同理心。
2.學習正向的社交技巧，改善人際關係。
3.有效管理自我情緒，以正面的方式發洩精力。
4.認識霸凌行為、相關法規與正確的處理方式。

◆家長方面

1.重視親子互動關係，可有效覺察孩子的異常行為。
2.增進親師溝通聯繫，預防霸凌事件。
3.身教勝於言教，管教子女應以關懷、支持與鼓勵。
4.五育並重的教育，尤其需加強品格與倫理教育。

◆社會方面

1.共同關注孩子的成長環境，敏感社區中孩子的異常行為。
2.勿存「自掃門前雪，莫管他人瓦上霜」的封閉觀念。

十六、網路成癮

網路成癮不僅會有個人行為問題，也會帶來家庭與社會問題（楊志偉、羅中廷，2006）。少年到底使用網路來做什麼？王宗松與鍾鼎（2009）發現，學生最常用的網路服務是「即時通訊」、「搜尋資訊」和「閱讀文章／新聞／雜誌」。Dowdell、Burgess與Flores（2011）調查少年網路使用狀況，發現使用線上社交網站以及facebook有迅速增加的現象，而網路上充斥著色情網站，也潛藏著性犯罪者，認為應提供更好的重點教育和預防方面的努力。

至於網路成癮的少年有哪些特質呢？謝龍卿（2004）研究發現，青少年網路成癮的高危險群是上網時間較長、學業成績較差、社交圈較小、網友數較多。魏希聖、李致中與王宛雯（2006）也指出，相較於一般學生，網路成癮高危險群的自尊較低，害羞傾向較高，與家人的互動較差，較不喜歡學校，唸書時間較少，段考排名亦較差。陸美如（2009）研究指出，線上遊戲使用率男生高於女生，經常使用地點為家裡，網路成癮高中生認為本身人格特質才會影響真實人際互動，網路成癮高中生，人格特質多為缺乏自信心、自卑、緊張與易焦慮。劉子利、徐錦興與蔡存裕（2010）研究發現，男生較女生容易出現網路成癮傾向，沉溺網咖的學童網路成癮傾向較高，使用網路虛擬溝通互動軟體越多，越容易出現網路成癮傾向。方紫微（2010）研究發現，男生在一週網路使用總時數、打電玩時間、網路沉迷、孤寂感及問題焦點因應之分數上，皆顯著高於女生，而女生在逃避因應、尋求支持及網路社會支持之分數上，皆顯著高於男生，兩性之孤寂感、打電玩時數、人際互動時數、逃避因應、情緒焦點因應皆能有效預測網路沉迷。

網路成癮會造成精神、以至於健康和生活等受到甚多負面的影響（張瓊娥、陳光榮，2011）。但為何少年又那麼喜歡上網而成癮呢？網路成癮的動機（原因）為何？陳冠名（2007）研究發現，連線遊戲和網路成癮量表的相關最高，而心理需求的滿足是青少年上網的最大動機。褚志鵬、林珍如和陳國文（2008）指出，影響學生網路成癮之因素包括網路使用量以及社交活動、情色滿足與抒解升學課業壓力三項使用動機。韓佩凌等人（2007）研究發現，生活壓力對網路沉迷有顯著正向關係。張高賓（2009）研究指出，父母教養態度中，「忽略」、「敵意」、「少關愛督導」具網路成癮之預測力。晏涵文、劉潔心和馮嘉玉（2009）指出，少年透過網路交友、約會，甚至發生性行為。

由以上之文獻，可以歸納出下列幾個結論：

(一)定義

「網路成癮症」（Internet Addiction Disorder, IAD）一詞始於1995年

美國精神科醫師暨臨床精神藥理學家Ivan Goldberg提出，此一專有名詞用來形容因為過度沉迷網路而形成類似行為性成癮的失常行為。DSM-5對於「網路成癮」建議的診斷準則包括持續和反覆的使用網際網路，以經常與其他玩家投入遊戲，導致臨床上重大的損傷或憂慮，在十二個月期間出現以下五項（或更多）：

1.熱衷於網路遊戲。

2.當網路遊戲中斷時出現戒斷症狀，這些症狀典型的描述如：躁動（irritability）、焦慮（anxiety）或沮喪（sadness）生理症狀。

3.耐受性（tolerance）：花費更多的時間在網路遊戲上反覆努力想要控制或停止網路遊戲使用卻徒勞無功。

4.因為網路遊戲的使用，失去過往的生活常規或休閒興趣。

5.明知過度使用網路遊戲會產生心理社會問題（psychosocial problems），仍然繼續使用。

6.對家人、治療師或其他人欺瞞自己使用網際網路遊戲的情況。

7.常使用網路遊戲來逃避或抒解低落的情緒。

8.因為網路遊戲的過度使用而危及或失去重要人際關係、職業、學業或生涯機會等。

(二)目前網路使用趨勢

1.使用線上社交網站以及線上遊戲有迅速增加的現象。網路使用總母群調查，使用Line高達97.1，臉書即時通為27.5（鄭天澤、陳麗霞，2017）。

2.國中學生網路成癮傾向較高，其次為高中（柯慧貞，2015）。衛福部在2016年調查顯示，全國有2.8%學生有高網路遊戲沉迷傾向，男性的5.7%也高於女性的0.7%；而以學級來分，則是大學1.8%、高中2.7%、國中3.2%、國小3.1%（吳亮儀，2017）。

3.使用網路虛擬溝通互動軟體越多，越容易出現網路成癮傾向。
4.男女兩性之孤寂感、打電玩時數、人際互動時數、逃避因應、情緒焦點因應皆能有效預測網路沉迷。
5.常常參加連線遊戲的少年較易造成網路成癮。柯慧貞（2015）調查顯示，國中線上遊戲高於高中學生。
6.父母教養態度中「忽略」、「敵意」、「少關愛督導」具網路成癮之預測力。
7.上網區是以手機為主，桌上型次之，筆電第三；主要上網場所為家中（柯慧貞，2015；鄭天澤、陳麗霞，2017）。

(三)網路成癮分類

根據衛生福利部心理及口腔健康司在2016年全國網路使用行為調查報告顯示，以國中生的網路成癮率3.2%為最高，相當於每三十名國中生中，就有一人網路成癮（衛生福利部，2016）。網路成癮若再細分可發現它並非是一種單一症狀，從精神疾病的角度來看，包括有「重複成癮行為」、「焦慮特質」、「衝動控制障礙」等特質，一般來說可分為五種型態：

1.網路性成癮：一再沉迷於成人聊天室或網路遊戲。
2.網路人際關係成癮：以網路聊天室或以網路社群的人際關係，取代了真實生活中的朋友和家人，當然也包括網路戀情。
3.網路強迫症：一再強迫性的上網購物或賭博。
4.資訊缺乏恐慌症：因害怕資訊不足而不停地網路漫遊或搜尋資訊。
5.電腦成癮症：強迫性地打電動遊戲，或程式設計師一再地沉迷於程式設計。

(四)網路成癮之特徵

1.網路成癮耐受性（tolerance of internet addiction）：指隨著網路使用經驗增加，原先上網所得到的樂趣與滿足感，必須透過更多的網路內容或是更長久的上網時間，才能得到原先相當程度的滿足。

2.強迫性上網（compulsive internet use）：為一種難以自拔的上網渴望與衝動。在想到與看到電腦時，會有想上網的欲望與衝動。

3.戒斷反應（withdrawal response）：指的是上網後難以脫離電腦；使用電腦或網路時，精神較為振奮；渴求能有更多時間留在網路上。例如出現情緒低落、生氣、空虛感等等，或是注意力不容易集中、心神不寧、坐立不安等反應。

(五)網路成癮的型態

1.社會類型：利用網路與他人連結，運用虛擬的人際關係提供一個虛擬的網路互動關係，期待在此關係中得到關懷，大部分的網路成癮屬於此類型。

2.非社會類型：為了逃避生活中的不足，包括自我認同、自尊與價值都需要被滿足。

(六)網路成癮動機（原因）（引自黎士鳴、鍾天鳴，2017）

◆心理學理論

1.行為學派的觀點：以行為學派的觀點來解釋網路成癮者的物質性成癮行為，史金納（B. F. Skinner）的操作制約理論來解釋成癮者的物質性成癮行為，指個體經得到強化，所建立的刺激—反應連結的歷程，網路成癮也是一種操作制約的現象，上網便是網路成癮者的酬賞，不斷的強化個體對於網路的刺激與反應的連結。

2.人本學派的觀點：這種詮釋一直是行為研究上探討的理論依據。從Maslow（1970）的需求模式來說明成癮產生的原因說明如下：

(1)生理的需求：以上網蒐集情色圖片為例子，一般正常人也會有這種行為，但大致會有自然界消長的原則，不會一直沉溺於這個舉動，但對病態性的情色圖片著迷者來說，他們的行為可能暗示著他們對於親密感及親密行為的焦慮。根據學者統計，性是搜尋引擎中最常被檢索的關鍵字。

(2)安全需求：許多沉迷在網路世界的人，利用網路的匿名功能和不用真實身分的方式來使用，消弭因真實條件的限制而求得一個生存的空間。

(3)愛與歸屬的需求：每一個人都需要人際接觸與社會認可，也就是需要人際之間的歸屬感，在網路世界中，有各種不同的社群提供使用者的加入，加入後就能形成志同道合的族群，滿足歸屬感的需求。

(4)自尊需求：藉由網路角色的扮演學習，知道如何轉化成為參與社會活動的能力，這種由新角色的學習應用在日常生活之中，如果表現良好並產生正向回饋將可增加「自我價值」。

(5)自我實現：當網路使用者發覺在網路上投入的種種行為或是社會層面的活動，能夠使自己與他人建立有意義的關係，並且可以開啟以往現實生活中隱藏的智慧或是社會潛能，這種發覺自我生命價值與展現自我功能的歷程，就是一種自我的實現，這也許就是為何有些網路使用者會難以自拔地深陷在成癮行為中的原因。

3.精神分析學派觀點：網路成癮者藉由網路減少焦慮及衝突，把上網當作一種心理逃避機制，由於個人不必考慮到他人對自己的評價，因而表現出較現實生活中不受約束的行為，行動者對於自己應負的責任感也隨之降低，不少青少年沉溺於此，因為在網路的交友天地，人人都可以化身為「俊男」、「美女」或以「高學歷」者自居，去抑制化行為是催化青少年邁進網路世界的重要因素。

◆社會文化因素

整體社會文化變遷與大環境的影響，青少年價值觀建構在流行性、潮流性。以下相關因素分別論述之：

1.性別：在一般人的刻板印象中，網路成癮者多半是男性，喜歡使用網路具有即時互動性的功能，如線上遊戲或聊天室，在網路上覺得較舒服自在，並覺得自己是有能力的，這樣的刻板印象主要是延續以往對於電腦成癮者或電腦駭客的看法。從許多研究結果來看，男性參與者通常要比女性來的多，顯示男性網路使用人口要高於女性（李德治、林思行、吳德邦、謝正煌，2014）。特別的是，國家發展委員會委託聯合行銷研究股份有限公司在104年調查發現，男性在十二至十九歲的網路成癮風險群占比高於女性，女性在二十至三十九歲的網路成癮危險群占比高於男性（聯合行銷研究股份有限公司，2015）。

2.年齡：台灣網路成癮防治學會理事張立人指出，國中生是沉迷指數、比率最高的一群，因學童在青春期，不但受成就感、歸屬感以及同儕等因素影響，更因為腦神經發展，額葉的控制力要到十八、二十歲才會比較成熟，易沉迷在某些事物而控制不了，這也反映大學生沉迷網路遊戲比率反而較低（吳亮儀，2017）。

3.家庭：家庭是最小與互動最密切的社會單位，更是個人日後行為所學習與經驗最主要來源，家庭如果太疏離或嚴厲教養型態，也會導致網路成癮狀況。從全國網路使用狀況調查顯示，在使用網路社群或即時通訊軟體後，與家人或朋友之間互動並沒有任何的改變（鄭天澤、陳麗霞，2017）。柯慧貞（2015）調查後指出，家長威權式管教、忽略式管教會有較高的成癮組比例。

4.人格特質：除環境因素外，小孩會不會沉迷也跟「個人特質」有關，但不是一般人常以為的「內向、安靜」這種特質，而是有衝動或過動特質的小孩比較容易對電玩上癮。因為他們較無法抗拒誘惑，遊戲容易快速的滿足他們的一些心理需求。

5.人際關係：106年網路使用行為調查顯示，雖然網路族都認為與親友聯繫是上網最主要的收穫之一，調查結果顯示，網路沉迷風險者有20.9%表示上一次跟朋友面對面見面已經是一個月以前的事。

6.壓力逃避：網路成癮者大多是為了逃避現實中的某些問題，因而轉向網路社群中找尋友伴，能提供快樂的事物及心情的放鬆。

7.學校課業倦怠：十三歲到十五歲的青少年屬於過度上網的關鍵階段，此時若對學業學習出現倦怠（burnout）的狀態，很容易轉注到網路的使用，進而更容易導致憂鬱情緒的發生；學業倦怠容易過度依賴網路，而男生過度使用情況較女生嚴重（林彥彤，2016）。

(七)網路成癮的影響

◆網路成癮對生理影響

1.感覺系統：包括眼睛痠、眼睛疲勞、視力減退；由於經常戴耳機音量高分貝且持續聲音，造成聽力受損。

2.消化系統：由於久坐，缺少走動，造成腸胃蠕動減緩、胃腸不適等問題。

3.筋骨痠痛：由於持續保持相同姿勢，造成肩膀痠痛、腕肌受傷、手指頭痛。

4.呼吸系統：由於網咖店空氣不良，造成經常性咳嗽、鼻子過敏，嚴重時支氣管阻塞。

5.頭痛、偏頭痛。

6.睡眠不足，影響體力，精神不濟：衛生福利部心理及口腔健康司在2016年全國網路使用行為調查報告指出，網路過度使用，導致睡眠不足，產生了視力減退（衛生福利部，2016）。柯慧貞（2015）也指出，使用網路造成不良睡眠品質、眠時間不足、低睡眠效率、睡眠障礙，導致日間功能障礙。

7.促發未來致癌：長期接受輻射電池波，對體內細胞癌化產生促進作用。

8.自主性或非自主性的敲打鍵盤的動作。

◆網路成癮對心理的影響

1.有時因上課或做別的事情而未在電腦旁，顯現焦慮不安、易怒、沮喪、心神不寧的現象。

2.對網路存有幻想和夢境。

3.由於沉溺於網路的虛擬世界，造成角色混淆或多重性格。

4.造成憂鬱與神經質（聯合行銷研究股份有限公司，2015）。

◆網路成癮對社會功能的影響

1.影響家人關係：少年一旦網路沉迷，在生活上就常會沉溺於一人的世界，少與家人溝通，也盡量不參加家人的活動。鄭照順與鄒浮安（2011）也指出，網路成癮會造成人際關係疏離。聯合行銷研究股份有限公司（2015）調查也發現，網路成癮造成家庭關係不佳。

2.沉溺虛擬關係：長期的與電腦為伍，很容易建立一些虛擬的人際關係，結交同性或異性網友，甚至更換自己的性別、年齡、隱瞞自己真實的身分結交網友，讓自己活在另一個虛擬世界。

3.被欺騙感情：一旦網路交友成形，基於對感情的渴望、性的好奇與需求，很容易被騙感情，或發展一夜情。

4.影響發展正常的社會行為：青少年正值發展同儕同性與異性友誼的一個關鍵期，若沉迷於網路，自然會離群索居，把自己封閉在一人的世界，影響正常同儕間的人際互動。李德治等人（2014）更指出，網路成癮對校園霸凌行為具顯著的正相關。

◆網路成癮對學業的影響

1.學習時間失序：由於熬夜上網，常造成早上無法準時起床，導致上學遲到，或上課無精打采、打瞌睡，甚至光明正大的睡覺。

2.影響學業成績：由於上網的時間過長，常排擠了讀書的時間，以至於作業無法按時完成，考試成績不佳。鄭照順與鄒浮安（2011）研究指出，網路成癮會造成作息失序，導致學業退步。衛生福利部在2016年全國網路使用行為調查報告顯示，網路成癮學業專注力會被分散。

(八)網路成癮預防與處遇

◆具備網路使用之基本知識技術

父母並不一定要是網路高手，但是必須具備基本的網路使用知識和技巧，最好能共同和孩子討論上網的相關話題，或者是共同上網，並且瞭解他們常去的聊天室或電子布告欄。加強家長與教育者的資訊科技運用能力，並強化專業助人團體應用資訊科技作為服務的介入點，讓社工與輔導人員主動進入情色聊天室和青少年對話，主動散布求助資源及訊息。

◆瞭解並接納青少年的網路使用行為

接納他們的網路生活，但要告誡他們其中潛在的危險與應對的方法，父母必須瞭解自己兒女的網路使用行為、瀏覽網站類型，而且避免責難式的詢問，應該詢問他們最喜歡的網站類型以及原因。最好是和子女同坐在電腦前，讓他們帶領你去他們最常上的網站或聊天室，瞭解他們的網友、談話內容、在網路的行為，而且以開明的態度，和他們聊聊他們的網友，瞭解他們的虛擬社群成員。

◆將電腦放在你可以看見的地方

青少年總會要求隱私權，但父母必須權衡輕重給予適當而不過度的隱私，網路猶如是通往大千世界的一把鑰匙，不應賦予孩子使用網路有過度的隱私權。不要將有上網設備的電腦放在孩子房間內，應該將它們放在例如客廳的公共區域，以便就近監控。如果電腦放在孩子的房間中，則盡量避免孩子把門關起來上網，並且多注意孩子的平常生活起居。

◆訂定適當的規則

由於使用網路不只有娛樂的作用，更有教育學習的意義。所以父母通常對兒女使用網路採取鼓勵及包容的態度。但過度的縱容容易造成網路沉迷，父母親應該訂定適當的使用規則，包括每次使用的時間限制。

◆色情網站的監控及限制：利用網路使用紀錄監控軟體

關於色情網站方面，除了給予適當的性教育之外，還可以善用各種的網路使用紀錄監控軟體來記錄、管制孩子們的網路使用行為，這些軟體有的可以記錄下他們所瀏覽的網頁、每個網頁停留的時間、收發的電子郵件、聊天室的談話內容，保護青少年，避免誤入色情、暴力、賭博網站、封鎖惡意程式之廣告視窗。

◆防止網路成癮造成拒學

近年來，提供網路連線遊戲、寬頻上網設備以及舒適環境的網路咖啡，已經成為時下青少年最愛的休閒場所，網路成癮和拒學是密不可分的，如果不正視孩子的網路成癮，最終會造成拒學症。

◆親師提高覺察力

在孩子探索於網路世界時，身為家長或教師的成人有責任引導他們，因此我們必須清楚網路上有什麼，他們在其中做什麼，以及網路如何演變。

(九)輔導建議

訓練青少年的控制力、對規則的遵守、建立多元正當的休閒活動是相當重要的議題，建議網路世代的父母，應該從小學就注意網路時間的規劃和限制。針對網路成癮青少年進行持續三個月的研究後指出，焦點解決取向團體諮商對青少年網路成癮行為之「耐受向度」、「戒癮向度」及「生活功能問題向度」等三方面，均有顯著正向的改變效果。

◆教育預防模式

網路成癮的輔導策略已被確認應採多元管道、多元策略之觀點，因此，因應校園網路成癮問題之日趨嚴重，學校要建立以多元管道、多元策略為基礎之校園網路成癮五級預防模式，亦即為校園之五層次網路成癮防治機制。心理衛生工作向來有所謂的三級預防模式，而此所謂之五級預防模式即在原有之三級預防模式外，於初級預防層次前加上更積極之健康促進層次，而在初級預防與次級預防之間再加上預警制度層次，以使原有之心理衛生三級預防概念更為周延與完整。校園網路成癮問題五級預防模式之防治機制依序為：

1.健康促進層次：

(1)定義：健康促進的重點不只是在預防網路成癮與其他網路心理問題的發生，更要以積極的作為以促進學校師生的網路心理健康，目的在增進學校師生的網路正向使用能力，運用網路以作為提升其心理健康、學習成效與生活知能的工具，透過提升全校師生網路使用能力與網路安全觀念，並建立網路專業倫理、使用者行為規範與優質網路文化，以建構優質的網路輔導、學習與生活環境，而達到善用網路以提升心理健康、學習效能與生活品質，以期能發展有利健康促進之網路心理健康環境。

(2)具體做法：提升網路使用的專業知能，提供健康使用網路的師生研習課程，並強化網路專業倫理，加強網路服務提供者的專業倫理教育、推動網路服務使用者的網路倫理教育、制訂網路服務提供者的專業倫理守則。

2.初級預防層次：

(1)定義：初級預防的重點在透過發展性與預防性的網路心理健康措施，以避免全校師生網路成癮與心理健康問題的發生，目的在統整全校的資源，提供預防網路成癮與其他網路問題的發展性輔導策略，以期建構避免網路成癮與其他網路心理問題發生之學校環境，提升老師、學生與家長對網路成癮與其他網路心理問題之相關輔導知能，營造學校師生之間、學生同儕之間以及學生與家人之間的良好互動關係，推動積極的網路成癮與網路心理問題之預防策略，共同營造安全與健康的網路學習環境。

(2)具體做法：對學校老師提供網路成癮、網路心理健康與網路安全之輔導知能研習課程，對學生提供有關生涯規劃、人際關係、溝通技巧、提升自尊、學習輔導、時間規劃、自我監控等輔導活動與研習課程，包括透過團體輔導與班級座談的形式，對家長提供網路成癮、網路心理健康與網路安全之輔導知能研習課程。

3.預警制度層次：

(1)定義：建立全校師生之網路成癮與其他網路心理問題之預警系統，目的在統整校內資源，以建立共同發掘網路成癮與其他網路心理問題的預警機制，以進行早期介入、避免危險，及早提供校內師生所需之協助，可建立量化的預警指標，依問題之輕重程度，即時連結到次級或三級預防工作，以期早期發現與及時處理網路成癮與其他網路心理問題。

(2)具體做法：

①學務系統建立缺曠課狀況預警系統。

②輔導系統聯合學務系統建立學生身心狀況觀察與追蹤系統，透過量表篩檢、老師告知、家長告知或同儕回報，以早期發現與及時預防網路心理健康問題的發生。

③教務系統建立學生學習表現檢視系統，特別是對於學業表現

異常退步學生的篩檢與追蹤。教務、學務與輔導系統聯合建立對教師之教學、班級經營與師生互動之回饋系統。

4.次級預防層次：

(1)定義：次級預防的重點在針對全校師生網路成癮心理健康問題加以處理，必要時進行轉介以能充分應用心理健康專業人員，來處理已發現問題之網路成癮當事人，目的在針對已發生網路成癮問題之學生加以協助，以期能早期發現、早期處理，應用心理健康專業人員以協助其個人或家庭，能對全校師生之網路成癮與心理健康問題提供及時的協助，避免問題持續惡化。

(2)具體做法：對於由教師與家長轉介或由篩檢系統檢出之疑似網路成癮之學生，所提供之諮商協助程序包括：

①確立診斷：可運用量表或臨床診斷準則，先確定當事人是否為網路成癮。

②訂定目標：訂定適切的輔導目標，特別是能就網路與真實生活加以統整。

③實施處遇：施以「覺、知、處、行、控」等五步驟之諮商處遇，必要時應輔以休閒輔導與協助尋找替代網路成癮之正向活動。

④對網路成癮學生提供面談、電話、函件或網路之網路成癮團體諮商。

⑤納入導師與任課老師以共同協助網路成癮學生的輔導計畫，並提供網路成癮諮詢。

⑥納入家長以共同協助網路成癮學生的輔導計畫，並提供網路成癮諮詢。

⑦納入學生同儕以共同協助網路成癮學生的輔導計畫。

⑧輔導室聯合教務與學務系統的網路成癮學生輔導計畫。

5.三級預防層次：

(1)定義：三級預防的重點在避免網路成癮與網路心理健康問題在校園中擴散與蔓延，目的在發現校園重複發生網路成癮與網路心理健康問題，並有惡化之趨勢，為避免問題之擴散及蔓延，應以系統的觀點，除針對個別師生所發生之網路成癮與網路心理健康問題事件進行追蹤之外，並對於學校組織系統與所處之社區系統加以檢討與調整，以找出導致校園網路成癮與網路心理健康問題之系統性因素加以調整，必要時進行轉介以應用心理健康專業人員，以避免問題在學校中持續擴大。

(2)具體做法：

①建立特約心理諮商、心理治療、精神醫療等網路成癮問題之轉介系統。

②聯合全校資源以建立學校網路成癮與網路心理健康問題之危機處理機制。

③對網路成癮學生之班級與友伴提供網路成癮問題之篩檢與預防輔導。

④對網路成癮學生之導師與任課老師提供網路成癮、教學技巧與班級經營之因應研討。

⑤對網路成癮學生之家長實施網路成癮之諮詢與親職教育。

由於網路成癮問題之發生成因與輔導策略均與校園環境之系統脈絡有關，上述五層次之健康促進、初級預防、預警制度、次級預防與三級預防的整體措施與概念，構成了校園網路成癮五級預防模式，可藉以結合校內外資源，以創造有利於網路成癮當事人改變的情境，其立即目標在求網路成癮問題的控制與減少，其最終目標則為建立全校性的網路成癮防治機制，與進一步建構校園與學區的優質網路心理健康環境。

◆家長方面

1.網路是工具，少年宜分辨主從關係，家長與師長應多加瞭解少年的心理需求與網路活動內容。

2.學生高度使用網路的現象可能有其特殊性，應多加觀察避免造成日後進入社會的阻礙（聯合行銷研究股份有限公司，2017）。

3.106年網路使用行為調查顯示，我國十二歲以上民眾約有5.0%屬於網路沉迷風險群，較104年（3.5%）增加（聯合行銷研究股份有限公司，2017）。父母應關家關心少年的上網情況與電腦設備。

4.重視家庭休閒活動的提供與安排，讓少年有適當的休閒管道。

◆社會方面

1.媒體應負起正面教育的責任：媒體對於網咖業者勿僅是負面報導，過度渲染其為不良場所。

2.制訂並落實相關法令的執行：網咖管理條例的確實執行，需各縣市能有一致的做法，距離學校遠近不是問題，問題在於業者是否能確實執行相關法規。

3.廣泛建立休閒資訊圖書館：將網咖設備確實朝「休閒資訊圖書館」發展，區隔空間方便每一位使用者。

4.軟體業者的設計：遊戲的情境設計宜採正面積極的情境取代，避免攻擊性和賭博性引起青少年行為和態度上的學習模仿；遊戲畫面也要避免可能帶給青少年創傷性經驗。

十七、未婚懷孕與生子

JustDating APP調查發現，台灣年輕男女首次發生一夜情的平均年齡是十九歲，相較於亞洲其他國家的首次發生一夜情平均年齡二十一歲，低了兩歲，居亞洲之冠；2015年有三千多嬰兒是未滿二十歲的青少女所生，平均每天都有8.8名嬰兒是小媽媽生產，死產率也高於全國平均達2.11%（畢翠絲，2017）。

(一)青少年未婚懷孕成因

1.性觀念與性行為大幅開放：青少年存著「就是不知道才找答案」的心態，勇於從事性探索。

2.性知識普遍不足：如避孕的正確方法，性行為受孕的狀況處理等。

3.坊間的性資訊氾濫：如報章雜誌、色情網路等，不斷的聲色刺激很容易挑起血氣方剛的青少年情慾。

4.心存僥倖：以為偶爾一次應該不會倒楣「中獎」，卻不知有一次就很容易會有第二次，次數多了，受孕機會就會直線上升。

5.情境的刺激：男女戀愛，喜歡找有情調、環境好、人又少的場所，由於浪漫的氣氛感染很容易就擦槍走火，發生超友誼的關係。

6.家庭因素：據Miller與Moore（1990）指出，單親家庭的青少年比雙親家庭的青少年有較早發生性行為的傾向。溫暖的家庭氣氛、隨時給予子女支持及願與子女溝通的父母，其子女會延緩早期性行為的發生（引自劉盛男，2007）。

此外，Peterson與Crockett（1992）提出四個會影響青少年性行為和未婚懷孕的相關成因包括：

1.生理因素：賀爾蒙對大腦的作用和外表成熟的改變。

2.性虐待：青春期的性虐待經驗有可能會影響少女的性行為和未婚懷孕與生子。

3.偏差行為或問題行為：傑瑟（Jessor, 1992）認為青少年的這些行為是因為他們想要變成成人。

4.規範的期待：社會期待會影響青少年進入不同的生活階段。

(二)未婚懷孕的影響

1.生理方面：由於身體尚未發育成熟，可能導致流產或早產。更常見的是不願讓父母知曉私自找密醫墮胎，不良的手術引起嚴重感染，子宮穿孔，大量出血，或麻藥過敏等後遺症。104年最小淋病患者僅十三歲，且不只一人，小男生、小女生都有感染者，疾管署指出，可能與網路交友普及、國人初次性行為年齡越來越低有關（畢翠絲，2017）。

2.心理方面：常會產生恐懼與憂慮，不知所措，擔心消息一旦曝光，一方面怕別人恥笑、排斥，另一方面則完全不知如何照顧即將來臨的小生命。

3.生涯發展方面：極可能因匆促決定結婚而造成學業中斷，走上一條不是自己原先規劃理想的生涯之路，因而悔恨終身。

(三)未婚懷孕的處理方式

1.墮胎：似乎是最容易去除心腹大患的方法，但是在《優生保健法》限制下，如果沒有徵得監護人的同意，手術如何進行呢？況且墮胎容易引起併發症及後遺症，而且如果沒有專業的心理輔導，恐怕又會在心頭留下陰影，並可能重蹈一再懷孕、墮胎的覆轍。

2.結婚：看似圓滿的大結局，但在男女雙方可能心智上都不成熟的情況下，奉兒女之命的婚姻，不但結婚品質不佳，將來成為離婚怨偶的比例也非常高。

3.生下孩子自己養：不但家人可能不諒解，而且經濟狀況堪憂，學生媽媽也可能因此輟學。

4.生下孩子由他人領養：此法是「不得已」之中較為可行的，若能重新思考，看重生命價值，對日後生涯抉擇是一大轉機。

(四)避免未婚懷孕生子的處遇原則

1.擴大性教育措施：包括性教育內容與性教育年齡層的擴大，瑞典七歲時就進行性教育，此外，也應教導青少年做決定的能力。

2.增加獲得避孕措施的管道：例如學校保健室或醫務中心均是提供避孕措施知識的最佳場所。

3.提供青少年更多的生涯選擇：許多未婚懷孕少女擁有的社會資源有限，應改變青少年的生涯選擇機會，避免青少年有懷孕或生育的動機。

4.加強社區參與及支持：除學校外，應擴充至社區層面。

十八、性侵害

(一)定義

1.根據衛生福利部「衛生福利e寶箱」定義：只要一切不受到歡迎的、與性或性別有關，會讓您感到不舒服不自在、覺得被冒犯、被侮辱的言行舉止。在嚴重的情況下，甚至會影響到您就學或就業機會的表現，或影響日常生活之進行，就可能構成性騷擾。

2.根據《性侵害犯罪防治法》第2條規定：本法所稱性侵害犯罪，係指觸犯《刑法》第221條至第229條、第332條第二項第二款、第334條第二項第二款、第348條第二項第一款及其特別法之罪。亦即以《刑法》16章之「妨害性自主罪」，涉及侵害個人性自主權之犯罪為規範。

(二)類型

◆愛米爾（Amir）之分類

1.突發性（explosive）之性傷害行為：此類型之加害者充滿對性慾望之衝動，當其巧遇目標且有機可乘時便立刻下手；此類型者以種族間（out-racial）及陌生人居多。

2.計劃性之性傷害行為：此類型者對其犯罪行為會事先計劃，加害者以種族內（inter-racial）及認識者居多。

◆吉柏哈德等人（Gehard et al.）之分類

1.性虐待狂者（sadists）：此類型之性行為必伴隨暴力產生，否則無法獲致身心之滿足，除有強烈之暴力傾向外，在潛意識中對女性懷有敵意。

2.道德偏差者（amoral delinquents）：此類型對女性並無敵意，只是採取以自我為中心之享樂主義（egocentric hedonists），目的在於女性順服並滿足其慾求。

3.醉酒者（durnken variety）：此類型者認為被害者正在引誘他，或在酒後對女性造成性傷害。

4.突發性者（explosive）：此類型者平常表現出循規蹈矩，但因某些情況及機會下突然向女性做性攻擊行為。

5.雙重標準者（double standard）：此類型者將女性分成好女性與壞女性，而對壞女性產生性傷害是合理行為且是被害者罪有應得。

◆史奈德（Schneider）之分類

1.攻擊型：此類型加害者常對被害者施予攻擊，使被害者遭受明顯之外傷，性行為只是加害者用以侮辱被害者之手段，此類型之強暴加害者常是被女性侮辱或傷害過而施以報復者。

2.征服型：此類型加害者對女性有強烈之征服及占有慾望，以表現出勇者氣概，他們認為女性之反抗行為只是一種表象，事實上女性在心裡也渴望被強暴。

3.虐待型：此類型加害者以被害者之無助與痛苦來達到其快感與滿足，也可能因手段不當而造成被害者死亡。

4.集體型：此類型加害者大抵發生在青少年（十四歲至二十一歲）階段，加害者可能只希望在同儕團體中證明其勇氣、膽量與團隊精神，以維持其在團體中之地位。

5.衝動型：此類型加害者常具有性衝動性格，且利用各種可能實施強暴之機會對被害者加以性攻擊。

◆葛洛斯（Grogh）之分類

1.憤怒型（anger rape）：此類型加害者以性行為作為表達和發洩心中憤怒及痛苦之手段，並藉由各種傷害行為及言語侮辱傷害被害者，加害者常認為他被誤解、侮辱或不公平地對待，故以強暴手段來抒解他的憤怒與不滿，並達到報復之目的。

2.權力型（power rape）：此類型加害者的主要動機是權力與控制，性行為的目的並非在傷害對方，而是一種內心不合適感的補償作用，是一種表達其權威及控制能力的表現，性行為只是要被害者臣服的一種象徵。

3.虐待型（sadistic rape）：此類型加害者將性行為與暴力攻擊加以結合，他將憤怒與權力轉化成性慾，享受被害者在行為過程中被折磨、痛苦、無助及求饒神情，類似變態性行為。

(三)性侵害犯罪理論

◆性別歧視論（gender inequality theory）

此論者大多為女性主義者，他們認為強暴（rape）是父權社會中之一種社會控制方式，而現存之父系社會有利於強暴犯罪之產生，因父系社會體系下，社會刻意創造出一個性別不平等之環境，使女性成為社會中之附屬地位，強暴及女性對強暴之恐懼，使得男性以維持自身權力以超越女性，並進而使一個既存在性角色化制度之不公平社會繼續維持下去。此外，克拉克及雷維斯（Clark & Lewis）之研究結果亦指出，強暴最可能產生在將女性視為男性「性的」以及「生殖所有物」之社會中，男性為了維持其特權及強制執行其性權力，常會施以威脅及暴力形式。魯色

（Russell）則認為，男性之所以採取強暴行為，乃基於對女權運動及女性追求性別地位平等希望之恐懼所採取之手段，用以維護男性自尊之地位。

◆暴力容許論（legitimate violence）

此論者指出，兩個愈贊成使用暴力以追求社會目標（如學校秩序及社會控制）之社會，也愈容易將此暴力現象轉化到社會之其他現象中，亦即容許使用較多「合法暴力」之社會（如家庭或性方面之議題），必然會產生較多之「非法暴力」行為。

◆色情傳媒感染論（pornography）

1.色情傳媒與性傷害無相關論：持此觀點者認為及至目前為止，並無明顯之證據足以證明性傷害行為與色情傳媒間具有模仿、學習或促進作用，雖然他們並不否認某些色情傳媒可能對某些特殊性傷害犯罪具有促進作用，但在統計上並無明顯證明其相關性，因而對色情傳媒採取較寬鬆之檢審管制政策。

2.色情傳媒與性傷害負相關論：持此觀點者認為，色情傳媒對個人而言，具有宣洩作用，他們指出色情傳媒對個體之性成熟與發展具有積極性之幫助，如許多持性教育開放者及心理治療之醫師，便支持色情傳媒對某些性抑制者具有協助其過度性焦慮之功能，且色情傳媒也可能具有性教育功能，使人在心態上減除性行為是一種罪惡之功能。

3.色情傳媒與性傷害正相關論：持此觀點者則認為，色情傳媒對性暴力傷害具有正面學習、煽惑及助長效果，此又分為兩派觀點：

(1)道德汙染論：支持此觀點者大多為宗教家或道德家，他們認為色情傳媒會腐蝕男性之精神本質，使男性失去道德規範意志。

(2)迫害女性論：支持此觀點者大多為女性主義者，他們認為色情傳媒之內容極盡物化、矮化及羞辱女性，使女生成為被宰制的工具，並強化男性在社會中主宰、主導與女性只是附屬地位之性別刻板化印象，尤其色情傳媒中散播性角色偏執之觀念及提供對女性攻擊之示範，使女性有被害之深刻感受。

◆社會解組論（social disorganization theory）

持此論者指出，社會變遷結果，新舊規範間之矛盾、衝突所引起之社會解組現象，一般的支持系統（如家庭、社區、鄰里等）之社會控制力逐漸喪失，社會產生多元的社會問題，當社會解組現象愈嚴重，愈容易產生犯罪行為，同時也有比較高之強暴率。

十九、青少年的次文化

(一)定義

青少年一方面必須適應父母世代的主流文化規範，一方面也必須適應屬於自己世代的生活方式，滿足自己在生活、心理與成長需求，於是新生代自然的發展出生活型態、行為規範以及價值觀，稱之為青少年次文化。

(二)特徵

1.崇尚流行。
2.從事消遣性與娛樂性的休閒活動。
3.與同儕團體有密切關係。
4.存在性別間的差異。

(三)特色

1.喜歡去熱鬧的地方。

2.不喜歡受拘束。

3.喜歡有個性與時尚感的商品。

4.喜歡各式休閒活動。

5.常有煩惱。

二十、當前青少年面對的難題

1.大環境壓力引發的問題，例如兩岸互動、天災人禍、失業、重大傳染性疾病威脅。

2.家庭困境問題，例如親子關係、家庭解組、父母管教、新住民生活等。

3.兩性議題，例如與異性交往、性侵害問題等。

4.教育問題，例如教育政策多變、教育引發的親子溝通問題等。

5.價值觀問題，例如多元社會價值觀分歧問題。

6.少年犯罪、校園暴力、霸凌問題。

7.國家認同迷惑，例如政黨對立、國家認同的冷漠。

8.藥物濫用、網路成癮。

9.心理適應、精神疾病。

10.生涯問題，例如生涯發展的不確定性、學非所用等問題。

二十一、麥霍特的「危機樹」觀點

麥霍特（McWhirter）的危機樹（at-risk tree）觀點是以土壤、樹根、樹幹、樹枝及果實等各個樹木部分，比喻青少年的不同成長環境和狀況，分述如下：

1.土壤：比喻社會環境因素，如家庭經濟狀況、文化因素及社會變遷等環境，單親家庭、低收入家庭、雙職家庭、網路文化等均可列入這部分。

2.樹根：將家庭功能不良及學校環境限制比喻為「危機樹」的兩大主根。當父母離婚或學校過於重視成績，缺乏生活技能及探索自我的課程，「樹根」便無法供應健康的養分給樹木。

3.樹幹：比喻青少年個人特質上的缺陷，包括個人行為、態度、技能、喜好等方面，出現憂鬱、焦慮、自卑等情況，通常經由家庭和學校兩大主根傳送而來。

4.樹枝：形容青少年結交不良同儕，沾染陋習，以致產生危機行為。危機行為分為五個類型，分別是：(1)輟學；(2)濫藥；(3)不安全的性行為；(4)犯罪；(5)自殺。

5.樹葉、花朵與果實：指有危機行為的青少年在貧瘠的「土壤」下，無法吸收養分，以致其「樹幹」和「樹枝」不健康，最終產生受傷、異狀與容易掉落的「樹葉」、「花朵」和「果實」（比喻產生危機行為）。

由於危機青少年的「果實」營養不良，就算落在土壤，只有孕育出下一代的「危機樹」，意指有危機行為的青少年所生的子女，受到父母影響，長大後很大機會會成為有危機行為的青少年。

參考文獻

方紫微（2010）。〈網路沉迷、因應、孤寂感與網路社會支持之關係：男女大學生之比較〉。《國立台灣師範大學教育心理與輔導學系教育心理學報》，41，4，773-798。

王宗松、鍾鼎（2009）。〈科技大學學生網路使用分析〉。《大仁學報》，35，53-66。

吳亮儀（2017）。〈家長注意！衛福部：國中男生最易沉迷網路遊戲〉。《自由時報。檢索日期：2018.03.23。網址：http://news.ltn.com.tw/。

李卓穎、楊士隆（2011）。〈高中職同儕間霸凌行為及其因應策略之研究——以花蓮地區為例〉。《青少年犯罪防治研究期刊》，3，1，81-131。

李思賢、林國甯、楊浩然、傅麗安、劉筱雯、李商琪（2009）。〈青少年毒品戒治者對藥物濫用之認知、態度、行為與因應方式研究〉。《青少年犯罪防治研究期刊》，1，1，1-28。

李淑貞譯（2007）。Minton, S. J., & O' Moore, M.原著。《無霸凌校園：給學校、教師和家長的指導手冊》。台北市：五南圖書。

李德治、林思行、吳德邦、謝正煌（2014）。〈國小學童線上遊戲、網路成癮與校園霸凌之關聯〉。《台中教育大學學報》，28(1)，23-44。

岡田尊司（2017）。《孤獨的冷漠：逃避型依戀障礙的分析與修復》。台北市：聯合文學。

林秀怡（2011）。〈性別、緊張及青少年偏差與犯罪行為之實徵研究——一般化緊張理論之驗證〉。中央警察大學犯罪防治研究所博士論文。

林彥彤（2016）。〈青少年網路成癮 研究發現與學業太無聊有關〉。《自由時報》。檢索日期：2018.03.23。網址：http://news.ltn.com.tw/。

林璟薰、林錦煌（2010）。南台科技大學資訊管理學系主辦之數位教學暨資訊實務研討會，頁669-688。

姜得勝（2011）。〈國民中小學「友善校園」營造之道：從「桃園縣八德國中」事件談起〉。《台灣教育》，668，13-19。

柯志鴻（2006）。〈如何預防青少年網路成癮？〉。《高醫醫訊月刊》，26，5，10。

柯慧貞（2015）。《104年學生網路使用情形調查報告》。教育部委託國立成功大學、亞洲大學執行。

孫敏芝（2010）。〈提升兒童社會情緒能力之學習：美國SEL教育方案經驗之啟示〉。《幼兒教保研究期刊》，5，98-116。

晏涵文、劉潔心、馮嘉玉（2009）。〈青少年網路交友與約會、婚前性行為影響因素探討〉。《台灣公共衛生雜誌》，28，4，322-332。

張信務（2007）。〈營造友善校園——「從去霸凌開始」〉。《北縣教育》，61，31-35。

張高賓（2009）。〈父母教養態度、家庭心理環境與青少年網路成癮之相關研究〉。《家庭教育與諮商學刊》，6，93-117。

張朝忠（2006）。〈分部式慈輝專班對中輟生在一般課程、技藝課程及家庭觀念影響之質性研究——以台南縣永仁國中慈輝班為例〉。中山學教育研究所碩士論文。

張榮顯、楊幸真（2010）。〈玩耍？霸凌？國小高年級男童性霸凌者經驗之探究〉。《教育學誌》，24，41-72。

張德聰（2013）。《青少年心理與輔導》。新北市：國立空大。

張瓊娥、陳光榮（2011）。〈以習慣領域理論來建立「避免網路成癮」之模式〉。《習慣領域期刊》，2，2，39-54。

教育部（2011a）。〈霸凌行為定義、態樣與特質〉。防治校園霸凌專區。網址：http://140.111.1.88/download/?p=7。

教育部（2011b）。〈網路霸凌的定義〉。反暴力霸凌安全學校。網址：http://www.peacefulschool.org/。

畢翠絲（2017）。〈台人平均19歲初嘗一夜情。專家：青少年應避免性行為〉。風向新聞。檢索日期：2018.03.24。網址：https://kairos.news/。

章文（2010）。〈傷害青少年 語言霸凌更甚行動霸凌〉。《台灣醒報》。99/03/06。網址：http://www.anntw.com/。

連廷嘉（2007）。〈焦點解決取向團體諮商對青少年網路成癮行為之成效研究〉。《諮商輔導學報》，17，39-64。

連廷嘉、高登第（2012）。《青少年文化、心理與輔導》。台北市：學富文化。

郭靜晃、吳幸玲譯（2007）。《發展心理學》。新北市：揚智文化。

陳怡儒、鄭瑞隆、陳慈幸（2010）。〈少年網路霸凌被害因素研究——以日常活動被害理論分析〉。《青少年犯罪防治研究期刊》，2，2，100-140。

陳冠名（2007）。〈青少年網路沉迷之研究〉。《實踐博雅學報》，7，53-101。

陸美如（2009）。〈高中生網路遊戲使用現況、人際關係、人格特質與網路成癮關係之研究〉。《教育學誌》，20，81-120。

馮燕（2008）。〈社區兒童及少年發展服務〉。載於馮燕、張紉、賴月蜜主編之《兒童及少年福利》，頁307-332。

黃天、谷芊、邱妍祥（2007）。《青少年發展與輔導》。台北市：考用出版公司。

黃天佑、黃士珍（2010）。〈國中生網路霸凌行為相關影響因素之研究〉。《資訊科學應用期刊》，6，2，1-16。

黃志成（2009）。〈少年網路成癮對發展上負向的影響〉。《網護情報》，第33期，A版，98/04/05出版。

黃德祥（2016）。《青少年發展與輔導精要》。台北市：考用出版社。

楊士隆、吳志揚、李宗憲（2010）。〈青少年藥物濫用、藥物濫用防治和藥物濫用〉。《青少年犯罪防治研究期刊》，2，2，1-20。

楊志偉、羅中廷（2006）。〈青少年網路成癮：病例報告〉。《台灣家庭醫學雜誌》，16，64-71。

雷新俊（2009）。〈校園霸凌事件的防治與輔導〉。《國教之友》，60，4，33-41。

褚志鵬、林珍如、陳國文（2008）。〈高中學生網路使用行為、成癮狀況及戒減自我效能之調查研究〉。《健康管理學刊》，6，1，73-93。

劉子利、徐錦興、蔡存裕（2010）。〈國小學童網路成癮及網路素養現況之研究——以雲林縣斗六市為例〉。《人文社會科學研究》，4，1，13-49。

劉玉玲（2005）。《青少年發展——危機與轉機》。新北市：揚智文化。

劉玉玲（2007）。《生涯發展與心理輔導》。台北市：心理。

劉玉玲（2016）。《青少年發展與輔導：認知、情意與關懷》。台北市：高教出版。

劉盛男（2007）。〈青少年早期性行為及其影響因素之探討〉。《屏師特殊教育》，15，70-77。

蔡沛琪（2011）。〈國中小18.8%曾遭霸凌情勢惡化中〉。《台灣醒報》，檢索日期：2018.03.23。網址：http://www.anntw.com/。

衛生福利部（2005）。《少年事件處理法》。

衛生福利部（2015）。《兒童及少年福利與權益保障法》。

衛生福利部（2016）。〈2016年全國網路使用行為調查報告〉。檢索日期：2018.03.23。網址：http://tobacco.hpa.gov.tw/。

衛生福利部國民健康署（2016）。〈青少年吸菸行為調查結果〉。檢索日期：2018.03.23。網址：http://tobacco.hpa.gov.tw/。

鄧煌發（2007）。〈校園安全防護措施之探討——校園槍擊、校園霸凌等暴行事件之防治。《中等教育》，58，5，8-29。

鄭天澤、陳麗霞（2017）。〈2017年台灣寬頻網路使用調查報告〉。台灣網路資訊中心。檢索日期：2018。網址：https://www.twnic.net.tw/。

鄭照順、鄒浮安（2011）。〈大學生網路使用行為與網路影響之研究——以高苑科技大學為例〉。《高苑學報》，17，2，119-134。

黎士鳴、鍾天鳴（2017）。〈網路成癮國中中輟學生之案例分析〉。《台灣教育評論月刊》，2017，6(10)，121-126。

聯合行銷研究股份有限公司（2017）。《「網路沉迷研究」報告》。國家發展委員會委託調查。

謝龍卿（2004）。〈青少年網路使用與網路成癮現象之相關研究〉。《台中師院學報》，18，2，19-44。

韓佩凌、鄔佩麗、陳淑惠、張郁雯（2007）。〈北部高中職學生網路沉迷模式之徑路分析研究〉。《心理學報》，38，3，355-373。

顏正芳（2010）。〈兒童青少年校園霸凌經驗和心理健康之關聯性〉。《台灣精神醫學》，24，1，3-13。

魏希聖、李致中、王宛雯（2006）。〈高中職學生網路成癮之危險因子與偏差行為研究：以台中縣霧峰大里地區為例〉。《台中教育大學學報》，20(1)，89-105。

Baldwin, R., & Wild, R. (2004). Management of depression in later life. *Advances in Psychiatric Treatment, 10*, 131-139.

Bandura, A. (1977). *Social Learning Theory*. Englewood Cliffs, N. J.: Prentice Hall.

Dowdell, E. B., Burgess, A. W., & Flores, J. R. (2011). Online social networking patterns among adolescents, young adults, and sexual offenders. *American Journal of Nursing, 111*(7), 28-36.

Duncan, N., & Owens, L. (2011). Bullying, social power and heteronormativity: Girls' constructions of popularity. *Children & Society, 25*(4), 306-316.

Gonzalez-Forteza, C., Torres, C. S., Tapia, A. J., Fernandez, I. H., Gonzalez-Gonzalez, A., Garcia, F. J., Medina-Mora, M. E., & Mejia, H. F. V. (2011). Reliability and validity of the depression scale CES-D in high school and college students from Mexico city: Results from a census. *Salud Mental, 34*(1), 53-59.

Havighurt, R. J. (1972). *Developmental Tasks and Education* (2nd ed.). N.Y.: Mckay.

Jacobs, D. G., Baldnessarini, R. J., Meltzer, H., Conwell, Y., Pfeffer, C. R., Fawcett, J. A., Simmon, R., & Horton, L. (2003). *Practice Guideline for the Assessment and Treatment of Patients with Suicidal Behaviors*. Washington, DC: American Psychiatric Association.

Kelly, A. B., O'Flaherty, M., Connor, J. P., Homel, R., Toumbourou, J. W., Patton, G. C., & Williams, J. (2011). The influence of parents, siblings and peers on pre- and early-teen smoking: A multilevel model. *Drug and Alcohol Review, 3*(4), 381-387.

Kohlberg, L. (1969). *Essays on Moral Development-The Psychology of Moral Development, Vol. 2*. N.Y.: Harper and Row.

Li, Y. B., Lynch, A. D., Kalvin, C., Liu, J. J., & Lerner, R. M. (2011). Peer relationships as a context for the development of school engagement during early adolescence. *International Journal of Behavioral Development, 35*(4), 329-342.

McQueeny, T., Padula, C, B., Price, J., Medina, K. L., Logan, P., & Tapert, S. F. (2011). Gender effects on amygdala morphometry in adolescent marijuana users. *Behavioural Bain Ressarch, 224*(1), 128-134.

Piaget, J. (1950). *The Child's Conception of Number.* London: Poutledge & Kegan Paul.

Piko, B. F., & Fitzpatrick, K. M. (2003). Depressive symptom atology among Hungarian youth: a risk and protective factors approach. *American Journal of Orthopsyhiatry, 73*, 44-54.

Rauscher, E. (2011). Producing adulthood: Adolescent employment, fertility, and the life course. *Social Science Research, 40*(2), 552-571.

Schwartze, D., Sowa, M., Bormann, B., Brix, C., Wick, K., Strauss, B., & Berger, U. (2011). Effectiveness of the school-based prevention program TOPP on factors influencing adiposity in Thuringian schools. *Bundesgesundheitsblatt-*

Gesundheitsforschung-Gesundheitsschutz, 54(3), 349-356.

Smyth, B. P., Kelly, A., & Cox, G. (2011). Decline in age of drinking onset in Ireland, gender and per capita alcohol consumption. *Alcohol and Alcoholism, 46*(4), 478-484.

Zhu, B. P., Liu, M., Wang, S. O., He, G. Q., Chen, D. H., & Shi, J. H. (2011). Cigarette-smoking among junior-high-school students in beijing, China, 1988. *International Journal of Epidemiology, 21*(5), 854-861.

Chapter

5

青年期

一、年齡界定
二、赫威斯特的發展任務論
三、熙海的發展理論
四、青年期的相關理論
五、生理發展
六、心理發展
七、社會發展

一、年齡界定

「青年期」的名稱和年齡界定，在文獻上有很大的差異，就名稱而言，除了「青年」的稱呼外，又有稱為「成年」或「成年前期」。就年齡而言，張春興（2007）認為青年期（adolescence）為自個體生理成熟到心理成熟的一段時期，大致自青春期開始約十一歲至十二歲，一直到二十一歲至二十二歲一段時期。Ashford等人（張宏哲、林哲立譯，2007）認為從二十二歲至三十四歲被視為一重要的人生階段，因為許多人生的重要角色都建基於此時期，稱為成年前期。本章所稱青年期，指二十歲至四十歲之人。行政院為展現「為年輕人找出路」之決心，針對我國青年世代面臨全球環境變遷所衍生之新興挑戰，以及生涯發展過程中面對之重要人生轉折，藉由傾聽及瞭解青年朋友之具體需求，並參考聯合國「世界青年行動綱領」揭櫫之政策面向，以及先進國家之青年政策重點，特集結各部會之力量及資源，訂定青年發展政策綱領。

青年發展政策綱領以「胸懷夢想創世代，在地全球皆舞台」為青年願景，並就健康、教育、公共參與、國際競爭、工作、成家等重要領域，以開展青年六項關鍵能力（健康力、創學力、公民力、全球力、就業力及幸福力）為施政目標，期能透過政府政策引導及資源挹注，同時兼顧性別平權及考量不同族群之多元文化，建立青年能夠發揮創意與實踐理想之友善環境，提供青年參與公共政策機會及肯定自我的舞台，從而協助青年在全球化的浪潮下開拓未來，引導青年立足在地、放眼國際，成為改變世界的全球公民。本綱領勾勒出全方位的青年發展政策架構，以作為實現青年發展願景之施政藍圖。其中有關本綱領之施政目標如下：

1.健康力——身心求均衡，活力又健康：青年能身心平衡，擁有健康生活及培養規律運動習慣。

2.創學力——學習有動力，生涯有方向：青年能獨立思考、自主學習並善用資訊，發揮創新與創意。

3.公民力——參與零距離，社會真善美：青年能積極參與公共事務、關懷社會、尊重及理解不同文化。

4.全球力——多元廣見聞，全球任翱翔：青年能具備國際競爭力，勇於迎向全球化挑戰，創造不凡成就。

5.就業力——學用有專精，快樂就創業：青年能發揮所學專長，獲得合宜薪酬，開創屬於自己的志業。

6.幸福力——居住能安定，成家好安心：青年能擁有合宜的安身居所，取得工作與生活的平衡，成就幸福家庭。

二、赫威斯特的發展任務論

人生發展是努力完成社會上所要求的任務過程，青年期的發展任務包括擇偶、婚姻生活、生兒育女、進修、職業選擇、社區活動及社交活動等，成年禮是文化上的習俗或儀式，是為了因應個人生理明顯改變而準備。說明如下：

(一)選擇配偶結婚

「男大當婚，女大當嫁」，這是人生發展一個重要的里程碑；「成家立業」也代表人生的重要發展階段；因此，在青年期的前期，就應該結交異性朋友，選擇合適對象走入婚姻。

(二)學習適應配偶並和睦相處過親密生活

夫妻來自不同的家庭，成長背景互異，再加上生物性別的不同，婚後要能過著甜蜜的生活誠屬不易，因此，雙方要學習適應對方，相互尊重，如此才能過著親密的婚姻生活。

(三)開始家庭生活及扮演父母角色

結婚之後建立新的家庭，開始過新的家庭生活，生活方式應是夫妻雙方共商且認同的；過一段時間之後，愛情的結晶誕生，夫妻開始扮演為人父母的新角色，此時最重要的是學習如何當父母。

(四)教養孩子並滿足其需要

「養兒方知父母恩」，這一句話深層的意思應該是「養兒育女是一件不容易的事情」，因此，如何當一位稱職的父母就顯得格外重要，而在教養上一個大原則就是先瞭解孩子在發展上的需要，然後適度的滿足其需求。

(五)學習處理家務事

家務事看來簡單，但其實也是一門學問，舉凡食物的購買、烹調和儲存；衣著被褥的購買、洗滌和儲存；住宅空間的設計、家具物品的堆放和清潔保養等都是非常繁瑣的事，必須加以學習才能做得更好。

(六)決定是否繼續求學或選擇工作

在此期的前期，正面臨升學與就業的抉擇，也就是高中職、專科、大學畢業後要升學還是就業，考量的因素很多，就個人內在因素如自己的生涯規劃，就外在的因素如家庭環境以及整個大社會環境。不過赫威斯特提出發展任務的觀點是在1972年的事，以現今台灣社會的觀點而言，應該是「活到老學到老」，或是「終身學習」，因此不管是高中職、專科、大學畢業，都可以考慮繼續升學，即使選擇就業，也應該在工作一段時間之後，配合工作的需要，再進學校作長期或短期進修，以增進自己在職場的競爭能力。

(七)參與社區活動及負起公民責任

人生所要涉入的事情很多，關懷社區、融入社區、多多參與社區活動，可以讓生活更精彩。此外，也應負起公民的責任，如服兵役、納稅、養兒育女等。

(八)建立良好社交友誼

人不能離群索居，要結交一些良朋益友，外向的人可能需要較多的朋友，內向的人也不能沒有朋友，不管重質或重量，都需要建立良好社交友誼。

三、熙海的發展理論

成年前期（約二十二歲至三十四歲）的心理認知發展較能以客觀的方式解決問題，熙海的發展理論（Sheehy, 1974）說明青年期各個階段的發展，從二十歲到四十歲，將發展歸納為三階段：

(一)第一階段（二十歲至三十歲）

其目標為努力學習獨立，這階段的青年人要為自己的升學、就業、婚姻作抉擇，並且要在此期間完成這三件大事。

(二)第二階段（三十歲以上）

其特徵為對自我及其擬擔當的角色重新定義，有些青年人發現所擔當的工作不適合其能力、性向，或在原來就業機構很難有所發展，因此想要轉業；此階段也有可能選擇不適合的職業，同時自己歸因於不瞭解自己的能力及缺點，而作了此項的決定，所以必須改變過去的決定，重新出發。

(三)第三階段（三十多歲至四十多歲）

其特徵為努力掙脫某些不好的經歷（包括婚姻不睦、離婚、喪偶、生病、失業、子女學業落後或行為偏差等），青年人努力掙脫這些不佳的經歷以維持其社會公民的責任。

四、青年期的相關理論

(一)艾瑞克遜的心理社會發展論（Erikson, 1963）

人生週期發展第六個時期發展任務為友愛親密（能與人建立親密關係），重要的人際關係焦點包括友誼、性、競爭、合作夥伴等；而發展危機則為孤獨、疏離。社會化發展良好才容易交到朋友，要先付出愛心，關懷別人，別人才能接納你，除了結交異性朋友與他建立互愛的關係外，成人也可結交幾位知己的同性朋友；成人結婚後也能維持夫妻間的互愛關係，組織健全的家庭。各階段所發展的信任、自主、自動自發、進取和自我認同等特性是親密關係得以發展的基礎，相反地，早期發展階段中未能解決的心理危機和衝突，將會在成年期再度呈現，影響個體與他人相處的關係，例如一個對自己肯定、接受自我的人，會比一個自我認同模糊、缺乏自信的人更容易信任和接受別人，因為他懂得「將心比心」（王梅君，2007）。

此外，還需與主管及同事調適良好，彼此互助合作，相處和諧，在鄰里、社區及社會，成人也要調適良好，與他人建立和睦的關係，成人從接受父母扶育，轉變至父母角色，可能發生的危機是夫妻關係緊張及適應問題，以及職業調適兩方面，若成人不能將其整個的自我與他人的自我相融合，就會產生孤獨感，與配偶及同事的關係易產生疏離情況，容易發生夫妻情感不睦、婚姻破裂及就業調適不良等情況。艾瑞克遜認為發展過程順序是由遺傳決定，每一階段能否順利渡過卻是由環境決定的，故此理論可稱為「心理社會發展」危機理論。

(二)舒伯的生涯發展理論（Super, 1980）

舒伯把生涯發展分為五期，說明如下（**表5-1**）：

1.成長期（growth）：從出生至十四歲左右，這個時期經由遊戲、電視媒體、家人觀察等方式，開始發展自我觀念。例如：我將來要當警察、我將來要當護士。

2.探索期（exploration）：約從十五歲至二十四歲，主要活動都在學校學習，透過考試、課外活動、工讀等，對自己的能力、興趣、人格特質有初步的瞭解，屬職業試探期。

表5-1　Super生涯發展階段論

階段	主要任務	
成長期 0～14歲	由重要他人的認同，發展自我概念，從需求與理想時期隨年紀增長漸重視能力和興趣的培養	1.發展自我形象 2.發展對工作世界正確態度並瞭解工作的意義
探索期 15～24歲	在日常各種活動及工作經驗中，進行自我檢討角色試探及職業探索	1.職業偏好漸漸具體化、特定化 2.實現職業偏好，發展合於現實的自我概念 3.學習開創較多的機會
建立期 25～44歲	確定選擇的職業領域，建立穩固的職業類別型態和地位	1.找到所期望的工作機會並投入 2.學習建立人群關係 3.確立職業的穩固性與職業中的重要性 4.生活和職業穩定
維持期 45～64歲	在職場上取得相當的地位，但較少有創意的表現	1.維持職業領域中既有的地位和成就 2.找出工作上新的難題 3.亦須發展新技巧
衰退期 65歲以上	身心狀況漸衰退從工作中退休，轉換新的角色，以不同方式滿足需求	1.使工作配合生理 2.發展非職業性角色，如轉移到無酬性服務工作

3.建立期（establishment）：約從二十五歲至四十四歲，生涯發展在此期成型，由最初職業逐漸穩定，至最後邁入職業穩定及專精的地步，在工作上有升遷的機會。
4.維持期（maintenance）：約從四十五歲至六十四歲，心態趨於保守，享受數十年的工作成果，但有些人則要面臨失敗和不如意的困境。
5.衰退期（decline）：約從六十五歲以上，準備退休，發展除了工作以外的新角色，維持生命的活力，以減少身心上的衰退。

(三)拉文森的生命四季論

心理學家拉文森（D. Levinson）與耶魯大學的同事研究成年男性發展過程所提出的生活架構理論，此理論焦點在於個體在家庭中的角色及其生命中的職業，拉文森認為進入職場的歷程必須先發展對該職業認同，並在職場中找到自己的定位，而將其生命階段分為成年前期、成年早期、成年中期、老年期四季（四期），稱為生命四季論。

當男人進入中高齡人生階段，因為身體會遇到無法抵抗的正常老化現象，所以生活架構一定會轉變。拉文森認為每個階段有自己的生活架構及課題，完成可奠定下階段有力的基礎，拉文森將成年前期及中期勾勒出八個發展階段，而該理論的核心為「生活架構」（life structure）的概念，乃指在某一個時刻，某成年人生活的基本型態，個人的生活架構反映出他的選擇，如結婚生子與職業等。根據拉文森的理論，成年人的生活階段是在穩定、動盪與過渡中輪流改變，他所提出的八個階段分述於下：

1.十七歲至二十二歲：脫離青少年期，對成年的生活作初步的選擇。
2.二十二歲至二十八歲：對感情、職業、友誼、價值觀及生活型態作初步的選擇。
3.二十八歲至三十三歲：生活架構的改變，或許是小的改變，但大多數的改變是重大的，且會造成壓力或危機。

4.三十三歲至四十歲：建立自己在社會中的立足點，為家庭及工作目標訂出時間表。

5.四十歲至四十五歲：生活架構成為問題，通常讓人對生命的意義、方向及價值產生疑問，開始想表達自我被忽略的部分。

6.四十五歲至五十歲：重新選擇並建立新的生活架構，個人必須投入新的任務。

7.五十歲至五十五歲：再進一步質疑及修改生活架構，在四十歲時沒有遇到危機的成年人此時很可能會遇到。

8.五十五歲至六十歲：建立新的生活架構，可以是人生中得到最大成就感的時候。

(四)心理發展理論

派克（R. Peck）的心理發展理論認為人生約在三十歲後期至四十歲階段，個體除必須面臨體能的逐漸衰退外，也面臨父母的病痛、死亡，以及子女的成熟和獨立，並經歷人際關係的轉變和斷層。但適應良好的中年人可運用新舊經驗作為解決新問題的指南，讓生活充滿意義與挑戰。因此，在此人生階段須改變原本從事的活動，重視個體的心理與社會發展變化。派克提出四項心理發展的成長危機作為中年期發展任務，中年發展任務理論（Developmental Tasks of Middle Age）成功適應的必要條件如下：

1.感情的投注由固執轉為彈性。

2.體力取向轉為智慧定位。

3.人際關係自性關係轉為社會化的結合。

4.心理活動以彈性對抗僵化。

(五)愛情

◆愛情元素

1.依附（attachment）：希望與對方在一起，並且有被對方喜愛的需求，不論對方去哪裡，我也很想跟著去；如果看不到對方，我會一直惦記著他；如果無法與對方長相廝守，我會很傷心等。

2.關懷（caring）：將對方的需求視為自己的需求；願意為對方付出的心態；關心他的一舉一動，體諒他的所作所為等。

3.親密（intimacy）：透過各種溝通方式與對方緊密契合；我們之間是無話不談的。

◆愛情發展的階段

1.刺激：外表、談吐。

2.價值：相似的看法、價值觀。

3.角色：社會條件（收入、教育程度、職業等）和社會角色期望。

◆愛情三角理論

史坦柏格（R. Sternberg）在《心理評論》（*Psychological Review*）裡發表了其著名的「愛情三角理論」（Triangular Theory of Love），對愛作出幾何學的假設。根據愛情三角理論，愛由三部分組成，包括：

1.親密（intimacy）：愛情一開始是一種心靈契合，感覺與所愛的人非常親近，因此和對方一起相處時，會感覺愉悅、舒服、心靈交會，有種相互歸屬的感覺，屬於愛情的心理向度（愛的情感層面元素）。親密性有下列十個特點：

(1)想要提升被愛者的福利。

(2)和被愛者體驗幸福。

(3)看重被愛者。

(4)在需要時可以仰賴被愛者。

(5)和被愛者相互瞭解。

(6)和被愛者分享個人的自我和所有物。

(7)從被愛者獲取情緒支持。

(8)給被愛者情緒支持。

(9)和被愛者有親密的溝通。

(10)在個人生命中珍愛被愛者。

2.激情（passion）：雙方關係令人興奮的部分，包含強烈的吸引力，想更多認識、更多接觸對方，也包含浪漫的感覺、外表的吸引力、身體的親密、性等（愛的動機層面元素）。

3.承諾（commitment）：激情與承諾組合而成，包括開始決定愛一個人，長期與對方相守的意願及決定，會為彼此的關係負責，一起面對未來，願意犧牲、奉獻，經營愛的關係。史坦柏格認為一對認識且交往不到一個月的戀人很快墜入愛河，並決定結婚，就是一種虛幻的愛（愛的認知層面元素）。

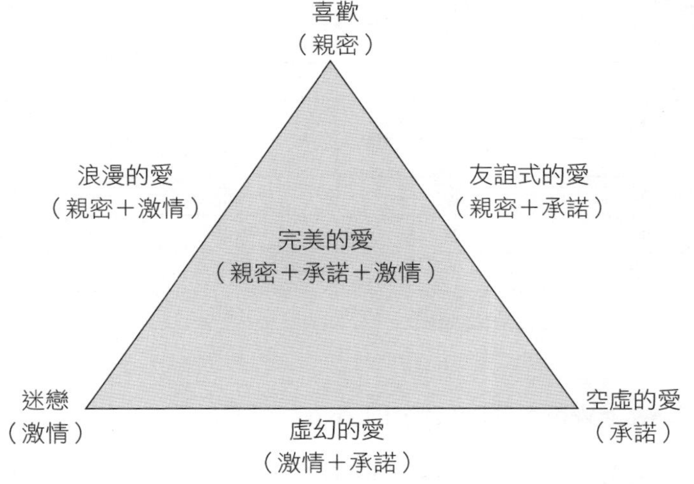

圖5-1　愛情三角理論

◆愛情的類型

激情、親密和承諾三大元素組成八種不同類型的愛情（**表5-2**）：

1.喜歡：僅有親密，而無其他兩者，例如友誼。
2.迷戀：僅有激情，而無其他兩者，例如著迷、一見鍾情。
3.空虛的愛：僅有承諾，而無其他兩者，例如只剩下空殼子、相敬如冰的婚姻關係。
4.浪漫的愛：擁有親密和激情，但無承諾，例如婚外情、夏日戀情。
5.虛幻的愛：擁有激情和承諾，但無親密，例如因對方的美貌而產生強烈的熱情，進而決定與對方相守。
6.友誼式的愛：擁有親密與承諾，但無激情，例如有些老夫老妻，互相扶持，彼此使個眼色，就可瞭解心意，可能就是這種愛情吧！
7.完美的愛：就是三者兼備的愛情，實在難！
8.無愛：三個成分都不具有。

表5-2　愛情的類型

愛情類型	親密	激情	承諾
喜歡	高	低	低
迷戀	低	高	低
空虛的愛	低	低	高
浪漫的愛	高	高	低
虛幻的愛	低	高	高
友誼式的愛	高	低	高
完美的愛	高	高	高
無愛	低	低	低

◆愛情之輪（Wheel Theory of Love）理論

雷斯（I. Reiss）以圓形圖式的方式，標示出這四個階段，每個階段通常占據了四分之一個圓，關係的發展如同順時鐘方向的運動，猶如輪子的轉動，關係遇到阻礙，就如同輪子逆時針轉動，而深厚的成熟之愛即是轉輪轉了許多圈（**圖5-2**）。

1.和諧投契（rapport）：此階段的特點是彼此相互信任、輕鬆自在、能夠彼此溝通與瞭解的融洽氣氛。這樣的氣氛會增進彼此願意更進一步溝通與發展的機會。當然也是因為雙方的家庭、文化背景等有某些相似才能發展至此。

2.自我揭露（self-revelation）：是一種信任的表現，也是雙方關係能否繼續發展的重點。

3.相互依賴（mutual dependency）：一個人較別人更瞭解對方，這種知識會促進雙方的依賴，此外，雙方發展相同的習性，就會互相期望，且指望對方執行自己特有的活動。

4.親密關係的滿足（personality need fulfillment）：覺得自己與對方有緊密的結合，並認為因為有愛情，生命顯得更有意義。

◆親密情感發展的階段

1.萌芽期：創造見面或接觸的機會，外貌與內在個性的相互吸引

2.發展期： 加深彼此的瞭解，保持理智觀察對方的行為品行。

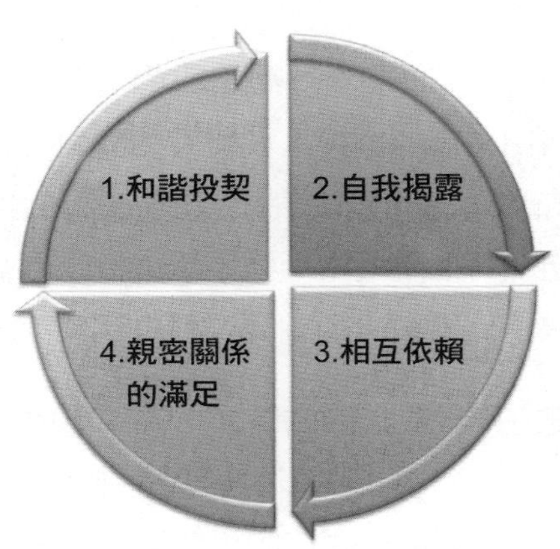

圖5-2　愛情之輪理論

3.質疑期：質疑對方是不是最適合自己的人。

4.適應期：雙方需誠心調整與學習。

5.承諾期：彼此承諾，各種人生計畫將對方考慮進來。

◆愛情態度理論

美國社會心理學家Rubin（1970）將愛情看作是個體對特定他人的多面性態度：

1.依戀：親和與依賴需求。

2.利他：欲幫助對方的傾向。

3.排他：獨占性。

他指出愛情與喜歡有質的差別，而不是一般認為只是在量上的程度差異。

◆愛情發展階段理論

Murstein（1970）提出「刺激—價值—角色論」（Stimulus-Value-Role Theory, SVR Theory），且在《步入婚姻之道》（*Paths to Marriage*）一書中說明兩人關係發展的變數，可以用三個變數來加以分類，分別為認為親密關係的發展，依雙方接觸的次數多寡，可分為刺激（stimulus）、價值（value）、角色（role）三階段。嚴格說起來，算是社會交換理論的擴展，其強調個體在自由意志的選擇下，雙方的吸引力與互動取決於兩人帶入關係當中的資產和義務的交換價值，Murstein雖然提出「刺激—價值—角色」三階段論，但在各個階段中，並不單純只是包含一個因素，而是三個因素交互影響，只是比重多少的差異（引自張惠芬，1998）。

1.刺激階段：雙方第一次接觸的時候，被對方的外在吸引，例如外貌與身材等。

2.價值階段：第二次到第七次接觸，應屬於價值階段。彼此的吸引力建構在價值觀和信念上的相似，並且建立感情上的依附。

3.角色階段：指第八次以後的接觸，個體能否扮演好在此關係中對方所要求的角色，是彼此建立承諾的關鍵。

◆擇偶的期望條件

1.價值論：找一個有類似價值觀念的人。

2.角色論：角色相配是挑選配偶的原則，人們對於婚前婚後配偶的角色想像與期望，指示著人們傾向於尋求符合這些期望的對象。

3.擇偶互補需求論：選擇與自己相異特質的人為婚姻對象，例如選擇與自己特質不同或性格互補的婚姻對象。

◆影響擇偶的因素

1.性別角色：年齡、學歷、體格。

2.性別比率：影響擇偶的年齡層。

3.社經地位：家世、職業等。

4.吸引力：外表和性格等。

5.社會文化規範：內婚制、外婚制。

◆婚姻斜坡

1.婚姻斜坡（marriage gradient）係指人們對於兩性角色的期待不同，致使婚姻中經常出現男女雙方社經地位不對稱的現場。

2.對女性而言，這種不對稱的結合包括「上嫁婚配」（hypergamy）與「下嫁婚配」（hypogamy）。

(六)職業類型論

主要應用於生涯規劃及職業輔導，藉以協助受測者瞭解自己的人格特質，選擇能反映個人人格特質的職業，受測者主要利用問卷調查來瞭解自己的性向，並根據分數而計算出個人對六種特質的偏好。這六種特質排列成一個六邊形，分別代表六大類工作技能（RIASEC）的特質，RIASEC這六個字母所代表的是有名的「Holland職業代碼」系統。這個系統由何倫（John Holland）博士於1985年提出，其主要目的在於建立「興趣」、「性格」、「職業」之間的對應關係，並據以對職業進行分類。經過二十多年的修正改善，這個系統可說是目前最被廣為接受的職涯探索工具與職業分類體系之一，說明如**圖5-3**、**表5-3**。

(七)家庭生命週期理論

家庭生命週期的概念源自發展學理論，在家庭生命週期的每一個階段都有不同的家庭角色與角色期待，在家庭的每個階段也都有一些問題需要解決，有一些重要的發展任務待完成，社會學家稱這些待解決的問題或任務為家庭發展任務（family developmental tasks），以下茲就Carter和McGoldrick對家庭生命週期發展任務做說明如下：

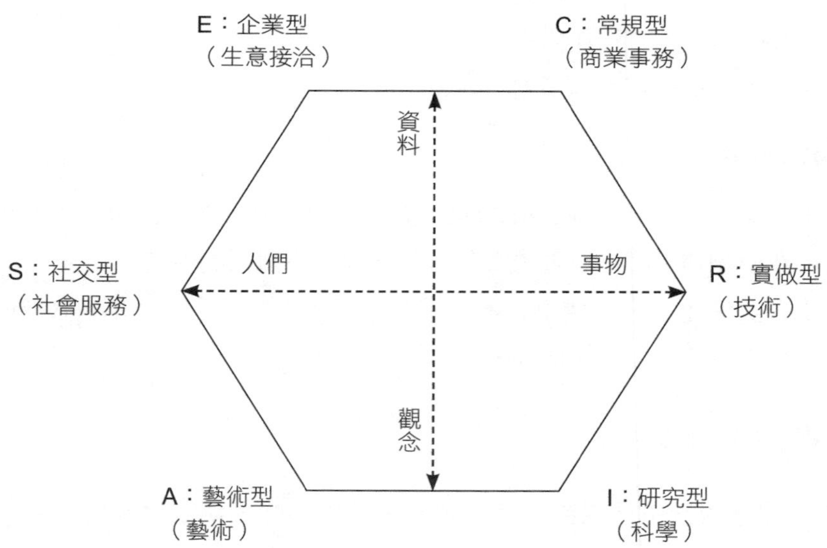

圖5-3　職業類型論

表5-3　職業類型

職業	人格特質	偏好模式
實做型 Realistic	順從、坦率	喜歡實務性的工作及戶外活動，如機械、電子、土木、建築、農業等工作
研究型 Investigative	好奇、理性、獨立	對科學及探究性的過程很有興趣，如生物、化學、醫藥、數學、天文等相關工作
藝術型 Artistic	敏感、直覺	喜歡享受自我經驗及參與藝術性的活動，如音樂、寫作、戲劇、繪畫、設計、舞蹈等工作
社交型 Social	仁慈、友善、負責	喜歡幫助別人且喜歡參與他人活動，如教師、輔導、社會工作、醫護等相關工作
企業型 Enterprising	冒險性、侵略性	喜歡享有權力及擁有政治力量的感覺，如管理、銷售、司法、從政等工作
常規型 Conventional	條理、守分、合作	喜歡待在一個有系統的職業環境中從事處理文書檔案工作，如銀行、金融、會計、秘書等相關工作

1.離家：單身年輕成人

(1)區別自己和原生家庭的關係。

(2)發展親密的同儕關係。

(3)從工作和經濟的獨立中建立自我。

2.經由婚姻組成家庭：一對夫妻

(1)婚姻系統的形成。

(2)擴大重組自己和配偶的家庭與朋友的關係。

3.成為父母：有兒童的家庭

(1)為孩子的來臨調整婚姻系統。

(2)加入教養孩子、經濟和家務工作。

(3)與大家庭關係的重組，包括養育下一代和照顧上一代的角色。

4.有青少年的家庭

(1)家庭界線更有彈性，改變親子關係，允許青少年在系統中進出。

(2)重新關心中年婚姻和生涯的議題。

(3)開始轉移到照顧更老的一代。

5.中年期的家庭：孩子離家

(1)重新審視婚姻系統。

(2)和日漸長大的孩子發展成人對成人的關係。

(3)重組姻親和祖孫輩的關係。

(4)處理父母（祖父母）的殘疾和死亡。

6.後期生活的家庭

(1)面對生理的衰退，維持自己和（或）夫妻的職責與功能，探討新的家庭與社會角色。

(2)給中生代更多角色的支持。

(3)支持尊重年老者的智慧和經驗，而不給予太多職責。

(4)處理失去配偶、手足和其他同儕的失落。

(5)為自己的死亡作準備。

(6)生命的回顧與統整。

五、生理發展

(一)骨骼

骨骼在二十五歲大致成長完成。骨質的流失開始於三十幾歲，五十歲以後加速，七十歲以後又減緩。

(二)肌肉

肌肉力量的高峰出現於二十五歲至三十歲之間，三十歲至六十歲之間肌肉力量將逐漸減少10%，變弱的主要原因來自背部和腿部肌肉。

(三)消化系統

三十歲之後，消化系統的功能逐漸降低。李明達與陳柏翰（2007）

指出，益生菌一般主要存在於人體消化系統的腸道中，據估計每位成年人體內平均約有一百兆個菌體，宛如一座複雜的化學工廠，每天進行著無數次的生化反應，目前較熱門的益生菌，包含乳酸菌、納豆菌、酵母菌等。陳鴻運（2013）指出，容易罹患消化性潰瘍的狀況為：

1.情緒不穩定、容易緊張焦慮的人。
2.飲食習慣不良，三餐不規律，無定食定量。
3.吃東西速度過快或牙齒不全者。
4.吸菸、空腹喝酒。
5.服用某些藥物者，如阿斯匹靈、類固醇等。

(四)牙齒

世界衛生組織（World Health Organization, WHO）指出，口腔健康不僅影響咀嚼、營養、說話、社交，更可說是全身健康與生活品質的重要基石。由於牙齒與口腔組織長年暴露於相當複雜的環境中，使得口腔疾病（包括齲齒、牙周病、口腔癌等）成為大多數人們一生中都必須面對的挑戰，行政院（2017）指出，成年人牙周病盛行率高，牙周病與齲齒都是口腔內的細菌（不同的菌種）、牙菌斑所造成的健康問題，兩者共同的行為及社會因素，也都是「潔牙觀念與習慣不足」。賴志毅（2012）更指出，牙周病主要由於牙菌斑或稱為生物膜（biofilm）的細菌集合體所影響的，計估算成人的口腔平均每1 mg牙菌斑微生物數達1億個以上，也因此齲齒與牙周病並列為人類傳染最廣的疾病之前二名。吳佩芬（2012）表示，絕大多數的成人型牙周病患是在四十歲到五十歲時，自覺有牙齒的疾病才會主動就醫，這時牙周病情通常已經發展到中末期了，病人覺得口腔內每顆牙都在動搖。陳秀賢（2010）指出，成年期常見口腔問題包括：

1牙周病。
2.齲齒。

3.咬合異常。

4.智齒發炎，為此階段的主要問題，特別是智齒的生長常受限生長位置，導致智齒長歪或呈水平智齒，因為位處太後面，不易清潔，容易發炎腫脹，一般建議拔除。

5.顳顎關節疼痛。

6.缺牙時假牙之製作。

(五)動作能力

1.二十歲至三十歲左右，青年的動作能力達到最高峰。

2.二十歲至二十五歲左右，青年的動作速度達到最高峰。

3.二十歲至三十歲左右，青年學習新的動作能力達到最高峰。

4.操作的靈巧性在此期最高，但過了三十五歲以後，手指和手部動作的敏捷性都開始下降。

(六)感覺器官

1.視覺：一般而言，二十歲左右視覺最靈敏，四十歲以後開始衰退，遠視逐漸出現。在三十五歲以後，從事閱讀的工作就明顯需要更高的亮度，四十歲以後的衰退速度更為顯著。書田診所眼科主任醫師顏敏芳指出，罹患白內障有年輕化趨勢，一名三十七歲女性，近兩年視力逐漸模糊，配戴新眼鏡矯正後視力仍僅有0.4，檢查視網膜、角膜、眼壓正常，偏偏近視度數飆升逾700度，進一步診斷才發現竟罹患白內障。醫師提醒，二十歲後近視度數不明原因快速增加，可能是白內障報到的警訊（黃安琪，2017）。

2.聽覺：二十歲左右聽覺最佳，之後逐漸衰退。在二十五歲以後對所有頻率的聲音均逐漸緩慢衰退。男女兩性在超過三十五歲以後，聽力幾乎都有某種程度的損害。陳士一等人（2012）指出，聽力喪失（hearing loss）是臨床上常見的問題，尤其以成人族群較常發生。

聽力喪失的原因有很多，例如耳垢堵塞、耳朵感染，或是耳蝸內毛細胞（hair cell）死亡等原因所造成，而毛細胞死亡則是與年齡有關造成聽力喪失的主要因素。

3.味覺、嗅覺、觸覺以及對溫度和疼痛的敏銳度則維持穩定。

(七)與健康有關的議題

105年十大死因以慢性疾病為主，死亡率依序為惡性腫瘤（癌症）、心臟疾病、肺炎、腦血管疾病、糖尿病、事故傷害、慢性下呼吸道疾病、高血壓性疾病、腎炎／腎病症候群及腎病變、慢性肝病及肝硬化（衛生福利部統計資料處，2017）。

◆抽菸

抽菸者罹患癌症、心臟病、消化系統、呼吸系統等疾病的機會較大。Morrell、Song與Halpern-Felsher（2011）研究發現，青少年時期抽菸，可能會造成青年期的菸癮，也發現成年後的發病率和死亡率與吸菸有關。尤其在懷孕期間吸菸婦女的胎兒出生體重比不吸菸婦女的胎兒來得輕。抽菸的危害是多方面的，美國癌症協會（American Cancer Society）估計，各種癌症中超過一半以上是與抽菸有關（引自林美珍、黃世錚、柯華葳，2007），而青年期致癌或埋下致癌因子的比率有上升的趨勢。根據衛生福利部國民健康署（2016b）進行的成年人吸菸行為調查結果顯示：

1.我國年輕男性的吸菸率，約由十八歲以後逐年攀升，四十一歲至四十五歲年齡層達最高峰，約每兩個男性就有一個吸菸；在女性吸菸率方面，亦約由十八歲以後逐年攀升，三十一歲至三十五歲年齡層達最高峰，約每九個女性就有一個吸菸。

2.年輕男女性在成長過程迅速養成的吸菸習慣之問題，非常值得重視。

3.由於民國98年《菸害防制法》修法上路後，禁菸公共場所嚴格執法，吸菸行為遁入私領域，進而使家人暴露二手菸的機會增加。

4.兩性相較之下，男性吸菸率有明顯下降趨勢，女性則持平。

5.隨著國人守法不在室內吸菸，因吸菸者改到室外非禁菸範圍之公共場所吸菸，致該等場所二手菸暴露率由民國95年29.0%攀升至民國105年的50.4%。

◆喝酒

適度喝酒有益身心健康，更有益人際關係的進展。Mason與Spoth（2011）也指出，青年參與飲酒雖然有很多負面的結果與相關聯，但似乎也有積極的相關因素，包括幸福感。但過量喝酒則造成許多問題，包括：

1.健康問題：肝硬化、癌症、心臟病、腸胃潰瘍，懷孕女性易產生畸型兒與智障兒（黃志成、王麗美、王淑楨、高嘉慧，2009）。

2.公安問題：喝酒過量開車易造成車禍，易不慎造成火災。

3.危及生命：諸如溺斃、自殺、墜樓等。台灣目前有戒酒無名會（Alcoholics Anonymous, AA），是一個互助團體，團體會員不分男女，彼此分享他們的經驗、力量和希望，為解決他們共同的問題，並幫助他人從酒癮疾病中得到康復。

◆藥物濫用

青年期藥物濫用問題是另一種嚴重影響健康的議題。世界各國都存在隱憂，在防治上都感困擾，對未來在醫療、治安上均將付出慘痛的代價，原認為都會地區資源取得便利，藥物濫用的狀況應會較鄉村嚴重，但Carlo、Crockett、Wilkinson與Beal（2011）卻發現，農村青年也存在藥物濫用的風險性中，而藥物濫用與犯罪行為的縱貫研究也發現有相關性。根據105年度台灣地區藥物濫用現況調查顯示（康凱翔、柯孟榕、徐睿、蔡文瑛，2017）：

1.二十九歲以下年齡層以愷他命為主。

2.藥物濫用年齡層分布以三十歲至三十九歲為最多（占通報總人次之31.9%）。

3.相較於男性，女性三十歲至三十九歲為主要之用藥年齡層。

◆運動

青年期是一個很需要運動的年紀，運動可以維持青年理想的體重、增強心肺功能、降低血壓、使肌肉堅實、預防心臟病、癌症、減少焦慮和抑鬱，並可延長壽命。但運動也有其危險性，如心臟病突發、骨折、肌肉挫傷、韌帶受傷等。所以青年人要選擇適合個人身體及生活型態的運動，再遵照正確的規則進行，便能避免這些傷害，而達到運動的最佳功效。

◆體重

體重是我們由食物所攝取的以及由運動中所消耗掉的卡路里的直接反映，在多數情況下，過重是因為所吃的食物超過身體所需而造成的。Wouters、Larsen、Dubas與Geenen（2011）研究發現，青年期體重超重與成年後期的健康問題有相關。鄒孟婷（2006）針對台灣成年女性身體質量指數（Body Mass Index, BMI）與自覺肥胖情形研究，並探討健康知識、教育程度和客觀及自覺肥胖之關係後發現，肥胖對台灣女性帶來的社會壓力相當高，成年女性普遍追求比客觀標準更為纖細的體態。體重過重與過輕均不好，而體重過重會危及健康，較有可能造成糖尿病、高血壓、癌症以及較高的死亡率。

研究指出，肥胖症和十一種癌症（主要是消化系統和激素相關的惡性腫瘤）之間有密切關聯，專家建議，需要改善肥胖症的治療和預防，以預防腫瘤（石葉，2017）。根據衛生福利部健康促進統計年報指出，不健康飲食及缺乏運動為肥胖的主要成因，肥胖亦為導致慢性疾病的重要因素，而國人十大死亡原因中，有八項與肥胖有關。台灣成人過重及肥胖盛行率40.17%，其中男性平均每二人有一人、女性每三人有一人過重與肥胖，與世界肥胖聯盟（World Obesity Federation）資料比較，我國成年人肥胖比率為亞洲之冠（衛生福利部國民健康署，2016a）。

◆A型性格與B型性格

美國心臟病權威Friedman和Rosenman（1974）依照人們的生活型態與人格的關係，將之分為A型性格和B型性格兩種，說明如下：

1.A型性格：指個性急躁、求成心切、有野心、好冒險的一種性格，成就動機強，亦較容易成功，惟易得高血壓與心臟病。
2.B型性格：指個性隨和、生活悠閒，對工作要求較寬鬆，對成敗得失的看法較淡薄，得高血壓與心臟病的機率遠低於A型性格者。

◆愛滋病

疾病管制署民國106年的統計資料顯示，累積本國籍通報為愛滋病毒感染者至105年累計35,935人。依感染危險因素分析，男男性行為最高，其次為共用針具與稀釋液（**表5-4**）。

由此可知，性行為才是感染愛滋病的主因，至於感染者年齡則以二十歲至二十九歲最多，其次為三十歲至三十九歲，也就是青年期

表5-4　台灣地區本國籍感染人類免疫缺乏病毒者依性別／危險因子統計表

年	異性間性行為		同性間性行為	注射藥癮者		母子垂直感染		接受輸血者		不詳		總計
	男	女	男	男	女	男	女	男	女	男	女	
102	238	42	1,883	42	6	0	0	0	1	29	3	2,244
103	202	46	1,878	46	10	1	2	0	0	49	2	2,236
104	196	44	1,630	67	15	0	0	0	0	35	1	2,326
105	172	44	2,046	63	7	0	0	0	0	50	10	2,359
106	142	41	1,502	23	3	1	0	0	0	786	52	2,550

資料來源：衛生福利部疾病管制署（2018）。

（二十歲至三十九歲）。特別要注意的是，年輕族群（十五歲至二十四歲）感染愛滋近年來有逐漸增加的趨勢，年輕族群90%都是性行為傳染。

六、心理發展

(一)智力發展

◆約在二十五歲達到高峰，以後逐漸減退

1.智力高者，智力發展較快且達到高峰的年紀較晚；智力低者，智力發展較慢且達到高峰的年紀較早。

2.接受的教育越高、持續接受教育的青年，智力發展得越多，而且衰退得越晚。

◆流體智力與結晶智力

美國心理測驗學家卡泰爾（Cattell, 1965）把智力分為兩大類，分述如下：

1.流體智力：或稱流動智力，即個體生物性的能力，與神經生理功能的發展有關，較少受教育與文化環境的影響，流體智力的發展到青春期已大致定型，二十歲以後進入高原期。此後隨著個體生理結構的退化，智力也漸減。與流體智力有關的能力如：新奇事物的快速辨認能力、記憶能力、理解能力等。

2.結晶智力：或稱晶質智力，指應用既有知識與技能來解決各種問題的能力。結晶智力受教育與生活經驗的影響頗多，常言道：「我吃過的鹽巴都比你吃過的米飯還多，我走過的橋都比你走過的路還多」，這可說是結晶智力的表現。

(二)心理危險因素

◆壓力

生活壓力大的人較容易罹患胃腸、呼吸、循環、肌肉及骨骼方面的疾病，且會影響免疫系統的功能（黃志成，2007）。Putnick等人（2010）發現，當青年為人父母時，且子女正逢兒童期銜接過渡的青春期時，會增加育兒的壓力。大小不同的生活壓力，在短期間內雖不一定會造成影響，但長期處於緊張又充滿壓力的生活情境中，往往會產生身心不良之影響，如心臟血管疾病、高血壓、免疫系統疾病等，皆與壓力有密切的相關性。過度的壓力會使個體出現生理、心理及行為功能的失調反應，其症狀包括：

1.生理方面：頭痛、肩頸痠痛、高血壓、腸胃障礙、胸悶、四肢不適等。
2.心理方面：沮喪、不安、退縮、焦慮、憂鬱等。部分女性成為新手媽媽，卻發現有所謂的產後憂鬱症，憂鬱症產生原因與賀爾蒙失調或過度疲勞有關，有時症狀會持續幾個月。
3.行為方面：哭泣、情緒失控、失眠、惡夢、注意力不集中、高缺席率、缺乏食慾、抽菸、喝酒、使用毒品、自我傷害與自殺等。

當個人面對壓力情境時，必須透過因應歷程來減輕、避免、容忍或接受壓力源，而因應的結果可能影響到個人生理上的變化，長期的結果可能影響個人的身心健康及社會功能，而有效的因應可避免個人的身心健康受到壓力的威脅，過度的壓力有礙身心健康。有效的情緒管理，可作為個人在面對壓力環境時的有效因應因子（江承曉、劉嘉蕙，2008）。

◆精神疾病

106年身心障人數共1,167,450，當中因為慢性精神病影響患者生活層面大，尤其領有慢性精神病患障礙證明者，要在職場找到工作相當不容

表5-5　慢性精神疾病患者人數

年	總計	男性	女性	慢性精神疾病患者
101	1,117,518	129,407	191,748	119,514
102	1,125,113	140,848	189,106	119,666
103	1,141,677	141,343	191,209	122,538
104	1,155,650	141,998	193,817	124,240
105	1,170,199	143,108	196,230	124,999
106	1,167,450	658,682	508,768	125,932

資料來源：衛生福利部（2018）。

易。106年時領有慢性精神病患障礙手冊者有125,932人（**表5-5**）。患病者若處在青年期，此年齡層為適婚年齡與介於撫育子女的階段，父母為子女安全感的來源，精神疾病的父母因疾病而影響親職功能，對於處在青春期階段的子女衝擊甚鉅（張秀如、張君如、林青蓉、詹曇璇、蕭淑貞，2008）。青年期若罹患憂鬱症，會影響成年後的健康，成年後的疾病與早期的憂鬱症有相關（Wouters, Larsen, Dubas, & Geenen, 2011）。

憂鬱呈現的症狀有心情憂鬱、社交隔離、失去興趣或樂趣、孤獨寂寞、生活品質不良、認知衰退、日常功能減退、罪惡感、低自我價值、睡眠障礙或食慾改變、無力感以及缺乏專注力、有自殺意圖，甚而自殺等，這些問題可能會變成長期疾病或週期性復發。黃芳銘、楊金寶與許福生（2005）指出，台灣地區自殺已連續七年列名台灣十大死因，平均每天會有八個人自殺，有九成以上的自殺個案是精神疾病患者，其中，70%是憂鬱症與焦慮症患者。

憂鬱症為二十一世紀最重要的疾病之一，而成年女性憂鬱症是男性的2倍，許多證據也顯示女性生殖系統賀爾蒙改變的確會影響女性的情緒變化，產後憂鬱症即是一例，目前國人對生理疾病較重視，容易疏忽對心理疾病的探討，母親若有產後憂鬱症將會對嬰孩的認知、語言表達、注意力造成不良影響，嚴重則有自殺或帶嬰兒一起尋死的危險，不可忽視其重要性（楊子慧、李明濱、張秀如，2006）。

七、社會發展

(一)社會角色多元

從農業社會進入工業社會，個人社會角色變得更多元，現代人可能是為人子女、為人父母、為人夫（或妻）、為人長官（或部屬）、為人同事、為人朋友、為人親戚等，故常造成角色衝突或角色混淆的現象。以下針對女性角色與男性角色加以說明：

◆女性角色

社會對女性的角色期望是同時的，許多家庭的衝突是源於個人多重角色的行使，使個人有限的時間、精力不足以分配，去負擔各種角色的期待，而影響角色的表現，或產生行為矛盾與壓力（朱萸，2005）。在台灣養兒育女及照顧老人等照顧責任幾乎完全託付家庭中的妻子、母親、媳婦的角色，加上負擔沉重的家事工作，促使女性無法規劃或中斷工作生涯，而阻礙自我經濟地位的提升，剝奪女性個人發展的機會。利翠珊（2007）研究發現，已婚女性與公婆及父母間存在著不同類型的代間矛盾情感，指出代間矛盾情感與已婚女性的身心健康之間存在著顯著的關聯。在教養分工模式上，女性即使分擔了家中部分經濟，卻仍然無法卸下「主要教養者」的工作，在現實生活的雙薪家庭中，母親不僅是家事的主要勞動者，同時也扮演教養子女的主要角色，故常造成蠟燭兩頭燒的疲憊現象。

◆男性角色

人類對父職與母職的概念，源自於社會化之性別角色學習，在家庭工作上，父親做的事叫「父職」，母親做的事叫「母職」，這些都是社會所建構的概念，近年來「親職」一詞取代性別分界，並認為父親與母親共同參與育兒工作，對於兒童的身心發展會更好，但「親職」不等於父職加上母職，而是在各式各樣的家庭型態中，父職與母職以不同形態呈現。男性比女性有較多的工作壓力與較強的工作壓力感受，工作負擔重。但已婚男性性別意識會隨著社會變遷有所改變，有愈來愈現代的趨勢，而影響的因素主要有男性教育程度的提升以及配偶參與勞動市場的影響，男性主觀意願參與家務工作的程度較高，且在近年來參與比例有提升的現象。

(二)性別認同

為落實性別歧視，聯合國於1979年宣示《消除對婦女一切形式歧視公約》（*Convention on the Elimination of All Forms of Discrimination Against Women*），以消除對婦女一切形式歧視，健全婦女發展，落實保障性別人權及促進性別平等，台灣也在民國100年6月8日制定《消除對婦女一切形式歧視公約施行法》，法規中指出，政府應依公約規定，建立消除對婦女一切形式歧視報告制度，並且每四年提出國家報告，並邀請相關專家學者及民間團體代表審閱，政府應依審閱意見檢討、研擬後續施政。此外，《性別工作平等法》中也明確指出，性傾向歧視之禁止，再申個別性傾向之尊重，雖然針對性別傾向之尊重法規受到政府重視，但對於同性別婚姻認同的國家卻不如法規的尊重性別選擇，例如亞洲國家至104年已有越南是取消異性戀婚姻規範，台灣距離落實性別主流化的概念尚有一段路要努力。

◆性別主流化（Gender Mainstreaming）

1995年聯合國第四屆世界婦女會議通過「北京行動宣言」，正式以「性別主流化」作為各國達成性別平等之全球性策略。「性別主流化」是一種策略，也是一種價值，希望所有政府的計畫與法律要具有性別觀點，並在作成決策之前，對男性和女性的可能影響進行分析，以促使政府資源配置確保不同性別平等獲取享有參與社會、公共事務及資源取得之機會，最終達到實質性別平等。

性別主流化工作六大工具包括：性別統計、性別預算、性別影響評估、性別分析、性別意識培力、性別機制等，作為主要推動工具，而為協助各部會分階段逐步落實性別主流化政策。

1.性別統計（Gender Statistics）：是落實性別主流化的工具之一，目的在藉由數字適切反應出不同性別在各個政策上的處境與狀況，提供政策規劃之參考。性別統計的基本要件：
 (1)各種以個人為統計單位的資料皆應以生理性別（即男、女）作為分類。
 (2)必須確認相關資料的統計蒐集，與所欲分析和探討的性別議題有相關。而性別統計的功能與影響包括：善用統計調查技巧，看見性別角色差異；融入性別敏感觀點，提升大眾性別意識；矯正政策上的性別盲點，促進性別平等受益。
2.性別預算：關注的焦點是政府預算執行結果與其對落實性別主流化觀點所產生的效益及影響，而非專為男性或女性所編列預算之多寡或是否增列女性或特定性別方案之預算。
3.性別影響評估（Gender Impact Assessment, GIA）：目的在於促使政策制定者更清楚掌握男女不同處境，並設定預期的結果，使性別落差獲得改善，確保政策、計畫與法案，從研擬規劃、決策、執行、監督評估與事後檢討建議等各階段過程，都能納入性別觀點。預期政策效益包括檢視與回應政府現有體制的不足、有效運用國家資源、促進政府決策與運作機制透明化、落實憲法基本人權保障以促進性別平等之社會效益等。
4.性別分析：社會經濟分析的一個次分類，其目的有兩個：首先，性別分析可以突顯出對於問題和解決方法的性別關聯；其次，透過性別分析也可以清楚說明這個影響以及其他可能的行動方案。性別分析即「以性別為基礎的分析」作為基本概念，思考社會價值中的「性別盲」的存在，根據財團法人婦女權益促進發展基金會的定義，性別分析是整合婦女的主要活動和過程的重要方法，其方法為：

(1)瞭解並認知男性與女性生活上的差異，以及存在於女性之間的多樣化，亦即存在於各經濟體或社區內經濟、社會、文化、環境、組織和政治結構之下，她們的不同環境、責任、社會關係和地位。

(2)評估政策、計畫、專案可能對女性與男性所產生的不同衝擊。

(3)透過按性別區隔之統計資料的蒐集與運用，包括質化與量化的方式，對女性和男性產生不同影響的情形及原因，進行比較。

(4)將性別之考量納入政策的規劃、設計、執行和評估過程。

5.性別意識培力：指增能／賦權（empowerment）是性別意識培力的重要基礎。從關注的問題、行動、建立並發展知識、持續努力、再發展解決之道，這個過程即是將「能」形成一股源於自我、追求個體成長的增能力量，亦可看成關懷弱勢性別的動機萌發之後，進而產生人權知識的省思與矯正歧視作為的行動，旨在落實人性的關懷、婦女權益保護與性別人權。

6.性別機制：我國目前政府之性別機制指執行性平業務之專責組織，及深化性別意識之審查程序或參與機會所形成之制度，都稱之為性別機制。

◆《消除對婦女一切形式歧視公約》

1.沿革：1979年聯合國大會通過《消除對婦女一切形式歧視公約》（以下簡稱CEDAW），並在1981年正式生效，其內容闡明男女平等享有一切經濟、社會、文化、公民和政治權利，締約國應採取立法及一切適當措施，消除對婦女之歧視，確保男女在教育、就業、保健、家庭、政治、法律、社會、經濟等各方面享有平等權利。此一公約可稱之為「婦女人權法典」，開放給所有國家簽署加入，不限於聯合國會員國，全世界已有189個國家簽署加入。

2.內涵：CEDAW內容詳列各項性別平等權利，包含參與政治及公共事務權、參與國際組織權、國籍權、教育權、就業權、農村婦女權、健康權、社會及經鑑於保障婦女權益已成國際人權主流價值，我國為提升我國之性別人權標準，落實性別平等，行政院爰於2006年7月8日函送公約由立法院審議，經立法院於2007年1月5日議決，2月9日總統批准並頒發加入書。為明定CEDAW具國內法效力，行政院於2010年5月18日函送《消除對婦女一切形式歧視公約施行法》草案，經立法院2011年5月20日三讀通過，總統6月8日公布，自2012年1月1日起施行。

3.規範：《消除對婦女一切形式歧視公約施行法》要求各級政府機關必須採取立法或行政措施，消除性別歧視，並積極促進性別平等各級政府行使職權，應符合公約有關性別人權保障之規定，並應籌劃、推動及執行公約規定事項。同時需依照CEDAW規定，每四年提出我國消除對婦女歧視國家報告，並邀請相關學者專家及民間團體代表審閱；各級政府機關執行公約所保障各項性別人權規定所需之經費，應依財政狀況，優先編列。

◆《性別工作平等法》（105.05.18）

1.雇主對求職者或受僱者之招募、甄試、進用、分發、配置、考績或陞遷等，不得因性別或性傾向而有差別待遇。但工作性質僅適合特定性別者，不在此限（§7）。

2.女性受僱者因生理日致工作有困難者，每月得請生理假一日，全年請假日數未逾三日，不併入病假計算，其餘日數併入病假計算。前項併入及不併入病假之生理假薪資，減半發給（§14）。

3.雇主於女性受僱者分娩前後，應使其停止工作，給予產假八星期；妊娠三個月以上流產者，應使其停止工作，給予產假四星期；妊娠二個月以上未滿三個月流產者，應使其停止工作，給予產假一星期；妊娠未滿二個月流產者，應使其停止工作，給予產假五日。受僱者妊娠期間，雇主應給予產檢假五日。受僱者於其配偶分娩時，雇主應給予陪產假五日。產檢假及陪產假期間，薪資照給（§15）。

4.子女未滿二歲須受僱者親自哺（集）乳者，除規定之休息時間外，雇主應每日另給哺（集）乳時間六十分鐘。受僱者於每日正常工作時間以外之延長工作時間達一小時以上者，雇主應給予哺（集）乳時間三十分鐘。前二項哺（集）乳時間，視為工作時間（§18）。

5.受僱於僱用三十人以上雇主之受僱者，為撫育未滿三歲子女，得向雇主請求為下列二款事項之一（§19）：

(1)每天減少工作時間一小時；減少之工作時間，不得請求報酬。

(2)調整工作時間。

6.受僱者於其家庭成員預防接種、發生嚴重之疾病或其他重大事故須親自照顧時，得請家庭照顧假；其請假日數併入事假計算，全年以七日為限。家庭照顧假薪資之計算，依各該事假規定辦理（§20）。

(三)社會參與（social participation）

Horton與Hunt（1976）表示，社會型態影響社會流動，在工業革命以前的社會中分工較少，缺乏專門職業及高深技術工作人員，但是在工業革命後工業現代化，在開發的社會中，分工日漸繁複而細密，需要大批接受高深教育、具有高度技術的工作人員，因此在當代社會，階級是開放的，社會流動是很容易發生的，成人在職業方面的成就及努力，很容易導致上升的流動。

1.社會參與的定義：指個人參加各種社會活動或加入社會團體參與運

作，參與是個人社會地位的表徵。

2.人類社會化發展至青年期已達成熟，社會參與迅速增加，就整個人生旅程而言，青年期和中年期是社會參與最多的時期。

3.影響個人社會參與的因素包括：

(1)社經地位：通常高社經地位的人較有時間、金錢參與社會活動，且較傾向於參加專業的社會活動，如學會、協會等；相反的，低社經地位的人，常為生活奔波，較無暇參與社會活動，如有機會參與的話，也傾向參與志工性質的社會活動。

(2)職業性質：職業性質相同的較會一起參與社會活動，如職業工會。

(3)人格特質：人格特質屬外向的，比較會參與社會活動；相反的，人格特質屬內向的，比較不會參與社會活動。

(4)居住社區：居住社區的居民，比較會一起參與社會活動，如社區守望相助隊、晨泳會、登山隊等。

(四)社會流動（social mobility）

1.定義：指個人社會位置的改變。個人的地位從一個社會階級轉到另一個社會階級的現象。

2.種類：

(1)垂直流動：包括上升流動，即向上升遷，如軍中的尉官升為校官；下降流動，即向下貶降，如富商變為攤販。

(2)水平流動：由一個社會階級到另一個類似的階級，如汽車推銷員轉到房屋銷售員。

3.促進社會流動的因素：

(1)成就動機：成就動機強的人，對未來的企圖心大，較會實施「滿足延後模式」（deferred gratification pattern），努力於現在，促進社會上升流動。所謂「滿足延後模式」，是指個人寧願將目前的欲望滿足延後或稍作犧牲，例如為了事業上的成就，寧願晚婚的現象。滿足延後模式通常是屬於中產階級的生活方式與規範，蓋中產階級對社會流動比較敏感，為了未來的滿足，可以犧牲目前的欲望。

(2)父母的期待：父母對兒女的期待越高，子女的成就就會越大，就越有可能造成社會流動。

(3)社會結構：社會結構越開放，越有利社會流動；社會結構越保守，越不利社會流動。

(4)職業分化：上層的社會階層裡，分化出許多新職位與位置，如總經理、副理、襄理、科長等，增加個人向上流動的機會。

(5)人口移動：農村人口移往都市，賺取更多的錢，進而提升社會地位；上層階級生育少，上層位置必然由下層新生代接任。

(6)婚姻：透過婚姻，個人會受配偶的影響，使社會流動往上升或往下降。

4.社會流動可能遭遇的問題：

(1)使個人缺乏安全感：開放社會給予人們向上流動的機會，也帶給人們向下流動的恐懼與壓力。

(2)個人初級關係的瓦解：由於個人欲往上流動，必然犧牲其與初級團體的關係，造成與初級團體關係的淡化。

(3)適應新地位角色的緊張：個人換了新角色，必須重新調適新角色，心理壓力必然增加。

(4)生活方式的改變：由於社會地位的改變，就會影響自己的生活方式的改變，同時也會影響與家人的互動模式，如此均需做調適。

參考文獻

王梅君（2007）。〈青春期、成年期及壯年期之心理發展〉。台灣醫療網。檢索日期：2018.03.24。網址：http://tw16.net/。

仝澤蓉（2018）。〈台灣成年人亞洲最胖保險業呼籲健康管理〉。檢索日期：2018.03.24。網址：https://money.udn.com/money/story/。

石葉（2017）。〈研究：肥胖導致癌症〉。《多倫多大紀元時報》。檢索日期：2018.03.24。http://www.epochtimes.com/。

朱萸（2005）。〈已婚婦女參與學習之家庭角色衝突與婚姻滿意度研究〉。中國文化大學生活應用科學研究所碩士論文。

江承曉、劉嘉蕙（2008）。〈青少年壓力調適、情緒管理與心理健康促進之探討〉。《嘉南學報》，34，595-607。

行政院（2017）。國民口腔健康促進計畫（106～110年）。行政院106年2月2日院台衛字第1060002587號核定本。

行政院衛生署疾病管制局（2011）。〈年輕愛滋感染率逐年增加，做好安全性行為〉。《愛滋／結核電子報》，第23期。檢索日期：2018.03.24。網址：http://www.cdc.gov.tw/。

利翠珊（2007）。〈華人已婚女性代間矛盾情感之特色與測量〉。《中華心理衛生學刊》，20，4，357-386。

吳佩芬（2012）。〈牙周病治療健保照護〉。《中央健保局電子報》，第219期，檢索日期：2018.03.27。網址：http://www.nhi.gov.tw/。

李明達、陳柏翰（2007）。〈有益微生物〉。《科學發展》，415，11-16。

林美珍、黃世錚、柯華葳（2007）。《人類發展》。台北市：心理出版社。

邱文彬（2004）。〈大學生辯證性思考與成熟人際關係發展整體關聯之研究：必要非充要〉。《師大學報》，49，2，133-160。

康凱翔、柯孟榕、徐睿、蔡文瑛（2017）。〈105年度台灣地區藥物濫用現況〉。《食品藥物研究年報》，8，290-301。

張云（2004）。〈尋找親密關係的聖杯——成年前期未婚男性擇偶歷程之研究〉。南華大學生死學研究所碩士論文。

張宏哲、林哲立、邱曉君、顏菲麗譯（2007）。Ashford, LeCroy & Lortie著。《人

類行為與社會環境》。台北市：雙葉書廊。

張秀如、張君如、林青蓉、詹曇璇、蕭淑貞（2008）。〈家庭護理對精神分裂症父親之子女生活經驗的影響〉。《護理雜誌》，55，1，43-54。

張春興（2007）。《教育心理學：三化取向的理論與實踐》（修訂二版）。台北市：東華書局。

張惠芬（1998）。《步入婚姻之道》。新北市：揚智文化。

陳士一、陳弘聖、賴正軒、鄧若珍（2012）。〈成人聽力喪失之評估與老年性聽障〉。《家庭醫學與基層醫療》，27，10，370-378。

陳宏梅、史曉寧（2010）。〈愛滋的汙名烙印〉。《新台北護理期刊》，12，2，51-27。

陳秀賢（2010）。〈青年、成年人及老人之口腔照護〉。《社區牙醫學概論》。國防牙醫系講義。

陳清芳（2011）。〈誤植愛滋器官 台大院長道歉〉。CAN中央社，100/08/30。

陳鴻運（2013）。〈認識常見消化道疾病〉。《振興醫院健康天地》，200，8-11。

馮明珠、高淑清、盧柏樑、柯乃熒（2008）。〈成人愛滋感染者父母親之照顧經驗〉。《護理雜誌》，55，1，24-32。

黃安琪（2017）。〈成人近視度數激增 當心罹白內障〉。《聯合報》。檢索日期：2018.03.27。網址：https://health.udn.com/health/story/。

黃志成（2007）。〈壓力與調適〉。載於郭靜晃主編之《社會問題與適應》，頁89-112。新北市：揚智文化。

黃志成、王麗美、王淑楨、高嘉慧（2009）。《特殊教育》。新北市：揚智文化。

黃芳銘、楊金寶、許福生（2005）。〈在學青少年生活痛苦指標發展之研究〉。《師大學報》，50，2，97-119。

楊子慧、李明濱、張秀如（2006）。〈產後憂鬱症〉。《北市醫學雜誌》，2，7，598-604。

鄒孟婷（2006）。〈台灣成年女性肥胖、自覺肥胖和健康知識與教育程度之關係〉。《台灣家庭醫學雜誌》，16，4，237-250。

衛生福利部國民健康署（2016a）。104年健康促進統計年報。檢索日期：2018.03.27。網址：file:///C:/Users/Iris/Downloads/。

衛生福利部國民健康署（2016b）。〈成年人吸菸行為調查結果〉。檢索日期：2018.03.24。網址：http://tobacco.hpa.gov.tw/

衛生福利部統計資料處（2017）。〈身心障礙按年齡或等級與男女〉。衛生福利部統計年報。檢索日期：2018.03.24。網址：http://sowf.moi.gov.tw/。

賴志毅（2012）。〈由牙周病觀全身〉。《新北市牙醫》，第207期，學術專欄。

謝秀芬、李盈慧、盧柏樑、馮明珠（2010）。〈男性藥癮愛滋受刑人憂鬱程度相關因素之探討〉。《榮總護理》，27，2，118-126。

Carlo, G., Crockett, L. J., Wilkinson, J. L., & Beal, S. J. (2011). The longitudinal relationships between rural adolescents' prosocial behaviors and young adult substance use. *Journal of Youth and Adolescence, 40*(9), 1192-1202.

Cattell, R. B. (1965). *The Scientific Analysis of Personality*. Baltimore: Penguin.

Erikson, E. H. (1963). *Childhood and Society* (2nd ed.). New York: Norton.

Friedman, M., & Rosenman, R. H. (1974). *Tape A Behavior and Your Heart*. New York: Knopf.

Havighurst, R. J. (1972). *Developmental Tasks and Education* (2nd ed.). New York: Longmans, Green.

Horton, P. B., & Hunt, C. L. (1976). *Sociology*. New York: McGraw-Hill.

Mason, W. A., & Spoth, R. L. (2011). Longitudinal associations of alcohol involvement with subjective well-being in adolescence and prediction to alcohol problems in early adulthood. *Journal of Youth and Adolescence, 40*(9), 121-1224.

Morrell, H. E. R., Song, A. V., & Halpern-Felsher, B. L. (2011). Earlier age of smoking initiation may not predict heavier cigarette consumption in later adolescence. *Prevention Science, 12*(3), 247-254.

Putnick, D. L., Bornstein, M. H., Hendricks, C., Painter, K. M., Suwalsky, J. T. D., & Collins, W. A. (2010). Stability, continuity, and similarity of parenting stress in european American mothers and fathers across their child's transition to adolescence. *Parenting-Science and Practice, 10*(1), 60-77.

Rubin, Z. (1970). Measurement of romantic love. *Journal of Personality and Social Psychology, 16*, 265-273.

Sheehy, G. (1974). *Passages: Predictable Crises of Adult Life*. New York: Bantam Books.

Super, D. E. (1980). A life span, Life space approach to career development. *Journal of Vocational Behavior, 16*, 282-284.

Wouters, E. J., Larsen, J. K., Dubas, J. S., & Geenen, R. (2011). Different mechanisms underlie post-menarchial increase in depression and weight. *International Journal of Behavioral Medicine, 18*(3), 254-259.

Chapter

6

中年期

一、年齡界定
二、發展主題
三、赫威斯特的發展任務論
四、中年期的特徵
五、面對變遷社會中的議題

一、年齡界定

所謂中年期，美國人口普查局（US Census Bureau）將中年人口年齡界定在四十五歲至六十四歲之間。本章節所指中年期係指人生中四十歲至未滿六十五歲的這段年齡。中年期會面臨多重之過渡衝擊，如家庭結構變遷、重大偶發事件及更年期身心改變（曹麗英、蘇美禎、安奇，2004）。故其適應上可能會出現一些問題，值得本章做進一步的探討。

二、發展主題

在中年時期的成人，一方面必須照顧年老的父母親，一方面又必須面對養育兒女的艱辛，我們常稱之為三明治世代。艾瑞克遜（Erikson）的生命循環理論提出，中年期的主要發展任務與危機為生產與停滯。研究發現，成年人進入中年期時，變得更具有傳承的使命感，McAdams及Aubin等人提出了傳承模型，此模型的七個元素包括：

1.內心渴望長存（生活故事敘述）。
2.希望被他人需要（內心期望）。
3.關懷下一代的出路。
4.生涯發展（行動）。
5.創造、維護或貢獻個人所有（文化需求）。
6.承諾（commitment）。
7.對種族的信仰（belief in species）。

三、赫威斯特的發展任務論

根據赫威斯特（Havighurst, 1972）的發展任務論說明如下：

(一)創新婚姻之伴侶關係

中年夫妻常說「我們都已經是老夫老妻了」，這句話多少帶有消極性的婚姻關係，亦即一切按既有的生活模式進行就對了，但如此下去常造成婚姻關係如一灘死水，了無新意，以致相敬如冰，甚而引起外遇事件。因此，中年夫妻應擺脫青年期家庭及工作上的壓力，創造更新的生活模式，如每月規劃相約去看電影、聽音樂會、唱歌、旅遊等，就如天天、月月在度蜜月。

(二)提拔後進

中年人在職場上可能多多少少都有一點成就，例如是中階或高階主管，或者會有一些人脈。因此，對於尚未進職場或新進職場的後生晚輩應該善盡提拔之責，使後進在職場上的進展能更順暢。

(三)完成社會責任

有形的社會責任如納稅、養兒育女等，在此期均應負起責任，如此可讓社區、社會更美好。

(四)適應中年期的身體變化

中年人的身體狀況呈現緩慢衰退，面對這樣的狀況，中年人要能有所因應，如飲食宜清淡、應每天運動但不要做劇烈運動等。

(五)奉養年邁的父母

不只是中國人講孝道，赫威斯特也講孝道。中年人的父母親已進入老年期，可能在生活自理、經濟上需要協助，尤其可能常需要陪伴就醫，子女、媳婦、女婿責無旁貸。

四、中年期的特徵

(一)生理的變化

1.體能在青春期達巔峰，青年期開始衰退，中年期加速退化，此期中年人慢慢會覺得體力大不如前，例如爬樓梯會喘得比以前更厲害。
2.皮膚較為乾燥，逐漸失去彈性，皺紋出現。
3.身體脂肪增加，身體有橫向發展的趨勢，贅肉增加，尤其在腹部。
4.視力衰退，可能變老花眼，老花眼是因老化造成眼睛負責調整焦距的水晶體逐漸變硬，失去原有的彈性，看近物時，調解能力降低，造成近距離工作或閱讀時發生困難的現象，主要因應方法是配戴老花眼鏡。
5.味覺、嗅覺和痛覺敏感度降低。慢慢覺得食物沒味道，或需要增加調味料才覺得好吃；對於周遭的一些香味、臭味或其他味道逐漸感覺遲鈍；痛覺也慢慢降低，例如覺得打針沒有先前那般疼痛。
6.神經動作能力降低。身體動作變得遲緩，做家事的速度變緩慢；出門辦事、聚會常會遲到。
7.內部器官（心臟、肺臟、肝臟、腎臟、胃等）逐漸顯現問題。
8.頭髮逐漸泛白，脫落速度加快。
9.骨骼開始萎縮，如骨質疏鬆症，造成骨骼流失，骨骼容易斷裂。
10.睡眠品質不佳，睡眠困難，難以入睡，易醒或早醒（王紫庭、洪耀釧、王素真，2016）。

(二)更年期——中年男女的大事

◆女性更年期

女性在更年期時，月經變得不規則，到最後停止，這種特殊的改變稱之為停經（menopause）（林美珍、黃世琤、柯華葳，2007）。女性進入更年期之後，月經停止，無法再生育。

1.定義：

(1)更年期指女性月經週期停止運作已超過一年，月經停止，無法再生育，這是一種漸進的過程，為期約五年到二十年不等。

(2)目前更年期的年齡延後到五十歲或五十歲以後。

2.症狀：女性賀爾蒙波動時期，容易出現焦慮、憂鬱等情緒變化，像是更年期期間會有發熱、潮紅、盜汗等或焦慮、失眠等症狀（林怡亭，2017）。

(1)出汗，偶會出現熱潮紅（hot flush）現象（突然感覺熱傳遍全身）。

(2)卵巢功能萎縮。

(3)排尿失調（因組織收縮所引起）。

(4)女性賀爾蒙分泌減少，性高潮減少，陰道失去潤滑性，大部分的女性性慾降低，但也有些因不再有懷孕的顧慮，性需求反而增加，但因陰道內膜變薄，會有性交疼痛的感覺。

◆男性更年期

男性雖沒有明顯的更年期，但此長時間的階段也有下列的特徵：

1.睪丸製造精子的數量逐漸減少，精子活力也不如前，生殖能力降低

2.性高潮的次數漸少，性能力逐漸降低，陽萎的現象增加，性需求逐漸減少。

3.沮喪、焦慮、激動或興奮，感覺趨向極端。

4.頭痛、出汗、疲勞、消化系統困擾等。

男女兩性在面臨這樣的階段，心理上也起了一些變化，自信心降低，易感煩躁、疲倦、憂鬱，對性伴侶感到厭倦，這些變化也影響到性趣與性能力。

在第三性議題上，變性的婦女面臨了許多挑戰，包括無家可歸、失業、失去權益和令人震驚的愛滋病毒感染率。

◆更年期問題

1.人生高峰邁向衰退。
2.長江後浪推前浪，青年才俊輩出，競爭壓力造成威脅。
3.性與婚姻關係可能產生危機，賀爾蒙因素影響性慾，心理上自覺年華老去，不適合有性行為，使得配偶不滿，易產生外遇問題。
4.空巢期的焦慮，擔心子女將成家或離家，需調整心理，面對空巢期的來臨。
5.家庭關係的變化，如兩性之間微妙的心理變化，更年期影響容易產生多疑，或過度敏感子女不孝，使得家庭關係受到影響。

(三)心理特徵

◆思考

青少年看待事情，往往是依照絕對的真理，去尋找解決問題的策略，中年人較常用不同的觀點介入，尋求各種的可能以及利弊得失。青少年往往用對錯來劃分事情，中年人則較在兩個極端的對立中尋求一個平衡點。這種現象，王坤鉉（2012）提及是心智僵化到心智彈性的發展。

◆智力

流體智力隨著大腦緩慢的退化有稍降的趨勢，晶體智力則隨著人生的歷練增加而增長。

◆艾瑞克遜的心理社會論

1.發展目標：積極進取。中年人積極追求成長、再造，運用自己的智慧及人生經驗把自己的潛力發揮得淋漓盡致，除了為自己的前途再做努力之外，亦關注周圍人們的需求，甚至於公益事業。

2.發展危機：頹廢遲滯。中年人無法適應生活的挑戰，自顧自地滿足自我，無暇也無能力去照顧別人的需求，不能處理家務事，養兒育女，或者持續保有工作，在中年期頹廢遲滯。發展危機因素有：

(1)事業無法穩定：由於早期對職業的適應情況不佳，導致中年時期仍無法累積適切的經濟資源，導致貧窮而使得中年時期生活困難。加上雙生涯家庭的發展，可能對配偶產生競爭的心理，而導致家庭關係不佳。

(2)無法養育子女並維持家庭：由於事業無成，因而無法養育子女及維持家庭功能。

(3)無適切的嗜好及空巢期來臨：子女成年離家後對於配偶關係的改變適應狀況不佳，加上無適切的嗜好，亦易使中年人發生中年危機。

(4)社會化關係的改變：若無法發展出適切的同儕關係，或有可能因上述各種情況導致婚姻關係不穩定，因而中年人對於社會關係的重建則需花費更大的心力，但未必順利發展。

此外，Peck（1968）主張一個人如果要做好中年期調適，需面對四項成長危機，包括：(1)人際社會化；(2)重視智慧；(3)情緒靈活；(4)心智靈活。

(四)健康問題

人一旦步入中年期之後，身體健康狀況會漸走下坡，一些潛在慢性疾病危險因子會慢慢地顯現（衛生福利部中央健康保險署，2006）。中高齡工作者與一般年輕工作者之身心健康狀況有其差異性，隨著年齡的增長，身心壓力與體能大不如前，中高齡問題在職場上屬於健康高風險族群，在面臨全球經濟化與產業結構改變下，工作者普遍處於輪班、夜間工作、長工時及高負荷之勞動環境下工作，另因新材料、新物質及新科技之發展，亦有可能使工作者暴露於新風險與健康危害（王紫庭、洪耀釧、王素真，2016）。

基礎代謝率（維持人體功能的基本能量需求）下降是導致中年發福的主因，年過二十五歲，人體基礎代謝率就逐年下滑，平均每十年減少2～5%；以此推算，四十歲男性的基礎代謝率只有二十五歲時的九成左右，此時他應該攝取年輕時九成的熱量，並維持規律的運動才行。問題是，中年人大都忙著打拚事業，不僅缺乏運動，更常為了應酬大吃大喝，飲食太過油膩或精緻，長期下來，多餘的熱量就會囤積在體內，造成肥胖。

五、面對變遷社會中的議題

(一)照顧年邁父母親

中年人對年邁父母親的協助至少有下列幾方面：

1.提供經濟上的援助：年邁的父母親可能因早期賺錢不易，加上子女眾多以及其他原因（如生病需付醫藥費、社會福利無法補助或補助不足等），以致於無法存足夠的錢養老，故子女應提供經濟上的協助。

2.生活起居的照顧：年邁的父母親可能因體力衰退、生病以及其他原因，逐漸無法自理生活，如出門購物、料理三餐、洗澡、穿衣等，有賴子女照顧生活起居。

3.協助及安排就醫：老人泰半都有疾病，尤其是慢性病，如呼吸系統疾病、心臟血管疾病、消化系統疾病、泌尿系統疾病以及最常見的就是肌肉肩頸痠痛。因此，老人（尤其是八十歲以上的老人）經常需要看病。偏偏現代化的網路掛號、大醫院的動線以及交通對老人都是問題，需要子女的協助。

4.閒談及休閒生活，旅遊安排與協助：老人的體力有限，活動力明顯不足，故在家的時間相對於中年期以前的時間多，老人的心態喜歡含飴弄孫，兒女媳婦女婿應多抽空陪陪長輩，與之聊聊；至於活動力還可以的老人，兒女可以陪同適合長輩的旅遊活動或協助長輩參加適合的旅遊活動。

(二)中年期的父母角色

1.與兒女良好溝通，協助孩子進入成人世界：中年父母的兒女，大多數在國中、高中職、專科、大學念書，亦有部分已就業。父母宜常與之談談做人處事之道，協助子女進入成人的世界。

2.要懂得如何放手讓兒女獨立：在父母的眼中，孩子是永遠長不大的，這樣的觀念其實不盡然正確，兒女與父母畢竟有不同的成長背景，接受不同的教育，面對不同的未來；因此，父母應放手讓子女學習獨立，不宜干涉太多。

3.多面向接受子女：要能妥協或接受兒女們的朋友、流行服飾、娛樂興趣，以及獨特嗜好。

4.灌輸孩子適當的價值觀：價值觀會因時代的不同而有不同，會因地區的不同而有不同，父母宜原則性地灌輸兒女適當的價值觀。

5.謹慎介入兒女的感情世界及婚姻生活：兒女的感情世界及婚姻生活，常因父母過度的干預而分手，甚至釀成悲劇。因此，父母宜謹慎介入，畢竟是兒女要找對象，而非自己要找對象。

6.提供符合時代要求的育兒資訊及服務：中年父母在管教兒女時常因代溝而造成衝突，尤其此時兒女正處於青春叛逆期；因此，未免於有上述的情況發生，中年父母宜提供符合時代要求的育兒資訊及服務。

7.適時的從子女身上學習新的觀念及做事的新方法：大多數的父母都會認為子女不懂事，做起事情笨手笨腳的；但不可否認的，子女接受新式的教育，學習許多做事的新方法是值得父母學習的。例如：中年父母可能為了買一樣東西而花了很多時間去逛百貨公司或夜市，但年輕的子女可能上網搜尋，一下子就買到了。

(三)中年期的婚姻

◆空巢期

空巢期(empty nest)是家庭生命週期中悲喜交集、內心充滿掙扎與衝擊的一段生命歷程,一方面看著子女終於長成,展翅高飛各奔前程而感到欣慰;一方面又面臨子女離去的孤寂和思念。在成人生命週期中,當子女長大成人,各自結婚成家,使原有親子兩代家庭顯得冷清安靜的狀態,被稱之為「空巢期」、「離家期」或「後父母時期」。處於空巢期的中年父母常有所謂的「空巢症候群」(empty nest syndrome),亦即為父母者由於親子感情的一時失落,所形成的孤獨寂寞以及頓覺失去價值的複雜心境,終於造成情緒困擾,甚而喪失平時的生活功能,此種現象即稱為空巢症候群。空巢症候群現象,出現在母親的比率遠較父親為多,原因是母親與子女間一般存有較深的感情。至於中年父母如何因應空巢症候群現象呢?以下說明之。

1.重整物質上的設備和資源,讓自己能擁有更好的物質生活。
2.與別的家庭(親戚、朋友或同事)保持密切的良性互動。
3.藉由子女的成家立業,經常和子女的家庭保持聯繫。
4.與自己年邁的父母和手足的家庭保持聯絡。
5.保持家庭內夫妻之間良性的溝通,與配偶的關係更密切。
6.參與家庭以外的活動,如社團活動、擔任志工、宗教活動等。
7.有效的財務規劃,確保晚年生活的安全。

◆婚姻品質提升

中年期的婚姻品質有提升的契機,其理由至少有下列三者:

1.家庭經濟改善:此期房屋貸款大都已繳完,子女大都已陸陸續續完成學業,開始賺錢,夫妻雙方的薪資也有所提升,家庭經濟改善,不會有「貧賤夫妻百世哀」的現象。

2.養兒育女的勞務負擔減少：子女大都已長大，各自獨立，處理自己的事務，甚而幫助處理家務，減少夫妻的勞務負擔，降低生活壓力，更有餘力去經營婚姻生活。
3.增加共度時光的機會：子女紛紛離家求學、工作或結婚，夫妻共處的時間增多，可安排旅遊、拜訪親友、從事休閒育樂活動，更能營造幸福美滿的婚姻生活。

◆維繫婚姻的力量

1.內在的力量：培養夫妻間深厚的情感關係是維繫婚姻最基本的力量。Cuber與Harroff（1971）指出，無活力關係、習慣衝突關係與被動協調關係謂之「空殼婚姻」。空殼婚姻係為配偶之間並沒有強烈的情感，外在壓力迫使雙方繼續維持婚姻，或是夫妻可能因為工作上的理由、外人的觀感、投資的理由、道德的考量等外在壓力，決定維繫空殼婚姻。
2.外在的力量：
(1)子女：有些不愉快的婚姻，夫妻之一方或雙方想離婚，但想到孩子會沒有爸爸或媽媽，只好作罷，繼續過著同床（或異床）異夢的婚姻生活。
(2)財產：有些不幸福的婚姻，夫妻之一方或雙方想離婚，但因財產無法分配、分配不均、分配談不攏、付不起贍養費等因素而無法離婚。
(3)法律：有些不愉快的婚姻，夫妻之一方想離婚，但因法律問題無法解決，如無過失之一方堅決不離婚，或明知對方有外遇，但苦無證據，無法向法院提出離婚之訴訟，而持續維持婚姻關係。
(4)輿論：有些不幸福的婚姻，夫妻之一方或雙方想離婚，但因不願面對輿論或害怕面對輿論的批評而作罷。
(5)親友：有些不愉快的婚姻，夫妻之一方或雙方想離婚，但因親友的規勸（如家長反對、親友勸和或要求忍耐）而作罷。

(6)職業：有些不幸福的婚姻，夫妻之一方或雙方想離婚，但因考慮職業的問題（如有些職業的從業人員離婚會影響形象，或因有些家庭主婦害怕離婚以後找不到工作）而作罷。

以上所述維持婚姻的外在因素在實務上有更多的多重因素存在，如原本考慮到孩子的因素，再加上父母規勸要忍耐，只好作罷。至於維繫婚姻的力量，內在吸引力強，情感深厚，婚姻關係較為健康；若雙方關係不佳，婚姻關係須靠外在力量維繫，此等婚姻誠屬悲哀。

(四)離婚

當維繫婚姻的內外在因素都已蕩然無存，那麼婚姻終將破裂；若再加上外在的吸引力（如另一個男性或女性的介入），或另一個成長的空間（如學業的深造、往大陸發展事業等），都會造成婚姻的破裂。根據內政部統計處（2018a）統計，106年全年離婚對數計138,034對，離婚54,412對（**表6-1**），男性國中學歷、女性高中學歷最高，而女性受大學教育的離婚或分居高於大學學歷的男性。

表6-1　歷年婚姻概況

年度	結婚對數	離婚對數
100	165,327	57,008
101	143,384	55,980
102	147,636	53,604
103	149,287	53,190
104	154,346	53,459
105	147,861	53,837
106	138,034	54,412

資料來源：內政部統計處（2018a）。

離婚對某些人來說是一種解脫，因為他們可以離開原來不安定、不幸福、不愉快，甚至被家暴的情境，重新看待自己，激發生命的能量，開展新的人生。相反的，也有人在離婚之後意志消沉，碰到困難退縮不前，生活能力越來越差，導致新的危機產生。

◆離婚的原因

1.現代家庭功能的改變：如生育功能、情感功能、保護功能等，使家庭的重要性大減。
2.出生世代：過去農業社會世代對於離婚家庭標籤為破碎家庭或不道德家庭，而現在的民主世代離婚不再用道德框架作為標籤。
3.結婚的目的改變：結婚不再是傳宗接代而已，而是以自己是否幸福快樂為依歸，當既有的目的無法如願，一方（或雙方）可能考慮離婚收場。
4.道德制裁力量降低：離婚不再被視為罪惡，現在離婚已漸被寬容與接受。
5.再婚的可能性增加：由於社會開放，男女交往頻繁，再婚的可能性增加，更增加了離婚的勇氣。
6.性的開放：性和貞操的專一已不再被視為感情的要件，性的開放也增加了離婚率的提升。
7.同輩團體的壓力降低：只要婚姻不幸福，同輩團體不再勸和不勸離，甚至主動勸離。
8.法律的約束放寬：以往法官在判決離婚事件時，常會給當事人較多的時間考慮或再協商，相較於現在的法官對離婚案件的判定越來越寬鬆。
9.婦女有競爭能力：婦女受教育的程度提高，就業率增加，經濟自主，思想獨立，若婚姻不如意，寧願選擇離婚，不再忍氣吞聲。
10.無子女或子女數少：現代無子女家庭漸多，即使有子女也是一個或兩個，離婚較無牽掛，自然容易離婚。

11.婚外情增加：由於社會開放，兩性互動頻繁，外遇問題增加，如辦公室戀情、上司與部下戀情、業務往來關係戀情、同學同鄉會產生之戀情等等。

12.其他原因：Watson與McLanahan（2011）發現，有些夫妻離婚是為了通過低收入戶的資格，以便獲得政府的經濟補助。

◆離婚要考慮的問題

離婚是個人生命經驗中重大的困境（McCloud & Dwyer, 2011），因此，離婚前要慎重考慮，考慮的方向如下：

1.離婚過後的某一段時間可能會後悔：例如認為當初決定離婚太衝動了、太草率了、太任性了。

2.會對另一半及子女產生罪惡感：想起過去美好的戀情，對對方也有一些承諾，如今形同陌路，以及沒有善盡父（或母）親之責任，難免產生罪惡感。

3.對未來的不確定性：離婚之後，面對未來的感情、家人關係、職場人際互動、經濟、生涯規劃等方面，增加了不確定性。

4.是否能適應新生活：Kim與Woo（2011）指出，離婚會造成心理健康問題，而經濟造成困難也是重要的影響。Fernandes等人（2011）指出，離婚對婦女會產生創傷症候群，影響生活品質。Devries等人（2011）研究發現，離婚、分居或喪偶與婦女自殺行為有相關。Hsu（2011）指出，喪偶初期有憂鬱症狀，而離婚初期會增加貧困與社會支持的危機。面對以上心理、經濟問題，當事人是否可以適應，值得深思。

5.孩子的監護權及養育問題：Strous（2011）指出，離婚後夫妻可能會遇到爭取子女監護權的問題。而日後的養育問題以及離婚對孩子可能造成的傷害也必須納入考慮。

6.財產的分配問題：離婚之時，難免要談及財產的分配問題，有可能

談不攏，而造成更大的傷害；即使談得攏，可預見的是雙方的財產都減少了。

7.家人親戚朋友及輿論的壓力：談判離婚之時和之後，常有家中的長輩、平輩、親戚和朋友給予壓力；此外，在自己的生活周遭，也常有一些輿論，當事人必須思考如何去面對。

◆**離婚後的影響**

離婚是個人生命經驗中重大的困境，離婚會造成心理健康問題，而經濟造成困難也是重要的影響，此外，離婚對婦女會產生創傷症候群，影響生活品質。部分研究也發現，離婚、分居或喪偶與婦女自殺行為有相關，而離婚後夫妻可能會遇到爭取子女監護權的問題。面對父母離婚，孩子的心理轉變歷程如**表6-2**所示。

表6-2　父母離婚——孩子心理轉變歷程

階段	說明
否認階段	會試圖排斥父母離婚之事實，因此學會退縮的行為
憤怒階段	當知道不可改變，開始會有激烈的反應，會有暴力行為
協議階段	試圖挽回父母，常提出條件與父母談判
沮喪階段	無法協議父母破鏡重圓，開始會有沮喪反應，開始悲傷，成績退步
接受階段	開始專心思考父母的關係，此階段是他們適應的一個契機

(五)外遇

張筱君、阮芳賦與簡上淇（2013）對外遇的解釋為配偶和丈夫（妻子）以外的另一人發生「婚外的性行為」。所謂「外遇」（extramartial sexual relationship）是指在婚姻關係仍舊存續中，與配偶以外之第三者發生性關係之事實，外遇是婚姻關係中有了第三者的介入，男女的愛情是一對一的、排他性的，而外遇是對這種排他性的挑戰。

王慧琦（2012）則認為，外遇是出軌，也導引出另一條人生之路。李蕙如（2016）認為，婚姻的制度化突顯婚外情的不合法，然而，也使婚外情的自由不受拘束特質加以顯現。美國康乃爾大學（Cornell University）社會學博士候選人蒙施指出，男人收入比女人少，會使他們失去傳統「男主外女主內」的優越感，威脅到他們的性別認同，因此男性可能以欺騙或不忠的方式來重建性別認同（蕭財英，2010）。許皓宜與李御儂（2015）指出，男性外遇經驗常與性關係密不可分，以致許多外遇關係常變得難分難解。

當配偶太強勢或碎念時，也可能讓一方產生外遇的念頭，相對的，也有可能是因為一方的冷漠或個性導致外遇的產生。王雅玲與李瓊雯（2011）認為外遇問題產生的主要動態原因，是因外遇者、介入者與受害者之間的推力與吸力不在正常的軌道所致。

◆外遇的原因

綜合以上說法，歸納外遇多元原因包括：

1.因為婚外情的自由與不受拘束。
2.男性所得較配偶低時，喪失了男性性別優越感。
3.外遇對象與元配間的推力與吸力不在常軌上。
4.尋求新鮮感與激情。
5.性的刺激與滿足。
6.元配的冷漠或碎念（個性不合）。
7.外遇對象的溫柔或裝扮。
8.找到真愛等。

◆產生外遇的階段（簡春安，2005）

1.醞釀期：企圖有外遇，或對外遇蠢蠢欲試，但尚未進行，此期的現象是外遇者在對話中羨慕別人有外遇，與配偶對話時偶爾會有試探性的口吻問配偶是否准許他有外遇，醞釀期的特質偏重在當事者的心念，只是還沒有開始動作的階段。

2.嘗試期：當外遇者已經開始進行外遇的行為，只是忐忑不安，未被元配發現，稱為嘗試期。李蕙如（2016）指出，外遇是一種嘗鮮心態的作祟，一成不變的婚姻生活，或許使人心生倦意。

3.衝突期：外遇被配偶發現，家中從此陷入冷戰、熱戰、爭執不休。

4.無奈期：衝突期過了一陣子之後，外遇者行為依舊，元配使盡辦法期使外遇者回心轉意，但大家都沒有更好的辦法，讓對方無可奈何。

5.決斷期：外遇者決定與新歡另組家庭，元配做分手打算，各奔東西。

◆**外遇的類型**（簡春安，2005）

1.傳統型外遇：傳統男性的三妻四妾心理，認為事業有成的男人本來就可以有婚外情，完全忽略現代婚姻的承諾與配偶的感受。

2.拈花惹草型外遇：對愛情抱持一種玩玩的態度，見異思遷，生性不貞，對配偶諸多挑剔，重視外表、肉體，喜歡宴樂。

3.保護型外遇：誠實、善良、富同情心的好人，遇上楚楚可憐、需要協助的對象，而掉入愛情的陷阱無法自拔。

4.情境型外遇：在各式聲色犬馬的場所逗留，被打扮美麗、體貼多情的對象所吸引，使人逐漸依戀而產生外遇。

5.舊情復燃型外遇：碰到了以前的舊情人，加上現在婚姻生活的平淡乏味，就容易有回歸以前愛情的傾向。

6.感性型外遇：強調瞭解與被瞭解的絕對性，認為生活的目的是追求美感、尋求知己，一旦碰到能滿足的對象，便認為機不可失，不管要付出多大的代價都會如飛蛾撲火般奔去。太重視感性、直覺，或是個性率真、坦白、不避諱社會規範的人，容易有這種感性火花型外遇。

◆外遇產生後的歷程（張筱君、阮芳賦、簡上淇，2013）

1.甜蜜期：雙方經常參加共同活動，彼此避免有長相廝守的期望，只集中在當下的情境中，並確保隱密性，盡可能忘記道德考慮及罪惡感。

2.轉型期：外遇雙方逐漸地希望能增強承諾，並且在心中產生排他性，此時就進入了「轉型期」。此時期，外遇雙方必須處理「該有多少相處的時間？」、「如何進行活動？」、「如何保持聯絡？」等相關問題。此外，他們更要面對年齡、宗教、社會背景等差異，且不時會有嫉妒和仇恨等心理，而此時他們的地位是對方生命中僅次於配偶的「第二重要人物」，當然也有部分就希望成為「第一重要人物」，能與對方結婚，有正式的婚姻關係。

3.維持期：由於雙方接觸頻繁，因此開始要考慮其他親人、朋友、同事的看法，也要處理錢財、權力和禮物等問題，甚至類似懷孕等大問題，會接踵而至。此時，除了極少數會結婚外，大多數會走向「結束期」。

4.結束期：常見結束外遇關係的理由有無法與元配離婚、外遇戀情被發現、失去興趣和新鮮感、被激情的渴望與偷情的罪惡感所擾、感覺自己身陷困境想要掙脫、期望和需求改變了、出現了另一段戀情（許皓宜、李御儂，2015）。

◆外遇的寬恕歷程（王慧琦，2012）

1.經歷傷痛：去經驗配偶外遇所帶來的傷痛是重要的，雖然這種傷痛會引發極大的情緒反應、生理症狀及行為失調的結果，但比起那些選擇逃避、用否定的方式來保護自己的人而言，去面對和經歷顯然是健康許多，藉由傷痛的經歷，有助於情緒與思緒的重整，也才有能力再重新面對未來。

2.接受自己不能改變的：有些人經歷討價還價的過程，後來發現事實就是已經發生了，感情就是有了裂痕，彼此的信任感就是蕩然無存，也難以再修補；基本上，能夠去面對並接受這個不是自己造成、卻要承擔苦果的事實就是發生而且也不會改變了，這是非常不容易的，但一旦能夠接受，就表示又跨出了一步。

3.從責備與自憐中掙脫：開始的時候必然陷於責備與自憐中，「都是他造成的！」、「我好無辜」、「我很可憐」……，一切的傷痛都是別人加諸的，一種受害者的情結會占據內心，基本上這樣的思想並無錯誤，但是若不能從當中掙脫出來，就失去了對這種情況的主控權，也就難以從受害者的苦情翻身。

4.重新詮釋外遇事件：對外遇事件重新定義，以新的眼光看待那個背叛的人，尋找創傷發生的意義，給予新的瞭解。

5.決定寬恕（認知層面）：願意選擇寬恕對方，願意放棄自身憤恨及負面批判的權利，改以同情、仁慈和愛的方式來看待外遇者，是一種願意和決定，一種內在的轉換和改變。

6.寬恕的行動：能夠在行動上表現寬恕，例如停止之前的負面對待，改以在態度、言語、行為上對外遇者表現出善意與關心，在婚姻關係上也許會考量重新復合，但也有可能決定分開，寬恕不代表在關係上能夠和解。

(六)單親家庭

單親家庭係指單一父親或母親與至少一位依賴子女所組成的家庭（彭淑華，2003）。根據內政部於2012年委託學者吳惠林的「我國離婚率發展之趨勢、影響及因應作法之研究」研究報告顯示，離婚盛行率與出生世代、年齡、教育程度及性別皆有關係，此外，女性投入勞動市場的現象也證實與離婚盛行率有相關性。研究發現，結婚動機的消失，也就是離婚的答案。若按照年齡層來觀察，離婚比重最高的年齡層落在約中壯年的四十五歲至五十四歲。

在過去單親家庭常常被冠上「破碎家庭」或「偏差家庭」等標籤而飽受歧視，但經過實務界十餘年的研究，對單親家庭問題作更深入的瞭解後，已使得單親家庭逐漸擺脫問題家庭的刻板印象。

◆單親困境

馮燕（2015a）指出，單親家庭遭遇到的困境包括：

1.弱勢經濟，包括貧窮女性化、貧窮兒少化。
2.兒童照顧與管教問題，包括教養子女時間與精力不足、擔心子女在家不安全、工作與育兒無法兼顧、無力負擔照顧子女托兒或課後安親的費用、子女休閒活動安排、與子女溝通等問題。
3.社會人際關係的調適。
4.情緒與行為表現，包括疏於管教、過度保護。

張鐸嚴（2010）認為單親家庭遭遇的困境為：

1.經濟條件的改變。
2.人際關係的改變。
3.社會支持的改變。
4.子女教養的改變。

◆單親問題

在過去單親家庭常常被冠上「破碎家庭」或「偏差家庭」等標籤而飽受歧視，但經過實務界十餘年的研究，對單親家庭問題作更深入的瞭解後，已使得單親家庭逐漸擺脫問題家庭的刻板印象。綜合上述，單親家庭所遭遇的問題如下：

1.經濟問題：經濟狀況的改變是單親家庭最常面臨的問題，尤其單親女性經濟壓力通常大於男性，在就業的選擇上容易遭受雇主或企業的歧視而找不到好工作，如果子女還小又無人幫忙照顧，自然陷入工作與子女教養的困境。

2.心理調適問題：當家庭遭逢變故，無論是家長或子女都將經歷一連串情緒上的創痛、角色關係的轉換及生活模式的改變，而且隨著時間會產生不同的適應問題與反應模式。

3.角色負荷過重：單親父母身兼雙職，因對原配偶之親職角色不熟悉，而產生角色衝突或角色負擔過重等壓力，尤其以單親父親困擾較大。

4.子女教養問題：由於單親家庭角色負荷過重，以致沒有足夠的時間來管教子女，甚至有不當的管教方式，可能對孩子的成長造成不良的影響。

◆解決單親家庭問題的策略

1.提供適當的經濟補助：透過稅收減免、社會救助、福利及實物的提供等措施，以消弭單親家庭的貧窮問題。

2.協助單親父母就業：透過職業訓練、就業輔導或創業貸款補助等，積極協助單親父母自立更生。

3.協助單親子女受教育：藉由兒童托育、子女教育津貼、兒童優先進入公立幼稚機構，甚至提供課後輔導等措施，使單親子女得以順利接受教育。

4.提供心理治療撫平創傷：運用民間資源、團體或專業諮商人員提供心理輔導，協助單親父或母走出傷痛，重新建立自我與新生活。

5.提供法律諮詢服務：因應單親家庭的需要，宜修改與增訂相關之家庭法律，訂定具體的法律保障條文，使單親家庭能有更好的保障。

(七)重組家庭（繼親家庭、混合家庭）

繼親家庭是指配偶雙方其中一人或兩人皆有過一次或以上因喪偶或離婚而結束之婚姻經驗，並育有前次婚姻所生子女之家庭型態，繼親家庭的家庭動力特徵如下：

1.家庭成員及互動關係：正向觀點——當家庭成員越多、互動關係越良好，可以提供支持及協助；負向影響——因為再婚而重新連結兩個不同型態的家庭成員，亦可能造成成員間的摩擦與衝突。
2.成員角色及權利分配：當家庭成員角色分工越有彈性、權力分配越平等，越容易重新定位；反之，若新組成之家庭成員產生了角色衝突或是權利分配不均，便容易產生負面影響。
3.家庭規則：當家庭規則清楚、由親子共同討論後訂定，將有助於開展新的家庭生活；但若是兩個家庭再組後，有家庭規則的衝突，便容易使繼親家長面臨教養問題和子女間相處的問題。
4.家庭外在支持系統：當外在支持系統充足，可以適時提供協助與支援，較不容易產生負向影響；反之，若外在支持系統的能量或資源無法挹注，也會使繼親家庭面臨家庭解組的危機。

(八)新住民家庭困境

◆生活適應不良

1.家庭生活適應方面：語言溝通問題及民情風俗與價值觀念的落差，造成生活摩擦。
2.社區生活適應方面：社區民眾或媒體過度渲染負面訊息，錯誤的詮釋外籍配偶來自文化落後地區，缺乏教育與文化素養。歧視與標籤化使得外籍配偶無法完全融入台灣社會。

◆社會支持網絡薄弱

外籍配偶來台唯一的依靠幾乎是夫家，唯一能訴苦或求助者僅有仲介公司，毫無支持系統可言。在台灣生活一段時間後，結交來自同國度的新移民，然而這般惺惺相惜的友誼，被夫家視為「學壞」的開始，因此受到責備或禁止外出，如此外籍新娘的社會支持網絡是十分薄弱的。

◆婚姻穩定性不夠

這種非以感情為基礎的跨國婚姻，現實情境令外籍新娘難以承受。外籍配偶常因「買賣婚姻」的陰影，被視為是夫家的財產。不對等的婚姻關係，伴隨著婚姻暴力及精神虐待；在婚姻生活上也被當成傳宗接代的工具、廉價勞工或無酬的家務勞動者，這樣脆弱的婚姻關係處在隨時可能瓦解的危機當中。

◆子女教養問題

許多外籍配偶家庭因社經地位較低或身心障礙困難，加上普遍教育水平或語言、文字能力不足及文化隔閡，使得外配家庭的親子關係及子女教育問題呈現許多危機。如外籍配偶不認識中文，看不懂家庭聯絡簿，無法與老師溝通，造成學校與家庭溝通上的困難，影響子女的學習狀況。

◆經濟與就業問題

新移民家庭多半經濟較弱勢，婚後家中支出變多，若再加上新台灣之子誕生，將增加更多負擔。若新移民能順利進入就業市場，將可分擔家計。但外籍配偶工作取得面臨種種困境，又在不清楚自身權益的情況下，常常淪為被剝削的一群，使得生活陷入經濟困境。生活一旦出現經濟問題，衝突也就隨之產生。綜合上述，政府相關單位應規劃新住民家庭生活適應輔導方案：

1.去種族中心及歧視觀念：社會大眾對外籍配偶有汙名化現象，政府有責任為其正聲，外籍配偶只是一群與台灣社會文化、語言、風俗民情不相同的人口群，並積極透過活動，讓她們的文化被看見、被瞭解，以減少文化差異的衝擊。

2.加強語言及識讀能力：日常人際互動中，語言是最直接的溝通方式，因此，增進新移民的語言及中文識讀能力，有助於解決許多問題。如減少夫妻、婆媳間的誤會，教導新生兒語言發展及子女初入小學之課業，也有助於未來融入職場的準備，促進良好的生活適應。

3.提供新移民家庭支持：

(1)家庭支持包括情緒性支持、訊息性支持及實質性支持三大類。

(2)政府現階段為新移民家庭提供的政策及福利措施，如外籍配偶生活適應班、低收入戶生活補助、居留權取得辦法等，多為實質性的扶助；情緒性或訊息性支持較少提供。

(3)政府應透過相關諮詢及輔導措施，主動提供關心及資訊，使外籍配偶儘快適應並融入台灣社會。

4.強化新移民家庭經濟能力：

(1)有工作能力與意願的新移民，因受限於法令規定而無法順利就業，除應重新檢討外籍配偶取得工作權之合理性與公平性外，應視其就業意願，提供職業訓練機會，並如同國人給予職訓津貼。

(2)為減輕家庭教養上的經濟負擔，應提供新移民家庭子女有關教育補助及生活津貼。

(3)在強化新移民家庭經濟維持能力方面，提供家庭財務管理課程，以減少因經濟困境而需依賴救助之情形。

(九)婚姻暴力家庭

根據衛生福利部統計處（2018）資料顯示，100年家庭暴力事件通報案件為104,315件，106年通報件數為118,586件，家庭暴力通報案件五年間增加了14,271件（**表6-3**）。林慈玲（2008）指出，性騷擾、性侵害及婚姻暴力，是三種對女性人身安全最大威脅的暴力行為。游美貴（2008）指出，當受虐婦女離家或遠離暴力環境時，找到一個安全的住處是最立即的需要，庇護所被視為重要是因為它提供受虐婦女短期住所、個人支持和與其他機構的聯繫與幫助。而婚姻暴力的原因、理論、影響及處遇說明如下：

表6-3　家庭暴力統計

年	統計	案件類型別			
		婚姻、離婚或同居關係暴力	兒少保護	老人虐待	其他
100	104,315	56,734	25,740	3,193	18,648
101	115,203	61,309	31,353	3,625	18,916
102	130,829	60,916	40,597	3,624	25,692
103	114,609	60,816	22,140	3,375	28,278
104	116,742	61,947	21,360	5,971	27,464
105	117,550	64,978	16,198	7,046	29,328
106	118,586	64,898	15,779	7,473	30,436

資料來源：衛生福利部統計處（2018）。

◆婚姻暴力原因

1.妻子過度依賴且無安全感，對丈夫不信任，或是懷疑丈夫出軌，引起丈夫的不滿。
2.夫妻無法公平處理衝突事件，引起一方施暴或雙方暴力相向。
3.夫妻關係陷入低潮與冷戰，或是變得乏味，再遇衝突終於引爆。
4.一再地重提舊帳，讓衝突循環。
5.丈夫認為妻子無法瞭解丈夫，或是滿足丈夫的需求。
6.妻子（或丈夫）企圖尋求更多的自主與權力，時時抱怨丈夫（或妻子獨裁，終於引起暴力行為。
7.夫妻個性不和，無法溝通。
8.對婚姻期待過高。

親密關係中的暴力行為週期分成三個階段：(1)壓力與緊張升高；(2)爆發期；(3)和好期。

依據Francis的觀點，遭受強暴後的婦女在重整階段有四項重要的課題需要面對與處理，包括：(1)重建對身體的安全感；(2)突破恐懼；(3)坦然面對失去的自尊與信任；(4)重新自我認同。

◆婚姻暴力理論

1.精神分析論：認為婚姻暴力起因於施暴者的童年時代不愉快的成長經驗，導致包括心理、情緒和精神上的疾病，終致發生婚姻暴力行為。
2.生態理論：認為家庭生態的不一致或不協調時，會導致家庭暴力。此一理論強調當夫妻關係不好時，會產生一些負面情緒，造成婚姻生活上的壓力，如再缺乏社會支持時，婚姻暴力極可能發生。
3.父系社會理論：認為家庭中的男人、丈夫擁有較大的權力，是一個男尊女卑的社會，甚至將女人當作是男人的附屬品或財產，丈夫對太太的暴力行為是可以被接受的。
4.社會學習論：認為婚姻暴力的加害者之所以會有暴力行為，是藉由觀察與模仿而來，亦即從小處在一個婚姻暴力家庭，在耳濡目染之下，長大結婚後也出現相同的婚姻暴力行為。
5.社會交換論：認為當一個人的行為所得到的報償比付出的代價來得大時，這個人就會有此行為產生。通常在婚姻暴力下，施暴者所得到的獎賞是情緒的發洩或者是獲得所謂的「尊嚴」，而其所付出的代價就是對方是否會反擊、控告、鬧離婚、離家出走等。當施暴者權衡利弊得失時，若是覺得報償比較重要，便會產生暴力行為；反之，個人會比較理性，不會有暴力行為。

◆婚姻暴力相關研究

1.沈瓊桃（2006）研究指出，婚姻暴力與兒童虐待有顯著的關係，一年內婚姻暴力與兒童虐待的合併發生率高達65.2%，四成（39.6%）的家庭同時有夫妻與親子之間的肢體暴力；另有超過四分之一的家庭（26.2%）發生嚴重婚姻肢體暴力合併嚴重兒童肢體虐待的情形。

2.Devries等人（2011）研究發現，親密伴侶的暴力行為與婦女自殺行為有相關。

3.謝臥龍、劉惠嬰與黃志中（2017）發現，婚姻暴力與父權社會男尊女卑的性別歧視有關。

4.林妙容（2014）指出，目睹婚姻暴力兒童可能會有許多不同的經歷，所造成的影響也有所不同。但大致而言，目睹婚姻暴力可能會影響到兒童的生理與心理層面的發展。

5.譚子文與董旭英（2009）研究發現：

(1)目睹父母婚姻暴力和國中生受虐之間具有正相關性，且無性別差異的效應。

(2)目睹父母不同的婚姻暴力關聯著不同的受虐型態。

(3)目睹父母暴力行為愈多，則遭受父母嚴重虐待情形愈多。

(4)父母之間的婚姻暴力可能是造成國中生遭受父母嚴重虐待的主要因素。

6.楊芳梅（2009）指出，目睹父母婚姻暴力對國中生偏差行為具有預測力。

7.彭貴鈴、林麗娟與莊豔妃（2009）從協助家暴婦女至急診室求醫的照護經驗發現，個案主要的健康問題有：恐懼、無效性因應能力、無望感。

8.沈瓊桃（2010）指出，目睹婚姻暴力或受虐兒童需要即時的處遇之外，曾目睹婚姻暴力暨受虐的青年亦是需要關切協助的對象。處遇策略可以多管齊下，以增強青年的自我內在力量、重要他人的支持，以及脫離暴力環境等保護力量為目標。

9.馮燕（2015b）指出，對於婚姻暴力目睹兒童可能隱藏的負面情形包括安全方面、情緒方面、行為方面、學習與社會方面。

◆婚姻暴力處遇建議

1.潘雅惠（2007）認為婚暴婦女在自我意識上有所覺醒，在經濟、精神及行動上能夠獨立自主，並且瞭解個人生命價值的增權展能的學習，應是受暴婦女脫離暴力生活最有效的途徑。

2.陳秀（2010）對台灣家庭暴力防治之未來展望建議如下：

(1)教育、訓練及宣導。

(2)強化對家暴被害人之保護。

(3)加強家暴加害人處遇計畫之執行。

3.楊芳梅（2009）建議政府單位應致力於家暴通報機制的透明化和確實化、落實諮商資源的整合便於受暴家庭求助、加強婚前教育的宣導；學校單位應加強教師對婚姻暴力的辨認和輔導知識、落實對學生宣導家庭暴力的相關知識、引進心理師和社工師進駐校園協助輔導工作；家長先準備好為人父母再生養孩子，重視孩子的精神需求，不要忽視言語暴力，適當處理夫妻婚姻關係減少對孩子的影響。

◆女性受暴不願離婚或分手的原因

1.憂心子女的安危：許多施暴的父親會以孩子的安危威脅受暴母親，使其不敢離開家庭。

2.無法經濟獨立：受暴婦女通常較為弱勢，在經濟上必須依賴施暴者，擔心無法獨立撫養小孩。

3.畏懼施暴者：受暴婦女對暴力行為的恐懼，擔心離開家庭會激怒施暴者，將帶來更大的傷害，甚至連累家人。

4.從一而終的傳統觀念：受暴婦女會認為不幸的婚姻是自己所選，總以命定的觀點來看待，受限於傳統價值規範，相信自己有責任照顧家庭，且期待施暴者會醒悟。

◆婚姻暴力影響

1.親密伴侶的暴力行為與婦女自殺行為有相關。
2.子女會學習模仿父母的暴力行為，攻擊手足甚至是父母。
3.目睹父母婚姻暴力子女於生理上、心理上受到相當程度壓抑及傷害。
4.對於婚姻暴力目睹兒童可能隱藏的負面情形包括安全方面、情緒方面、行為方面、學習與社會方面。
5.個案主要的健康問題有：恐懼、無效性因應能力、無望感。

◆受暴婦女脫離家庭暴力的威脅方式

1.協助女性自覺、增強動機：積極宣導，使婦女跳脫婚姻的迷失，並省思婚姻中存在的問題，瞭解忍耐並非最佳因應之道，增強其處理婚姻問題的動機。
2.協助經濟自主：受暴婦女受困於家庭經濟壓力、為撫養子女、應付生活所需而無暇他顧，提供緊急生活救助、醫療補助、法律諮詢及訴訟費用補助等，協助婦女經濟獨立，將使受暴婦女有勇氣、有空間思考其生命與婚姻問題。
3.運用法律提供保護：善用《家庭暴力防治法》之相關規定，尋求緊急庇護或尋求保護官協助申請保護令，使受暴婦女與子女遠離施虐者，並尊重當事人意願，透過免費法律諮詢服務訴請判決離婚。
4.心理輔導：提供受暴婦女心理輔導，並尋求親友支持系統，共同給予心理支持，走出家暴陰影；若施暴者有意願接受家庭諮商輔導或家族治療，提供協助並給予補助。
5.學習因應方式，減少暴力發生：協助受暴婦女認清每次毆打事件發生之前置因素，避免可能導致受虐的行為，例如避免與受虐者爭論金錢、酗酒等問題，將有效減少施暴情形。

◆社工員在家庭暴力防治之實務工作

1.接案評估與調查：即必須進行兒少保護調查工作、婚暴和性侵害婦女及需求評估、老人虐待及其他多重受虐案的調查評估、子女會面監督工作與監護權調查等。

2.緊急處遇：提供二十四小時專線服務，緊急庇護、協助完成報警及驗傷、提供緊急救助金、協助取得保護令與保存證據。

3.以個案管理模式媒合案主及家庭所需要的服務：包括醫療、法律、庇護、社會福利、經濟補助、兒童安置、陪同出庭等。並減少這些服務輸送過程中可能造成的二度傷害，提供更為尊重及符合人性的友善環境。

4.增進輔導：增進案主被剝奪的權利為主的工作模式，如家訪、個別諮商等常用的方法。

5.倡導代言：倡導社會對暴力受害者創傷反應的瞭解與接納，指認社會傳統觀念的迷思，積極拓展暴力家庭所需資源。

6.監督執行：以案主需求為中心，落實對被害人的保護責任及暴力防治義務，並對防治網絡中的單位與個人提出善意的監督與回應。

7.提出改革：針對既有的服務網絡缺失，社會價值的誤導，提出指正並激發改變行動。

(十)隔代教養家庭（張家卉、黃喬鈴、陳政隆、王筱筑，2015）

根據衛生福利部社會及家庭署委託台灣社會福利學會2015年進行的「隔代教養家庭生活需求及福利服務研究調查」說明如下：

◆類型

1.代位父母：父母不在，親職功能喪失；或父母在世但長期離家，親職功能幾乎喪失。

2.補位父母：父母在家，但親職功能微弱；或父母在世但人長期缺席，偶爾維繫部分的親職功能。

3.接棒父母：父母在家且發揮親職功能，但過多角色衝突，因此需要外在支持。

以上三種類型之隔代教養家庭，最主要的差異在於父母輩展現工作及照顧者角色的程度。

「代位父母」隔代教養家庭中，由於父母親缺位，甚至為依賴人口，祖父母必須承擔照顧與工作的雙重壓力，再加上年紀漸老，身心健康也需適切的照料。「代位父母」隔代家庭呈現之需求為「要人照顧、要錢度日」。

「補位父母」與「接棒父母」的隔代教養家庭，父母親仍在，且提供部分親職功能，唯在經濟較弱勢的「補位父母」家庭中，祖父母還需要從事工作貼補家用，此兩類隔代家庭內的分工大致為，父母輩為養家角色，祖父母僅專職於照顧孩童。「補位父母」與「接棒父母」隔代教養家庭，父母輩需要穩定適足的工作薪資與友善家庭的勞動與托育政策；擔任照顧者的祖父母輩，則需要解決教養上的代間衝突、減緩照顧負荷。

◆隔代教養的生命歷程觀點

1.人類生活與歷史的交互作用（interplay of human lives and historical time）：歷史會對群體產生影響，因此在不同時的群體會有差異。過去祖父母被視為是家庭的保存者、孫子女的保護者、文化傳承的領導者，隨著家庭結構改變，祖父母不再是輔助的角色，而是承擔孫子女的主要照顧者。

2.生活中的時機（timing of lives）：指的是在一定的年齡會有特定的轉變發生，若符合社會期待稱之適時（on-time）時機，反之，則為脫序（off-time）時機。在危機家庭中祖父母非預期擔任孫子女的代理父母，此與社會規範並不相符，稱之為一種脫序時機。

3.連結或互相依存的生命（linked or interdependent lives）：強調互相

信賴關係對人類行為的支持與控制，是家庭支持與控制主要的來源，注重代間家庭的連結，因父母角色缺席造成隔代教養，對子女的影響大。

4.人類選擇機制（human agency in making choices）：指達成自己目標的能力。

5.生命歷程軌道的多樣性（diversity in life course trajectories）：不同群體受到不同脈絡影響，因此每個群體的信念、價值、生活樣貌都有差異，在隔代教養中對年老的祖父母而言，因為教養孫子女使其生活樣貌、歷程軌跡不同，因而老年的狀況也不同。

6.發展危機與保護（developmental risks and protection）：生活發展的危機因素除了事件發生的時機，還包括所持續的時間。隔代教養的危機包含祖父母的情緒，當壓力越大時，祖孫關係就越壞，或者祖父母因身體健康狀況無法再照顧孫子女，也會影響照顧過程中的情緒狀態，再者，正式與非正式支持不符合隔代教養的需要，使得無助感。

◆依附理論的核心概念

1.依附需要是人類天生且不可或缺的。

2.關係經驗的內化（內在運作模式）。

3.依附的內在工作運作模式是穩定的，但仍會透過新的合作關係而重新產生。

4.內在運作模式會不斷的重複在依附關係中改變。

5.依附和心理健康有著重要的關係。

◆隔代教養家庭可能面臨的需求

1.經濟上所得太低，需要政府提供經濟支持。

2.工作與照顧無法協調。

3.需協助其參與校園親子活動時的自在感，並敦促學校老師發掘隔代教養家庭的需要。

4.改善溝通不良的問題。

5.隔代教養家庭小孩的課業輔導。

6.醫療健康管理。

7.家庭輔導機制等。

(十一)喪偶

喪偶在一般人的刻板印象中，總認為它是個悲劇，因為喪偶會傷害或影響人們生理、心理、社會等方面的適應。對家庭而言，喪偶是所有生活經驗中最感壓力及最難適應的事件。對於婚姻關係良好的夫妻而言，喪偶本身即是個人生命史中重大的失落經驗，因而容易出現極大的悲傷情緒，悲傷情緒對喪偶者可能引發負面影響，喪偶不僅帶來悲傷、失落感的情緒外，且對身體心理健康、生活適應造成影響，當配偶死亡時，存活者內心被失落感所造成的悲傷籠罩著。

◆悲傷情緒對喪偶者的負面影響

喪偶者的悲傷反應大致可歸納為下列四個層面：

1.生理反應：當配偶逝去時，喪偶者往往呈現相對較高的死亡率，此外，喪偶者常出現的反應包括：視覺與聽覺上的幻覺、胃口變差（但有些會暴食）、睡眠不安。

2.情緒反應：常見的情緒反應包括震驚、麻木、焦慮、難過、放鬆、無意義感與絕望、寂寞、憤怒、渴望、不安與冷漠。

3.認知反應：喪偶者沉迷於對逝者的思念、感到逝者仍然存在、幻覺等。

4.行為反應：哭泣是喪偶者常發生的行為，喪偶者會試圖尋找一些方法來緩和自己的痛苦，如服用鎮靜劑等，也可能有些行為上的改變，如無限制的金錢花費，或某種程度的自我懲罰等，或避免提起失去的親人。此外，喪偶還可能造成孤獨感、社會孤立、經濟困難、心理調適與身心健康等問題。

◆喪偶者的心理歷程

人的心理狀態總會因為許多不同的遭遇需要經歷一些歷程，跟單親家庭相同，喪偶也會經歷一些心理歷程，Aiken認為喪偶者會經歷七個階段，如下：

1.第一階段：剛喪偶的驚嚇、惶恐。
2.第二階段：混亂、崩潰。
3.第三階段：反覆無常的情緒表現。
4.第四階段：感覺罪惡。
5.第五階段：失落孤獨階段。
6.第六階段：中期復原階段。
7.第七階段：回復期或重建階段。

此外，庫伯勒．羅斯（Elisabeth Kübler-Ross）則認為是五階段模式，包括：

1.否認。
2.憤怒。
3.討價還價。
4.憂鬱。
5.接受。

◆創傷後壓力症候群（PTSD）

許多人在遭逢重大的變故之後，心理受到重創而形成「創傷後壓力症候群」，它發生的原因可能是個人親身經歷的事件（如戰爭、強暴、墜機火災、身體虐待、目擊車禍發生等），也可能透過間接的經歷（如電視媒體的報導、報章、雜誌等），創傷壓力症候群卻仍是影響身心健康最嚴重的精神疾病。創傷後壓力症候群症狀包括：

1.創傷事件的影像、思考和感受屢次重複出現在腦海和噩夢中。
2.彷彿常感受到此創傷經驗或事件又再度經歷。
3.當面對類似創傷事件的相關情境，會引起強烈的心理痛苦或生理反應。
4.個人會持續避免接觸與創傷有關的事物，且無法回憶創傷事件重要片段。
5.過度警覺反應，以致無法入眠，注意力不能集中，易發怒。

◆悲傷輔導重點

悲傷是一種持續發展的過程，它是動態的，會隨著時間、情境而改變。而悲傷之適應歷程，也常因個人的特質或能力等因素，而呈現出不同的適應狀況。有些喪偶者能很快地調適過來，有些則要經過一段時間，並藉由各種不同的策略才能適應。

1.諮商介入。諮商介入處理三種取向：
  (1)對有喪親遭遇的個人，主動提供協助。
  (2)等待喪親者遭遇困難，自覺有被協助之需要，並主動尋求時。
  (3)預防模式，以相關研究為依據，評估哀慟者失落狀態，發現一至二年內適應困難，事先提供協助，提升其調適悲傷的能力。
2.悲傷輔導。站在社會工作者的角色而言，悲傷輔導重點如下：
  (1)社會工作者要引導喪親者宣洩情感，傾聽他們的憤怒、悲傷、沮喪、挫折等情緒，支持並伴著他們度過哀慟期。
  (2)在悲傷期間，喪親者常有非理性的想法或行為，社會工作者運用認知的技巧、解說、引導、面質逝者已死，不能再回來的事實；鼓勵他們以理性的方式思考。當然這是不容易的，但社會工作者應支持和激勵他們儘量克服並盡心執行，畢竟「有志者，事竟成」還是有其道理的。

(3)從悲傷到恢復期間，喪親者情緒起伏較大，因此社會工作者要有耐心、愛心來幫助或扶持，並向其解說哪些是正常反應，哪些是病態行為。必要時可介紹書籍讓案主閱讀，並找時間與之討論，或許有助其改變思考模式和行為；另外也可介紹支援團體讓他們參加。

(4)喪親者若有經濟或社會福利上的需求，社會工作者應盡力協助，提供相關的社會資源，以解決生活上的困境。當然社會工作者也應啟發案主的潛能，增進其自助能力。

(5)喪親者若有異常情緒反應時，社會工作者應評估自己的能力，可做較深入的諮商、治療；但若社會工作者評估需要其他服務介入時，應做轉介工作，以利案主獲得最大的幫助。

(6)社會工作者也常扮演教育者的角色，除了教育案主本身或其家人有較正向的觀念外，也要教育社會大眾關心重視死亡教育，因為生離死別是人生之常事，無人可避免。

綜合上述，喪偶是一個生活適應上的重大改變，當有正向的支持與輔導介入時，喪偶者便能順利正向地回歸正常的生活模式。

(十二)中年失業

經濟結構改變，產業外移造成失業，失業對於家庭中主要經濟負擔者而言是相當大的影響。洪瑞斌（2009）指出，中年失業可能讓人落入失去置身位置的「深淵」。中年失業是自我價值消失，可能造成不確定感、失落、無助、茫然、沒面子，甚而不甘心，不肯接受事實或是自怨自艾，開始憂心家中生計；有些人封閉自己，或得了憂鬱症，或想不開，甚至不想面對被裁員的殘酷事實而自殘等，造成了社會問題。失業對一個人來說，是一件重大的壓力事件，對中年男性而言，更意味著失去了在職場的位置，那將是人生過程中很大的危機。

◆失業原因

1.大環境的經濟不景氣，造成公司、工廠裁員。
2.產業外移，公司、工廠移往大陸或國外，造成裁員。
3.健康因素，無法繼續工作。
4.原有專長、技術被新方法取代，本身又無法學習新技術。
5.工作年資日久或工作內容乏味，產生職業倦怠。

◆中年失業對個人造成的影響

1.轉業困難：中年人已熟悉以往的工作，人格定型，學習能力下降，轉業困難。
2.職場排斥：目前職場求才雖不得有年齡的限制，但中年人應徵工作時，求才單位常以其他理由拒絕，故中年人難以發展事業的第二春。
3.經濟來源受阻：不管先前有無積蓄，失業後少了一份重要且固定的收入，對日後的經濟生活必有影響。McCloud與Dwyer（2011）指出，個人失去了工作和收入中斷，使人掉進經濟上的破產。
4.打亂原有生活秩序：中年人在職場工作已一、二十年，原有生活模式已定型，失業後會打亂原有生活秩序。
5.喪失自尊：失去原有職業地位、收入、在家中的尊嚴，讓自己在家人、朋友、親戚和舊有同事面前，顏面盡失。
6.可能喪失全民健保資格：林季平（2008）研究指出，失業者的未納保率遠高於就業者。
7.自殺：中年失業之後，在窮途末路又無助之情況下，可能選擇自殺。施以諾等人（2007）研究指出，台灣國民失業率影響國民自殺率的情況在統計上呈顯著關係。王坤鉉（2012）也表示，此時中年期者失去原有的工作後，轉而向外求取資源協助，例如重新找尋另一份工作，倘若不幸應徵未果，碰壁受挫後更是二度傷害，處在人生低潮者若拒絕向外求援，極容易因為處在生理衰退、負擔家計、再度求職遭拒的人生三叉路口而頓時遭受巨大打擊，承受不了而發生自傷、自殺的行為結果，以極端手段因應壓力，造成家人一輩子的憾事。

8.導致犯罪：中年失業之後，收入急遽減少，又有必要的支出，甚至還要養活妻小，最可能導致經濟犯罪。林明仁與劉仲偉（2006）研究指出，失業率對財產犯罪類型有顯著影響。

◆中年失業的因應

郭登聰（2011）指出，面對中高齡的失業者要有效解決其問題，確實是一個需要超越經濟跟勞動面向思考，而用社會福利及社會工作的角度來解決，畢竟中高齡失業者所面臨的不只是個人的失業問題，而是整個家庭的問題。

1.重新評估自己的職業狀況：包括人格特質、職業性向、職業興趣等，作為發展事業第二春的準備。
2.檢討失業的原因：除了外在環境的因素外，著重對自己內在因素的探討，諸如：是否能力不足？是否人際關係不佳？是否常遲到早退或請假等。
3.重新做就業準備：包括職業訓練、調整職場正確觀念、增進社會技巧等。
4.建立社會支持網絡：從失業後的心理創傷，一直到職業重建，都需要一些親友的幫忙，故宜儘速建立社會支持網絡，協助自己度過失業的難關。

◆社工專業者應協助其因應之道

中年經歷許多發展任務，至此階段已是生命週期的倒數第二期，此階段如能順利完成發展，對緊接而來的老年期發展，有其銜接關鍵任

務，因此，社工應從下列幾個部分著手：

1.教育宣導模式：包括教育宣導，說明發展階段與任務，讓中高齡者瞭解發展任務與危機。當遭遇到嚴重發展問題，如家庭暴力、婚姻暴力等嚴重議題的求助管道。

2.專業團隊合作模式：與教育、警政、勞動等相關部門，針對中高齡議題研擬相關服務策略流程，提供即時性的服務，包括中高齡的知能教育、積極性的就業輔導與職業媒合、警政通報機制等合作模式。

3.諮商輔導模式：提供免費的諮商服務專線，即時給予必要的生心理支持與輔導。

4.社區支持模式：運用社區資源，成立諮詢窗口，並運用個案、團體模式，進行危機個案建檔轉介，或提供團體社會工作。

5.巡迴外展模式：定期進行巡迴外展的宣導模式，對於時事議題、健康照護、家庭照顧者支持等提供服務。綜合上述，中高齡的發展是否順利，影響著下一個發展的任務，因此，社會工作者本身必須要對於中高齡者生理、心理、社會、認知、就業等相關議題有深入的瞭解，並能運用社區資源，與相關專業團隊共同提供適時性、合宜性與必要性的服務，協助中高齡者順利完成其發展任務。

(十三)街友（王淑楨，2017）

◆成因

形成遊民的原因很少是因為單一的因素而造成其走入街頭成為遊民，流浪的真正原因是由非常多個因素所聚合而成的結果，遊民產生因素如下：

1.失業問題：受世界金融市場影響，全球化的失業問題屢創新高，也是導致因失業成為遊民的人口越來越多。

2.婚姻問題：我國的遊民人口雖以未婚、男性居多，但成為遊民的重要因素常是因為家庭問題而產生，如家庭失和、解組或無依靠所致，家庭是影響個人是否成為遊民的重要因素。

3.藥酒癮問題：遊民人口中有許多藥酒癮的問題者，特別是酒癮的比例更高。有些藥酒癮者是在成為遊民前就染上，而有些遊民是因為流落街頭之苦或無奈才藉酒消愁、嗑藥。

4.住宅問題：在台灣無殼蝸牛一直是新貧階級的寫照，若又遇失業、天災、人禍等問題，加上政府並未積極介入中低收入戶的住宅福利，所提供之平價住宅又供不應求，都可能導致流落街頭的命運。

5.去機構化影響：政府大力推動去機構化運動，鼓勵障礙者回歸社區，以去除標籤化汙名。因此許多精神病患在病情穩定後就立即出院，返回社區生活。但社區心理衛生體系並未建立，導致回歸社區的精神病患在家人及社區無法照顧的情況下，流落街頭成為遊民。

◆遊民的歷程

遊民跟一般人相同，經歷了不同的發展階段，但大多數人的發展階段都能順利完成，遊民的生命歷程中經歷的每個重要元素，包括生命過程中的轉捩點、過渡期、生命軌跡、生命事件、世代等過程，說明如下：

1.世代：是指一群人出生於某一特定歷史時期，具有相同的年齡與生活模式下歷練特定社會變遷事件，意即同時代具有特定歷史生活經驗的一群同年齡的人。遊民與相同世代的同儕經歷了不同的生命歷程，在生命歷程中未能順利通過社會變遷事件。

2.生命事件：是指重大生活事件引發之狀況可能導致長期嚴重性的生涯中斷。遊民可能經歷了某些重大生命事件後，引發了許多負向的結果，並堆累成長期的嚴重事件，中斷了生涯發展。

3.生命軌跡：是指長期的身心發展變化模式，包括許多不同之多重角色的轉換與過渡期，每個人之前的生活經驗會累積成一種有別於他人的生命發展路線。遊民可能經歷的生活經驗未能順利發展，無法達成每個發展階段的任務，因此淪為遊民。

4.過渡期：是指個人因組織結構變化而使社會角色有所轉化，跳脫舊有的角色與地位以因應外界變革環境中的挑戰。每一生命的過渡期經驗歷程對下一生命事件會有所衝擊，且可能帶來生命軌跡上的危機或轉機，例如就學、進入青春期、畢業、結婚等。遊民在經歷這些過渡期時，可能遭遇到了阻礙，以致未能與同儕一樣順利發展。

5.轉捩點：是指生活事件的發生造成人類個體生命歷程軌跡中長期性角色任務的轉換。轉捩點代表生命歷程中在人生旅途代表新的方向，或是一項舉足輕重的改變，而非暫時性的小轉彎。遊民在不同的轉捩點產生了阻礙，因此淪為遊民。

因此，遊民之所以成為遊民並非以一個階段就可以說明，通常都是經歷了一連串的不順利後，加上沒有足夠的支持網絡或福利資源，導致成為一個homeless。

◆遊民的類型

1.長期性或慢性的遊民：指長期居無定所者。

2.週期性的遊民：是處於貧窮邊緣，在有及無固定住所之間循環，如季節性工人、遭受婚暴的逃家婦女等。

3.過渡性或短暫性的遊民：因特別事件而有幾個晚上無固定居所者，如突然失業、突然生病、配偶死亡、失去房子等。

4.隱性的遊民：如和親戚朋友住在一起的單親媽媽、衰弱的老人、住在汽車上或廢棄大樓裡的遊民。

◆街友所產生的社會問題

1.製造髒亂有礙市容。

2.傳染病防治死角。

3.公共安全與治安問題。

4.藥物濫用與犯法行為。

5.占用急診床位或救護車資源。

◆街友的困境

1.就醫需求的困境。

2.街友與其子女教育需求的困境。

3.就養（飲食、住宅、機構安置）需求的困境。

4.就業需求的困境。

5.社會支持匱乏。

◆遊民人權觀點與增強權能觀點

1.人權觀點：遊民不是敵人，你我都可能有淪為遊民的一天，從人權觀點檢視遊民所處的社會處境，在某一聖誕節的寒冷夜裡，某議員命環保人員向已經棲息就寢的遊民噴水，讓已經無立身之地的遊民經歷了最寒冷的聖誕夜。遊民不是次等的公民，應享有一般公民權益，應給予一般的尊重，因此，一般公民可以使用的福利，遊民應該也能享有，而不應把遊民當作幽靈人口對待，排除在社會福利制度之外。

2.增強權能觀點：增強權能觀點在處理人遇到直接和間接障礙時，能協助案主排除障礙，減輕案主存有的無力感，提升自我能力（Solomon, 1976）。增能是助人工作者與服務對象協同合作的專業介入服務過程，雙方關係是平等、互信、相互尊重，以夥伴關係增強能力改變處境，脫離困境，只要增強遊民的權能，遊民是可以期許脫離困境的。增強權能可從兩個管道著手，首先是幫助遊民裝備所需要的資源，其次為增進遊民在生活上的完整度，也就是說，提供機會給遊民，使其能夠學習自決、連結資源、權力掌控與操作。

因此，協助遊民增進社會適應能力，將有助於遊民協助自身克服社會適應障礙。並且可以借力使力，增進其解決問題的能力，進而擁有更多自我照顧的能力。

綜合上述，遊民之所以成為遊民並非單一因素與單一過程，從人權與增強權能觀點，我們應該視遊民為一般公民，尊重遊民之基本權益，並相信遊民具有其因應困境能力，並非病態導向，只要政府相關部門予以重視，並提供遊民應有之福利，與積極性的福利處遇，遊民便能擁有自足能力。

◆政府對遊民照顧的服務內容

1. 緊急服務方面：提供遊民緊急庇護所、食物、衣物、財力救助、醫療與照顧等。
2. 過渡服務方面：透過職業訓練、介紹及身心治療，使遊民能轉型到健康、就業的狀態。
3. 穩定服務方面：提供長期住宅、就業機會及長期諮商輔導。

參考資料

內政部統計處（2018a）。〈離婚結婚統計〉。檢索日期2018.03.28。網址：http://sowf.moi.gov.tw/stat/。

內政部統計處（2018b）。〈家庭暴力事件通報案件統計〉。檢索日期2018.03.28。網址：http://sowf.moi.gov.tw。

王淑楨（2017）。《台北市遊民社會福利需求之研究》。台北市：索引數位。

王坤鉉（2012）。〈以Erikson心理社會發展階段論談中年失業潮〉。《家庭教育雙月刊》，39，49-53。

王雅玲、李瓊雯（2011）。〈探討婦女挽救婚姻之策略〉。《家庭教育雙月刊》，31，30-37。

王紫庭、洪耀釧、王素真（2016）。〈高齡工作者對職場健康管理與健康促進活動之需求——以高雄市某家工廠為例〉。《華醫學報》，45，39-53。

王慧琦（2012）。〈配偶外遇之寬恕研究〉。東海大學社會工作博士論文。

李蕙如（2016）。〈廖輝英作品中的「婚外情」探論〉。《國立台灣科技大學人文社會學報》，12(3)，241-257。

沈瓊桃（2006）。〈婚暴併兒虐發生率之初探——以南投縣為例〉。《中華心理衛生期刊》，19，4，331-363。

沈瓊桃（2010）。〈暴力的童年、堅韌的青年：目睹婚暴暨受虐青年復原力之探討〉。《中華輔導與諮商學報》，27，115-160。

林季平（2008）。〈影響加入台灣全民健保的社會經濟不均等要素〉。《社會政策與社會工作學刊》，12，2，91-122。

林明仁、劉仲偉（2006）。〈失業真的會導致犯罪嗎？以台灣1978年至2003年縣市資料為例〉。《經濟論文叢刊》，34，4，445-482。

林妙容（2014）。〈目睹婚姻暴力兒童之遊戲治療歷程〉。《教育實踐與研究》，27，1，1-30。

林美玲（2006）。〈空巢期之探討〉。《網路社會學通訊期刊》，55，1-15。網址：http://www.nhu.edu.tw/~society/e-j/55/55-42.htm。

林美珍、黃世錚、柯華葳（2007）。《人類發展》。台北市：心理出版社。

林怡亭（2017）。〈中年婦女好憂鬱？老化問題比更年期更嚴重〉。健康醫療網。檢索日期：2018.03.28。網址：https://www.healthnews.com.tw/。

林慈玲（2008）。〈性別與人身安全〉。《研考雙月刊》，32，4，93-103。

施以諾、楊麗玲、龔尚智、林宛儀（2007）。〈國民自殺率與國家失業率之互動與衝擊持續性——以1995至2004年台澎金馬地區為樣本〉。《台灣職能治療研究與實務雜誌》，3，1，41-49。

洪瑞斌（2009）。〈生命斷裂與超越：男性失業者之存在處境詮釋〉。《應用心理研究》，43，99-148。

張家卉、黃喬鈴、陳政隆、王筱筑（2015）。《隔代教養家庭生活需求及福利服務研究調查報告》。衛生福利部社會及家庭署委託台灣社會福利學會調查。

張筱君、阮芳賦、簡上淇（2013）。〈已婚與未婚男女在婚姻與外遇認知之調查研究〉。《樹德人文社會電子學報》，9，1，17-38。

張鐸嚴（2010）。〈單親家庭之親職教育〉。載於張鐸嚴、何慧敏、陳富美、連心瑜主編之《親職教育》，頁83-112。

曹麗英、蘇美禎、安奇（2004）。〈中年期之健康照護：多重衝擊的人生過渡期〉。《護理雜誌》，51，1，9-13。

許皓宜、李御儂（2015）。〈外遇與分裂：一位男性外遇者的經驗詮釋〉。《國立台灣師範大學教育心理與輔導學系教育心理學報》，46，3，449-469。

郭登聰（2011）。〈面對金融海嘯衝擊，論企業與非營利組織在中高齡失業者問題因應之道〉。《輔仁社會研究》，1，105-134。

陳秀（2010）。〈台灣家庭暴力防治之現狀與未來——從被害人保護及加害人處遇角度觀察〉。《亞洲家庭暴力與性侵害期刊》，6，1，187-210。

彭淑華（2003）。《建構單親家庭支持系統之研究》。台北市：內政部。

彭貴鈴、林麗娟、莊豔妃（2009）。〈協助一位家暴個案的急診照護經驗〉。《志為護理——慈濟護理雜誌》，8，5，120-128。

游美貴（2008）。〈台灣地區受虐婦女庇護服務轉型之研究〉。《台大社會工作學刊》，18，143-190。

童伊迪、沈瓊桃（2005）。〈婚姻暴力目睹兒童之因應探討〉。《台大社會工作學刊》，11，129-165。

馮燕（2015a）。〈家庭功能重建服務〉。載於馮燕、張紉、賴月蜜主編之《兒童及少年福利》，頁251-273。新北市：國立空中大學。

馮燕（2015b）。〈家庭暴力〉。載於馮燕、張紉、賴月蜜主編之《兒童及少年福利》，頁197-222。新北市：國立空中大學。

楊芳梅（2009）。〈國中生目睹婚姻暴力與偏差行為關聯性之研究——以嘉義市公立國民中學為例〉。《青少年犯罪防治研究期刊》，1，2，31-58。

潘雅惠（2007）。〈婚暴婦女增權展能的學習——從女性主義教育學的觀點談起〉。《亞洲家庭暴力與性侵害期刊》，3，2，71-96。

衛生福利部中央健康保險署（2006）。〈全民健保預防保健服務〉。檢索日期：2018.03.28。網址：https://www.nhi.gov.tw/。

衛生福利部（2015）。《老人福利法》。

衛生福利部統計處（2018）。家庭暴力事件通報案件統計。

蕭財英（2010）。〈研究：男性收入低於伴侶 外遇機率高〉。大紀元，檢索日期：2018.03.28。網址：http://www.epochtimes.com/。

簡春安（2005）。《婚姻與家庭》。台北：國立空中大學印行。

謝臥龍、劉惠嬰、黃志中（2017）。〈解析跨國婚姻路上親密暴力的婚姻本質與權力關係〉。《高雄師大學報》，42，1-20。

羅旭宜（2004）。〈台灣中區更年期婦女情緒困擾、自我效能及人格特質之研究〉。國立中山醫學大學護理學系碩士論文。

譚子文、董旭英（2009）。〈目睹婚姻暴力和台灣都會區國中生受虐程度關聯性之研究〉。《青少年犯罪防治研究期刊》，1，2，101 -137。

Devries, K., Watts, C., Yoshihama, M., Kiss, L., Schraiber, L. B., Deyessa, N., Heise, L., Durand, J., Mbwambo, J., Jansen, H., Berhane, Y., Ellsberg, M., & Garcia-Moreno, C. (2011). Violence against women is strongly associated with suicide attempts: Evidence from the WHO multi-country study on women's health and domestic violence against women. *Social Science & Medicine, 73*(1), 79-86.

Fernandes, J. M. C., Mochel, E. G., Lima, J. A. C., Silva, G. F., Silva, N. F., & Ramos, J. M. C. R. (2011). Traumatic and Non-traumatic Fibromyalgia Syndrome: Impact Assessment on the Life Quality of Women. *Journal of Musculoskeletal Pain, 19*(3), 128-133.

Havighurst, R. J. (1972). *Developmental Tasks and Education* (2nd ed.). New York: Longmans, Green.

Hsu, H. C. (2011). Impact of Morbidity and Life Events on Successful Aging. *Asia-Pacific Journal of Public Health, 23*(4), 458-469.

Kim, J., & Woo, H. (2011). The complex relationship between parental divorce and the sense of control. *Journal of Family Issues, 32*(8), 1050-1072.

McCloud, L., & Dwyer, R. E. (2011). The fragile American: hardship and financial troubles in the 21st century. *Sociological Quarterly, 52*(1), 13-35.

Solomon, B. B. (1976). *Black Empowerment: Social Work in Oppressed Communities*. New York: Columbia University Press.

Strous, M. (2011). Overnights and overkill: post-divorce contact for infants and toddlers. *South African Journal of Psychology, 41*(2), 196-206.

Watson, T., & McLanahan, S. (2011). Marriage meets the joneses relative income, identity, and marital status. *Journal of Human Resources, 46*(3), 482-517.

Chapter

7

老年期

一、老年期的界定
二、赫威斯特的發展任務論
三、老化相關理論
四、身體機能
五、心理特徵
六、社會發展
七、退休老化階段
八、長壽之相關因子
九、老人的需求
十、老人人格類型
十一、老人生活模式
十二、獨居老人問題
十三、獨居老人服務需求與方案
十四、安寧療護
十五、臨終者的心理歷程與家人悲傷的影響因素
十六、悲傷關懷、諮商、治療的界定與實施

一、老年期的界定

(一)年齡

人的年齡可分成好幾種，例如心理學會以一個人的「心理年齡」（mental age）來認定智力的高下，凡是心理年齡高於實際年齡（chronological age）者，智商高於100，心理年齡低於實際年齡者，智商低於100；在一般人的互動中，也常提及「你看起來好年輕喔！」，或者說「他看起來比較老態！」，這或許可以說是「外表年齡」。一個人活了六、七十年，不管是心智年齡或外表年齡，都會有較大的異質性，例如有人五、六十歲即髮蒼蒼視茫茫，但有人六、七十歲還耳聰目明；因此，要對「老年期」做一個年齡界定，實有困難，然而為了本章探討之便，本章老人根據衛生福利部（2015a）《老人福利法》第2條所稱老人，係指年滿六十五歲以上之人。

目前國際上也以六十五歲作為高齡標準，當一個國家或地區的高齡者占人口的14%，就會被歸為高齡社會；達到20%時就會被歸為超高齡社會。有些地方／國家把老人稱為「資深國民」，這是代表生活在人類社會上的「資歷」，也代表可以被尊敬的人，所以中國古代也說「敬老尊賢」，這是人類社會至高無上的價值，也是動物社會所沒有的現象。1956年聯合國以六十五歲作為老年起點，在「高齡期」又可再細分為三類型，分別為年輕老人、中老人與老老人三類型，年輕老人為六十五歲至七十四歲，中老人為七十五歲至八十四歲，「老老人」指八十五歲以上（朱芬郁，2017）。從人類的壽命來說，在農業社會中台灣人口平均壽命很難達到六十五歲以上，可是現在六十五歲的人，只能算是「年輕的老人」。就生涯規劃的觀點，以公教人員為例，六十五歲是一個面臨「強迫退休」的年齡；以社會福利的觀點而言，六十五歲以上的人，開始享受大部分的社會福利服務，如搭乘大眾運輸工具有半價優待，亦有提供博愛座的車廂；其他方面，如參觀風景區或展覽館的票價、報稅、健保費、醫療等，也提供了或多或少的優待。新近在公共建築方面也考慮到「通用設計」，除了注意身心障礙的人「行」的方便外，也開始把觸角伸到老人的身上來，讓老人也擁有行的便利性。綜合上述，年齡大致可區分如下（樂國安、韓威、周靜譯，2008）：

1.實足年齡：自出生後所存活的年齡。
2.生物年齡：在可能的生命週期中所占的相對位置。
3.心理年齡：適應環境能力在同年齡常模的相對位置。
4.社會年齡：身體及他人對其身分及地位下所期許的角色行為。
5.功能年齡：生物／心理／社會年齡綜合，整體運作功能在年齡常模中的相對位置。
6.政策上的年齡：例如六十五歲以上是老人。

(二)老化

老化（aging）是一個複雜的過程，包含許多變數如遺傳、生活習慣與慢性病等互相影響和作用，一般而言，老化可分為生理老化、心理老化以及社會老化等三種型態（王熙哲、羅天翔，2013）。人口老化是指整體人口比例中，老年人口所增加的比例，不論從相對或絕對數字來看，世界各國的高齡者人口數都在持續攀升中。高齡人口的增加，不僅僅在人口數的數量產生了變化，扶養比的數值、人口金字塔（population pyramid）的形狀也都產生了變化，按照人口金字塔的圖形來表達世界性人口老化的現象，亦可明顯看出已開發國家的老化情況要比低度開發和未開發地區要來得嚴重（葉至誠，2016）。老化是一種自然發展的結果，一般是指每個人都會經歷且不可逆轉的自然現象，已有研究表明，老化態度會對老年人的心理、生理和行為產生重要影響，此評價或感受與高齡者外顯行為有關，而不同文化的國家之老年人，在瞭解或對自身老化的認識之結論，卻不一致（朱芬郁，2015）。

當全球老年人口即將超越幼年人口；更重要的是，在全球老化浪潮中，「下流老人」即將可能被「過勞老人」取代（朱芬郁，2017）。所謂下流老人是指，即使你年收入已達平均水準，只要發生下列狀況，就很可能變成下流老人（吳怡文譯，2016）：

1.因當事人生病或發生事故，需花費高額醫療費。
2.無法住進高齡者看護設施。
3.孩子是「窮忙族」或「繭居族」等啃老族，靠父母供養。
4.熟年離婚。
5.罹患失智症，身邊也沒有可依賴的家人。

隨著年齡而來的衰退並不是正常、不可避免的，而是一種與年齡相關的問題，且這個問題是可以被修正的，也就是說「退化是來自於問題而非正常老化」。此一觀念讓科學家有機會與責任去改善這個問題；其次，老化伴隨而來的不只有問題，也有潛力，亦即「成功老化」的概念（楊培珊、羅鈞令、陳奕如，2009）。根據WHO（2002）活躍老化之概念係奠基於對老年人權的尊重，及國際老人年所提出的五項原則，包括獨立、參與、尊嚴、照顧、自我實現等，促使推行活躍老化的策略規劃，從需求導向（needs based approach）轉變為權利導向（rights based approach），強調全民在邁向老化的過程中，仍享有各種公平的機會和對待的權利（引自鄭淑子，2014）。根據世界衛生組織成功老化定義，應包含三項要素（引自陸洛、高旭繁，2017）：(1)避免疾病與失能；(2)加強認知與身體功能；持續參與生活（**圖7-1**）。

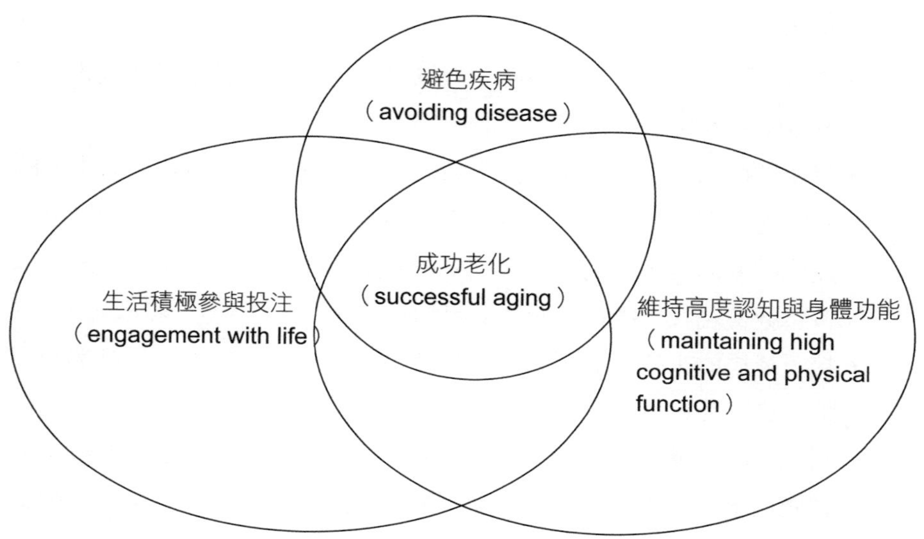

圖7-1　活躍或成功老化三要素

資料來源：引自李世代（2010）。

二、赫威斯特的發展任務論

根據赫威斯特（Havighurst, 1972）的發展任務論說明如下：

1.能適應逐漸衰弱的身體：首先要瞭解老化的過程必然會帶來身體的衰弱，所以日常生活的運作要能考慮自己的身體狀況。

2.適應退休與收入減少的事實：一個在職場有權勢的人，從職場退休之後，「權勢」必然逐漸喪失，人際社交圈會逐漸狹窄，退休者應認清這是必然的現象，不要怨天尤人。此外，每月固定進帳的薪水也沒了，在支出方面可能也要有所調整，以免屆時陷入缺錢的窘境。

3.與朋友、家人、社區保持關係：老人離開職場後，生活勢必顯得孤單，此時常與朋友聯絡、與家人保持互動、多參與社區活動更顯得重要。

4.安排令自己滿意的生活型態：考量自己的身體狀況、家庭型態、經濟水準，安排自己合適的生活。

5.重新評估個人價值觀與個人生命的意義：個人的價值觀、對生命的看法從小到大逐漸形成，此後亦會隨著個人的成長、社會的變遷而產生緩慢的變化，到了老年期更應該重新作一評估，適度修改，以符合社會現狀，將更能適應老年期的生活。

6.接受死亡的來臨，並視為生命是持續而永不終止的：人最終都會面臨死亡，死亡既然是無法避免的議題，就只能接受，如此將可減緩對死亡的恐懼感。此外，更要有「子子孫孫」是生命延續的概念，即使無子女的人，也應視周遭不斷有新生命的誕生，人類社會因此而生生不息。

三、老化相關理論

(一)既定老化理論（Programmed-aging Theory）

根據艾瑞克遜的生命週期理論可知，每個人均須經過不同的生命週期，從出生至死亡，人終其一生都在發展的生命歷程上，每個階段均有既定的發展任務，例如兒童期在教育的體系上就是需要勤勉的學習，到了老年期，回顧過去的生命歷程，如果都在正向的發展系統上，則到了老年期將會很滿意自己的生命歷程，也能夠接受進入老年期後長江後浪推前浪的概念，身體機能的退化是必然的歷程，樂觀看待身體老化的過程與結果。由於每一種動物都有其獨特的老化型態和預期壽命，所以老化現象必然多少為既定於每個有機體內的機制。當人類的精子與卵子結合，成為新生命的開始，就已注定這一個新生命的生命是有極限的，老化現象是自然產生的，老化是無從避免的。

(二)磨損理論（Wear-and-Tear Theory）

認為人類的身體機能正如同一部機器般，隨著時間流逝，經年累月的運作之下，機器用久了零件終究會損壞，例如超時工作、生活壓力、精神折磨，若生活調理適當，避免過度勞累，隨時保持精神愉悅，將可延緩老化的出現。

(三)老人貶值理論（引自沙依仁，2005）

老人因為身體機能與老化，在許多地方的表現會漸不如從前，不僅在職場中，或是家庭地位，都會愈來愈走下坡，在此理論概念中可看出老人在許多方面的貶值狀況，包括：

1. 成就及生產：老人不再有成就，僅有少數的老人在其成年至中年有高度的成就，但多數老人沒有工作機會獲得成就。
2. 有能力很成功的促進人際關係：透過良好的同儕、親友關係網絡，以及經驗共享、相互支持以及互補角色的期望，可以促進人際關係。
3. 獨立自足：大多數老人無法自足，此與經濟有關，老人失去經濟來源，會使其自立能力逐漸喪失。
4. 欣賞人生的能力：老人在社會與心理方面都受到限制，尤其老人選擇機會愈來愈少，又受到年齡的限制，影響欣賞人生的能力。
5. 知識與知覺及有能力與用科技與技術：科技進步，老人的科技知識大多沒有進步或不通，在科技發達的國家中，老人如缺乏此相關知識，較易被忽視。
6. 儀態健美、活力與性能力充沛：老人對於外在美的觀點大多不在乎，但大多數人仍舊重視外在美及活力充沛，所以老人不在乎外在美的觀點較不受外界接受。

7.影響力、權力及經濟：經濟與社會權力之間是相互影響的，老人如缺乏經濟，自然沒有權力與影響力。

(四)老年損失理論

老人年紀漸大，在各種功能與活動條下都會受到影響，也因此會影響到老人在各方面的表現，因環境與情境的限制，會使老人喪失許多競爭能力，或人際互動關係。

1.喪失工作角色及職業認同：退休的醫生退休後仍然被視為醫生，但退休的推銷員卻不再被視為推銷員，喪失工作的角色通常是伴隨著收入減少。
2.喪失親密的聯繫：當朋友、配偶死亡，就會面臨分離經驗，因為老人很難再建立親密的關係。
3.喪失「性」方面的興趣：年紀愈大，性的需求漸趨下降，當性能力衰退，就不會對異性感到興趣，而將愛情轉向為對兒孫的親情。
4.喪失身體方面的能力：老人身體功能漸趨下降或失去功能，因行動力愈來愈不好，這都會限制老人與社會環境接觸。
5.智力方面，個人更為封閉：老人容易保留對過去的知識、經驗，對於新的刺激漸趨不敏感，限制了老人的能力與環境相互間的影響。
6.社會化的減退與社會地位的喪失：中年末期個人的社會參與逐漸減少，部分同儕凋零，部分同儕退休或退居不重要的地位，使得老人的社會地位逐漸減低。

(五)社會撤退理論（Social Disengagement Theory）

Cummings和Henry（1961）提出社會撤退理論，認為個體因生理機能退化，易導致生活脫序，降低人際互動及社會參與，再加上社會也鼓勵年老的人將一些家庭和工作上的責任重擔傳承或轉移給年輕人，這樣反而可以安享餘年，不再為世俗之事煩心，所以老年人逐漸從社會撤退。由於年輕健康的老人還體力充沛，活力十足，因此社會撤退理論並不適用於年輕健康的老人，比較適用於年紀大且病弱的老人。撤退主要體現在兩個方面：

1.來自社會方面的撤退，即社會透過一定的退休制度，使老年人口退出原來從事的工作崗位，由成年人口接替，達到撤退的目的。
2.來自個人的撤退，即人在成年期形成的各種社會關係，在進入老年期後，因為社會工作的撤退，許多社會關係減弱，這種減弱，可能是因老人體力或記憶力衰退，難於支撐，或是因生活的空間縮小了。

(六)活動理論（Activity Theory）

此一理論則認為個體具有穩固的社會基礎，其心靈層面與社會層面，能戰勝生理機能的衰退，獲得更充分的資源（郭乃禎，2012）。一個成功或多彩多姿的晚景是指生理、心理及社會活動的持續，這才是一個完整的生活。老人參加活動的類型區分為四類，分別為生產性活動、共同性活動、獨自性活動及社交性活動（謝美娥，2012）：

1.生產性活動：包含園藝、照顧親屬、志工服務、居家打掃、購物。
2.共同性活動：包含參加教育課程、戶外健身活動、下棋或打牌、唱歌或彈奏樂器、參加藝文活動。
3.獨自性活動：包含手工藝、移動性活動（如散步、騎機車、開車、搭車）、健康相關活動（做保健體操、上健身房等）、閱讀。
4.社交性活動：包含外出拜訪他人、和他人以電話對談。

(七)角色喪失理論（Role Exit Theory）

此一理論指出退休及喪偶是老年人終止其社會制度中所扮演的主角

色，即工作（如經理、工人、老師、農人等）與家庭（如先生、太太）的角色。老人社會角色的改變，容易發生情緒上的適應不良，進而減少了和社會互動的機會，更加地容易引起退縮與憂鬱。這種終止使老年人因喪失機會參與社會活動、喪失工作機會及婚姻的主要角色而喪志。

(八)社會交換理論（Social Exchange Theory）

根據社會交換理論，一般人透過在經濟資源、歸屬、安全感、愛及社會的認可以建構互動關係，有所得必有所失，例如參與過多的社會活動，感覺快樂且有成就感但覺得疲勞；愛對方且感受到愛，但有金錢的付出等。老年人會衡量收穫與付出，決定繼續參與或退出社會活動。社會交換理論假設個人或群體間的互動是嘗試去以最少代價獲得最大回報，即如果兩人（或群體）在彼此之間的互動中看到可從中得到利益，則互動將持續進行且有正面評價。提供回報的能力稱之為權力，權力是社會交換理論的中心概念，老人的權力隨著在工作、健康、社會關係網路和財產上的失落而消失。社會交換理論包含成員間的承諾、信任、互惠以及報酬等因素，這些因素會在交換的過程中產生影響，因此社會交換理論有三個基本假設（引自高淑珍、王麒富，2012）：

1.交換是一種社會行為。
2.期望交換成本最小化、利益最大化。
3.從他人身上獲取利益時，期望給予他人回饋。

四、身體機能

(一)感覺的機能

1.視覺：視力減退，對深度、顏色的知覺、亮度突然變得適應有問題；在眼睛的水晶體上出現一片霧狀或不透明區，造成所謂的白內障，妨礙光線進入，影響視力。解決辦法乃在：配戴矯正鏡片、去除白內障手術、布置無障礙生活環境（如在老人行經的人行道、工作場所和閱讀場所加裝合適的照明設備及無障礙設施等）。

2.聽覺：聽力減退，尤其是對高頻率的聲音；許多老年人不易聽清楚他人所說的話，尤其是有其他噪音時。解決辦法乃在：配戴助聽器、與老人說話時不要說太快、讓老人讀唇、多一點手勢作為輔助。

3.味覺：由於舌頭的味蕾減少，常覺食之無味，導致吃得少，以致造成營養不良。解決辦法乃在：依老人個人的口味調製盡可能清淡的食物，並且在食物上多變化，藉以刺激食慾。

4.嗅覺：由於腦部主司嗅覺的器官萎縮之故，嗅覺的敏感度減弱，嗅覺與味覺有密切關係，如此也減少對食物之誘因。由於老人嗅覺較差，行動不方便，衣服、身體有異味常不自知，故老人應盡可能做到每天洗澡、換衣服的習慣。

5.前庭覺：主司吾人姿勢與平衡的前庭覺在老年期也逐漸喪失功效，再加上眼花，以致老人常會跌倒，造成骨折。所以老人常需枴杖或助行器輔助行走。在老人的生活圈中，照明設備尤應充足，以免摔倒。

(二)外形和生理變化

1.皮膚：皮膚變得較黯淡、多斑點、乾皺失彈性、多皺褶、鬆垂、浮腫的靜脈較從前為多。

2.頭髮：變細、變白、變少。

3.身高：由於脊椎間的軟骨萎縮之故，再因為地心引力的關係，身高會比年輕時略矮。

4.骨骼：骨骼鈣質逐漸流失，造成骨骼裡有空洞，變薄或變小，重量減輕，成海綿狀，質地鬆脆，所以稱為骨骼疏鬆症。Koester、Barth與Ritchie（2011）發現，老人骨頭的礦物質密度不佳，容易生骨折。

5.心臟：心跳逐漸減緩、不規則。

6.血壓：老人血管內有沉澱物，附在血管內壁，致血流不順暢，血壓升高。

7.呼吸量（肺活量）不足：老人肺功能逐漸降低，吸氣短促，呼氣又不能排盡廢棄，呼吸系統疾病增加（如咳嗽）。

8.消化系統：由於掉牙或戴假牙，影響咀嚼功能，唾液減少，胃液不足，以致影響消化功能。

9.牙齒：Evren等人（2011）指出，老人口腔衛生維護是需要重視的問題。由於牙齒的老化、結構不良、飲食營養不當及衛生習慣不佳，導致牙齒逐漸脫落，必須戴假牙或植牙。戴假牙後會影響食物的攝取、食慾、營養，造成健康的惡性循環。

10.性能力：隨著性機能的老化，性能力退化，或已不具性能力。

(三)心理動作機能

1.行動遲緩：老年人力氣逐漸不足、耐力逐漸不足、負重能力逐漸不足、反應不夠快，導致行動遲緩。

2.訊息處理速度漸慢：無論是衡量環境、考慮可能因素、做成決定並採取正確或適當行動，老年人都需花較多的時間。以過馬路及開車為例，老年人肇事率較年輕人為高。改善之道為：社會給予老人的訊息可以更緩慢、單純、重複的方式出現，讓老年人可以確實的接收到訊息，以及給予較長的反應時間。以坐公車為例，公車司機（或乘客）面對老人慢吞吞的上下車應給予包容或協助。

五、心理特徵

(一)智力功能

總體而言，人類的心智會隨著年齡的增長而衰退，尤其在問題解決能力、記憶最近發生的事、用符號認知等能力。但在語言能力、理解力、記憶年輕時所發生的事等能力還不至於退化太多。

要讓老人智力不至於退化太多，必須維持健康的身體、適度的運動，尤其是維持心智的活動，諸如：看書報雜誌、關心國事家事、綜理個人雜務等。值得一提的是「老人益智玩具」的研發，實有其必要性；在一個只重視兒童玩具的社會裡，老人玩具大大的被忽略了，事實上玩具業者正受少子化的影響，業績逐漸下滑之際，但危機就是轉機，此後老年人口將不斷攀升，對老人玩具的開發，無疑地提供另一個生機，老人需要預防失智的益智性玩具，需要能促進手眼協調、身體動作與平衡的玩具，需要消除寂寞無聊的玩具，需要增進社會活動的玩具，需要紓緩情緒及發洩情緒的玩具等。

(二)情緒

1.悲傷與失落：老人面臨自己身體的衰弱，老伴、年長親友一個個的離去，難免悲傷；家人晚輩上班的上班，上學的上學，街上車水馬龍，社會上政商熱絡，但好像已不是自己的世界了，內心難免失落。
2.死亡與臨終關懷：絕大多數的人都恐懼死亡，但死亡是人類不能避免的人生終站，既然如此，吾人就應該營造一個較少恐懼，較多尊嚴的老人生活環境，尤其最後的臨終關懷，安寧照護。

(三)常見疾病與危險因子

◆失智症

與老化相關聯的最嚴重情形是失智（dementia），其症狀是行為與認知功能的嚴重受損，可能造成記憶能力、學習能力、注意力與判斷能力逐漸減退，對時間與地方感到混亂，溝通與找出正確字有困難，個人衛生與自理能力下降，不適當的社會行為與人格改變（洪貴真，2006；林美珍、黃世琤、柯華葳，2007）。依據世界衛生組織全球失智症報告指出，全球每年有九百九十萬人罹患失智症，平均每三秒就新增一名患者；台灣至106年底失智症人口估算已逾二十七萬人，十五年後失智症人口預估將倍增逾四十六萬人，未來四十年更可能突破八十五萬人（國民健康署，2018）。

林口長庚醫院神經內科主治醫師黃俞華指出，失智症是腦部退化疾病，除了記憶缺損，也影響認知功能（包含語言、定向、抽象思考、執行功能）。患者亦可能併發個性改變、情緒障礙、或精神行為障礙。而此缺損將會影響病人的人際關係、社交能力、工作能力、獨立生活能力（黃俞華，2016）。

1.成因：老人失智症原因最常見的是退化性的失智症，例如阿茲海默症，約占所有老人失智症的一半左右；其次是血管性失智症，這類的病患多半有腦中風的病史，特別是多次腦中風患者因逐次的腦中風造成腦部機能逐漸喪失，或是因血管硬化造成腦部血流循環下降，腦細胞因為缺乏氧氣及養分而失去正常功能；其他的原因還包括酒精性腦病變，因長期酗酒而致使維生素B_1缺乏而失智；腦腫瘤也是老人失智症的原因，不管是原發性腦腫瘤或是由其他器官腫瘤轉移致腦部都會造成，有些是不明原因的水腦症，如常壓性水腦症也會出現晚期失智的症狀。

2.失智症類型：在失智症的分類上，大致分為退化性、血管性兩類，但患者有時會存在兩種或以上的病因，最常見的則是阿茲海默症與血管性失智症並存，又稱為混合型（台灣失智症協會，2018）。

(1)退化性失智症：大部分患者屬於這類型，其中以下列三者最常見：

①阿茲海默症（Alzheimer's Disease）：阿茲海默症為大腦神經細胞退化所造成的失智症，通常以大腦皮層為主。早期病徵以記憶力衰退最明顯，對時間、地點和人物的辨認出現問題。是以兩種以上認知功能障礙，大腦會緩慢而逐步退化，退化的歷程是不能回復的。其腦部神經受到破壞，過世後解剖可發現腦部有異常老年斑和神經纖維糾結。臨床病程約八至十年。阿茲海默症是一種大腦疾病，該疾病會導致記憶、思考和行為問題。

阿茲海默症是一種不正常的老化現象但不是精神疾病。阿茲海默症是最常見的失智症，約占失智症病例的60～80%，會隨時間而惡化，最終會導致死亡，約占所有老人失智症的一半左右，病人的生理及心智功能漸失，阿茲海默症的家屬之照顧負擔極大，且此症狀目前尚未研發出治療之藥物，其症狀為憂鬱、判斷力減。儘管症狀會大不相同，但許多人注意到的第一個問題是嚴重的健忘，這使他們在家庭生活或工作中以及在參加一向愛好的活動時感到力不從心。

②路易氏體失智症（Dementia with Lewy Bodies, DLB）：為第二常見的退化性失智症，特性為除認知功能障礙外，重複地無法解釋的跌倒、時好時壞起伏變化大、對抗精神藥物十分敏感、鮮明的視或聽幻覺、每次發作持續數週至數月。平均好發年齡七十歲以後。

③額顳葉型失智症（Frontotemporal Lobe Degeneration,

FTLD）：其腦部障礙以侵犯額葉及顳葉為主。特性為早期即出現性格改變，無法調整行為以致有不適切之行為反應及活動。早期就出現語言障礙，如表達困難、命名困難等，兩者都有逐步退化的現象。平均好發年齡五十歲以後。

此外，還有像是亨廷頓舞蹈症（Huntington's Disease）等等所造成的失智症。

(2)血管性失智症：為腦血管疾病所引起的失智症，特性是認知功能突然惡化、有起伏現象、呈階梯狀退化，東方人發生比例甚高。常見臨床特徵：情緒及人格變化、尿失禁、假延髓性麻痺（吞嚥困難、構音困難、情緒失禁）、步履障礙（失足跌倒）。通常合併出現小腦梗塞，容易發生在多次中風之後。

(3)其他原因引起之失智症：此類型多為可逆的，若能找出導因，對症治療，即能獲得緩解。這類型失智症的病因有：

①營養失調：如缺乏維他命B_{12}、葉酸等營養素。

②顱內病症：如常壓性水腦症、腦部腫瘤、腦部創傷等。

③新陳代謝異常：如甲狀腺功能低下、電解質不平衡等。

④中樞神經系統感染：如梅毒、愛滋病等。

⑤中毒：因藥物、酗酒等。

⑥其他。

3.福利服務需求：黃志成等人（2015）蒐集各種研究報告和文獻資料，將失智症者（含家屬）的福利需求歸納如下：

(1)在就醫方面：提供完善的醫療復健設施，醫師定期檢查，及早發現，提供醫療協助，改善醫療品質；各大醫院的老人科、神經科及精神科成立失智症的團隊工作小組；加強社區護理的服務層面，衛生機構強化社區家庭照顧老年人等。

(2)在就養方面：在宅服務、協助生活自理、提供家庭支持性服務、提供喘息照顧、政府辦療養院並允許家屬同住、福利機構強化社區家庭照顧老年人、對失智症患者多付出關心等。並適時處理有關長期授權書、財產、家庭信託等重要問題。此外，Marquardt（2011）指出，為失智症老人創造一個支援性好的環境，除了必須考慮到建築設計方面外，更要制訂符合老年失智症患者能辨識的標識導向系統設計，如此將讓失智症者的生活品質更佳。

(3)在經濟安全方面：居家生活補助、醫療補助、身心障礙者免稅優待、收容安置補助、減輕醫療收費等。

(4)在心理、教育與社會支持方面：提供病人及家屬心理諮商與輔導、舉辦教育支持方案、成立支持團體、設立社區老人長青俱樂部、慈善團體及教會的老人再教育活動、提供照顧病人的技巧與方法、提供家屬各項社會資源、對失智症患者有正確的瞭解等。

◆憂鬱症

台灣老人憂鬱比率估計約12～13%，但當因憂鬱出現不吃飯、不想出門、睡不好、不喜歡社交等情形時，卻又常被誤認為是「正常老化現象」，或家人不知如何尋求資源，甚或老人不願意踏出家門接受協助，進而增加自殺風險（ETtoday新聞雲，2017）。憂鬱是老人常見的心理問題，而隨著老年人口逐年增加，老人憂鬱的比率將會持續上升，老年憂鬱症已成為老年精神醫學及公共衛生領域重要的課題。因為老人憂鬱症在社區或機構有相當的盛行率，不僅引起失能、干擾慢性疾病治療、增加醫療花費，也是老人自殺的危險因子之一。

多數人都是愈老愈孤單、愈活愈無奈，憂鬱指數也是隨著年齡增長一路往上狂飆，據健保資料統計，國人服用醫師處方抗憂鬱劑人口比例，明顯與年齡成正相關，六十五歲以上則增至114人／每千人，爆增近7倍之多（黃天如，2018b）。老人憂鬱症的臨床表現除了一般憂鬱症候群外，常伴隨有焦慮、易怒、多重身體抱怨等（鄭偉伸、黃宗正、李明濱、廖士程，2016）。Trentini等人（2011）也發現，健康狀況與身體、心理、獨立的程度、與社會的關係和老人的憂鬱程度有相關聯。台中榮民總醫院腦中風中心更指出，有憂鬱症或突然發生心情上嚴重的打擊，亦為發生中風的重要危險因素（台中榮民總醫院腦中風中心，2018）。

1.老年憂鬱症有幾項特性：

(1)出現多種認知障礙，因此也被看作是失智症的前身，未來有可能引發失智症。

(2)會抱怨身體疼痛，有些老年憂鬱症可能因身體疾病久治不癒，心情沮喪所引發，如果家人親友未加以關懷照料，在情緒不佳時更可能引發自殺輕生的念頭。

2.原因：精神科醫師溫閔凱表示，治療憂鬱症的首要之務是找出罹病的原因，通常分為內因性、外因性兩種，內因性的憂鬱症肇因於體內血清素的含量不足，人格特質容易有憂鬱傾向；外因性的憂鬱症則是外在壓力源造成的，多數患者屬於這一類（林芷揚，2018）。

3.因應策略：音樂治療對於老年的憂鬱情形，不僅對高齡者較不容易產生治療上的壓力，也是一項具有成本效益的療法，面對老年喪偶憂鬱患者時，謹慎評估失落經驗及悲傷反應，適時介入悲傷輔導，可幫助喪偶老人度過悲傷，走出憂鬱的陰霾。

◆自殺

台灣自殺防治協會公布台灣六十五歲以上老人的自殺現況，2016年六十五歲以上長者，有976人因自殺死亡，竟占全體自殺死亡人數的四分之一，久病厭世是自殺主因（黃仲丘，2017）。全國自殺防治中心執行長廖士程表示，自殺居106年國人主要死因第十二位，但106年自殺率比起105年，仍上升1.9%。其中，老人自殺死亡人數占總自殺死亡人數25.9%，自殺原因包括慢性疾病、精神健康不佳等，近年隨老年人口攀升，老人自殺率有增加的趨勢，老人自殺族群有幾點特性，包括社會關係較孤立或社福網路資源較薄弱，又以獨居者居多，因孤獨感、無助無望感強，導致自殺意圖高，加上健康較脆弱或具身體疾病，自殺後不易存活（鄧桂芬，2017）。

1.自殺原因：久病厭世、憂鬱、獨居都是老人自殺的原因，其中憂鬱是自殺的一大主因，台灣老人憂鬱比率估計約12～13%，但當因憂鬱出現不吃飯、不想出門、睡不好、不喜歡社交等情形時，卻又常被誤認為是「正常老化現象」，或家人不知如何尋求資源，甚或老人不願意踏出家門接受協助，進而增加自殺風險（台北市政府衛生局保健網，2017）。根據衛生福利部（2017a）十大死因統計，2016年所有自殺人口當中，有超過四分之一是六十五歲以上長者（**表7-1**），而憂鬱傾向是造成自殺的首要原因，又根據全國自殺防治中心發布的調查，有情緒困擾的人高達四成曾經想自殺，可是會尋求協助的不到二成，久病厭世、憂鬱、獨居都是老人自殺的原因，其中憂鬱是自殺的一大主因。由國家衛生研究院群體健康科學研究所潘文涵研究員率領之營養醫學研究團隊發現，貧血（血紅素缺乏）、維生素B_6及葉酸的臨界缺乏（指血液中某營養素的濃度為正常偏低）與老人的憂鬱情緒息息相關。若老人同時患有以上兩項缺乏，則會增加憂鬱情緒的風險，在以上三項均不足的狀況下，風險更高達一般正常老人的7.13倍（衛生福利部，2013）。

2.自殺類型（衛生福利部，2017a）：

表7-1　全國六十五歲以上自殺通報人次

年份	總人數	男性	女性
101	2,472	1257	1,215
102	2,601	1,314	1,287
103	2,76	1,398	1,366
104	2,850	1,401	1,449
105	2,994	1,485	1,509

資料來源：衛生福利部（2017a）。

(1)自殺方式分為吊死、勒死及窒息之自殺及自傷（最高）。

(2)以氣體及蒸汽自殺及自為中毒（第二高）。

(3)以固體或液體物質自殺及自為中毒（服毒）（第三高）。

(4)由高處跳下自殺及自傷（第四）。

(5)溺水（淹死）自殺及自傷（第五）。

(6)切穿工具自殺及自傷。

(7)鎗砲及爆炸物自殺及自傷。

(8)其他及未明示之方式自殺及自傷。

3.自殺防治策略：防治老年人自殺上，需增加老年人的生活適應和避免失能，減少其情緒障礙，建立有利老年人生活的社區、居住安排或居家關懷網絡，厚植社會資本，配合適當的醫療照顧，強化社會、家庭的支持系統及服務輸送，促進老人心理健康（劉慧俐，2009）。李明濱等人（2006）認為應整合現有體系，網網相連防治網絡，建立機構及體系內老人自殺防治標準模式，提供自殺個案及高風險群標準服務流程，並加強老人自殺個案通報率，舉辦特殊老人族群自殺問題的因應行動會議，並發展自殺高風險及行為的評估工具等，增進照護者與守門人的動機與專業知能，最終能營造有利的防治氛圍、促進老人心理健康。鍾明勳等人（2011）依據公共衛生概念及國家自殺防治政策，南區精神醫療網確立了三大工作重點：

(1)一級預防部分，與各縣市衛生局合作，持續對教師、鄰里長、相關團體及醫療機構人員進行自殺防治守門人的訓練，透過自殺防治守門人使自殺防治的概念得以廣泛傳遞到社會的各階層。

(2)二級預防部分，透過自殺防治守門人的協助與自殺危險因子的追蹤，對於有高自殺風險的個案可以在有自殺風險的早期便發現，及早篩檢出高危險群，透過進一步的評估，再結合關懷志工的同理與陪伴及個案管理制度後續之追蹤治療，可以降低自殺風險個案走往自殺的風險。

(3)三級預防部分，針對有自殺企圖的個案配合安心專線及各通報單位，結合精神醫療單位，進行危機處理，將企圖自殺者的傷害降到最低，此外召開協調會，進行資源整合，使安心專線等通報單位與各縣市心理衛生中心及醫療院所間有良好的合作模式。

吳秀琴（2011）認為，再多的防治策略，最重要的還是應回歸根本，即建構一個正向、溫暖的家庭支持環境及縝密的社會福利制度，能重視家中老人家的需求及關注其心理狀態，即使是面對獨居的老人家，周遭的親友亦能抽出時間陪伴、傾聽他的聲音，能打從心底肯定老人家歲月累積所帶來寶貴生命經驗，且讓其有參與感及感受存在價值，讓我們一起珍惜家中老寶貝，讓他們活得老更要活得心理健康。衛生署醫事處建議，防範老人自殺，應多關懷家中老人，尤其要注意老人憂鬱情緒，應多加陪伴及電話問候，最好能每週打一通電話問候，每月做一次探訪聚餐（關嘉慶，2011）。台北市政府衛生局保健網（2011）建議，應多關心家中長輩，尤其老人比較不會去表達內在困擾與低落的情緒，因此可以透過下面的方式來協助身邊的長輩：(1)注意生活起居作息；(2)表達在乎和關心；(3)尋求專業評估。

(四)老人虐待

老人虐待是指對老人的健康或福祉造成傷害、威脅或忽視其需要，受虐的方式包括身體或精神的傷害、性侵害或停止維持生活所需之食物和醫療照顧（廖婉君、蔡明岳，2006）。

◆類型

邱淑蘋（2007）將老人受虐被害的類型分為：

1.集體式虐待。

2.機構式虐待：

(1)健康照顧機構的犯罪。

(2)機構遺棄病人。

(3)安養中心的詐騙。

3.個體式虐待：

(1)身體受虐。

(2)心理或情緒的虐待。

(3)物質上的虐待。

(4)性虐待。

(5)疏忽性被害。

(6)自我忽視。

(7)責任性虐待。

(8)遺棄。

少子化與婦女就業人口上升，就業者工作壓力增加，親子互動關係不良，以及孝道觀念減弱，當子女孝道的表現與老人的期望產生落差時，可能引發老人的不安或害怕被家人遺棄之感受，甚至導致老人被家庭照顧者虐待。施虐者以成年子女、家庭成員、配偶居多，《老人福利法》第51條規範，老人保護依法令或契約有扶養照顧義務，而對老人有遺棄、妨害自由、傷害、身心虐待、留置無生活自理能力之老人獨處於易發生危險或傷害之環境、留置老人於機構後棄之不理，經機構通知限期處理，無正當理由仍不處理者等行為之一者，處新台幣三萬元以上十五萬元以下罰鍰，並公告其姓名；涉及刑責者，應移送司法機關偵辦。

根據卓春英（2009）研究顯示，老人虐待類型與相關法規如**表7-2**。

◆老人虐待之發生原因

1.具有下列特質的老人容易被虐待：年齡越大、慢性疾病纏身、認知功能障礙、缺乏社會支持、低收入、低教育程度、酒精成癮或物質

表7-2　虐待與適用法規說明

虐待類型	說明	內容	相關法令
身體虐待 physical abuse	使用暴力致使老人身體損傷，身體功能遭受傷害或毀損	打、抓、戳、刺、擊、推、撞、搖、踢、捏或使身體受傷。不適當的醫療、強迫餵食及任何形式的體罰	《民法》第1052條、《刑法》第286條第一項、《老人福利法》第41條、《家庭暴力防治法》第2條
性虐待 sexual abuse	任何非經老人同意之性接觸、任意撫摸其身體、性騷擾	不適當的曝露性器、撫摸乳房、生殖器、肛門、嘴唇或企圖滲透貫穿陰道。談論性、強迫看相關圖片和影片	《刑法》第221-225條、《性侵害犯罪防治法》第1條、《性騷擾防治法》第2條
情緒虐待 emotional abuse	透過口語或非口語行為施加老人痛苦的感受，使其產生恐懼	暴力威脅、羞辱、逞威凌弱、責罵、恐嚇、叫罵或故意排斥、孤立、隔離老人，干擾老人日常活動	《老人福利法》第51條、《家庭暴力防治法》第2條
財務剝削 financial abuse	非法或不適當地使用老人之基金、財產或資產	不適當地使用老人之金錢、強迫老人改變遺囑、否定老人使用個人基金之權利	《民法》第294及1154條、《刑法》第339條、《老人福利法》第13條、第14條
疏忽 neglect	拒絕或不履行照顧者之責任，去實踐完成對老人之照顧義務	不提供老人該吃的食物、衣服、住宿、醫療照顧、衛生與個人照顧或不適當使用醫藥等	《老人福利法》第41條
自我疏忽 self-neglect	一個老人之行為足以構成危害他自身之健康與安全或生活陷入困境	拒絕尋找幫助、因精神或心智障礙表現出自我放棄、自我怠慢，致無法操作日常生活之雜務或使用輔助或自我管理	《老人福利法》第42條
遺棄 abandonment	照顧者在一般人會繼續照顧和監護之情況下，放棄或丟棄其照顧者之責任	侵犯人權，包括了否定老人之隱私權與參與重大事件之決定權，如有關於健康、婚姻與其他個人之密切問題	《民法》第1114及第1115條、《刑法》第293條普通遺棄罪、《刑法》第295條遺棄直系血親尊親屬之加重規定、《老人福利法》第41條

濫用、罹患精神疾病、有家庭暴力的家族史。

2.家中照顧者因有經濟負擔、對老化有負向的看法、有高度的生活壓力、有家庭暴力史、有酒精成癮問題、經濟依賴老人等，較可能對老人施暴。

◆如何評估是否被虐待

1.老人被虐待的可疑徵狀，包括看似因過度被約束所造成的手腕或腳踝皮膚損傷，或非疾病引起的營養不良、體重減輕或脫水，或老人顯得很害怕照顧者，或照顧者對老人表現冷淡，或對傷者謾罵。

2.除身體上的傷害外，受害人常有非特異性的生理或心理症狀，如慢性腹痛、頭痛、肌肉骨骼症狀或焦慮憂鬱，也較易有酒精或藥物依賴等失調的問題，或曾有家暴事件紀錄時，都要懷疑是否家暴事件。

◆因應策略

黃志忠（2010）指出，老人受虐問題的嚴重程度，希望不僅加強老人保護相關機構之服務規劃並切合服務需求，更能喚起老人服務領域專家與社會各界對於台灣老人虐待問題的重視與認知。個體式受虐被害是當前台灣社工界極其流行之個案管理方法，極適合於處理老人保護案例；而以案主立場為主導，輔以跨領域團隊方式，應更能將保護案例處理得當，跨領域團隊成員具備不同專長、來自不同學科，彼此間應先確分職守、相互信賴，才可發揮系統性功能，跨領域團隊組成人員與職責列述如下（蔡啟源，2005）：

1.診治醫師：提供適當之醫療照護服務，決定病患之醫療需求，具備診斷／治療之權力，及評斷病患之健康功能等。

2.精神醫師：提供精神／心理診治服務，運用虐待評量表及決定照護計畫內容等。

3.臨床心理師：設計／提供行為矯正治療、實施心理測驗等。

4.護理人員：評估／提供案例之醫療需求、提供照護諮詢服務、評估案家所需之照護需求，以及規劃案例之照護計畫等。

5.社工人員：提供社工專業之個案協助，運用相關社會資源，扮演諮詢、聯繫、協調等角色及家庭訪視等。

6.法治相關人員：提供法令規定協助，協助蒐集受虐證據，釐清法令介入立場，及建議跨領域團隊應採取之合法性協助行動等。

(五)老人歧視

所謂老人歧視，根據蔡麗紅等人（2010）指出，因老人年長，就給予偏見及輕視，這些歧視會受個人知識、經驗的影響，表現方式有保護性語言、假正向態度、藉幽默之名公開嘲弄、先入為主的觀念，甚至老人虐待。老人自覺受到的歧視多為他人的態度不佳，缺乏同理心、被忽略、隔離、不耐煩；他人歧視的態度也會降低老人身心功能的表現，建議可藉一般及特殊教育、改善老人形象，以及增進群眾與老人的交互往來，增加對老人的瞭解，改善刻板印象，減低老人歧視。沙依仁（2005）指出，社會對老人的歧視，確實造成老人問題及對高齡者的傷害，必須予以解除，而健康老人有再就業或創業的能力，社會必須提供中年及老年人教育及訓練項目，以便延緩老化，即使高齡者體能已衰退，政府應提供所需要的服務項目，促使高齡者能全部或部分獨立生活。卓春英（2009）也認為，台灣社會上許多人都很怕老，同時也對老年存有相當負面的看法、偏見和刻板印象，認為「老」意味著衰弱、退化和失落，「老年人」成了落伍、沒用的同義詞。

要避免老人歧視，就要提倡老人人權，但根據歷年的調查顯示，台灣的老人人權在各項指標上的表現都低於三分，顯示老人人權在推動與實踐上的低落，更令人擔心的是這項調查並未引發社會大眾的關注，進而採取任何行動，包括老人團體或組織，老人人權一直在社會福利溫暖紗幕的掩飾下隱然消失，人權是人類存有普遍應享的權利，包括公民、政治、經濟、社會、教育和文化，依世界的趨勢，「老人人權」至少應包括下列不可分割、相互依存、彼此關聯的權利（邱天助，2008）：

1.老人有權要求獲得足夠的生活所需，包括食、衣、住、行、育、樂。
2.老人有權要求充分的社會安全、支持、保護和照顧。
3.老人有權要求免於任何的年齡歧視，包括工作、休閒、消費、婚姻、語言、健康照顧和社會服務。
4.老人有權要求充分、有效的醫療照顧，以維持最高可能性的健康標準。
5.老人有權要求尊嚴的對待，尤其對老人生活型態、生命風格的尊重。
6.老人有權要求免於被汙名化的恥辱，例如在人口統計學上將六十五歲以上的人全列為依賴人口。
7.老人有權要求再教育或再訓練的機會，增進自身的能力，甚至達成最高潛能的開發。
8.老人有權要求免於被忽視和任何形式的身體或精神上的虐待。
9.老人有權要求主動的、充分的社會參與，包括政治、經濟、社會和文化生活。
10.老人有權要求充分的、有效的參與有關老人福祉的決策。

(六)人格發展

1.趨向內向：老年期體能漸衰、工作退休、社會地位減退，所以老人的人格比年輕時內向。
2.較年輕時固執、獨斷、刻板、不太能適應環境的轉變。
3.常為本身身體功能減退、情緒困擾，不得不服從或配合別人。
4.年齡愈老做事愈謹慎，態度愈保守。

5.艾瑞克遜（Erikson, 1982）的心理社會學說，老年期的兩個極端：
(1)統整：從年輕到老發展順利的人，統整一生覺得此生沒有虛度。
(2)絕望：回顧一生，覺得一事無成，發展不順，感到絕望。

六、社會發展

(一)老年人的社會地位

有些文化尊敬老人，有些文化排斥老人。以中國古代為例，是一個講究敬老尊賢的社會，老人無論在社會、鄰里或家庭都享有高的社會地位與權威，時至今日，則有逐漸削弱的態勢。

(二)衡量老人社會地位的標準

1.高齡者的貢獻如果高於社會成本則較受到重視，例如為政者、企業家或其他各行頂尖之老人，如果尚能對社會有所貢獻，必然有較高的社會地位，反之，貧窮潦倒的老人，則較不被重視。
2.健康的老人有能力掌握自己的資源，將智慧與財產傳承給子孫，自然受到重視；相反地，體弱多病的老人較不受到重視。

七、退休老化階段

(一)退休生活階段性的變化

年老退休後的生活是每一個人未來都會發生的問題，而主要問題包括身體健康以及退休後收入中斷或減少對其生活之影響（林俊宏、王光正、徐慶柏，2010）。退休對老人在生活適應、身體健康、心理調適與社會關係上均有很大的影響。老年人由在職者轉換為退休角色所經歷的幾個階段說明如下：

◆準備階段

老年人在此階段出現的心理狀況是忽略退休和退休計畫，但在接近退休時，會讓老人覺悟必須馬上接受退休的事實，於是會出現消極、徬徨，甚至出現不敢面對等否定的行為，做事有計畫的人在退休前幾年（少則幾個月）就開始規劃退休生活，包括財物管理、居住安排、社會角色調整、培養興趣、終身學習計畫等。

◆蜜月階段

退休者進入老化歷程是最值得退休者回憶人生的階段，在退休之後的一段時間（少則幾天多則幾個月，因人而異），便進入蜜月階段，沒有工作壓力、沒有上下班的時間壓力、時間安排隨心所欲、每天安排自己喜歡的事做。此階段的退休者擁有自由自在的退休生活，從繁重的職業角色轉為「無角色的角色」，通常會有無事一身輕的感覺，但蜜月期很快會進入失落階段。

◆失落階段

此階段會出現許多情緒性問題，產生所謂的「角色期望」（role expectation）差距所導致的適應不良情形，退休者一旦新鮮感消失，就進入失落階段。整天無所事事、閒得發慌，看到家人、親友、鄰居忙碌於上班、上課，社會運作正常，會覺得自己彷彿被排除在社會之外的失落感。退休生涯規劃目的就是為了避免此狀況的發生或減輕此時期對老人生活負面的衝擊。

◆重新調整階段

依照自己的健康狀況、財力狀況、生活方式、家人互動模式等現實環境因素，重新規劃自己滿意的退休生活。年長者能塑造出合乎實際生活的角色規範，重新定位自己，經由社會參與融入社會主流中，建立健康的社會互動關係。

(二)影響退休後適應情形的因素

◆對自己工作的喜愛程度

一個人在退休前仍熱愛自己的工作／職業時，退休後的適應會比較差；反之，一個人在退休前已厭倦自己的工作／職業時，退休後的適應會比較好。

◆需要金錢的程度

一個人在退休前已籌足了退休後的生活基金，或者退休後仍有收入（如軍公教的月退俸、老人津貼、老農津貼、利息收入、房租收入、子女奉養金、股票期貨等投資收入），而這些金錢大致足夠應付退休後的支出時，適應會較好；反之，適應較差。

◆是自願退休或強迫退休

自願退休者由於有心理準備，所以退休後適應較佳；反之，非自願退休（或強迫退休）者，由於仍想繼續工作或心理上還處於抗拒階段，所以退休後的適應較差。

◆是否預先做好規劃

一個即將退休者，如果預先做好規劃，退休後想發展事業的第二春、國內外到處旅遊、參加老人大學（或長春學苑等）課程、含飴弄孫、休閒運動養病等，則適應較佳，至於何時開始規劃，應因人因事而異，可以是退休前的三、五年，也可以是退休前的三、五個月；至於退休前沒有規劃者，在退休後常感慌亂，或抱著「休息一陣子再說」的消極態度，以致終日感到無聊。

◆是否有其他興趣

一個退休的老人，如果平日就有一些休閒活動，如看報或雜誌、園藝、下棋、運動、旅遊、看電視或電影、聽音樂或彈奏樂器、唱歌等，退休後適應會較佳；反之則不然。

◆是否有一些常互動的良朋益友或社團活動

一個退休的老人，如果平日就有一些良朋益友，一起吃飯、泡茶、喝咖啡、聊天，相約旅遊，參加各種社團活動，如各鄉鎮市區的老人會、晨泳會、登山社等，則適應較佳；反之則不然。

(三)教育程度和工作地位影響退休時機

大致而言，教育程度和工作地位越高者，由於薪資高，職位高，且多為勞心工作，體力負荷還可勝任，故愈不急於退休；從事單調、低層次、需要勞力工作的人，由於薪資低，職位低，且多為勞力工作者，體力逐漸無法負荷，故經常希望早點退休。

(四)正向的退休生活

1.注意自己的飲食與健康：均衡營養的食物可以增強體力，保持身體健康。

2.從事適當的運動：每天活動筋骨，從事適合自己身體、年齡的運動，可促進身體健康，增強免疫力。

3.學習新知，與世界同步成長：每天看書報雜誌、專業期刊與書籍，學習新知。

4.與家人及親友保持良好的互動關係：利用時間與家人聊天聚餐，親友之間也常相互拜訪，增進情誼。

5.培養老人生活的興趣：可參與一些實用性活動，如學習英語、日語、電腦等；也可參與一些體育性活動，如氣功、太極拳、外丹功、游泳、槌球、撞球、羽球、桌球等；也可參與一些休閒性活動，如下棋、唱歌、舞蹈、看電視等。

6.從事義工的工作，貢獻自己的智慧與能力：一方面可繼續接觸社會，不至於與社會脫節；二方面可貢獻自己的心力，自我實現，增進自己之價值感。

(五)退休者在生活適應上的分類

1.適應良好型：對退休前的大小事件大致沒有遺憾，接受退休的事實，身體健康狀況還好，經濟無慮，能以輕鬆愉快的心情來過退休生活。

2.搖椅型：欣然接受老年的到來，認為老化是自然的過程，放心安養，滿足現狀，採取以退養的姿態而非積極外向行動的退休者。

3.武裝戰鬥型：抱著不服老，仍然全副武裝繼續先前的事業或去發展事業的第二春，展現旺盛生命力的退而不休者。

4.適應不良型：常抱怨退休生活，怨天尤人，與親友關係不良的退休者。

5.自責型：自我譴責，自貶身價，自怨自艾，把自己認為是一個廢物的退休者。

八、長壽之相關因子

(一)遺傳

父母高壽者，可能帶有長壽基因，子女長壽的機率較大。

(二)飲食

1.脂肪、高膽固醇食物攝取量不要太高，如肥肉、豬腳、蝦子、魷魚等。

2.增加蔬菜、水果攝取量。

(三)疾病

1.沒有慢性病：如心臟病、高血壓、糖尿病、胃病。

2.高密度脂蛋白膽固醇（HDL-C）高於55，膽固醇總量少於160。

3.與同年齡的人比較，健康狀況不錯。

(四)生活型態

1.有正常的家庭生活。

2.每天固定的運動時間，合適的運動項目及運動量。

3.已婚優於單身、離婚。

4.沒有重大的壓力事件。

5.每週與好友聚會。

6.每天有休閒活動。

7.生活規律。

8.沒有抽菸（含二手菸）、酗酒。

九、老人的需求

老齡人口日常生活面臨的問題及福利保障層面，包括多元，舉凡食、衣、住、行、育、樂等均是。游輝禎與徐志宏（2013）認為，高齡化社會之生活環境亟需有更宏觀之思考，包括都市與社區空間之各項生活機能，各場所空間之無障礙化與通用化，以及不同空間介面之銜接整合，首應納入檢討；其次對於老人安養、照護、醫療支援、緊急安全避難、高齡人力運用、社會福利服務等課題，均需整合研究規劃，進行跨單位合作推動與協調配合。

而根據衛生福利部106年進行的老人生活需求調查項目居住、健康、就業、經濟、社會活動、日常生活與自我照顧能力、老年生涯規劃暨對政府辦理老人安養、養護、醫療、休閒、娛樂及進修相關福利措施之需求情形，以及家庭主要照護者負擔等。老人需求分析如下：

(一)經濟保障

老年在中國傳統社會受到尊崇，但隨著社會與經濟的變化，老年人在晚境由於脫離職場及缺乏家庭支持等因素，生活陷於困境，因而老年與貧窮有密切的關係（孫健忠，2010）。老人應有足夠的經濟能力，以獲得妥適的食、衣、住、行、育、樂、保健與醫療照顧，以及其他維護基本人權應有之資源與服務；項目為社會救助、生活津貼及特別照顧津貼、年金制度（職業退休給付方案；保險方案之老年給付、財產交付信託、經濟型就業、失能補助）。伴隨著社會的進步與生活形態的改變，國人的平均餘命逐年提升，婦女生育率逐年下降，人口老化日趨嚴重，加以工業化與都市化的發展，產業結構改變，家庭結構轉型，傳統「養兒防老」的觀念，已逐漸被自立更生所取代，老年人口養老資源逐漸由家庭移轉變遷為社會群體所共同負擔，老人經濟安全保障網的建構愈為重要。

現今台灣已逐漸趨向高齡化社會，由於家庭結構的改變，在小家庭制度下，傳統倫理觀念趨於淡薄，如果不能建立一套保障老年人的經濟安全制度，未來無依無靠的老年人勢必大幅增加，不但社會救助成本快速膨脹，國家也將付出極高的社會成本，因此，如何將老人經濟安全保障制度完整化已成為目前最重要之課題，老人大多已經從就業市場退休，失去經濟收入，除了領有退休金或經濟優渥的老人外，大多數老人依賴子女的奉養或退休前的儲蓄，但年紀愈大醫療費用需求就愈高，如果沒有健康保險或經濟保障，老人往往陷入貧窮與疾病的困境中，如老人生活津貼、老人照顧津貼等都是需要普遍化推行的福利措施。詹火生（2010）認為經濟需求應有好的年金制度，以確保未能於相關社會保險獲得適足保障的國民於老年及發生身心障礙時的基本經濟安全，並安定其遺屬之生活。

(二)健康照護

老人應能獲得符合社會文化價值之家庭與社區照顧，有充分的身、心、靈及社會照顧與關懷陪伴，以維護身體、心理及情緒健康，並預防疾病及自殺的發生，能獲得有效與必要的醫療與照護服務，並且符合全人、在地老化及多元連續服務原則之照顧。Yuan等人（2011）指出，家庭支持長者越多，他們患慢性疾病的可能性就越小，因此，加強家庭關係應有助於減少老年人慢性病的患病率。

台灣地區人口結構老化速度相當快速，人口老化所衍生之各類醫療衛生及社會相關服務之需求，專家認為老人醫學相關的照護團隊，除了醫師外，應包括護理及復健治療人員，整體社會對於老人照顧與醫療之需求，衛生行政主管機關應及早規劃，將老年專科醫師正式納入衛生照護體制，加速培養老年專科醫師，重視老年疾病問題，高齡化帶來更多醫療照顧和健康維護的需求，如老人預防保健、老人長期醫療照顧服務、全民健康保險及老人醫療費用補助等，需要政府更加用心規劃與落實。

(三)生活環境（含無障礙生活環境、交通及旅遊）

以往一談到無障礙建築或設施，總讓人馬上想到這是為身心障礙者而設計的，然而，自1970年代開始有建築師提出通用設計之觀念，設法將所有人的需求都納入考慮，即所謂「通用化設計」（universal design），就此一概念，老人的生活環境、交通及旅遊應考慮無障礙設施設備，黃志成等（2010）在〈金門縣無障礙生活環境分析研究〉一文即建議指出，政府應每年編列預算，辦理行動不便者居家無障礙環境改善的規劃設計與執行施工，同時亦針對行動不便者旅遊提出「無障礙旅遊形象商街營造」、「無障礙旅遊示範路線」，期望能讓老人在居家生活、旅遊景點更具便利性。在交通方面，台灣近幾年來購入不少低底盤公車，台北、高雄捷運和台灣高鐵、台鐵積極做好無障礙設施，對老人實一大福音，惟隨著老年人口、身心障礙人口的增加，原公車、捷運、高鐵、台鐵規劃的博愛座已漸不敷使用，實有增加的必要；此外，復康巴士原規劃給身心障礙人士使用，實有擴大給行動不便老人使用的必要。

此外，Kobayashi等人（2011）在日本進行研究後指出，電動輪椅、電動車可以支持長者的移動性與減少環境負擔，故有推廣的必要。因此，老人生活環境應包含交通、無障礙環境等適性的規劃，提供老人一個便利性的順暢生活。

(四)休閒與參與、終身學習與教育及志願服務

老人應能獲得適當休閒、娛樂與運動之資源，以維護身心健康，並促進社會參與，參與相關政策的制定，組織老人的團體或行動，與年輕世代分享知識與技能，有機會服務社區與擔任適合其興趣及能力的志工，對於大量老人退出生產市場問題，提出延後退休與老人再教育、鼓勵老人從事志工服務，使老人能夠活到老、學到老、愈不老。老人對於社會參與的動機仍有相當大的意願，因此應協助老人繼續參與社會活動，避免老人快速的與社會脫節，Ozturk等人（2011）指出，增加對活動的參與會提高老人的生活品質。對此，可提供老人各種合宜的休閒活動，規劃活動時應依據老年期身心發展之不同階段設計不同之教育休閒方案。

進行休閒活動時，可以達到生理健康、心理健康與增進社會關係，並且滿足自我實現的需求，得到成就感與自信心，休閒活動有助於老年人在心理上的調適，一方面有助於正向心理狀態的產生，另一方面有助於舒緩、降低或預防負面心理累積，從身心互動的過程中，直接或間接的獲得心理效益，藉由參與休閒活動可提升個人自我認同感、自決感與社會支持，社交性的休閒活動所提供的社會支持，尤其是情感性的社會支持，能夠幫助老年人有效調適壓力與維持健康，社會支持的情形愈好，老年人的

心理幸福滿足及生活品質愈好。

鼓勵老人終身學習、廣設社區長青學苑、提供老人人力銀行，讓老人能把自己的專長繼續貢獻於社會，老人終身學習應包括幾個基本特徵：

1.就時間、成本與地點而言，終身學習要有的可近性。
2.友善使用者，對於老年學習者應注意適當的速度。
3.應注意教育組成要素間的互動與彼此的連結。
4.終身學習是地方取向的，並認知優先順位的學習。
5.關注特殊勞動市場需求與廣泛的個人和社會利益。
6.強調終身學習取向、管道、方法與內容的多樣性與差異性。
7.鼓勵與協助老人適當的使用新科技。

(五)自我實現

老人應能獲得教育、訓練、文化、宗教的社會資源，有適當的工作，充分發展其潛能的機會，以達到自我實現的目的，要支持老人勞動力再訓練（retraining of elderly manpower），因為大量健康之老年人口由工商企業線上退休，或是許多公教人員退休，他們有許多腦力資源、專業經驗、資金來源、商品購買力量以及勞動服務時間。一方面國家社會應善用此一龐大的人力資源，二方面也讓老人仍有自我實現的機會。

(六)安全保護（含運用科技）

老人應能免於被忽視、虐待，免於有關年齡的歧視及汙名化，如「依賴人口」，不因年齡、生活型態、生命風格、性別、種族及失能與否，均應受到尊嚴對待；在任何生活、居住及接受照顧、服務與治療的地方，均享有人權和基本自由，包含尊重其尊嚴、信仰、需求、隱私及其對照顧與生活方式的選擇，在尊嚴和安全環境中生活，並自由發展身心，安全需求上，子女的關心仍然是最重要而無法取代的。醫療技術的進步延長了人類的壽命，少子化趨勢則預告高齡照護的問題已無法完全仰賴下一代的力量，銀髮族照護的問題需要政府政策、民間力量的更多介入和支援，宅配服務、家事服務、關懷陪伴、遠距照護、銀髮休憩、交通運輸等身心機能活化之設施環境等，都將成為樂齡族群者生活中最需解決的議題，而科技創新研發，則能夠滿足更多需求，能更有效率地解決相關問題（陳玉鳳，2014）。

(七)老人長期照護需求

全球人口老化速度的急增更突顯日益嚴重的老人問題，隨著年齡增長而退化的身心機能為其中主要問題之一。日常生活起居活動逐漸困難，部分老人需旁人長期照顧，在這樣的情況下，照顧機構能扮演照顧者重要的角色，照顧選擇偏好，老人偏好選擇在家照顧，較抗拒機構照顧，家人則偏好機構照顧。隨著社會變遷的種種現象，家庭照護已面臨困境，使得家中老人有長期照護需求時，家屬必須考慮將老人安置於長期照護機構。高齡人口「在地老化」與「去機構化」的照護措施，已是各主要國家發展照護服務政策最主要的目標，也最能符合民眾的期待（詹火生，2010）。

機構應重視老人健康的需求，並透過教育訓練活動，提升及強化機構各階層的人力素質與老人多元化服務，並依據老人對照護模式的態度、身體狀態的改變，適時適切提供期待之醫療照護模式，以發展連續性照護，使養護老人能擁有良好的生活品質並安享晚年。全球人口老化速度的急增更突顯日益嚴重的老人問題，隨著年齡增長而退化的身心機能為其中主要問題之一，到2030年的老人預估約有四百六十萬人，日常生活起居活動困難者占9%，大約每十位老人就有一位需旁人長期照顧，在這樣的情況下，照顧機構能扮演照顧者重要的角色，使養護老人能擁有良好的生活品質並安享晚年。為健全長期照顧服務體系提供長期照顧服務，確保照顧及支持服務品質，發展普及、多元及可負擔之服務，保障接受服務者與照顧者之尊嚴及權益，衛生福利部於104年6月3日通過《長期照顧服務法》，長期照顧服務之提供不得因服務對象之性別、性傾向、性別認同、婚姻、年齡、身心障礙、疾病、階級、種族、宗教信仰、國籍與居住地域有差別待遇之歧視行為。

◆長照服務提供方式

長照服務依其提供方式，區分如下（《長期照顧服務法》第9條）（**表7-3**）：

1.居家式：到宅提供服務。
2.社區式：於社區設置一定場所及設施，提供日間照顧、家庭托顧、臨時住宿、團體家屋、小規模多機能及其他整合性等服務。但不包括第三款之服務。
3.機構住宿式：以受照顧者入住之方式，提供全時照顧或夜間住宿等之服務。
4.家庭照顧者支持服務：為家庭照顧者所提供之定點、到宅等支持服務。
5.其他經中央主管機關公告之服務方式。

◆三種安養住宅型態比較表

彙整居家安養、社區照顧和機構照顧等三種安養住宅型態之優缺點如**表7-4**，提供讀者參考。

(八)長期照護需求之成因及其內涵

長期照顧服務之所以形成，係為因應多重家庭性與社會性需要因素，綜合形成之種種因素，可歸納如下列（蔡啟源，2010）：

表7-3　長照服務提供方式

居家式長照服務項目	1.身體照顧服務 2.日常生活照顧服務 3.家事服務 4.餐飲及營養服務 5.輔具服務 6.必要之住家設施調整改善服務 7.心理支持服務 8.緊急救援服務 9.醫事照護服務 10.預防引發其他失能或加重失能之服務 11.其他由中央主管機關認定到宅提供與長照有關之服務 （《長期照顧服務法》第10條）
社區式長照服務項目	1.身體照顧服務 2.日常生活照顧服務 3.臨時住宿服務 4.餐飲及營養服務 5.輔具服務 6.心理支持服務 7.醫事照護服務 8.交通接送服務 9.社會參與服務 10.預防引發其他失能或加重失能之服務 11.其他由中央主管機關認定以社區為導向所提供與長照有關之服務 （《長期照顧服務法》第11條）
機構住宿式長照服務項目	1.身體照顧服務 2.日常生活照顧服務 3.餐飲及營養服務 4.住宿服務 5.醫事照護服務 6.輔具服務 7.心理支持服務 8.緊急送醫服務 9.家屬教育服務 10.社會參與服務 11.預防引發其他失能或加重失能之服務 12.其他由中央主管機關認定以入住方式所提供與長照有關之服務 （《長期照顧服務法》第12條）

（續）表7-3　長照服務提供方式

家庭照顧者支持服務提供項目	1.有關資訊之提供及轉介 2.長照知識、技能訓練 3.喘息服務。 4.情緒支持及團體服務之轉介。 5.其他有助於提升家庭照顧者能力及其生活品質之服務。 （《長期照顧服務法》第13條）

表7-4　安養住宅型態比較表

	居家安養	社區照顧	機構照顧
優點	1.在熟悉的環境中，維持原有人際關係不會產生適應問題 2.減輕社會福利、壓力及公共財政負擔 3.在家享天倫之樂 4.有「家」的感覺 5.情感支持及撫慰	1.鄰居間「守望相助、疾病相持」 2.可在社區中找到簡單工作，打發時間 3.因工作而產生自信心及自我肯定 4.接受年輕人、受其影響較富活力	1.生活較為清靜 2.可結交同齡朋友 3.減輕子女照料負擔和壓力 4.可有自我空間、時間，亦能有群體生活 5.可有獨立的私密性 6.有醫療體系協助
缺點	1.意見不合、代溝問題、婆媳問題 2.夫妻上班老人在家無人照護 3.日間老人單獨在家時間無法排遣 4.居住空間有限，有時不利老人安養 5.飲食需求可能與家人不同 6.代間干擾	1.設施及場所多為年輕人而設 2.社區內少有配合老人服務設施 3.群體照顧及醫療網未健全 4.較缺乏主動者易產生孤獨感	1.政府及社會福利負擔 2.不易滿足不同背景老人之不同需求 3.單一化、標準化，不能兼顧個別差異 4.「坐吃等死」心理障礙 5.隔絕於社區外，易加速老化的過程 6.部分機構設備不佳

1.人口結構已然高齡化。

2.家庭照顧功能式微。

3.需要被照顧人口增加，照顧花費日益提高，並非每個家庭都有能力負擔。

4.民眾對長期照顧服務內容與形態各有偏好。

5.長期照顧技術已有積極性發展。

6.國家有解決國民需要長期照顧服務之責。

長期照護是指對失能者或失智者，配合其功能或自我照顧能力，所提供之不同程度之照顧措施，使其保有自尊、自主及獨立性或享有品質之生活，其內涵為：對身體功能障礙缺乏自我照顧能力的人，提供健康照顧（health care）、個人照顧（personal care）及社會服務（social services）。

服務可以是連續性或間斷性，但必須針對個案的需求，通常是某種功能上的障礙，提供一段時間的服務。因此長期照護應包含有診斷、預防、治療、復健、支持性及維護性的服務。蘇麗瓊與黃雅鈴（2005）表示，老化是很自然的事情，老化社會已成為我國現在及未來的必然現象，我國老人福利政策發展也逐漸從過去強調機構式照顧，導向更具可近性與人性化的居家及社區化照顧，以期待未來能由政府與民間單位建立更多的合作機制，以推動符合老人需要的福利服務。

十、老人人格類型

(一)巴克萊的老人人格類型

根據巴克萊長期研究顯示，老人人格區分如下：

1.成熟型：生活順遂，事業有成，能平穩進入老年，樂觀接受退休生活。

2.搖椅型：屬於依賴型，不拘小節亦無大志，視退休為解除責任。

3.防衛型：守規矩，負責任，不接受退休，仍想找事做，目的在保持活力消除衰老的恐。

4.憤怒型：過去有不得志的經驗，到年老非常傷悲，常把自己的失敗歸罪於別人，認為都是別人對不起他，也瞧不起別人，憤世嫉俗。

5.自怨自艾型：過去有不得志或失敗的經驗，把失敗歸咎於自己，因此沮喪，認為自己是沒有價值的人。

以上成熟型、搖椅型、防衛型屬於調適良好的類型。

(二)Reichard的老人人格類型

Reichard（1962）研究分析整理出五種人格類型（引自曹俊德，2008）：

1.成熟型（mature type）：具有十分統一的人格，對自己的人生感到滿足，並以積極的態度面對現實生活。

2.搖椅型（rocking-chair type）：在物質、情緒上都傾向過度依賴他人，雖滿足現狀，卻傾向從生活中漸漸撤離，以能安享餘年為足矣。

3.裝甲型（armored type）：頑固、有教養、個人主義、主動、獨立的傾向。自我防衛性強，不願依賴子女，藉由不斷忙碌來消除衰老的恐懼。

4.憤怒型（angry type）：憤世嫉俗、敵視、怪罪他人的傾向，無法面對衰老事實，怨恨自己的目標無法達成，表現出敵意和攻擊性。

5.自我憎恨型（self-hater type）：內疚、自責、否定自己、充滿悲觀，視老人為一種沒有價值的人，認為死亡是一種解脫。

(三)Neugarten的老人人格類型

Neugarten（1964）等研究後將老人人格類型區分如下（引自鄭宇秀、呂宸儀、李亞如、林師崟，2006）：

1.統合型（integrated）：這類型老人身心運作功能良好，有複雜的內在生活、勝任的自我，完整的認知能力和高程度的生活滿足。其中又可分為三個亞群：

(1)重組者（reorganizers）：個性活躍，對生活曾經進行重組，以新活動代替舊活動，而且範圍廣泛。

(2)集中者（focused）：活動程度居中，比前者較具選擇性，只對一兩個角色投注心力並獲得滿足。

(3)撤退者（disengaged）：活動程度低，由原來的活動舞台退出，進入一個自足自滿的天地。

2.武裝防禦型（armored or defended）：這類型老人屬於成就取向、汲汲追求、嚴謹規律的一群。其中又可分為：

(1)固守型（holding on）：盡可能維持中年時的生活型態，活動力為中高水準，生活滿意度高。

(2)限制型（constricted）：藉由限制自己的精力、社會互動和經歷，以努力抗拒老化。活動力為中低水準，生活滿意度為中高水準。

3.被動依賴型（passive-dependent）：這類型老人有依賴他人、撤退、冷漠的傾向。其中又可分為兩種：

(1)尋求援助型（succorance seeking）：有強烈的依賴需求，只要有一、兩人可以依賴，就能保持高中水準的生活滿意度，和高中水準的活動力。

(2)冷漠型（apathetic）：一生均為被動，活動極少，生活滿意度為中低水準。

4.解組型（disorganized）：這類型老人未能統合於社會、憂鬱、憤怒，常有非理性的行為，無法控制情緒，認知能力退化。

(四)五大人格特質

五大人格特質或稱五因子模式（Five Factor Model，簡稱FFM）。Costa和McCrae（1992）之五大人格的要義說明如下（引自陳美華、許銘珊，2010）：

1.外向性：指一個人對於與他人間關係感到舒適之程度或數目，特徵除了自信、主動活潑、具領導力、喜歡表現，尚有喜歡交朋友、愛參與熱鬧場合、活潑外向的特質。

2.神經質：係指個人情緒穩定及情緒調適能力，即一個容易感受到情緒沮喪及一般傾向經歷負面情緒影響，其特徵為容易緊張、過分擔心、缺乏安全感，較不能妥善控制自己的情緒、敏感的特質。

3.宜人性：係指一個人對於他人所訂下規範的遵循程度，其特徵為有禮貌、令人信賴、待人友善、容易相處、利他行為、承諾的特質。

4.嚴謹性：係指一個人對追求目標的專心、集中程度，其特徵有努力工作、成就導向、不屈不撓、有始有終，負責守紀律、循規蹈矩、謹慎有責任感、細心的特質。

5.經驗開放性：係指一個人興趣之多寡及深度，其特徵為具有開闊心胸、富於想像力、好奇心、創造力、喜歡思考及求新求變的特質。

十一、老人生活模式

1.家族活動主義：老夫婦與子女或親戚朋友的活動為主。

2.夥伴配偶式：無子女的老人，彼此相互依賴，與其他夫婦共同參與活動。

3.工作為軸心：以工作為重心，空閒時與朋友共同休閒。

4.充分活力為導向：充滿活力擁抱世界，工作不忘娛樂。

5.獨居者：獨來獨往，鮮少與人互動。

6.持續參與者：大都獨居，但仍繼續保持與他人互動，樂於參與活動。

十二、獨居老人問題

人口快速老化，根據衛生福利部（2018）的統計資料顯示，老人人口每年均在上升中（**表7-5**）。「獨老化」將是日後要面對的重要議題，所謂的「獨老化」便是意味未來將有許多高齡人口，因處於獨居、缺乏社會連帶的境況之中，落入生理、心理以及社會關係「非健康狀態」風險提高的情況，而這對於個體來說是嚴重的問題，也將連帶影響家戶與國家的未來發展（施柏榮，2017）。依據我國編算之生命表，105年國人平均壽命達80.0歲，其中男性76.8歲，女性83.4歲，可看出女性較男性長壽6.6歲，且國人的平均壽命長期來看呈增加趨勢（**圖7-2**）（內政部統計處，2017）。新北市三重區一名黃姓獨居老人（低收入戶）在其住所往生多日，直到房間傳出惡臭才被發現，無獨有偶地，同年7月基隆市大慶大城

表7-5　我國老人（65歲以上）人數統計

年	老人總計	男性老人	女性老人	獨居男性	獨居女性
101	2,600,152	1,224,369	1,375,783	22,455	25,598
102	2,694,406	1,261,259	1,433,147	22,644	26,420
103	2,808,690	1,307,173	1,501,517	21,714	26,263
104	2,938,579	1,361,140	1,577,439	20,967	26,698
105	3,106,105	1,432,398	1,673,707	20,071	25,904
106	3,268,013	1,501,711	1,766,302	19,443	25,767

資料來源：整理自衛生福利部（2018）。

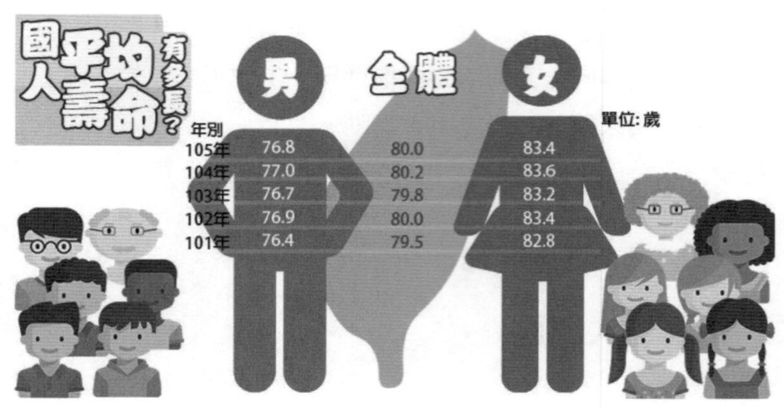

圖7-2　國人的平均壽命

資料來源：引自內政部統計處（2017）。

社區也有一名吳姓男子（72歲）因屋中傳出惡臭才遭鄰居舉報得知，但不同的是後者家境小康，單純因家中親人皆在外地工作，鮮少撥空探訪方造成此一悲劇，上方兩個案例皆突顯出不論貧富「獨居老人」的相關問題（劉嘉豪，2018）。統計資料顯示，目前國內列冊獨居老人中，平均每四人即有一人是中低收入者，而這群「孤窮」老人有近六成卻是男性（黃天如，2018a）。

從上述數據與新聞事件可看出，女性老人勢必比男性老人來得多，因此，女性在終老前將會面對六至七年的獨居期，因此，在老人照顧的問題上看來，性別差異也將是日後老人照顧問題中的重要考量因素，據此，獨居老人問題分析如下：

1.獨居老人缺乏親人關心，陷於孤寂封閉及退化中。
2.獨居老人無人協助日常生活，三餐不繼，營養不良，容易陷入疾病。
3.獨居老人一旦生病，無人協助陪伴就醫治療，致疾病日益惡化，危害健康。

4.獨居老人一旦發生突發或意外事件，無人協助，容易造成生命危險。

5.獨居老人常因老邁及退化因素，無法操持家務，致居家生活環境惡劣，孳生病媒，危害身心健康。

6.獨居女性老人平均餘命長於男性，在居住安全上與健康醫療上有不同程度上的問題差異。

十三、獨居老人服務需求與方案

(一)獨居老人服務需求

國內人口高齡化使得醫療與長期照顧服務的需求大幅增加，老年民眾傾向在地老化（aging in place），政府亦以居家式與社區式長期照顧服務為重要政策目標，獨居老人緊急救援服務是落實此政策的重要老人福利服務方案之一，可以幫助獨居老人或失能者在熟悉的居家環境中得到適當的健康與安全維護，維持獨立自主的生活（陳伶珠、蔡旻珮，2017）。台灣在老人照顧情況上，雖然晚近十年台灣執業醫師、護理師等醫療照護專業者人數呈現提升，但卻仍有一項不可忽視的課題：台灣高齡照護高度仰賴外籍勞動輸入（施柏榮，2017）。獨居老人多數面臨生活上的健康風險，例如跌倒、脫水、低體溫症狀、感染及外傷。劉家勇（2015）指出，應以獨居老人為主的在「在地老化」的理念，提供在宅服務方案，例如電話問安、送餐服務、關懷訪視、家務整理、支持陪伴等，提升並滿足獨居老人社會參與的能力及需求。曾誰我、馬永川與王彥儒（2016）的研究指出，現高齡獨居者之生活社交需求包含主動式的社交協助、紀錄與分享需求、生活管理的需求、運動休閒的社交需求、生理退化的協助需求、心靈成長與建設的需求，以及政府對高齡者的福利政策的主動告知等。黃松林、楊秋燕與鄭淑琪（2010）認為獨居老人服務需求如下：

1.個人本身生理心理特質需求：是以照顧為重點，此應是從替代性照顧服務到補充性服務為主。

2.經濟需求：是以尊嚴為重點，此應是補充性照顧服務為主。

3.家庭需求：是以獨立為重點，此應是從補充性照顧服務到支持性照顧服務為主。

4.人際需求：是以參與為重點，此亦應是從補充性照顧服務到支持性照顧服務為主。

5.社會需求：是以自我實現為重點，此應是提供支持性照顧服務為主。

(二)獨居老人福利服務方案

1.建立獨居銀髮族資料：關懷老人第一步就是掌握獨居老人的人數以及背景，知道獨居老人在那裡。

2.建立志工關懷網絡：結合社區慈善團體，提供關訪、電話問安、家事服務、情緒支持或陪同就醫等關懷服務網絡。

3.建立通報制度：意外事件及緊急事件之通報系統建立。

4.緊急救援網：緊急連絡人，醫療單位、消防及救護單位警察單位共同合作，讓獨居老人在無接縫的完善安全網絡下，獲得最佳照顧。

5.調整機構安養功能：機構可將原有「替代性」的服務人力提供「支持性」的服務，讓機構社區化，提供多元化服務，使獨居老人能在社區中得到想要的照顧服務。

6.加強老人社會參與：提供社會性活動，讓老人走出戶外，不但可延後社會功能老化，還可引導老人參與社會福利服務。

7.保障經濟安全：落實國民年金政策，以保障獨居老人的基本經濟安全。

十四、安寧療護

(一)定義

依據世界衛生組織（WHO）的定義，所謂安寧療護是指針對治癒性治療無反應之末期病人提供積極性及全人化的照顧，以維護病人和家屬最佳的生命品質；主要是透過疼痛控制，緩減身體上其他不適的症狀，同時處理病人及家屬在心理、社會和心靈上的問題，也就是說安寧療護的基礎思考，是力求病人主觀改善為原則，在現代醫療技術無法為病人提供更有利的服務之際，安寧療護用尊重生命的哲學態度，陪伴病人走過人生最後旅程，並輔導家屬重新面對未來的生活（衛生福利部國民健康署，2018）。安寧照顧理念包括：

1.以照顧為主，尊重生命尊嚴與品質。
2.非以治療為主，亦不是以病患痊癒為目標。
3.是全人照顧，包括身體的、心理社會與靈性的關懷。
4.強調共同決策，而不是醫療專業控制醫療決策。

(二)五全照顧（引自蔡兆勳，2018）

1.全人照顧：

(1)身體的照顧：病人基本的需要及清潔的滿足，以及痛苦症狀的緩解。安寧病房強調的是積極處理病人的症狀及痛苦，提升病人的生活品質。

(2)心理的照顧：臨終病人的情緒變化多端，需要更多的愛心與同理心陪伴，疏導其情緒，瞭解其心理需要。

(3)靈性的照顧：協助病人找到此生的意義，並且向家人親友及世界「道謝、道歉及道別」，以完美結束人生旅程。學者費雪

（Fischer）提到，對老年人而言靈性就是尋求和解與寬恕。

2.全家照顧：臨終病人的家人也一同遭受身心的衝擊與折磨，亟需有人伸出援手給予支持及必要的照顧或協助。

3.全程照顧：病人死亡前家屬的預期哀傷，病人亡故後的悲痛及傷痛平復，整個過程皆需要關懷及輔導。

4.全隊照顧：安寧團隊人員必須包括醫師、護理人員、社工、靈性等。

5.全社區照顧：社區共同提供協助照顧。

十五、臨終者的心理歷程與家人悲傷的影響因素

(一)病人面對死亡的心理歷程

◆庫布勒・羅斯的「五階段」模式

庫布勒・羅斯（Elisabeth Kübler-Ross, 1969）《論死亡與臨終》一書是在美國芝加哥地區某醫院的實證研究案寫成的，研究對象是醫院中的臨終病人的末期病患精神狀況「五階段」模式（引自蔡昌雄，2007）：

1.否認（denial）：第一階段往往是「絕不是我，不可能是真的」，是精神上的緩衝與心理自衛的正常現象，同時也開始有孤獨的感覺。

2.憤怒（anger）：接著會問「為什麼是我？」，開始有一些負面的情緒出現，家人與醫療人員須有耐心與愛心，使他不感到孤單，重新尋找到生命的意義。

3.討價還價（bargaining）：不是每個人都會經過這階段，大部分有宗教信仰的人會和上帝討價還價，希望上帝能多給一點時間重新做人，或為教會服務等。

4.沮喪（depression）：對於日益嚴重的病情，憤怒的情緒也逐漸被一種自我喪失的感覺取代，而表現出消沉抑鬱。這種抑鬱又可分成兩種：

(1)反應性的（reactive）：患者為已造成的損失所表現出來的負面的情緒，如不再有一個健康的身體，或因生病而失去一些金錢上的損失等。

(2)預備性的（preparative）：患者為將來可能造成損失所表現的負面的情緒，如擔心幼兒寡婦日後的生活問題等。

5.接受（acceptance）：末期病患行將告別人世，也是最後的階段。此階段是指臨終者與家屬已能接受死亡事件，而接受態度則有下列四種類型：

(1)不接受的被迫接受。

(2)無可奈何的被動接受。

(3)自然而然、平安自在的接受。

(4)基於宗教性或高度精神性的正面接受。

◆席內德曼的「情緒蜂巢」說法

席內德曼（Shneidman, 1973）也提出「情緒蜂巢」（hive of affect）的說法，依個人個性描寫癌症病患的幾種行為模式：

1.奮堅者（postponer）：這種病人堅持到底，絲毫不放棄機會要與死亡纏鬥，並一直否認將死的事實。

2.認命者（acceptor）：此人非常認命安靜，深思就理，無可奈何卻預備赴死。

3.輕藐者（disdainer）：不相信自己即將死亡的事實，對別人的幫助總嗤之以鼻。

4.歡迎者（welcomer）：這種病人早已厭世，正準備隨時要離去。

5.無懼者（unafraid）：對於死亡表現一副毫無所謂的樣子，甚至還能嘻笑的設法去消遣他人，緩和他人的恐懼。

6.克制者（stoic）：面對死亡時，他們仍一樣感到憂慮，只是拘謹的拒絕表現出沮喪的樣子。

7.少輸者（make the best of a bad situation）：雖知將死，卻還希望在死前多一點掙扎，以爭取一些現實的利益。

◆創傷後壓力症候群（PTSD）

許多人在遭逢重大的變故之後，心理受到重創而形成「創傷後壓力症候群」，它發生的原因可能是個人親身經歷的事件（如戰爭、被強暴、墜機火災、身體虐待、目擊車禍發生、至親死亡等），也可能透過間接的經歷（如電視媒體的報導、報章、雜誌等），創傷壓力症候群卻仍是影響身心健康最嚴重的精神疾病。創傷後壓力症候群症狀如下：

1.創傷事件的影像、思考和感受屢次重複出現在腦海和噩夢中。

2.彷彿常感受到此創傷經驗或事件又再度經歷。

3.當面對類似創傷事件的相關情境會引起強烈的心理痛苦或生理反應。

4.個人會持續避免接觸與創傷有關的事物，且無法回憶創傷事件重要片段。

5.過度警覺反應，以致無法入眠，注意力不能集中，易發怒（1980年代以後諮商新觀點）。

(二)悲傷的影響因素

每個人悲傷影響因素會因著不同的情境、環境而有所不同，因此，相關的因素必然是多元且複雜的，除此之外，影響的程度也有所差異，相關因素大致包括：

◆死亡事件因素

1.死亡的形式：往生者的死亡形式包括壽終正寢、自殺、意外、疾病等的形式而有所差異。

2.死亡發生後的調適時間：每個人面對死亡發生後的調適時間有所不同，這跟每個人因應壓力或處理危機能力有所不同，這會因為年齡、社會化、不同生命經驗等多元因素而有差異。

◆個人因素

1.逝者生前所扮演的角色。

2.哀慟者與逝者間互動與依附關係。

3.人格因素。

4.悲傷經驗。

5.個人的價值及信念系統。

◆環境因素

1.社會文化：每個人所處的社會環境不同，原住民族、客家族群或閩南與其他省籍的國民均有所差異，這來自於不同族群的生活習慣所建構出來的不同文化，也會形成不同文化間對於面對死亡的態度與方式差異。

2.社會支持：社會支持網絡愈綿密對於悲傷的程度愈能減緩。

3.宗教信仰：當心靈有所寄託而悲傷程度愈能減低。

十六、悲傷關懷、諮商、治療的界定與實施

(一)悲傷關懷

悲傷是一種正常、自然的情緒反應，沒有悲傷情緒反而才可能是病

態的，悲傷反應只有強度與持續時間長短的差別，而沒有正常與病態的區分，不應對哀慟者做悲傷治療或諮商，應尊重哀慟者的悲傷節奏，只要從旁關懷與陪伴即可。

(二)悲傷諮商

在合理的時間內，幫助哀慟者激發非複雜性或正常的悲傷，使他們在健康的情況下完成悲傷。主要目的不在減少個人的傷痛，而是增能，並使得個人能夠去處理與往生者之間分離的事實。

(三)悲傷治療

以專業的技術幫助複雜性或不正常悲傷的人。

(四)悲傷諮商與治療的實施

◆悲傷諮商與治療的介入對象

早期以「個人」為主要對象，考慮家庭的影響，協助對象從個人延伸至「家庭」；當代有許多災難事件雖非發生在自己的生活環境中，因傳播媒體的報導，社會大眾亦受影響，因此以「社會」為單位的集體性悲傷諮商也開始受到重視。

◆諮商介入處理三種取向

1.對有喪親遭遇的個人，主動提供協助。
2.等待喪親者遭遇困難，自覺有被協助之需要，並主動尋求時。
3.預防模式，以相關研究為依據，評估哀慟者失落狀態，發現一至二年內適應困難，事先提供協助，提升其調適悲傷的能力。

◆社會工作者針對喪偶老人處遇方式

1.提供必要的生理狀況評估。

2.尊重喪偶者的心理需求及現實生活型態習慣。

3.給予必要的居家服務。

4.提供必要的悲傷輔導。

5.評估喪偶老人經濟安全狀況。

參考文獻

ETtoday新聞雲（2017）。〈自殺人口超過4分之1是65歲以上長者 「憂鬱」為主因〉。檢索日期：2018.04.01。網址：https://www.ettoday.net/news/。

內政部統計處（2017）。〈你知道國人平均壽命有多長嗎？〉。檢索日期：2018.04.06。網址：https://www.moi.gov.tw/。

王熙哲、羅天翔（2013）。〈以ERG理論觀點探討高齡者運動服務需求〉。《福祉科技與服務管理學刊》，1(2)，89-107。

台中榮民總醫院腦中風中心（2018）。〈憂鬱症會增加腦中風的發生？〉。檢索日期：2018.04.01。網址：https://www.vghtc.gov.tw/。

台北市政府衛生局保健網（2011）。〈銀髮要樂活 關懷需用心〉。網址：http://www.uho.com.tw/sex.asp?aid=10813。檢索日期：100.09.13。

台北市政府衛生局保健網（2017）。〈老人憂鬱潛藏 你我一起來關心〉。檢索日期：2018.04.06。網址：http://health.gov.taipei/。

台灣失智症協會（2018）。〈認識失智症〉。檢索日期：2018.04.01。網址：http://www.tada2002.org.tw/。

朱芬郁（2015）。〈高齡學習者老化態度之研究——以中國、澳門、新加坡及台灣為例〉。《國立空中大學社會科學學系社會科學學報》，22，1-27。

朱芬郁（2017）。《老年社會學：概念、議題與趨勢》。新北市：揚智文化。

吳秀琴（2011）。〈珍惜家有一老～分享台南市老人自殺防治〉。《自殺防治網通訊》，6(1)，12-13。社團法人台灣自殺防治學會暨全國自殺防治中心發行。

吳怡文譯（2016）。藤田孝典著，《下流老人：一億総老後崩壊の衝撃》。《下流老人：即使月薪5萬，我們仍將又老又窮又孤獨》。台北市：如果出版社。

李世代（2010）。〈活躍老化的理念與本質〉。《社區發展季刊》，132，59-72。

李明濱、戴傳文、廖士程、江弘基（2006）。〈自殺防治策略推動與展望〉。《護理雜誌》，3(6)，5-13。

沙依仁（2005）。《人類行為與社會環境》（修訂版）。台北市：五南圖書。

沙依仁（2005）。〈高齡社會的影響、問題及政策〉。《社區發展季刊》，110，

56-67。

卓春英（2009）。〈歧視老人 違反人權〉。《自由時報電子報》。98.01.23。網址：http://www.libertytimes.com.tw/2009/new/jan/23/today-o6.htm。檢索日期：100.09.13。

林芷揚（2018）。〈韓星全泰秀驟逝 精神科醫師：憂鬱症可以這樣治療〉。《今周刊》，檢索日期：2018.04.01。網址：https://www.businesstoday.com.tw/。

林俊宏、王光正、徐慶柏（2010）。〈我國人口老化現象與勞動供給預測之分析及其對資產需求變化之影響〉。《長庚人文社會學報》，3(1)，171-219。

林美珍、黃世琤、柯華葳（2007）。《人類發展》。台北市：心理出版社。

邱天助（2008）。〈失聲的老人人權宣言〉。教育部人權教育暨資源中心。網址：http://hre.pro.edu.tw/zh.php?m=16&c=1222746545。檢索日期：100.09.13。

邱淑蘋（2007）。〈老人犯罪被害〉。《犯罪學期刊》，10(1)，1-16。

施柏榮（2017）。〈台灣面臨獨老化 智慧照護得有溫度〉。《中時電子報》。檢索日期：2018.04.06。網址：http://www.chinatimes.com/。

洪貴真（2006）。《人類行為與社會環境》。台北市：洪葉文化。

孫健忠（2010）。〈台灣貧窮老人的社會給付〉。2010年兩岸社會福利學術研討會，頁63-72。財團法人中華文化社會福利事業基金會主辦。

高淑珍、王麒富（2012）。〈以社會交換理論修正模式探討知識社群之持續使用意願〉。《資訊與管理科學》，5(2)，32-48。

國民健康署（2018）。〈打造失智友善居家環境 國健署提供小撇步〉。檢索日期：2018.04.01。網址：https://www.mohw.gov.tw/。

曹俊德（2008）。〈老人類型在生涯規劃上之應用與分析〉。《朝陽人文社會學刊》，6，1，323-338。

郭乃禎（2012）。〈活躍老化學習策略與學習需求分析〉。2012彰雲嘉大學校院聯盟學術研討會，頁1-17。

陳玉鳳（2014）。〈高齡化社會來臨 如何以科技共創快樂生活？〉。《2014樂齡悅活科技論壇》，276，10，18-21。

陳伶珠、蔡旻珮（2017）。〈獨居老人緊急救援服務輸送模式與社會工作角色功能—以某社福組織為例〉。《台灣社區工作與社區研究學刊》，7(1)，1-32。

陳美華、許銘珊（2010）。〈以五大人格理論探討學生喜愛之教師人格特質〉。

《休閒暨觀光產業研究》，5，1，13-28。

陸洛、高旭繁（2017）。〈正向老化之概念內涵及預測因子：一項對台灣高齡者的縱貫研究〉。《醫務管理期刊》，17，4，267-288。

曾誰我、馬永川、王彥儒（2016）。〈高齡獨居者生活社交需求之調查〉。《福祉科技與服務管理學刊》，4(4)，505-520。

游輝禎、徐志宏（2013）。《高齡化社會生活環境發展之研究》。內政部建築研究所自行研究報告。

黃天如（2018a）。〈孤窮老人過寒冬！每4名獨居老人就有1人中低收入〉。風傳媒。檢索日期：2018.04.06。網址：http://www.storm.mg/。

黃天如（2018b）。〈空虛寂寞覺得冷…國人愈老愈憂鬱 65歲以上11.4%服用抗憂鬱藥〉。風傳媒，檢索日期：2018.04.01。網址：http://www.storm.mg/。

黃仲丘（2017）。〈輕生者老人竟占4分之1久病厭世是主因〉。《蘋果即時電子報》。檢索日期：2018.04.01。網址：https://tw.appledaily.com/new/。

黃志成、王淑楨、王麗美（2015）。《身心障礙者的福利服務》。新北市：揚智文化。

黃志成等（2010）。《金門縣無障礙生活環境分析研究》。金門縣：金門縣政府建設局。

黃志忠（2010）。〈社區老人受虐風險檢測之研究：以中部地區居家服務老人為例〉。《社會政策與社會工作學刊》，14(1)，1-37。

黃松林、楊秋燕、鄭淑琪（2010）。〈獨居老人關懷服務——以台灣地區獨居與非獨居老人居家照顧服務使用為例〉。2010年兩岸社會福利學術研討會，頁241-270。財團法人中華文化社會福利事業基金會主辦。

黃俞華（2016）。〈認識失智症及治療方式——腦部退化 平均每3秒1人罹患〉。長庚紀念醫院國際醫療中心，檢索日期：2018.04.01。網址：http://www.chang-gung.com。

楊培珊、羅鈞令、陳奕如（2009）。〈創意老化的發展趨勢與挑戰〉。《社區發展季刊》，125，408-423。

葉至誠（2016）。《老年社會學》。台北市：秀威經典。

詹火生（2010）。〈面對人口高齡化的挑戰與對策因應：台灣的經驗和借鏡〉。2010年兩岸社會福利學術研討會，頁21-33。財團法人中華文化社會福利事業基金會主辦。

廖婉君、蔡明岳（2006）。〈老人虐待〉。《家庭醫叢》，21(7)，183-186。

劉家勇（2015）。〈社區獨居老人社會照顧模式之研究：以台灣及日本在宅服務方案為例〉。《台灣社區工作與社區研究學刊》，5(2)，49-96。

劉嘉豪（2018）。〈台灣獨居老人之死〉。蘋果即時新聞。檢索日期：2018.04.06。網址：https://tw.appledaily.com/。

劉慧俐（2009）。〈台灣地區老人自殺之流行病學分析：1985-2006〉。《台灣衛誌》，28(2)，103-114。

樂國安、韓威、周靜譯（2008）。K. W. Schaie、S. L. Willis著（*Adult Development and Aging*）。《成人發展與老化》。台北市：五南圖書。

歐貴英（2010）。〈社會變遷中的老人與家庭〉。載於李青松、林歐貴英、陳若琳、潘榮吉合著之《老人與家庭》，頁15-17。新北市：國立空中大學。

蔡兆勳（2018）。〈台大安寧緩和醫療團隊簡介〉。檢索日期：2018.04.06。網址：http://epaper.ntuh.gov.tw/。

蔡昌雄（2007）。〈生死學經典的詮釋——以庫布勒・羅斯的《論死亡與臨終》為例〉。《通識教育與跨域研究》，2，1，1-25。

蔡啟源（2005）。〈老人虐待與老人保護工作〉。《社區發展季刊》，108，185-199。

蔡啟源（2010）。〈我國長期照顧服務之檢視〉。《社區發展季刊》，129，410-425。

蔡麗紅、鄭幸宜、湯士滄、黃月芳（2010）。〈老人歧視〉。《長庚護理》，21(2)，165-171。

衛生福利部（2015a）。《老人福利法》。

衛生福利部（2015b）。〈國衛院發現老人罹患憂鬱危險因子——貧血及維生素B6、葉酸同時不足老人 罹患憂鬱風險達七倍〉。檢索日期：2018.05.08。網址：https://www.mohw.gov.tw/。

衛生福利部（2017a）。全國自殺死亡資料統計。

衛生福利部（2017b）。〈老人狀況調查〉。檢索日期：2018.04.06。網址：https://dep.mohw.gov.tw/。

衛生福利部（2018）。〈列冊需關懷獨居老人人數及服務概況〉。檢索日期：2018.04.06。網址：https://dep.mohw.gov.tw/。

衛生福利部國民健康署（2018）。〈安寧療護〉。檢索日期：2018.05.08。網址：

https://www.hpa.gov.tw/。

鄧桂芬（2017）。〈老人憂鬱別輕忽！自殺率比一般人高2倍〉。聯合新聞網，檢索日期：2018.04.01。網址：https://udn.com/news/。

鄭宇秀、呂宸儀、李亞如、林師崟（2006）。〈高齡者對民營老人安養機構入住選擇與使用評估之研究——以潤福新象與傑瑞山莊為例〉。龍華科技大學企管系專題報告。

鄭偉伸、黃宗正、李明濱、廖士程（2016）。〈老人憂鬱症與自殺防治〉。《台灣老年醫學暨老年學雜誌》，11(1)，16-30。

鄭淑子（2014）。〈高齡化社會邁向活躍老化的政策方案與實務〉。載於財團法人中華文化社會福利事業基金會主辦之「2014年兩岸社會福利學術研討會——劇變時代的社會福利政策」，頁1-18。

謝美娥（2012）。〈老人的社會參與——以活動參與為例：從人力資本和社會參與能力探討研究紀要〉。《人文與社會科學簡訊》，13(4)，14-21。

鍾明勳、林佳吟、龔姵瑜、賴怡玲（2011）。〈南區精神醫療網自殺防治規劃〉。《自殺防治網通訊》，6(1)，8-11。社團法人台灣自殺防治學會暨全國自殺防治中心發行。

關嘉慶（2011）。〈老人自殺死亡率 各年齡層之冠〉。中華日報醫藥網。民100.09.12。網址：http://care.cdns.com.tw/20110905/med/yybj/733780002011090420223475.htm。檢索日期：100.09.13

蘇麗瓊、黃雅鈴（2005）。〈老人福利政策再出發——推動在地老化政策〉。《社區發展季刊》，110，5-13。

Cumming, E., & Henry, W. E. (1961). *Growing Old: The Process of Disengagement*. New York: Basic Books.

Erikson, E. H. (1982). *The Life Cycle Completed: A Review*. New York: Norton.

Evren, B. A., Uludamar, A., Iseri, U., & Ozkan, Y. K. (2011). The association between socioeconomic status, oral hygiene practice, denture stomatitis and oral status in elderly people living different residential homes. *Archives of Gerontology and Geriatrics, 53*(3), 252-257.

Shneidman, E. (1973). *Death of Man*. Baltimore: Penguin.

Havighurst, R. J. (1972). *Developmental Tasks and Education (2nd ed.)*. New York: Longmans, Green.

Kobayashi, K., Watanabe, K., Ohkubo, T., & Kurihara, Y. (2011). A Lane detection algorithm for personal vehicles. *Electrical Engineering in Japan, 177*(4), 23-32.

Koester, K. J., Barth, H. D., & Ritchie, R. O. (2011). Effect of aging on the transverse toughness of human cortical bone: Evaluation by R-curves. *Journal of the Mechanical Behavior of Biomedical Materials, 4*(7), 1504-1513.

Kubler-Ross, E. (1969). *On Death and Dying*. New York: Macmillan.

Marquardt, G. (2011). Wayfinding for people with dementia: A review of the role of architectural design. *Herd-Health Environments Research & Desing Journal, 4*(2), 75-90.

Melding, P., & Osman-Aly, N. (2000). "The view from the bottom of the cliff." Old age psychiatry services in New Zealand: The patients and the resources. *New Zealand Medical Journal*, 113, 439-442.

Ozturk, A., Simsek, T. T., Yumin, E. T., Sertel, M., & Yumin, M. (2011). The relationship between physical, functional capacity and quality of life (QoL) among elderly people with a chronic disease. *Archives of Gerontology and Geriatrics, 53*(3), 278-28.

Trentini, C. M., Chachamovich, E., Wagner, G. P., Muller, D. H., Hirakata, V. N., & Fleck, M. P. D. (2011). Quality of life (QoL) in a Brazilian sample of older adults: The role of sociodemographic variables and depression symptoms. *Applied Research in Quality of Life, 6*(3), 291-309.

Yuan, S. C., Weng, S. C., Chou, M. C., Tang, Y. J., Lee, S. H., Chen, D. Y., Chuang, Y. W., Yu, C. H., & Kuo, H. W. (2011). How family support affects physical activity (PA) among middle-aged and elderly people before and after they suffer from chronic diseases. *Archives of Gerontology and Geriatrics, 53*(3), 274-277.

社工叢書

人類行為與社會環境

作　　者 / 王淑楨
出 版 者 / 揚智文化事業股份有限公司
發 行 人 / 葉忠賢
總 編 輯 / 閻富萍
特約執編 / 鄭美珠
地　　址 / 22204 新北市深坑區北深路三段 260 號 8 樓
電　　話 / 02-8662-6826
傳　　真 / 02-2664-7633
網　　址 / http://www.ycrc.com.tw
E-mail / service@ycrc.com.tw
ISBN / 978-986-298-300-3
初版一刷 / 2018 年 9 月
定　　價 / 新台幣 500 元

國家圖書館出版品預行編目（CIP）資料

人類行為與社會環境 / 王淑楨著. -- 初版. --
新北市 : 揚智文化, 2018.09
面； 公分. -- (社工叢書)

ISBN 978-986-298-300-3(平裝)

1.社會心理學 2.人類行為 3.社會環境

541.75 107015278